中国小麦生产“十三五”发展规划研究

农业部小麦专家指导组　编著

中国农业科学技术出版社

图书在版编目(CIP)数据

中国小麦生产"十三五"发展规划研究 / 农业部小麦专家指导组编著 . — 北京 : 中国农业科学技术出版社，2017.4

ISBN 978-7-5116-2989-0

Ⅰ . ①中… Ⅱ . ①农… Ⅲ . ①小麦—生产—农业发展规划—研究—中国— 2016-2020 Ⅳ . ① F326.11

中国版本图书馆 CIP 数据核字（2017）第 037698 号

责任编辑 李冠桥 范 潇
责任校对 马广洋

出 版 者 中国农业科学技术出版社
北京市中关村南大街 12 号 邮编：100081
电 话 （010）82109705（编辑室）（010）82109702（发行部）
（010）82109709（读者服务部）
传 真 （010）82106625
网 址 http：//www.castp.cn
经 销 者 各地新华书店
印 刷 者 北京科信印刷有限公司
开 本 787mm × 1 092mm 1 /16
印 张 17.25 彩插 8 面
字 数 370 千字
版 次 2017 年 4 月第 1 版 2017 年 4 月第 1 次印刷
定 价 100.00 元

河南省浚县整建制小麦高产创建示范田，品种百农矮抗 58（蒋向　供）

河南省南乐县小麦整建制高产示范田，品种豫麦 158（周继泽　供）

河北省石家庄市藁城区刘家庄小麦高产攻关田平均亩产 721.2 千克，品种石新 633（李雁鸣　供）

山东省菏泽市曹县邵庄镇陈楼村小麦 3.6 亩实打验收平均亩产 808.5 千克，品种山农 20（刘观浦　供）

江苏省高邮市三垛镇春生村稻茬小麦高产攻关田 3.04 亩实打验收平均亩产 693.2 千克，品种宁麦 13（郭文善　供）

安徽省蚌埠市淮上区吴小街稻茬小麦高产攻关田平均亩产 508 千克，品种安农 0711（马传喜　供）

湖北省随州市曾都区王店村稻茬小麦高产示范田平均亩产 443.4 千克，品种鄂麦 170（许贤超　供）

四川省广汉市整建制小麦高产示范田，品种川麦 104（汤永禄　供）

山西省芮城县南卫乡南张村小麦高产攻关田，平均亩产 557.6 千克，品种邯麦 13（高志强　供）

陕西三原小麦高产创建示范田，品种矮抗 58（张睿　供）

甘肃省徽县郭坪村旱地小麦高产创建攻关田平均亩产 430 千克，品种兰天 24（柴守玺　供）

新疆维吾尔自治区沙湾县东湾镇阔孜达克村小麦高产攻关田平均亩产 565 千克，品种新冬 18 号（周广顺　供）

《中国小麦生产“十三五”发展规划研究》

编著委员会

主编著　赵俊晔（中国农业科学院农业信息研究所）

于振文（山东农业大学）

副主编著　郭天财（河南农业大学）

郭文善（扬州大学农学院）

吕修涛（全国农业技术推广总站）

编著人

第一章　赵俊晔（中国农业科学院农业信息研究所）

第二章　郭天财（河南农业大学）

周继泽（河南省种子管理站）

第三章　李雁鸣（河北农业大学）

郭进考（石家庄市农业科学院）

孟　建（河北省农业技术推广总站）

第四章　于振文（山东农业大学）

鞠正春（山东省农业技术推广总站）

黄承彦（山东省农业科学院）

第五章　　郭文善（扬州大学农学院）

　　　　　束林华（江苏省农业技术推广总站）

第六章　　马传喜（安徽农业大学）

第七章　　高春保（湖北省农业科学院）

　　　　　朱展望（湖北省农业科学院）

第八章　　汤永禄（四川省农业科学院）

　　　　　乔善宝（四川省农业技术推广总站）

第九章　　张　睿（西北农林科技大学）

　　　　　张保军（西北农林科技大学）

第十章　　高志强（山西农业大学）

　　　　　孙　敏（山西农业大学）

第十一章　柴守玺（甘肃农业大学）

第十二章　赵　奇（新疆维吾尔自治区农业科学院）

　　　　　张冬梅（新疆维吾尔自治区农业技术推广总站）

前 言

小麦是我国北方人民的主要口粮，南方人民也喜爱面条、南方馒头等小麦食粮；强筋小麦和弱筋小麦分别是制作面包和蛋糕的专用原料，这些都是百姓生活中不可缺少的食品。小麦在仓库中可储藏多年不变质，是良好的战略储备物资。所以说，小麦生产对改善人民生活、保障国家粮食安全具有重要的意义。

2004年以来，我国小麦生产进入恢复性增长时期，到2015年，我国小麦产量实现十二连增，小麦总产量由2003年的8 648.8万吨增加至2015年的13 018.5万吨，以2003年为基期，十二年间小麦累积增加产量32 880.1万吨，其中“十二五”期间，累积增加产量18 430.5万吨，占小麦累积增加产量的56.1%，是小麦产量快速增长的时期，为保障我国粮食稳定供给打下了坚实的基础。小麦产量稳定提高的同时，提高小麦加工品质也越来越受到重视，各主产区科研人员选育出多个优质强筋、中筋和弱筋小麦品种，农业部作为主推品种在生产中布局和推广，有效改善了我国小麦的品质结构。“十二五”后期，基于我国农业生产的环境压力和资源制约，农业部提出了到2020年要实现“一控两减三基本”的目标：“一控”即严格控制农业用水总量，大力发展节水农业；“两减”即减少化肥和农药使用量，实施化肥、农药零增长行动；“三基本”指畜禽粪污、农作物秸秆、农膜做到资源化利用。在这一意见指导下，我国小麦在生产上注重高产、优质、高效、生态、安全等目标协同提高，各主产区研制、集成和推广了诸多绿色增产关键技术和生产技术规范，为这一目标的实现提供了可靠的技术支撑。

进入“十三五”，随着我国农业供给侧改革的深入推进，我国小麦生产不仅要实现量的稳定增长，还要满足人们对质量安全和加工品质日益增长的需求，同时要实现“一控两减三基本”的目标，着力提升我国小麦生产的综合效益和农产品竞争力，迫切需要做好小麦生产发展的顶层设计，未雨绸缪，精准谋划，保障我国小麦生产的持续稳定发展。

鉴于此，在农业部种植业管理司的领导下，农业部小麦专家指导组组织专家，在主产麦区各省（区）农业厅的协助下，总结“十二五”小麦生产经验，进行“十三五”小麦生产发展规划的研究，形成《中国小麦生产“十三五”发展规划研究》。本书的研究得到了中国工程院农业学部和国家小麦产业技术体系的指导和支持。

该书分全国篇和分省篇两大部分，着重回顾和总结了“十二五”全国和十一个主产省小麦生产发展的特点、小麦产量和品质的概况、主产区资源环境条件的变化、推广应用的关键技术和技术成效等，在此基础上分析了“十三五”小麦生产面临的主要问题，对“十三五”各年度小麦的产量目标，区域发展的重点做出了规划，分析了实现这一目标的技术储备和技术需求，并提出了相应政策建议。该书适用于农业管理部门、农业技术推广部门、农业科研院所和小麦生产经营企业的相关人员阅读参考。

由于编著者的水平限制，书中的错误和不足之处在所难免，敬请各位读者批评指正。

中国工程院院士 于振文

2017年3月15日

目 录

第一章
中国“十二五”小麦生产总结和“十三五”发展规划

小麦是我国重要的口粮作物，对保障国家粮食安全具有重要的意义。近十年来，我国小麦种植面积相对稳定，单产持续提升，保障了小麦供给的稳定增加。未来5~10年，小麦消费需求量仍将增加，对品质的要求日益提高，但农业资源环境约束日益增强，农产品市场环境也发生新的变化，必须有效应对，夯实小麦产能，保障粮食供给。小麦生产应坚持“走产出高效、产品安全、资源节约、环境友好的农业现代化道路”，要“坚持最严格的耕地保护制度，坚守耕地红线，实施藏粮于地、藏粮于技战略，提高粮食产能，确保谷物基本自给、口粮绝对安全”，这种形势下，对“十二五”小麦生产进行系统总结，对“十三五”生产进行清晰的规划非常必要。

为发展小麦生产，各主产区大力推进各项关键技术的研发、示范和推广，为“藏粮于技”构建了良好的科技基础。本章通过对2011—2015年主产区小麦生产的系统回顾，以及对主产区小麦专家和相关部门较为充分的咨询和调研，总结和分析了“十二五”全国及主产区小麦产量和品质的变化、生产环境条件的变化、关键技术的应用与效果，提出了“十三五”小麦生产可能面临的主要问题，分析了小麦生产发展的技术需求和技术储备，做出“十三五”小麦产量发展规划建议。

第一节 “十二五”我国小麦产量状况

一、面积稳中略降、单产持续提高，实现产量多年连增

“十二五”我国小麦面积比“十一五”末小幅降低。2000—2004年全国小麦面积锐减，2004年降至近年最低的3.24亿亩（1亩≈667平方米，15亩=1公顷。全书同），2005年、2006年我国小麦面积快速回升，2009—2012年小麦面积稳定在

3.64 亿 ~3.65 亿亩之间，2013 年、2014 年分别小幅下滑至 3.62 亿亩和 3.61 亿亩，2015 年又小幅回升至 3.62 亿亩。全国小麦平均单产一直呈增长态势，2000 年单产为 249.22 千克 / 亩，2010 年增至 316.56 千克 / 亩，2014 年增至 349.57 千克 / 亩，2015 年达到 359.51 千克 / 亩。总产来看，2000 年全国小麦产量为 9 963 万吨，到 2003 年降至 8 649 万吨，之后到 2006 年较快恢复至 1.08 亿吨，之后增速放慢，2015 年达到 1.30 亿吨，实现了连续十二年的增产（图 1-1-1）。

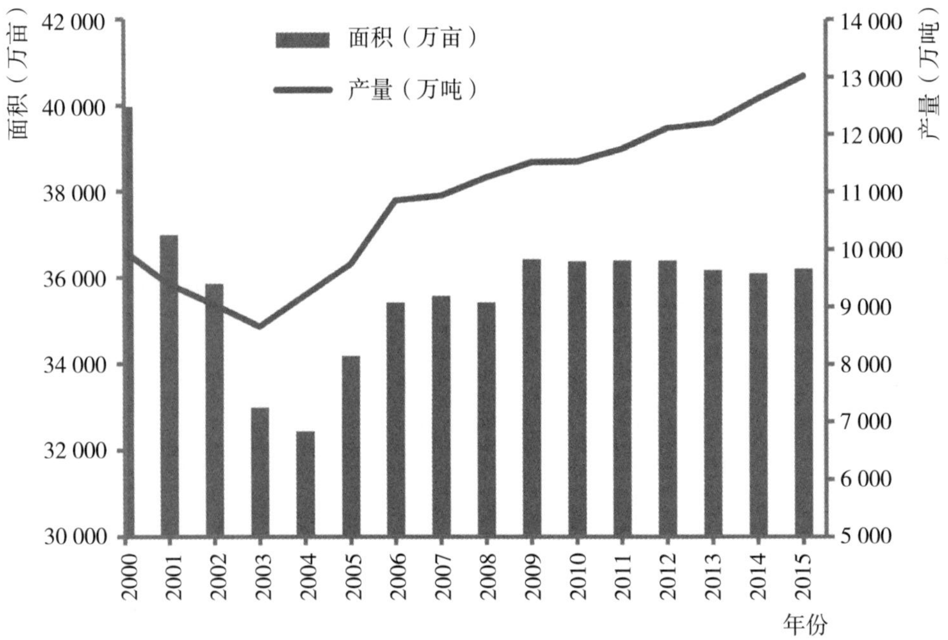

图 1-1-1　2000—2015 年中国小麦面积和产量变化

单产提高是“十二五”小麦总产增加的主要因素。2011 年、2012 年小麦面积均为 3.64 亿亩，2013 年、2014 年小幅下滑，2014 年比 2011 年减少 301 万亩，2015 年同比增加 107.82 万亩。由于单产的持续提高，小麦总产持续提高。与“十一五”末相比，2015 年全国小麦面积减少 0.47%，单产增加 13.57%，总产增加 13.03%。

二、冬小麦主体地位稳定，春小麦比重下降

近年来，冬小麦在我国小麦生产中的地位仍呈现缓慢提升趋势，春小麦在小麦生产中的比重趋于下降。2000 年，我国春小麦的面积和产量在全国小麦中的占比分别为 9.73% 和 7.46%，“十一五”末（2010 年）占比分别为 7.03% 和 5.49%，“十二五”末（2015 年）占比分别为 6.32% 和 4.95%（表 1-1-1）。

表 1-1-1 我国冬、春小麦生产结构变化

年份	面积占比（%）		产量占比（%）	
	冬小麦	春小麦	冬小麦	春小麦
2006	93.06	6.94	94.28	5.72
2007	93.06	6.94	94.74	5.26
2008	93.38	6.62	94.63	5.37
2009	92.31	7.69	93.80	6.20
2010	92.97	7.03	94.51	5.49
2011	93.12	6.88	94.51	5.49
2012	92.77	7.23	94.50	5.50
2013	93.51	6.49	95.02	4.98
2014	93.74	6.26	95.14	4.86
2015	93.68	6.32	95.05	4.95

“十二五”，我国冬小麦和春小麦单产同步提高。2015 年我国冬小麦平均单产 364.73 千克 / 亩，春小麦平均单产 252.74 千克 / 亩，比 2000 年分别提高了 42.76% 和 47.35%，单产增速相近。但对不同时间段的分析可以看出（表 1-1-2），2000 年至 2006 年春小麦单产增速显著大于冬小麦，该期间是春小麦单产增速最快的时期。“十一五”（2006—2010 年）和“十二五”前 3 年（2011—2013 年）春小麦单产提升缓慢，2013 年春小麦平均单产 258.75 千克 / 亩，比 2006 年仅增加 6.34 千克 / 亩，同期冬小麦平均单产增加 32.24 千克 / 亩，单产增加缓慢是 10 多年来春小麦在我国小麦生产中的比重趋于减少的重要因素。“十二五”的末两年，我国春小麦单产增幅加大，其中 2014 年同比增加 12.59 千克 / 亩，2015 年同比增加 10.2 千克 / 亩，均高于同期冬小麦 12.33 千克 / 亩和 9.93 千克 / 亩的单产增加值（图 1-1-2）。

表 1-1-2 2000 年以来全国冬小麦和春小麦单产增幅（%）

年份	2005 比 2000	2010 比 2005	2015 比 2010	2015 比 2000	2000 比 2015 年年均增速
冬小麦	12.97	11.51	13.33	42.76	2.85
春小麦	25.55	2.99	13.96	47.35	3.16

春小麦不同产区的发展趋势不同。2015 年春小麦面积在 100 万亩以上的省（自治区）依次是内蒙古、新疆、甘肃、黑龙江、青海，加上宁夏 85.4 万亩。这 6 个省（自治区）的春小麦面积占全国面积的 97.52%，产量占 96.86%。其中，新疆在这 6 个产区中，单产水平最高，为 384.6 千克 / 亩，显著高于内蒙古单产 187.07 千克 / 亩，故新疆春小麦总产最高，达 2 175.83 万吨。6 个主产省（自治区）中，新疆的春小麦面积和产量自 2000 年以来呈现增长趋势，黑龙江、宁夏、甘肃、青海的面

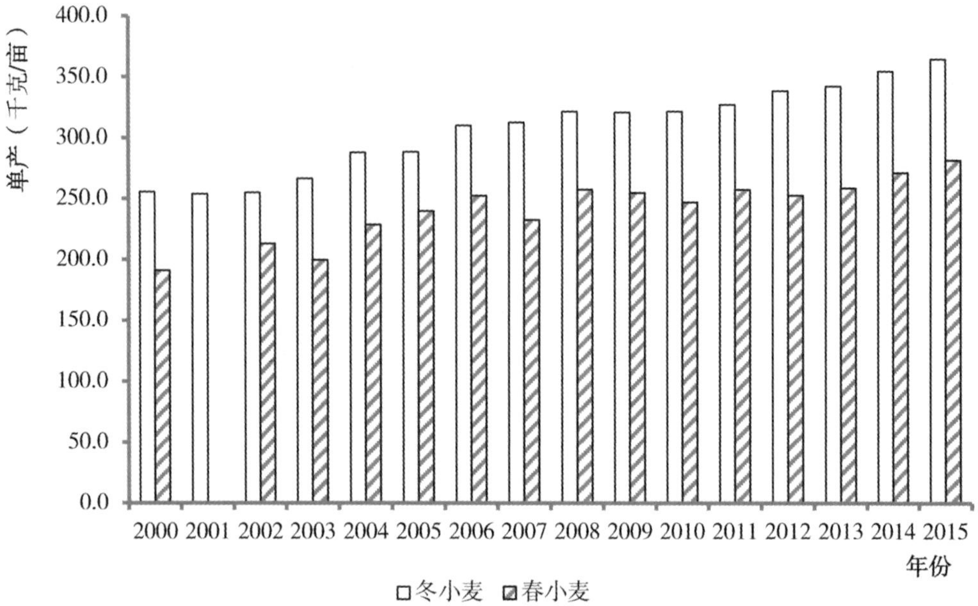

图 1-1-2　2000—2015 年中国冬小麦和春小麦的单产变化

积持续缩减。内蒙古春小麦面积先减后增，2000 年为 925.7 万亩，“十五”期间年均 623.1 万亩，“十一五”年均 769.1 万亩，2015 年为 846.1 万亩。（表 1-1-3）

表 1-1-3　中国春小麦生产区域分布与变化（2015 年）

区域	面积	产量	单产	比 2010 年增减（%）		比 2005 增减（%）		比 2000 年增减（%）	
	万亩	万吨	千克 / 亩	面积	产量	面积	产量	面积	产量
全国	2 287	643.8	281.5	−0.11	0.02	−0.09	0.07	−0.41	−0.13
内蒙古	846.1	158.3	187.0	0.00	−0.04	0.22	0.10	−0.09	−0.13
新疆	717.2	275.8	384.6	0.50	0.56	0.97	1.48	0.73	1.26
甘肃	342.6	108.8	317.6	−0.20	0.06	−0.38	−0.11	−0.51	−0.33
青海	132.3	34.1	257.9	−0.13	−0.09	−0.09	−0.13	−0.47	−0.22
黑龙江	106.6	21.8	204.4	−0.75	−0.76	−0.71	−0.77	−0.88	−0.77
宁夏	85.4	24.8	290.0	−0.48	−0.37	−0.70	−0.62	−0.73	−0.63
天津	17.4	5.7	325.9	0.66	0.83	1.32	1.70	6.25	8.45
河北	15.3	4.9	322.2	1.27	1.74	1.04	1.47	9.20	15.43
西藏	14.7	6.6	452.2	0.09	0.48	−0.30	−0.21	−0.27	0.07
辽宁	8.3	2.7	321.9	−0.26	−0.28	−0.74	−0.64	−0.95	−0.92
山西	0.5	0.2	363.6	−0.45	−0.10	−0.75	−0.55	−0.91	−0.84
吉林	0.4	0.1	256.4	−0.93	−0.92	−0.97	−0.96	−1.00	−0.99

在春小麦非主产区中，与2010年相比，2013年河北、天津的春小麦面积显著增加，产量也相应提高。而曾种植一定面积春小麦的陕西、四川、广东、广西、云南等省（自治区），在“十二五”的实际播种面积已经很少。

三、区域集中度进一步提高，不同产区发展趋势不同

2000年以来，全国小麦生产的区域集中度进一步提高。根据2015年统计数据，小麦面积在1 000万亩以上的主产省（自治区）有11个，分别是河南、山东、安徽、河北、江苏、四川、新疆维吾尔自治区（以下简称新疆）、陕西、湖北、甘肃、山西。2000年这11个主产省（自治区）的小麦面积占全国面积的83.8%，2006—2012年这些省（自治区）的小麦面积占全国的比重保持在90.1%~90.5%，2013—2015年面积比重增至91.3%~91.9%，小麦主产省（自治区）的面积比重进一步提高。2000—2014年这11个主产省（自治区）的小麦产量在全国的占比也一直呈增加态势，2000年占比为89.1%，2010年达到94.4%，2015年达到95.4%（图1-1-3）。

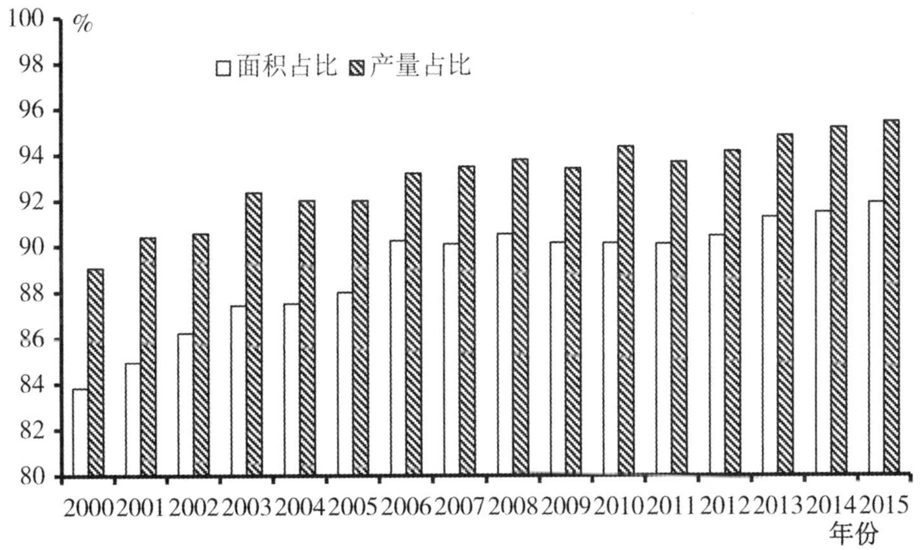

图1-1-3 11个主产省（自治区）在全国小麦生产中的地位变化

面积在3 000万亩以上的有河南、山东、安徽、河北、江苏等5个省份，2000年这5个省份小麦面积占全国面积的57.9%，2010年增至64.8%，2015年继续增至67.0%。同时产量比重也持续提高，2000年产量占比为68.3%，到2010年增至74.5%，2015年增至75.8%。说明2000年以来我国小麦愈加集中于这几个生产大省（图1-1-4）。

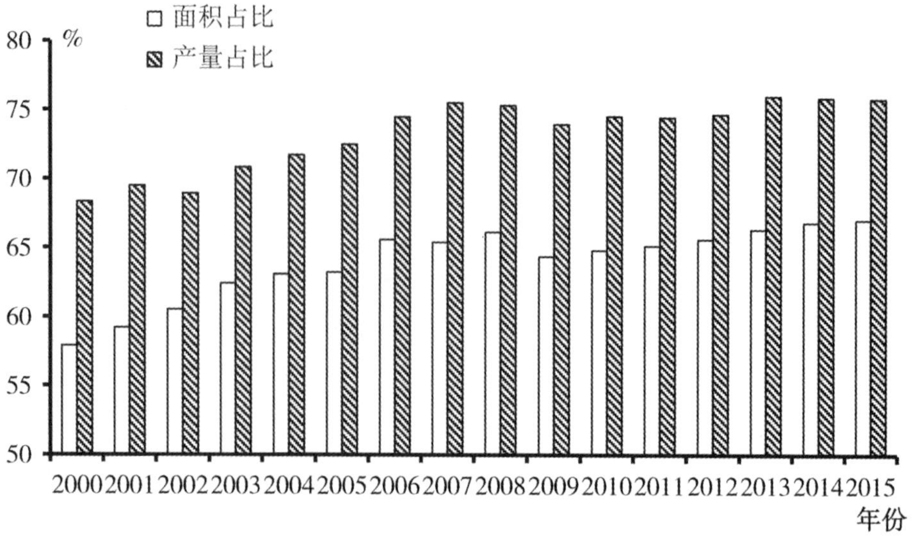

图 1-1-4　河南、山东、安徽、河北、江苏小麦生产在全国的地位变化

表 1-1-4 列出了“十二五”全国及 11 个主产省区小麦面积、总产、单产情况，由表可知，11 个小麦主产省（自治区）的变化趋势存在差异。

与 2004 年相比，除甘肃、陕西、四川的小麦面积呈现缩减外，其他主产省（自治区）均呈现增长。与“十一五”平均相比，“十二五”平均河南、山东、江苏、安徽、湖北的小麦种植面积分别增加 2.4%~5.3%。河北、山西、陕西的小麦种植面积分别减少 2.6%~3.7%，四川、甘肃、新疆的小麦种植面积显著缩减，其中四川减少 6.1%，甘肃和新疆均减少 12.8%。

“十二五”，安徽、河南、湖北、江苏、山东、新疆的小麦面积不同程度增加，山西、陕西、四川、甘肃的小麦面积显著缩减，河北小麦面积在 2013 年、2014 年也持续小幅缩减；由于各省（自治区）小麦单产均不同程度提高，除四川省产量减少 1.06% 外，其他 10 个主产省（自治区）的小麦产量均有增长。

总体上“十二五”，北部、西北、西南地区的小麦面积呈现缩减，黄淮中部、南部麦区和长江中下游麦区面积呈现增加。

四、县级尺度小麦生产波动较大

在省级尺度基础上，对县级尺度的小麦生产进行分析。2013 年小麦面积在 15 万亩以上的县市总计 675 个，播种面积占全国播种面积的 88%，产量占全国的 96%。与 2010 年相比小麦面积在 15 万亩以上的县市减少 23 个（表 1-1-5）。

通过对小麦生产大县进行统计，2013 年小麦面积在 75 万亩以上的县市共计 120 个，其面积占全国的 37.93%，产量占全国的 48.23%，比 2010 年减少 9 个县市。其中，150 万亩以上县市 14 个，面积占全国的 6.31%，产量占全国的 8.25%，比 2010

表 1-1-4　“十二五”期间全国及 11 个主产省（自治区）小麦面积、总产、单产情况

		全国	河南	河北	山东	江苏	安徽	湖北	四川	山西	陕西	甘肃	新疆	11 个省区
面积（万亩）	2011	36 406	7 985	3 594	5 390	3 169	3 575	1 520	1 889	1 065	1 705	1 292	1 617	32 802
	2012	36 402	8 010	3 615	5 439	3 199	3 623	1 598	1 851	1 034	1 691	1 251	1 622	32 933
	2013	36 176	8 050	3 567	5 510	3 220	3 649	1 642	1 824	1 016	1 642	1 218	1 682	33 020
	2014	36 104	8 110	3 514	5 610	3 240	3 652	1 612	1 756	1 011	1 624	1 189	1 714	33 031
	2015	36 212	8 138	3 478	5 700	3 268	3 686	1 640	1 679	1 013	1 628	1 192	1 859	33 281
	“十二五”年平均	36 260	8 059	3 554	5 530	3 219	3 637	1 603	1 800	1 028	1 658	1 228	1 699	33 013
	比“十一五”增减（±%）	1.14	2.43	−2.49	4.09	5.25	3.56	4.59	−6.75	−2.83	−3.68	−12.65	25.08	1.89
产量（万吨）	2011	11 740	3 123.0	1 276.1	2 103.9	1 023.2	1 215.7	344.8	436.0	240.3	410.9	247.5	576.6	10 998
	2012	12 102	3 177.4	1 327.7	2 179.5	1 048.8	1 294.0	370.8	437.0	259.2	435.5	278.5	576.5	11 395
	2013	12 193	3 226.4	1 387.2	2 218.8	1 101.3	1 332.0	416.8	421.3	230.7	389.8	235.9	622.1	11 582
	2014	12 621	3 329.0	1 429.9	2 263.8	1 160.4	1 393.6	421.6	423.2	259.1	417.2	271.6	642.3	12 012
	2015	13 019	3 501.0	1 435.0	2 346.6	1 174.0	1 411.0	420.9	426.3	271.4	458.1	281.0	698.3	12424
	“十二五”年平均	12 335	3 271.4	1 373.2	2 222.5	1 101.5	1 329.3	395.0	428.8	252.1	422.3	262.9	623.2	11 682
	比“十一五”增减（±%）	10.03	8.28	13.19	9.50	12.72	16.56	18.38	−1.35	10.24	9.54	2.84	29.31	11.24
单产（千克/亩）	2011	322.5	391.1	355.1	390.3	322.9	340.1	226.8	230.8	225.6	241.0	191.5	356.6	335.3
	2012	332.5	396.7	370.1	400.7	327.9	357.1	232.0	236.1	250.8	257.5	222.6	355.6	346.0
	2013	337.0	400.8	389.0	402.7	342.0	365.0	253.8	231.0	227.0	237.4	193.8	370.0	350.8
	2014	349.6	410.5	406.9	403.5	358.2	381.6	261.6	241.0	256.3	256.9	228.5	374.8	363.6
	2015	359.5	430.2	412.5	411.7	359.2	382.9	256.7	254.0	268.1	281.3	235.7	375.6	373.3
	“十二五”年平均	340.2	405.9	386.4	401.9	342.2	365.5	246.5	238.2	245.4	254.7	214.0	364.5	353.7
	比“十一五”增减（±%）	8.78	5.71	16.08	5.19	7.10	12.55	13.19	5.80	13.45	13.73	17.74	2.71	9.14

年减少 1 个县市。

生产大县的小麦单产显著高于全国平均水平，“十二五”的单产增幅也较大。2010 年小麦面积 150 万亩以上的县市平均单产 418.32 千克 / 亩，面积在 75 万 ~150 万亩之间的县市平均单产 414.72 千克 / 亩，同期全国平均单产 316.56 千克 / 亩。2013 年小麦面积 150 万亩以上的县市平均单产 440.83 千克 / 亩，面积在 75 万 ~150 万亩之间的县市平均单产 418.72 千克 / 亩，同期全国平均单产 337.04 千克 / 亩。面积 150 万亩以上的县市单产增幅显著高于面积 75 万 ~150 万亩的县市。

表 1-1-5 生产大县在全国小麦生产中的地位变化

面积	年份	县市（个）	面积（万亩）	产量（万吨）	面积占比（%）	产量占比（%）	单产（千克 / 亩）
75 万亩以上	2010	129	14 697.6	6 105.4	40.39	53.01	415.40
	2013	120	13 721.4	5 879.9	37.93	48.23	428.52
75 万 ~150 万亩	2010	114	12 176.9	5 049.9	33.47	43.84	414.72
	2013	106	11 438.7	4 873.6	31.62	39.97	426.06
150 万亩以上	2010	15	2 520.7	1 055.5	6.93	9.16	418.72
	2013	14	2 282.7	1 006.3	6.31	8.25	440.83

150 万亩以上的小麦生产大县主要集中于安徽、河南和山东，与 2010 年相比，安徽和河南 150 万亩以上的生产大县数量增加，山东减少。75 万 ~150 万亩的小麦生产大县主要集中于黄淮海地区的河南、山东、安徽和江苏。“十二五”，山东小麦种植面积在 75 万 ~150 万亩的县市的数量减少，宁夏回族自治区（以下简称宁夏）和陕西的数量也减少。

“十二五”，许多生产大县的小麦生产波动较大。在 2010 年、2013 年面积均在 75 万亩以上的 103 个县市中，2013 年 21 个县的小麦面积与 2010 年相比降幅大于 5%，其中黑龙江省嫩江县面积降幅达到 40.84%，安徽省五河县、河南省泌阳县的面积降幅也均超过 10%。16 个县的面积增幅超过 5%，其中新疆的奇台县、内蒙古的牙克石市面积增幅分别为 31.99% 和 23.06%，湖北的枣阳市、襄州市和河南的沈丘县面积增幅也均在 10% 以上（表 1-1-6）。

表 1-1-6 “十二五”小麦生产大县的分布情况

小麦面积	省（自治区）	个数	比 2010 年增减（个）
150 万亩以上	黑龙江	0	−1
	安徽	8	5
	山东	1	−1
	河南	5	1

（续表）

小麦面积	省（自治区）	个数	比 2010 年增减（个）
75 万 ~150 万亩	河北	3	0
	内蒙古	1	0
	黑龙江	1	1
	江苏	15	1
	安徽	11	-1
	山东	18	-5
	河南	38	-1
	湖北	3	1
	陕西	1	-1
	宁夏	0	-2
	新疆	1	0

第二节　“十二五”我国小麦品质状况

收集了“十一五”和“十二五”中国小麦质量报告、黄淮麦区强筋小麦质量报告、国家小麦产业技术体系全国主要麦区小麦营养品质和卫生安全状况调研报告，以及相关文献和调研数据，对“十二五”我国小麦商品质量、加工品质、营养品质和卫生安全指标的整体状况及变化趋势进行分析和总结。

一、全国及主产区小麦商品品质状况

根据国家收购政策规定，最低收购价小麦按国家质量标准收购，分等计价。按照 2008 年发布的小麦质量国家标准，小麦质量按容重定等，分 5 个等级，其中三等为中等，容重≥ 750（克 / 升），其余相邻等级容重差 20（克 / 升）；一等、二等小麦不完善粒≤ 6%，三等、四等≤ 8%，五等≤ 10%。2010 年，国家发展和改革委员会、国家粮食局、财政部、国家质量监督检验检疫总局修订印发了《关于执行粮油质量国家标准有关问题的规定》，根据规定，不完善粒超过 10% 的小麦不得作为政策性粮收购。通过小麦籽粒容重和不完善粒两个指标对小麦商品品质进行简要分析表明，“十二五”，部分主产麦区小麦籽粒容重略有提高，但与其他年份相比，2013 年小麦籽粒容重相对较低；部分麦区小麦不完善粒情况突出，2014 年、2015 年特别是 2015 年小麦不完善粒的比例偏高。

1. 小麦籽粒容重变化

2011 年、2013 年、2014 年全国主产麦区小麦籽粒平均容重分别为 798 克 / 升、788 克 / 升、794 克 / 升，基本均高于 2006 年 789 克 / 升的均值，与 2010 年相近。“十二五”小麦样品容重的极差值在 140~177 克 / 升，显著小于 2006 年（表 1-2-1）。

表 1-2-1 “十二五”全国及主产麦区小麦容重情况 （单位：克 / 升）

主产区		2006	2010	2011	2013	2014
全国主产麦区	低值	675	700	712	706	674
	高值	885	842	852	863	851
	平均值	789	794	798	788	794
	极差	210	142	140	157	177
华北北部强筋麦区	低值	682	756	739	736	751
	高值	824	830	825	817	841
	平均值	771	800	797	770	797
	极差	142	74	86	81	90
黄淮北部强筋、中筋麦区	低值	498	730	751	739	749
	高值	833	842	840	841	836
	平均值	789	796	805	789	803
	极差	335	112	89	102	87
黄淮南部中筋麦区	低值	742	716	744	733	744
	高值	885	841	839	863	836
	平均值	794	800	797	794	796
	极差	143	125	95	130	92
长江中下游中筋、弱筋麦区	低值	675	713	728	730	732
	高值	825	839	828	827	836
	平均值	777	781	789	783	786
	极差	150	126	100	97	104
四川盆地中筋弱筋麦区	低值	751	700	712	708	674
	高值	817	838	830	835	825
	平均值	784	774	779	774	759
	极差	66	138	118	127	151
东北强筋、北部中筋、西北强筋中筋、青藏高原春麦区	低值	748	734	738	706	748
	高值	845	839	852	854	851
	平均值	805	800	801	798	813
	极差	97	105	114	148	103

从不同主产区来看，华北北部强筋麦区“十二五”小麦籽粒容重的最低值均在736克 / 升以上，显著高于2006年小麦容重的低值682克 / 升；各年份小麦容重的高值相近；除2013年容重均值略低于2006年外，2011年、2014年小麦籽粒容重显著高于2006年，与2010年相近。黄淮北部强筋、中筋麦区“十二五”小麦容重的最低值均在739克 / 升以上，显著高于2006年小麦容重低值498克 / 升，各年份小麦容重高值相近，容重极差变小。长江中下游中筋、弱筋麦区，“十二五”小麦容重的低值和平均值比2006年提高。

四川盆地中筋弱筋麦区，“十二五”小麦籽粒容重低值变低、高值变高，均值低于2006年。黄淮南部中筋麦区和东北强筋、北部中筋、西北强筋中筋、青藏高原春麦区，“十二五”小麦容重变化不大。

整体来看，“十二五”华北北部、黄淮北部、长江中下游麦区小麦籽粒容重趋于提高，黄淮南部、四川盆地、东北、西北麦区的小麦籽粒容重没有显著地提高。

根据对黄淮麦区强筋小麦的检测结果，“十二五”该区强筋小麦籽粒容重各年均值在788~800克/升之间，其中2011年最高，为799.4克/升，2013年最低为788.7克/升（表1-2-2）。

表1-2-2 2011—2015年黄淮麦区强筋小麦样品容重 （单位：克/升）

年份	2011	2012	2013	2014	2015	2011—2015
样本数（个）	244	313	326	246	160	1 289
平均值	799.4	794	788.7	796	795.7	794.3
CV%	2.43	2.65	3.16	3.14	3.61	3.01

2. 小麦不完善粒情况

根据对黄淮麦区小麦样品的检测结果（表1-2-3），“十二五”该区小麦不完善粒所占比例年度间差异较大。2011年、2012年不完善粒所占比例较低，平均值为2.3%~2.72%之间，2013年不完善粒所占比例最低，仅为1.58%，2014年、2015年不完善粒明显增多，不完善粒所占比例分别达到了3.32%和6.15%。

表1-2-3 2011—2015年黄淮麦区小麦样品不完善粒 （单位：%）

年份	2011	2012	2013	2014	2015	2011—2015
样本数（个）	244	313	326	246	160	1 289
平均值	2.3	2.72	1.58	3.32	6.15	2.89
CV%	98.09	65.78	179.05	71.25	127.16	130.43

2015年夏季，因为黄淮南部麦区和长江中下游麦区小麦在抽穗扬花以及收割期间，连续遭遇阴雨天气，小麦品质较差，部分麦区不完善粒偏高，甚至超过15%，达不到小麦最低收购价国家标准。河南省南阳、信阳、驻马店、周口、许昌、漯河、平顶山等7市，安徽霍邱、江苏泰兴、湖北襄阳等麦区均有部分小麦不完善粒超过国家规定标准，无法按照国家最低收购价政策进行收购，特别是河南信阳、南阳地区超7成小麦不完善粒超标。根据调研报道2015年河南方城县小麦产量约40万吨，其中不完善粒10%以下的仅有6万吨，占总产量的15%；不完善粒10%~20%的有8万吨，占20%；不完善粒20%~30%的有20万吨，占50%；不完善粒30%以上的有6万吨，占15%。而2014年方城县托市粮普遍在二级以上，即不完善粒在6%以内。

临颍县 2015 年小麦总产量达 32 万吨，该县东半部麦区小麦不完善粒在 13%~15%，西半部麦区小不完善粒在 15%~20%。

小麦不完善粒偏高会严重影响小麦品质，不完善粒超过国家规定标准，无法按照国家最低收购价政策进行收购，也导致大量粮食积压在种植户和粮食经纪人手中，出现“卖粮难”问题。为缓解“卖粮难”，2015 年安徽省启动对不完善粒小麦省级临时收储，河南对不完善粒超标小麦收购进行补贴。

二、全国及主产区小麦加工品质状况

1. 小麦加工品质主要指标的变化

全国样品总体来看（表 1-2-4），籽粒粗蛋白含量的平均值各年份相近，与 2006 年相比，2010 年、2011 年、2013 年、2014 年的籽粒粗蛋白含量的低值更低、高值更高。特别是 2013 年极差达到 11.91%。说明“十二五”小麦籽粒粗蛋白含量没有显著提高或降低，年际间变化较大。湿面筋含量的高值变高，2006 年、2009 年分别为 39.6% 和 39.5%，2011 年、2013 年、2014 年均大于 42%，“十二五”小麦湿面筋含量有所提高。

表 1-2-4 “十二五”小麦质量和品质主要指标的变化情况（全国平均）

指标		2006	2009	2010	2011	2013	2014
籽粒粗蛋白含量（%）	低值	9.12	9.19	8.66	9.36	7.86	9.09
	高值	17.32	17.52	18.9	17.21	19.77	18.95
	平均值	13.83	13.58	13.9	13.97	13.87	13.84
	极差	8.2	8.33	10.24	7.85	11.91	9.86
面粉湿面筋含量（%）	低值	17.9	15.4	14.6	18.9	15.1	17.4
	高值	39.6	39.5	40.4	43.1	42.1	42.1
	平均值	30	29.9	29.8	30.7	30	29.6
	极差	21.7	24.1	25.8	24.2	27	24.7
降落数值（秒）	低值	199	88	62	62	62	62
	高值	580	493	519	553	602	561
	平均值	350	338	338	350	321	346
	极差	381	405	457	491	540	499
面团稳定时间（分钟）	低值	0.6	0.8	0.7	0.4	0.6	0.7
	高值	46.6	35.4	53.5	47.2	48.2	53.8
	平均值	6.6	5	4.8	5.4	5	4.3
	极差	46	34.6	52.8	46.8	47.6	53.1

“十二五”降落值的平均值和高值与“十一五”相比无显著差别，但降落数值的低值偏低，仅为62秒，而2006年、2009年降落值低值分别为199秒和88秒，原因是“十二五”部分麦区的穗发芽情况比较严重。面团稳定时间各年间的变化大，“十二五”的面团稳定时间没有显著延长。

华北北部强筋麦区，“十二五”各年度间小麦籽粒粗蛋白含量相近，小麦降落值低值、高值和均值比2006年提高；面团稳定时间各年差别大，2013年的高值为18.9分钟，2011年、2014年分别为47.2分钟和53.8分钟；从均值来看，面团稳定时间近几年要低于2006年，2014年也低于2011年、2013年（表1-2-5）。说明，“十二五”该区小麦降落值均有改善，籽粒蛋白质含量没有显著变化，面团稳定时间整体有变短趋势。

表1-2-5　“十二五”小麦质量和品质主要指标的变化情况（华北北部强筋麦区）

指标		2006	2010	2011	2013	2014
籽粒粗蛋白含量（%）	低值	12.71	12.52	12.62	12.88	13.1
	高值	17.19	17.49	16.15	16.08	16.25
	平均值	14.84	14.63	14.09	14.16	14.36
	极差	4.48	4.97	3.53	3.2	3.15
面粉湿面筋含量（%）	低值	24.9	25.7	26.6	25.3	26.7
	高值	39.6	38.1	35.4	34.3	37.1
	平均值	32.3	31.2	30.5	31.2	30.2
	极差	14.7	12.4	8.8	9	10.4
降落数值（秒）	低值	164	200	252	218	287
	高值	449	504	445	588	520
	平均值	345	383	366	377	390
	极差	285	304	193	370	233
面团稳定时间（分钟）	低值	0.6	1	0.4	1.2	1
	高值	39.1	51.3	47.2	18.9	53.8
	平均值	8.6	6.6	6.2	4.3	4.6
	极差	38.5	50.3	46.8	17.7	52.8

黄淮北部强筋、中筋麦区，“十二五”各年份小麦籽粒粗蛋白含量的高值和均值相近，低值提高，其中2013年的低值达到11.31%；小麦面粉湿面筋含量的低值为23.7%~23.8%，比2006年、2010年提高；小麦降落数值年际间差别大；面团稳定时间的高值变化大，极差变大，均值低于2006年（表1-2-6）。说明“十二五”该区籽粒蛋白质含量、面粉湿面筋含量的低值有所提高，平均水平未有显著提高，降落值和面团稳定时间的年际间差异较大，未见显著改善。

表 1-2-6 “十二五”小麦质量和品质主要指标的变化情况（黄淮北部强筋、中筋麦区）

指标		2006	2010	2011	2013	2014
籽粒粗蛋白含量（%）	低值	9.96	10.04	10.99	11.31	10.74
	高值	17.06	17.76	16.42	17.13	17.13
	平均值	14.35	14.22	14.04	14.34	14.04
	极差	7.1	7.72	5.43	5.82	6.39
面粉湿面筋含量（%）	低值	20.1	21.5	23.8	23.7	23.7
	高值	38.1	39.5	38.8	37.7	37.7
	平均值	31.5	30.7	31.4	31.3	31.3
	极差	18	18	15	14	14
降落数值（秒）	低值	126	98	138	88	222
	高值	580	512	458	602	465
	平均值	363	393	376	364	375
	极差	454	414	320	514	243
面团稳定时间（分钟）	低值	0.7	1.2	1	1	0.8
	高值	46.6	53.5	29.8	48.2	19.1
	平均值	8.6	5.3	4.9	5.1	4.1
	极差	45.9	52.3	28.8	47.2	18.3

表 1-2-7 “十二五”小麦质量和品质主要指标的变化情况（黄淮南部中筋麦区）

指标		2006	2010	2011	2013	2014
籽粒粗蛋白含量（%）	低值	10.83	10.78	10.16	11.08	11.78
	高值	17.32	18.82	16.87	17.53	18.95
	平均值	13.79	14.12	14.14	14.68	14.37
	极差	6.49	8.04	6.71	6.45	7.17
面粉湿面筋含量（%）	低值	21.3	23.4	19.4	23.9	22.2
	高值	38.6	40.4	43.1	42.1	42.1
	平均值	29.7	31	32	32.7	31.2
	极差	17.3	17	23.7	18.2	19.9
降落数值（秒）	低值	154	73	143	95	235
	高值	481	519	553	588	527
	平均值	345	321	366	341	371
	极差	327	446	410	493	292
面团稳定时间（分钟）	低值	1	1.2	1.1	1.1	0.8
	高值	35.8	27.1	28.5	26.9	27.9
	平均值	5.4	4.9	5.6	6	4.7
	极差	34.8	25.9	27.4	25.8	27.1

黄淮南部中筋麦区，“十二五”小麦籽粒粗蛋白含量均值、面粉湿面筋含量均值、降落值高值高于 2006 年；面团稳定时间的高值比 2006 年降低；2013 年小麦降落值均值和低值显著低于 2011 年和 2014 年，主要是该年度部分样品小麦穗发芽情况较为严重（表 1-2-7）。说明，“十二五”该区粗蛋白含量、面粉湿面筋有所提高，但部分年份受穗发芽等的影响，降落值偏低。

长江中下游中筋、弱筋麦区，“十二五”小麦籽粒粗蛋白含量和面粉湿面筋含量的低值、高值和均值均比 2006 年、2010 年提高；降落值除 2013 年偏低外，也高于 2006 年、2010 年；面团稳定时间的低值、高值和均值均高于 2006 年，但年际间差别较大；各指标值得极差与 2006 年相比均增大（表 1-2-8）。

表 1-2-8　“十二五”小麦质量和品质主要指标的变化情况（长江中下游中筋、弱筋麦区）

指标		2006	2010	2011	2013	2014
籽粒粗蛋白含量（%）	低值	9.12	9.72	10.56	9.91	10.06
	高值	15.38	17.49	17.21	19.77	16.63
	平均值	12.3	13.36	13.41	13.63	13.37
	极差	6.26	7.77	6.65	9.86	6.57
面粉湿面筋含量（%）	低值	18.1	17.6	21.4	19.4	19.2
	高值	35.1	36.2	40	41.7	36.2
	平均值	26	27.9	29.6	29.4	28.5
	极差	17	18.6	18.6	22.3	17
降落数值（秒）	低值	264	68	188	156	242
	高值	401	490	500	417	561
	平均值	338	305	350	295	359
	极差	137	422	312	261	319
面团稳定时间（分钟）	低值	0.9	0.7	1.2	1.7	1.2
	高值	16.9	27.3	23.5	33.5	18.2
	平均值	4.3	4.9	7.5	5	5.1
	极差	16	26.6	22.3	31.8	17

说明，“十二五”该区粗蛋白含量、面粉湿面筋含量、面团稳定时间均有所提高，部分年份受穗发芽等的影响，降落值偏低。该区为中筋和弱筋麦区，中筋小麦和弱筋小麦对籽粒蛋白质含量、湿面筋含量、面团稳定时间的要求标准不同，弱筋小麦的籽粒蛋白质含量、湿面筋含量、面团稳定时间的提高意味着弱筋小麦加工品质降低，提示在弱筋小麦产区不能为了追求产量施用过多氮肥。

四川盆地中筋弱筋麦区，“十二五”小麦籽粒粗蛋白含量低值变低，面筋湿面筋含量高值变高，降落值低值、高值、平均值都低于 2006 年，面团稳定时间的高值变动大，平均值变动不大（表 1-2-9）。说明，“十二五”该区小麦质量和品质指标的样品间差异趋于变大；另外降落值偏低，反映了受穗发芽等的影响较大。

表 1-2-9 “十二五”小麦质量和品质主要指标的变化情况（四川盆地中筋弱筋麦区）

指标		2006	2010	2011	2013	2014
籽粒粗蛋白含量（%）	低值	10.22	8.66	9.44	7.86	9.09
	高值	16.26	16.1	16.84	17.06	16.54
	平均值	12.6	12.81	13.99	11.98	13.06
	极差	6.04	7.44	7.4	9.2	7.45
面粉湿面筋含量（%）	低值	17.9	19.4	18.9	15.1	17.4
	高值	31.1	30.9	34.8	36.8	36.6
	平均值	25.9	24.3	27.6	24.5	26.4
	极差	13.2	11.5	15.9	21.7	19.2
降落数值（秒）	低值	199	62	62	62	62
	高值	373	413	386	438	372
	平均值	267	259	198	203	198
	极差	174	351	324	376	310
面团稳定时间（分钟）	低值	0.8	0.8	0.5	0.6	0.7
	高值	13.1	6.6	13.6	18.7	8.5
	平均值	3.2	2.5	2.9	2.8	3.1
	极差	12.3	5.8	13.1	18.1	7.8

东北强筋、北部中筋、西北强筋中筋、青藏高原春麦区，“十二五”小麦籽粒粗蛋白含量的低值变低，湿面筋含量的低值变高，高值变低，降落值的低值变低，高值变高，均值变小，面团稳定时间的低值、高值、均值比 2006 年均变低（表 1-2-10）。说明，“十二五”该区小麦质量和品质主要指标没有显著的变化，部分指标如籽粒粗蛋白含量、面团稳定时间和降落值有降低趋势。

表 1-2-10 “十二五”小麦质量和品质主要指标的变化情况

（东北强筋、北部中筋、西北强筋中筋、青藏高原春麦区）

指标		2006	2010	2011	2013	2014
籽粒粗蛋白含量（%）	低值	11	10.06	9.36	9.56	10.1
	高值	16.49	18.9	17.16	16.53	16.2
	平均值	13.43	14.05	13.89	13.07	13
	极差	5.49	8.84	7.8	6.97	6.1

（续表）

指标		2006	2010	2011	2013	2014
面粉湿面筋含量（%）	低值	15.5	18	20.1	18.3	18.8
	高值	42.7	39	40.7	36.3	36.2
	平均值	28.6	29.2	29.2	27.4	27.8
	极差	27.2	21	20.6	18	17.4
降落数值（秒）	低值	239	172	114	62	85
	高值	419	487	464	544	508
	平均值	344	332	315	307	329
	极差	180	315	350	482	423
面团稳定时间（分钟）	低值	1.3	1.3	1.2	1	0.9
	高值	32.1	14.2	13.6	15.3	9.5
	平均值	7.8	4	4.5	4.8	4.3
	极差	30.8	12.9	12.4	14.3	8.6

2. 小麦加工品质的优质率情况

从2013年（813个小麦样品）、2014年（735个小麦样品）小麦优质率达标情况来看，我国小麦达到蒸煮品质优良的样品比例较高，为32.47%~34.29%，达到面包烘焙品质优良的样本比例较少，仅为3.81%~4.49%。根据国家标准，达到强筋一等和二等标准的样品比例不足2%，达到弱筋标准的不足0.5%。达到郑州商品交易所（以下简称郑商所）强筋一等和二等标准的样本比例2013年为7.13%，2014年为2.73%。

与2013年相比，2014年达到国标优质强筋一等标准、国标优质强筋二等标准、国标优质弱筋标准、郑商所强筋一等标准、郑商所强筋二等标准、中强筋标准的小麦样品的优质率均降低，而面包烘焙品质优良的小麦样品比例和蒸煮品质优良的样品比例提高。

说明，我国小麦品种还是以蒸煮品质优良的品种为主，达到面包烘焙品质优良的小麦品种比例很少，达到国标的优质强筋小麦品种和优质弱筋小麦品种更少。与2013年相比，2014年达到国标或郑商所优质标准的小麦品种比例呈现下降趋势（表1-2-11）。

表1-2-11　2013年、2014年小麦加工品质优质率情况

样品分组	2013		2014	
	样品数（个）	优质率（%）	样品数（个）	优质率（%）
	813		735	
国标优质强筋一等标准	9	1.11	3	0.41
国标优质强筋二等标准	6	0.74	10	1.36

（续表）

样品分组	2013		2014	
	样品数（个）	优质率（%）	样品数（个）	优质率（%）
国标优质弱筋标准	4	0.49	1	0.14
郑商所强筋一等标准	30	3.69	7	0.95
郑商所强筋二等标准	28	3.44	13	1.77
中强筋标准	67	8.24	42	5.71
面包烘焙品质优良的样品	31	3.81	33	4.49
蒸煮品质优良的小麦样品	264	32.47	252	34.29

3. 黄淮麦区强筋小麦品质状况

黄淮麦区砂姜黑土强筋小麦质量报告（CARS-03-02A），对黄淮麦区安徽、河北、河南、江苏、山东5省的高产强筋小麦的质量指标和品质性状进行了分析。根据报告提供数据，对该区域“十二五”的小麦品质状况进行简要评述。

“十二五”，黄淮麦区小麦样品的容重平均为794.3克/升，籽粒粗蛋白含量平均为14.76%，面粉湿面筋含量为33.26%，降落值数为338.5秒，面团稳定时间为15.19分钟，其中面团稳定时间的变异系数较高，达到66.14%（表1-2-12）。

从各性状年际间变化来看，2013年小麦样品的容重显著低于其他年份；2013年籽粒粗蛋白含量显著高于其他年份，2014年、2015年的籽粒粗蛋白质含量显著低于其他年份；2012年小麦样品的湿面筋含量显著高于其他年份，2015年的湿面筋含量显著低于其他年份；2013年小麦样品的降落数值显著高于其他年份，2013年的降落数值显著低于其他年份；2011年小麦样品的面团稳定时间显著高于其他年份，2013年、2014年的面团稳定时间显著低于其他年份。

表1-2-12　2011—2015年黄淮麦区小麦样品品质性状变化情况

年份		2011	2012	2013	2014	2015	2011—2015
样本数		244	313	326	246	160	1 289
容重（克/升）	平均值	799.4	794.0	788.7	796.0	795.7	794.3
	CV（%）	2.43	2.65	3.16	3.14	3.61	3.01
籽粒粗蛋白含量（%）	平均值	14.37	15.51	15.79	13.6	13.57	14.76
	CV（%）	7.50	8.14	9.83	7.01	8.36	10.51
面粉湿面筋含量（%）	平均值	31.13	36.05	35.22	31.17	30.24	33.26
	CV（%）	9.49	12.71	13.98	9.18	11.15	13.94
降落数值（秒）	平均值	343.3	374.8	294.8	362.0	312.9	338.5
	CV（%）	12.17	12.29	24.45	19.55	25.20	20.04
面团稳定时间（分钟）	平均值	18.95	16.74	13.27	11.97	15.31	15.19
	CV（%）	54.57	64.27	81.05	64.15	74.12	66.14

“十二五”，在检测的 1 289 份小麦样品中，优质强筋小麦样品比例 35.8%，优质强筋小麦品种比例为 36.8%（表 1-2-13）。各年份间优质比例差异大，其中 2012 年的优质比例最高，2013 年次之，2014 年和 2015 年较低。2015 年，在检测的 160 份样品（涉及 65 个小麦品种）中，达到国标强筋小麦一等的样品 3 份，比例为 1.88%，达到国标强筋小麦二等的样品 22 份，比例 13.75%（表 1-2-14）。

表 1-2-13　“十二五”黄淮麦区优质强筋小麦样品和品种比例

年份	样品数量（个）	优质小麦样品比例（%）	优质小麦品种比例（%）
2011	244	31.6	40.5
2012	313	68.4	57.7
2013	326	32.8	50
2014	246	16.7	21.4
2015	160	15.6	23.1
2011—2015	1289	35.8	36.8

表 1-2-14　2015 年黄淮麦区强筋小麦优质率情况

样品分组	样品数(个)	优质率(%)
	160	
达到国标强筋小麦一等	3	1.88%
达到国标强筋小麦二等	22	13.75%

分区域来看，“十二五”，河南优质小麦达标样品数最多，山东次之，安徽仅次于山东，江苏和河北较少（表 1-2-15）。

表 1-2-15　“十二五”黄淮麦区各省优质小麦样品达标情况　（个）

年份	山东	河南	河北	江苏	安徽
2011	20	19	8	13	17
2012	43	98	12	10	51
2013	43	98	12	10	51
2014	2	21	8	3	7
2015	0	17	7	2	1
2011—2015	109	191	36	37	93

三、小麦营养品质和卫生安全状况

根据国家小麦产业技术体系近几年的持续检测，以及与 2013 年发布的中国居民膳食营养素参考摄入量中的规定（DRIs）进行对比分析，我国主要麦区小麦营养品质和卫生安全状况大部分达到国家粮食安全标准。

1. 小麦籽粒大量营养元素含量

根据对大量营养元素的检测结果，2010—2014 年我国主要麦区小麦样品中氮含量均值为 20.82~22.76 克 / 千克，磷含量均值为 2.53~3.51 克 / 千克，钾均值含量为 3.62~4.22 克 / 千克，钙含量均值为 428~490 克 / 千克，镁含量均值为 1 337~1 587 克/ 千克（表 1-2-16）。与参考摄入量相比，小麦籽粒磷含量、镁含量均不超出摄入量上限，钾含量和钙含量都低于推荐量下限。

表 1-2-16　中国主要麦区小麦样品中大量营养元素含量均值

年份	氮（克 / 千克）	磷（克 / 千克）	钾（克 / 千克）	钙（克 / 千克）	镁（克 / 千克）
2010	22.22	3.51	3.44	0.49	
2011	20.82	2.53	3.62	0.43	1.34
2013	22.53	3.41	4.22	0.44	1.55
2014	22.76	3.47	3.74	0.49	1.59
参考摄入量下限			7.5	3	1.35
参考摄入量上限		13.125		7.5	2.625

2. 小麦籽粒微量营养元素含量

根据对微量营养元素的检测结果，2010—2014 年我国主要麦区小麦样品中铁含量均值为 48.2~53.5 毫克 / 千克，锰含量均值为 36.3~40.05 毫克 / 千克，铜含量均值为 5.07~5.66 毫克 / 千克，锌含量均值为 31.1~35.5 毫克 / 千克，硼含量均值为 0.74~0.75 毫克 / 千克，钼含量均值为 0.48~0.48 毫克 / 千克，硒含量均值为 0.06~0.084 毫克 / 千克（表 1-2-17）。

与参考摄入量相比，2014 年 72.5% 的小麦样品籽粒铁含量低于 56.25 毫克 / 千克的推荐量，从不同区域来看，黑龙江、新疆、河南南部、江苏、贵州的小麦籽粒铁含量较高；74.69% 的小麦样品籽粒锰含量超过了 32.5 毫克 / 千克的推荐量，从不同区域来看，河南、安徽、贵州、湖北的小麦籽粒锰含量较高。

所测样品的小麦籽粒铜含量都低于参考摄入量上限；75% 的小麦样本籽粒锌含量低于推荐值 40 毫克 / 千克，其中贵州、云南、四川、黑龙江的小麦籽粒锌含量较高。30% 的小麦样品籽粒钼含量高于推荐量下限，3.25% 的小麦样品籽粒钼含量高于推荐量上限，陕西北部、甘肃、河北北部的小麦籽粒钼含量较高；3% 的小麦样品籽粒硒含量高于 0.18 毫克 / 千克 的推荐量下限，其中河南、山东西部、陕西、湖北的小麦籽粒硒含量较高。

表 1-2-17　中国主要麦区小麦样品中微量营养元素含量均值　（毫克 / 千克）

年份	铁	锰	铜	锌	硼	钼	硒
2010	53.5	39.7	5.66	32.5			0.044
2011	48.2	36.3	5.52	31.1			0.06
2013	49.3	40.05	5.3	33.8	0.75	0.48	0.084
2014	49.13	39.31	5.07	35.5	0.74	0.49	0.043
参考摄入量下限	56.25	13.1	7.5	40		0.225	0.18
参考摄入量上限	187	32.5	30			1.35	1.5

第三节　“十二五”我国小麦主产区的环境条件变化

一、气象条件变化及主要影响

“十二五”我国小麦主产区气象条件的主要特点是：小麦生育期间平均温度持平略降，降水量略有增加，极端天气气候事件频发，病虫害有加重趋势，气象灾害和病虫害对小麦生产的影响呈现叠加效应；不同麦区气候条件存在显著差异，变化趋势也不同。各年份间，2011 年、2013 年偏旱，低温冻害偏多，自然灾害较为严重。

1. 平均气温持平略降，降水量略增，不同区域变化趋势不同

与“十五”和“十一五”相比，“十二五”主要冬麦区小麦生育期间的气温、降水变化存在差异，并呈现一定的区域连片的特征（表 1-3-1）。从 11 个主产省（自治区）的平均值来看，2011—2014 年的气温比“十五”和“十一五”分别降低 0.02℃和 0.14℃，年降水量比“十五”减少 41.97 毫米，比“十一五”增加 9.1 毫米。

分省（自治区）来看，河北、山东、江苏、安徽各省的平均气温比“十五”和“十一五”呈现降低；河南、湖北、山西、陕西、甘肃各省呈现增高趋势；四川和新疆的平均气温比“十五”升高，略低于“十一五”。河北、四川、山西、陕西、甘肃各省的年均降水量，比“十五”和“十一五”的年均降水量增加；河南、山东、江苏、安徽、湖北的年均降水量有所降低。

表 1-3-1　“十二五”小麦主产区气温和降水量情况

产区	平均气温（℃）			年降水量（毫米）		
	2010—2014	比“十五”增减	比“十一五”增减	2010—2014	比“十五”增减	比“十一五”增减
河南	5.03	0.61	0.24	669.16	-113.53	-92.04
河北	-1.07	-0.88	-0.62	523.34	50.72	19.83
山东	2.96	-0.10	-0.33	674.90	-39.31	-40.02
江苏	5.74	-0.79	-0.66	993.03	-10.33	-55.90
安徽	5.95	-0.04	-0.28	1 197.33	-606.61	-18.05

（续表）

产区	平均气温（℃）			年降水量（毫米）		
	2010—2014	比“十五”增减	比“十一五”增减	2010—2014	比“十五”增减	比“十一五”增减
湖北	10.86	0.22	0.42	1265.03	−168.32	−182.09
四川	2.91	0.22	−0.04	932.75	16.22	70.12
山西	−2.61	0.02	0.10	537.26	59.24	63.95
陕西	1.27	0.33	0.21	711.43	100.00	72.52
甘肃	−4.07	0.39	0.23	430.54	137.23	144.84
新疆	−4.79	0.26	−0.29	150.58	−1.58	2.52
各省平均	1.73	−0.02	−0.14	716.70	−41.97	9.12

2. 气温条件年际间波动大，区域连片特点明显

“十二五”小麦主产区各年份的气温条件差异显著，并呈现区域连片的特点（表1-3-2）。在冬小麦播种期间和冬前期，2012年西北和北方小麦主产省包括河北、山西、陕西、甘肃、新疆等省区气温显著偏低；2014年，除新疆外，其他小麦主产省气温普遍偏高。小麦越冬期间，2010—2011年、2012—2013年气温偏低，2014—2015年越冬期气温明显高于其他年份。3—5月小麦产量形成阶段，2011、2013年气温偏低。

表1-3-2 “十二五”小麦主产省（自治区）主要时期气温情况（单位℃）

时间	地区	河南	河北	山东	江苏	安徽	湖北	四川	山西	陕西	甘肃	新疆
上年9—11月	2011	4.88	−1.70	3.06	6.28	6.49	7.81	4.00	−2.29	1.80	−2.65	−2.71
	2012	4.83	−1.25	3.60	6.64	6.85	7.91	3.81	−1.89	2.57	−2.33	−2.83
	2013	4.72	−1.93	3.61	5.80	5.77	7.63	3.04	−4.10	−0.13	−5.06	−5.37
	2014	4.48	−1.90	3.03	5.73	5.10	7.00	2.84	−3.39	1.25	−4.06	−3.75
	2015	7.47	−0.07	5.01	8.28	8.43	10.52	4.66	0.13	3.92	−3.43	−5.34
上年12—当年2月	2011	−8.14	−16.10	−11.21	−7.26	−5.24	−3.91	−7.56	−18.29	−12.64	−19.62	−22.80
	2012	−6.39	−16.33	−10.21	−6.75	−5.76	−2.98	−5.77	−16.76	−10.93	−18.33	−22.48
	2013	−7.53	−18.25	−12.16	−6.65	−6.03	−4.08	−6.37	−17.77	−11.83	−18.51	−22.83
	2014	−7.74	−14.76	−8.73	−5.86	−6.84	−3.68	−7.26	−16.79	−11.09	−16.61	−20.36
	2015	−5.55	−13.36	−7.78	−5.42	−5.43	−2.27	−6.20	−14.89	−9.86	−16.07	−19.92
3—5月	2011	2.68	−1.47	1.37	3.42	3.52	5.56	2.15	−3.30	0.39	−4.65	−5.38
	2012	5.37	−1.34	2.17	4.97	5.92	7.65	2.73	−2.13	1.51	−3.30	−2.69
	2013	4.15	−1.38	0.86	2.89	3.77	6.42	3.01	−2.20	0.57	−3.53	−1.83
	2014	5.12	−0.61	2.50	3.77	5.35	7.94	3.00	−2.23	1.59	−4.00	−4.47
3月	2015	−2.49	−10.25	−5.87	−2.78	−1.12	0.47	−0.86	−10.69	−5.66	−10.74	−10.61

3. 降水偏少，存在年际间不平衡和季节性分配不均

小麦生长季降水量仍偏少，难以满足小麦生长需求。“十二五”，冬小麦生长期间的降水量较多是安徽和湖北，平均值为 201 毫米，江苏、四川平均值分别为 150 毫米和 135 毫米，河南和陕西为 115 毫米左右，山东、河北、山西、甘肃、新疆均不足 100 毫米，均远低于小麦正常水分需求。

从年际间变化和降水的时间分布来看，“十二五”小麦生长季降水仍存在严重的年际间不平衡和季节性分配不均（表 1-3-3）。以河南为例，2011—2012 年度小麦生长季降水量为 151.6 毫米，而 2010—2011 年度仅为 90.7 毫米。2011—2012 年度降水量相对偏多，但从季节分布看，降水主要集中在冬前 9—11 月，全省平均降水量 109.4 毫米，而 12 月至次年 5 月平均降水量仅 42.2 毫米。

从小麦主产省（自治区）来看，冬小麦播种和冬前期（上年 9—11 月），河南、山东、山西、陕西等产区在 2011—2012 年度，河南、山东、江苏、安徽、湖北、陕西在 2014—2015 年度的降水量较常年偏多，2010—2011 年度和 2012—2013 年度大多主产区偏旱。越冬期间（上年 12 月—次年 1 月），2010—2011 年度和 2011—2012 年度大多主产区偏旱。冬小麦产量形成期（3—5 月），2011 年河南、河北、山东、江苏、安徽、湖北、甘肃等省区均偏旱。从全生长季来看，2010—2011 年度河南、山东、江苏、安徽、湖北、陕西、山西的降水量显著少于常年，2013—2014 年度河南、山东的降水量也少于常年，均为偏旱年型。

表 1-3-3 “十二五”小麦主产省（自治区）主要时期降水情况　（单位：毫米）

时间	地区	河南	河北	山东	江苏	安徽	湖北	四川	山西	陕西	甘肃	新疆
上年9—11月	2011	51.2	39.8	35.3	68.4	74.9	80.4	66.7	34.9	44.7	25.9	15.9
	2012	109.4	29.1	71.3	40.1	52.1	77.3	72.7	68.8	124.7	32.2	9.0
	2013	45.7	50.6	36.1	61.5	69.8	81.5	73.7	33.3	52.9	20.4	10.0
	2014	32.5	30.3	32.9	68.1	56.6	72.6	74.9	31.9	43.9	20.4	7.5
	2015	103.9	32.2	50.4	81.5	101.3	114.9	76.2	53.0	91.2	32.2	11.8
上年12—当年2月	2011	10.6	2.9	8.8	19.3	23.2	17.4	10.3	5.1	7.3	2.3	7.0
	2012	6.0	1.0	7.2	26.5	40.9	22.0	11.9	1.6	4.4	2.9	4.8
	2013	15.0	5.2	20.0	48.5	58.6	30.3	5.0	4.6	6.5	2.6	6.5
	2014	13.5	2.4	6.7	37.2	48.9	30.1	8.2	5.0	6.3	2.7	5.3
	2015	8.2	4.4	9.0	21.5	39.8	36.5	9.0	5.2	5.2	2.4	4.8
3—5月	2011	28.9	17.5	23.7	35.0	50.3	55.9	55.6	23.2	39.1	13.7	12.8
	2012	36.2	23.1	28.4	61.9	112.0	115.7	51.5	25.3	38.4	21.7	9.2
	2013	56.5	12.1	46.1	65.3	106.5	115.5	64.2	22.8	50.5	20.1	13.9
	2014	50.7	23.6	34.5	69.6	111.8	104.3	48.7	35.4	52.6	21.0	9.2
3月	2015	34.6	3.4	4.7	64.7	83.8	61.6	17.8	5.3	28.0	7.3	6.9

4. 气象灾害频发，不同年份不同麦区发生程度不同

“十二五”，主产表区遭遇了干旱、雨涝渍害、高温、低温冻害、大风冰雹、干热风等多种自然灾害的为害，对区域小麦生产造成不同程度的影响。由于措施应对得当，没有对全国小麦产量造成明显的影响。表 1-3-4 列出了各年份不同省区发生的主要气象灾害。

表 1-3-4 “十二五”小麦主产区发生的主要气象灾害

年份	灾害种类	河南	河北	山东	江苏	安徽	湖北	四川	山西	陕西	甘肃	新疆
2011	干旱	*	*	*	*	*	*		*	*	*	*
	雨涝渍害											
	低温冻害		*	*		*	*	*		*	*	*
	高温											
	干热风											
	冰雹			*								
	倒伏											
2012	干旱		*			*						*
	雨涝渍害	*			*	*	*					
	低温冻害	*								*		*
	高温	*										
	干热风											
	冰雹			*								
	倒伏			*								
2013	干旱	*						*	*	*	*	
	雨涝渍害	*	*									
	低温冻害	*	*	*	*	*			*	*		
	高温					*		*				
	干热风	*										
	冰雹											
	倒伏	*		*								
2014	干旱	*										
	雨涝渍害					*	*					
	低温冻害								*	*	*	
	高温				*							
	干热风		*	*								
	冰雹											
	倒伏										*	
2015	干旱											
	雨涝渍害	*			*	*	*			*	*	
	低温冻害				*					*		
	高温				*							
	干热风		*	*								
	冰雹	*		*					*			
	倒伏	*									*	

* 各省发生的主要气象灾害

（1）干旱 “十二五”，我国小麦生产几乎每年都发生大范围或局部地区干旱灾害，特别是 2010—2011 年度和 2012—2013 年度，干旱发生区域广、持续时间长，对小麦生产的影响较重。干旱主要影响了旱地小麦的产量，有水浇条件的麦田由于多浇 1~2 次水，增加了生产成本。除此之外，部分麦区干旱和冷害形成叠加效应，加重了小麦冷害受灾程度，干旱与暖冬叠加，加重了干旱程度。

2010—2011 年度，除四川外，其他小麦主产省区均发生范围广泛的秋冬连旱或秋冬春连旱。河南秋冬春连旱导致旱地小麦减产明显，江苏生长季秋冬连旱，加之冬季低温、寒潮频繁，导致小麦苗期长势不足。河北麦区小麦生长季的平均总降水量为 84.6 毫米，大部分区域比常年偏少，致使本年度受旱麦田 2 032 万亩，其中严重受旱 342.8 万亩。山东干旱发生面积 3 500 万亩。湖北小麦受旱面积 900 万亩。

山西播期墒情较好，但冬春连旱，春季雨水推迟到 5 月上旬，产量受到影响。陕西关中灌区小麦播种后持续 100 余天无有效降雨，渭北旱地持续 130 余天没有有效降雨，为历史上 50 年一遇。甘肃麦区 2010 年秋播前后表墒较好，但 11 月至返青期，降水较常年同期偏少 78%，而且暖冬现象突出，导致越冬至拔节受旱加重，陇东麦区和中西部麦区受旱较重，中部麦区山旱地春小麦由于缺墒无法播种，只得改种秋作物；新疆自 2010 年入冬至 2011 年 2 月，南疆麦区无有效降水，河道来水偏少，大部分地区小麦返青期普遍出现旱情，受旱面积在 350 万亩以上，毁种面积 5 万余亩。

2012—2013 年度，河南麦播时受大范围长时期无有效降雨影响，全省有 470 万亩小麦于 11 上旬末降雨后才播种，致使小麦出苗晚，冬前苗小苗弱，生长发育差，苗情类型复杂，对产量影响较大。冬春干旱对四川旱地小麦生产造成显著影响，由于冬季干旱少雨，冬至前后耕层质量含水量降至 15% 左右，孕穗、开花阶段降至 10%~15%，旱地小麦群体不足、个体发育不良，使得穗少、穗小，单产较常年降低 20%~30%。山西 2013 年全省小麦总面积 1 015.5 万亩，其中受旱面积 625.5 万亩，严重受旱面积 246 万亩，产量显著降低。小麦播种后陕西的关中灌区持续 150 余天、渭北旱地持续 180 余天未有效降雨。甘肃麦区在冬春干旱及冬春较高气温的影响下，春季麦田表墒差，给冬小麦越冬返青和春小麦播种带来了严重的不利影响。

（2）雨涝渍害 不同时期发生的雨涝渍害对小麦的影响不同，“十二五”，雨涝对我国小麦生产的影响主要有：播种期阴雨导致晚播麦面积增大、抽穗扬花期阴雨诱发赤霉病重发、成熟收获期阴雨导致穗发芽。

播种期和苗期雨涝：秋季降雨特别是 9 月底至 10 月上中旬的降雨对冬小麦播种质量有显著影响。该时期北方麦区降雨适时、充足，土壤墒情适宜，则播种期集中、出苗整齐，为来年夏季丰收将奠定重要基础；但部分南方麦区，降雨过多会导致播种迟、播期不一致、出苗差，冬前长势差。“十二五”，部分麦区几乎每年都会发生播种期和苗期雨涝，影响冬前小麦长势。

2011 年度，河南小麦播种和苗期降雨较多，部分麦田形成苗期渍害，初生根下扎浅，加之气温偏高，地上部茎鞘徒长，叶片长薄而下披，呈现“头重脚轻”现象，个别群体过大地块甚至出现苗倒，直到越冬期随地表水下渗苗情才有所改善；安徽淮南地区秋种土壤墒情过湿，影响了小麦的正常播种出苗。2013 年，江苏麦区秋播期间过程性降雨多、气温持续偏低，造成小麦晚播比例高达 40% 左右。2014 年度小麦播种期河南南部和东南部麦区降雨偏多，部分麦田因田间积水或土壤过湿，播期推迟到 11 月上中旬，导致晚播麦田面积大。2015 年，江苏麦区秋播期间强降雨，导致土壤水分偏高，小麦播种进度严重滞缓，播期拉长，适期播种比例仅为 51.4%。

抽穗扬花期阴雨：春季 3 月以后，南方麦区阴雨连绵易导致麦田田间湿度过大，给赤霉病等病害的流行创造了条件。“十二五”南方麦区花期遇雨几率高，小麦感染赤霉病的概率大大增加，并且发病区域不断北移，严重影响小麦产量和品质。

2012 年，河南、江苏、湖北等麦区小麦扬花期遇雨，导致赤霉病区域性爆发流行，仅湖北省赤霉病发生面积就达 1 002.97 万亩，严重影响小麦粒重和产量。河南省小麦样品中的真菌毒素脱氧雪腐镰刀菌烯醇（DON）检出率高达 99%，超标率高达 9%，商品小麦质量降低严重。2014 年，湖北省小麦扬花期遭遇连阴雨，全省小麦条锈病发生面积 474.71 万亩，比上年增加 47.84 万亩，赤霉病发生面积 984.98 万亩，比上年增加 714.18 万亩。2015 年，河南麦区小麦生长后期气温持续偏低，加之扬花期遇雨，造成条锈病、赤霉病、叶锈病、白粉病较重发生。

成熟收获期阴雨：“十二五”多数年份，黄淮、长江中下游麦区在小麦成熟收获期降雨多，土壤湿度大，影响小麦根系发育，有利于病害发生。成熟期降雨过多，还易导致穗发芽，降低小麦品质。甘肃麦区因收获期阴雨导致的穗发芽也时有发生。

2013 年，河南中南部地区小麦成熟收获期遇雨，部分田块发生穗发芽，籽粒品质下降，商品率降低。河北部分麦区 5 月中旬至 6 月上旬降水量高达 100 毫米以上，土壤过湿，对后期根系有一定影响，致使千粒重降低。2014 年 4 月中下旬，由于连续的较强降雨过程，湖北中南部稻茬麦小麦渍害发生面积 20%~50%，其中中度渍害占 30% 左右，重度渍害占 10% 左右，受渍严重田块减产幅度达到 62.5%。2015 年，由于灌浆中后期降雨量偏多，湖北部分稻茬麦田受渍，赤霉病和条锈病较重，导致后期发生早衰。江苏麦区由于阴雨寡照，光合物质积累难，局部地区赤霉病较重，白粉病发生面积较大，对粒重有一定影响。2015 年，甘肃的陇东和陇南麦区局部县市受连阴雨的影响，穗发芽严重，其中平凉市灵台县 32 万亩小麦中 81.7% 穗发芽，变黑发霉、出芽变绿。

（3）高温　小麦生育期间温度过高对小麦生产的影响主要是在冬前、越冬期以及灌浆后期。

“十二五”各主产区普遍遭遇暖冬，暖冬与干旱或倒春寒叠加发生，会严重影响小麦生产。冬前和越冬期温度偏高，易导致南方和西南麦区开花期成熟期提前，生育期缩短，如 2013 年暖冬条件下，四川旱地小麦群体小、穗粒数低，减产较重。暖冬有利于小麦苗期长势，但也会削弱冬小麦对冻害的抵抗能力，如春季遭遇倒春寒，将加重低温冻害，造成小麦减产。

灌浆后期气温持续偏高导致“高温逼熟”，降低小麦粒重。2013 年、2014 年 5 月安徽麦区和江苏麦区均出现“高温逼熟”天气，叶片迅速早衰，成熟期提前，影响粒重。

（4）低温冻（冷）害　“十二五”低温冻（冷）害是影响小麦生产的重要气象灾害之一。山东省 5 年间冻害发生面积平均每年 292.49 万亩，减产幅度 7.34%，2011 年和 2013 年，冻害发生面积分别为 569.51 万亩和 444.69 万亩。小麦冻害主要有两种，即越冬期冻害与春季晚霜冻害。越冬期冻害主要发生在西北部麦区和南方部分麦区，黄淮麦区只要播期适时，越冬期冻害发生较少。春季晚霜冻害在大多数麦区频繁发生。

越冬期低温冻害：新疆是发生小麦越冬期冻害的主要地区，2011 年 1—3 月，持续低温且强度大，冬小麦返青较常年偏晚 2~19 天。南疆喀什、阿克苏、和田和克州等地冬小麦发生早春的融冻型小麦冻害，越冬死亡率平均为 18.2%，局部死苗率达 60% 以上。2012 年越冬期积雪形成迟，积雪偏薄地区冬小麦的冻害较为严重；3 月中下旬昌吉东部地区中雪，气温 -1~8℃，受灾面积 104.7 万亩，死苗面积 78.72 万亩，翻种 50 万亩。

个别年份南方麦区也会出现因冬季气温偏低导致的生育进程推迟。2011 年，受干旱影响湖北小麦冻害面积明显增加，达到 1 500 万亩；由于冬季气温较常年显著偏低，四川小麦生育进程常年推迟 10 天左右，加上抽穗期至开花期低温、多雨，受精结实不良，穗粒数较常年显著减少。

晚霜冻害：“十二五”，各麦区春季晚霜冻害发生频率高、危害大，晚霜冻害严重影响小麦结实粒数，干旱和寒害同时发生时危害显著加重。南方麦区的河南（2011、2013 年）、江苏（2013 年、2015 年），四川（2011 年）、安徽（2011 年、2013 年）均发生较严重的晚霜冻害或春季低温，穗粒数减少，影响了小麦产量。

北方的山西、陕西、甘肃麦区也频繁遭遇倒春寒，并在一定程度上影响小麦产量。特别是旱地小麦在旱寒共存的情况下，灾害严重。2012 年陕西部分麦区发生严重倒春寒，当年平均减产在三成以上，部分田块绝收。2013 年山西小麦受冻面积较大。2011 年春季甘肃小麦遭遇干旱与低温的双重逆境，亩穗数和粒重明显降低；2014 年，甘肃麦区拔节前后遭遇降雪伴随的倒春寒和前期倒伏，陇南和陇东麦区的低海拔地带局部旺长冬麦田，形成一定减产损失。

（5）干热风　“十二五”，干热风在北方麦区不同程度的频繁发生，个别年份对区域小麦产量影响显著。山东省 5 年间干热风发生面积平均每年 469.43 万亩，减产幅度 3.42%，2014 年、2015 年干热风发生面积分别达到 993.13 万亩、811.96 万亩。2013 年河南中部、西部麦区发生中度干热风，小麦产量减产较多。2014 年、2015 年河北省5月中下旬均出现干热风天气，对产量未造成显著影响。

（6）冰雹 “十二五”冰雹在我国主产麦区时有发生，导致局部麦区小麦不同程度受损。山东省5年间冰雹发生面积平均每年30.58万亩，减产幅度10.41%，其中2012年冰雹发生面积52.59万亩，2011年、2015年分别为30.39万亩和31.09万亩。2015年5月河南省部分麦区遭遇强风和冰雹袭击，135.8万亩麦田发生不同程度倒伏，27.5万亩雹灾重的麦田基本绝收。2015年山西运城麦区因冰雹造成小面积受灾。另外甘肃麦区冰雹发生频率较高。

（7）极端天气事件 “十二五”，我国小麦生产频繁遭遇极端天气事件的影响。如陕西在2009年和2014年4月中旬出现降雪天气，导致小麦出现大面积倒伏和结实性变差；2015年5月中旬1.3℃低温导致渭北旱地小麦花粉受冻不结实，4 500余亩小麦绝收；2015年6月底，陕西关中出现持续、强降水天气过程，导致渭北南部麦区44.9万亩小麦穗发芽。

5. 病虫害发生中等，部分病虫害有加重趋势，或出现新特点

（1）南方麦区病害如赤霉病、条锈病等有加重趋势 2012年、2014年、2015年南方麦区赤霉病、条锈病偏重，叶锈病和白粉病也较重发生，对小麦粒重、产量和品质影响较大。

2012年河南全省赤霉病暴发流行，2015年条锈病近年来首次在河南孟州市点片发生。2012年，湖北省小麦抽穗扬花期赤霉病发生面积1 002.97万亩，是近年最重的一年，给小麦生产造成了严重损失；2014年赤霉病发生面积984.98万亩，条锈病发生面积474.71万亩；2015年小麦条锈病发生面积691.50万亩，是近10多年发生最重的一年。2011—2015年四川省条锈病、白粉病、赤霉病和蚜虫年均发生面积依次为332.2万亩、198.2万亩、65.3万亩和510.9万亩；2014年、2015年中后期条锈病暴发对小麦生产造成较大影响。

（2）北方麦区每年多种病虫草害发生，部分年份偏重发生，部分灾害有加重趋势 2011年河北省重大病虫害总体发生程度重于常年，其中麦蚜和小麦吸浆虫中等偏重发生，发生面积分别达到3 664万亩和1 213万亩。2011—2014年，山东省平均每年发生病虫害16 792万亩次，防治面积18 049.79万亩次；2012年偏重发生，病虫害面积18 364万亩，防治面积19 355万亩。

山西省旱地小麦白粉病、水浇地赤霉病有加重趋势，2015年永济县、芮城县和河津市水地小麦赤霉病较重发生；纹枯病及根茎类病害也呈现加重趋势。山西省节节麦、雀麦、野燕麦等禾本科恶性杂草在麦田为害逐年加重，年发生面积达到300余万亩。

陕西省小麦条锈病呈逐年加重趋势，面积逐年扩大，2011—2015年由126万亩扩大到532万亩；小麦赤霉病在局部地区间隙性偏重发生，2012年、2015年偏重发生。全省蚜虫常年发生面积1 200万亩，2015年面积大、程度重；2011—2013年吸浆虫偏重发生，面积达830万亩。

新疆麦区气候和病害叠加效应对小麦产量造成较大面积影响，“十二五”，北疆冬麦区雪腐病、雪霉病、根腐病普遍流行发生。

二、土壤肥力条件变化和区域特点

“十二五”，随着农业生产条件的改善、低产田改良、施肥技术的提高，特别是农作物秸秆还田、深耕深翻、测土配方施肥、增施有机肥料等技术推广，我国主产麦区土壤肥力水平普遍得到提升，表现在耕层土壤有机质、速效氮、速效磷含量普遍增加。但是速效钾含量普遍降低，区域土壤肥力不均衡仍很突出，特别是中低产田土壤养分失衡、农业基础设施条件差，是制约小麦生产可持续发展的瓶颈。“十二五”各主产麦区土壤肥力状况和变化趋势如下：

河南 45 个耕地地力长期定位监测点的数据表明，全省土壤耕层有机质、全氮、速效磷、速效钾平均含量分别为 16.1 克 / 千克、1.02 克 / 千克、11.93 毫克 / 千克和 121 毫克 / 千克，均较 1986 年第二次土壤普查结果有不同程度提高，土壤肥力稳中有升。但河南省中低产田面积占耕地面积一半以上，其中养分失衡的面积占 80% 以上，制约了小麦生产可持续发展。

2014 年河北全省平均土壤耕层有机质、全氮、有效磷的含量分别为 15.9 克 / 千克、0.93 克 / 千克和 20.9 毫克 / 千克，分别比完成第二次普查的 1988 年提高了 30.33%、25.68% 和 248.3%，大部分地区土壤速效钾含量降低，全省平均的土壤速效钾含量为 122.4 毫克 / 千克，比 1988 年减少了 9.33%，只有石家庄、秦皇岛、唐山的速效钾含量略有提高。

山东省平均的土壤耕层有机质、全氮、速效磷、速效钾平均含量分别为 13.48 克 / 千克、0.89 克 / 千克、32.25 毫克 / 千克和 124.7 毫克 / 千克，肥力水平逐年提高。但是不同地市的土壤肥力有较大差异，如鲁中、鲁西南麦区有机质可达 16 克 / 千克以上，但鲁东沿海麦区为 10 克 / 千克左右。

江苏省土壤耕层有机质、全氮、速效磷、速效钾平均含量分别为 21.19 克 / 千克、1.30 克 / 千克、16.0 毫克 / 千克和 126.1 毫克 / 千克（2012 年），有机质和全氮含量比 2010 年略有降低，速效磷、速效钾含量则提高。

四川省稻茬麦田肥力相对较高，耕层有机质含量 20~40 克 / 千克，碱解氮、有效磷、有效钾分别在 100~150 毫克 / 千克、5~15 毫克 / 千克、100~200 毫克 / 千克范围；旱地麦田耕层土壤有机质含量 1%~2%，碱解氮、有效磷、有效钾分别在 80~120 毫克 / 千克、10~15 毫克 / 千克、50~100 毫克 / 千克。与第二次土壤普查结果相比多种养分含量均有提高。其中，有机质含量呈水田（水旱轮作田）稳中有升、旱地基本稳定的态势；碱解氮水田和旱地均呈上升趋势，旱地的氮素盈余水平高于水田；有效磷含量水田和旱地均呈上升趋势，水田上升幅度明显低于旱地；速效钾含量基本稳定，但水田和旱地均处于亏缺状态。肥力条件区域不均衡显著，全省约 40%

的土壤有效磷含量在 5 毫克 / 千克以下，约 80% 的土壤有效钾含量低于 100 毫克 / 千克，速效磷钾含量普遍较低。

山西麦区土壤肥力水平没有显著改善，表现在土壤有机质含量依然较低，土壤速效磷显著提高，但速效钾连年下降。70% 的麦田土壤耕层有机质含量在 10~15 克 / 千克范围，土壤的蓄水保水、供水供肥和抗旱抗灾能力较差。在用肥习惯上，麦区水地 90% 以上的农户不施有机肥，秸秆还田覆盖的面积和还田量比较小，磷肥比例较高，多数不施化学钾肥，使得土壤有效磷显著提高、速效钾连年下降。

甘肃麦田平均养分含量为，有机质 1.20 克 / 千克，全氮 0.09 %，速效磷 7.64 毫克 / 千克，速效钾 173.7 毫克 / 千克；与第二次土壤普查值相比，耕层有机质、全氮、速效磷含量均增加，碱解氮含量普遍增加，而速效钾呈下降趋势。由于该省土壤为碱性土壤，磷素大多是缓效态磷，大部分土壤仍属于贫磷土壤。

新疆不同生态区小麦耕地土壤氮素、磷素处于中等水平，土壤钾素含量较丰富。与新疆第二次土壤普查相比较，土壤有机质在 10~20 克 / 千克的面积有较大幅度上升，土壤磷素含量有所升高。

三、主产区基本条件建设与成效

1. 灌溉排水条件建设

水资源是影响我国小麦生产的重要因素，北方麦区水资源普遍短缺，各主产麦区均存在水资源的季节性和区域性分布严重不均，灌溉排水条件的建设和改善是提高小麦可持续生产能力的重要任务。“十二五”，除河北省的农田有效灌溉面积减少外，其他小麦主产省份持续推进农田水利基本建设，有效灌溉面积明显增加，但长江中下游部分麦田的排灌条件还没有得到明显改善。

2013 年河北省小麦产区有效灌溉农田面积 5 987.7 万亩，分别比 2011 年和 2013 年减少 288.7 万亩和 293.4 万亩，除石家庄市农田有效灌溉面积逐年增大外，其他市都不同程度减小。

2014 年，河南省 12 288 万亩耕地面积中，有灌溉设施的耕地 8 057 万亩，占 65.57%，无灌溉设施的耕地 4 231 万亩，占 34.43%。山东省 1.2 亿亩耕地已发展灌溉面积 8 300 万亩，有效灌溉面积 7 600 万亩。2013 年，四川耕地旱涝保收面积 2 599 万亩，有效灌溉面积 3 760 万亩。2014 年山西全省农田实灌面积达到 2 124.85 万亩。“十二五”，陕西新增节水灌溉面积 330 万亩，全省节水灌溉面积达到 1 600 万亩，有效灌溉面积达到 2 000 万亩；甘肃实施了几个大型水利工程的实施和改造，预计完全竣工后可增加小麦种植面积近 33 万亩，同时改善原有灌溉条件。新疆的水利工程建设取得了很大进展，一方面全疆“供水到户”面积占农田灌溉面积的 85%，另一方面农业高效节水灌溉呈现跨越发展态势。2010 年，全区（不含兵团）农业节水灌溉面积达 3 785 万亩，其中喷灌、微灌、低压管灌等高效节水面积 1 400 万亩。

到 2014 年，农业高效节水灌溉面积已经达到 2 770 万亩、较 2010 年增加了近 1 倍，占全区农业灌溉面积 6 621 万亩的 39%。安徽省持续推进农田水利基本建设，目标是到 2017 年全省农田有效灌溉面积达 80% 以上。

“十二五”，江苏苏北地区旱茬小麦的遇旱及时灌溉问题没有得到根本解决，稻茬小麦遇旱时常因水源限制难以及时灌溉，苏中、苏南地区小麦常受渍害困扰。湖北省鄂中丘陵和鄂北岗地旱地麦田的排灌条件也没有得到明显改善。

2. 高标准农田建设

“十二五”各小麦主产省份积极实施推进高标准农田建设项目，高标准农田面积逐年增加，土地综合生产能力得到显著提高。

根据初步统计，“十二五”，河南省粮食核心区完善建成高标准粮田 3 805 万亩，其中提升改造 1 107 万亩，新建 2 698 万亩；河北在冬小麦主产区的 9 个市，累计建设高标准农田 2 250 万亩，原来农田基本建设基础较差的沧州、保定、衡水、邢台等市建设面积较大。山东省建成“旱能浇，涝能排”高标准农田面积 6 390 万亩。安徽省建成 2 000 多万亩高标准基本农田；陕西新修基本农田 260 万亩，建成基本具备高标准条件的基本农田面积达到 528 万亩，累计改造中低产田 283 万亩。江苏省高标准农田稳步扩大，2008 年为 2 467 万亩，2013 年达 3 168 万亩，2014 年又新建了高标准粮田 35 万亩。到 2013 年底，四川省高标准农田总面积达到 3 483 万亩，占耕地详查面积 8 925 万亩的 39.02%，其中 2011—2013 年新建成高标准农田 649 万亩，建设区主要农作物耕播收机械化水平达到 55%、灌溉保证率达到 75% 以上。全省中产田、低产田面积分别比 2011 年减少 255 万亩和 173 万亩。到 2013 年，新疆全区已经建设高标准农田接近 1 000 万亩，为提高小麦单产水平提供了有力保障。“十二五”，山西预计完成 150 万亩土地整治任务，新增耕地 80 万亩；甘肃预计完成高标准农田建设面积 588 万亩，其中约 200 万亩用于小麦种植。

第四节 “十二五”我国小麦生产技术的应用与成效

一、品种技术应用和成效

“十二五”我国小麦主产区育成、审定并推广了数量颇多的小麦品种，部分麦区产量潜力已经达到 700 千克 / 亩，稳产、抗逆、优质性状也得到显著提升，一批集高产优质、抗逆稳产、适应性广、综合性状优良于一体的优良品种占主产区小麦品种利用的主导地位，但生产上也普遍存在品种多而杂、品种布局不尽合理、良种良法不配套的问题，不利高产、稳产。

1. 审定品种和主推品种

（1）审定品种情况　2011—2014 年逐年通过国家审定的小麦品种分别有 21

个、16 个、25 个、21 个，4 年共计 83 个品种，以高产、抗逆的中筋品种为主，并有 20 个品种达到强筋小麦审定标准，1 个品种达到弱筋小麦审定标准（表 1-4-1）。2011—2014 年逐年通过省级审定的小麦品种分别为 165 个、82 个、48 个、33 个，4 年共计 328 个。从品种审定数量上，我国小麦品种选育卓有成效。

表 1-4-1　2011—2014 年国家审定小麦品种名录

编号	品种名称	强筋或弱筋	编号	品种名称	强筋或弱筋
	2011			2012	
国审麦 2011001	川麦 60		国审麦 2012001	绵麦 51	弱筋
国审麦 2011002	中原 6		国审麦 2012002	川麦 104	
国审麦 2011003	周麦 27 号		国审麦 2012003	宁麦 18	
国审麦 2011005	徐麦 31	强筋	国审麦 2012005	苏麦 188	
国审麦 2011006	宿 553	强筋	国审麦 2012006	周麦 26 号	
国审麦 2011007	西农 509	强筋	国审麦 2012007	平安 8 号	
国审麦 2011008	尧麦 16		国审麦 2012008	金禾 9123	
国审麦 2011009	舜麦 1718	强筋	国审麦 2012009	郑麦 7698	
国审麦 2011010	冀麦 585		国审麦 2012010	中麦 895	
国审麦 2011011	石优 20 号	强筋	国审麦 2012011	漯麦 18	
国审麦 2011012	山农 20		国审麦 2012012	晋麦 92 号	强筋
国审麦 2011013	山农 22 号		国审麦 2012013	沈太 2 号	
国审麦 2011014	石麦 22 号		国审麦 2012014	龙福麦 2 号	
国审麦 2011015	汶农 14 号		国审麦 2012015	高原 776	
国审麦 2011016	鲁原 502		国审麦 2012016	新旱 688	强筋
国审麦 2011017	衡 136				
国审麦 2011018	中麦 175				
国审麦 2011019	北麦 9 号				
国审麦 2011020	克春 4 号				
国审麦 2011021	北麦 11 号				
	2013			2014	
国审麦 2013001	扬麦 21		国审麦 2014001	淮麦 33	
国审麦 2013002	镇 麦 11 号		国审麦 2014002	未来 0818	
国审麦 2013003	宁麦 22		国审麦 2014003	丰德存麦 5 号	强筋
国审麦 2013004	浩麦一号	强筋	国审麦 2014004	豫麦 158	
国审麦 2013005	宁麦 23		国审麦 2014005	存麦 8 号	强筋
国审麦 2013006	扬麦 23	强筋	国审麦 2014006	瑞华麦 520	
国审麦 2013007	隆平麦 518	强筋	国审麦 2014007	明麦 2 号	
国审麦 2013008	徐麦 33		国审麦 2014008	博农 6 号	
国审麦 2013009	周麦 28 号		国审麦 2014009	天民 198	
国审麦 2013010	百农 207		国审麦 2014010	邯麦 16 号	

（续表）

编号	品种名称	强筋或弱筋	编号	品种名称	强筋或弱筋
	2013			2014	
国审麦 2013011	淮麦 35		国审麦 2014011	鑫麦 296	
国审麦 2013012	涡麦 99		国审麦 2014012	阳光 818	强筋
国审麦 2013013	华成 3366		国审麦 2014013	山农 26	
国审麦 2013014	郑麦 101	强筋	国审麦 2014014	运旱 115	
国审麦 2013015	洛麦 24		国审麦 2014015	洛旱 15	
国审麦 2013016	新麦 23		国审麦 2014016	农大 5181	
国审麦 2013017	淮麦 30	强筋	国审麦 2014017	轮选 169	
国审麦 2013018	衡 6632		国审麦 2014018	津农 7 号	
国审麦 2013019	烟农 836		国审麦 2014019	沈免 2137	强筋
国审麦 2013020	西农 219		国审麦 2014020	克春 9 号	
国审麦 2013021	中麦 816		国审麦 2014021	宁 2038	
国审麦 2013022	津农 6 号	强筋			
国审麦 2013023	津强 7 号	强筋			
国审麦 2013024	克春 6 号				
国审麦 2013025	龙麦 35	强筋			

（2）主导品种情况

表 1-4-2 “十二五”农业部主导小麦品种

		2011	2012	2013	2014	2015
黄淮麦区	济麦 22	√	√	√	√	√
	矮抗 58	√	√	√	√	√
	西农 979	√	√	√	√	√
	郑麦 366	√	√	√	√	√
	周麦 22	√	√	√	√	√
	烟农 19	√	√	√	√	√
	邯 6172	√	√	√	√	
	烟农 21		√	√	√	
	新麦 26		√	√	√	
	石麦 15		√	√	√	√
	郑麦 7698			√	√	√
	衡观 35			√	√	√
	良星 66				√	√
	淮麦 22				√	√
	皖 52	√	√	√		

（续表）

		2011	2012	2013	2014	2015
黄淮麦区	郑麦 9023	√				
	周麦 18	√				
	师栾 02-1	√				
	鲁原 502					√
	山农 20					√
	中麦 175					√
长江中下游麦区	扬麦 16	√	√	√	√	√
	郑麦 9023	√	√		√	√
	扬麦 13	√	√	√	√	√
	襄麦 25		√		√	√
	鄂麦 18	√				
	宁麦 13	√				
西南麦区	川麦 42	√	√	√	√	√
	绵麦 367				√	√
	内麦 11	√	√	√		
	川麦 104					√
东北麦区	龙麦 33		√	√	√	√
	垦麦 10	√	√			
	龙麦 30	√				
	克丰 10 号	√				
西北麦区	宁春 4 号	√	√	√	√	√
	新冬 20	√	√	√	√	√
	新春 6 号	√	√			

“十二五”农业部发布的小麦主导品种共计 38 个，黄淮麦区 21 个，长江中下游麦区 6 个，西南麦区 4 个，东北麦区 4 个，西北麦区 3 个（表 1-4-2）。一些综合性状突出的品种占据主导地位的同时，新品种更新换代有序进行。

其中黄淮麦区有 6 个品种连续 5 年均是主导品种：济麦 22、矮抗 58、周麦 22、郑麦 366、郑麦 9023、西农 979；长江中下游麦区有两个连续 5 年主推的品种，扬麦 13 和扬麦 16；西南麦区有 1 个连续 5 年主推的品种，川麦 42；东北麦区 2012—2015 年一直主推的品种龙麦 33；西北麦区连续 5 年主推的品种是宁春 4 号和新冬 20 号。

“十二五”通过审定的部分品种也已经成为各级推广的主导品种。如 2011 年国家审定品种山农 20、鲁原 502、中麦 175 在 2015 年成为农业部主导品种，2012 年国家审定品种郑麦 7698 在 2013—2015 年均为农业部主导品种。

2011—2015 年全国推广种植的主要小麦品种相对比较稳定、集中。种植面积在 1 000 万亩以上，连续排名前列的冬小麦品种为济麦 22、矮抗 58、周麦 22、郑麦 366、郑麦 9023、西农 979（表 1-4-3）。

2011—2015 年种植面积稳定在 100 万亩以上的春小麦有宁春 4 号和垦九 10 号。2012 年之后，新春 6 号和龙麦 33 的种植面积也达到 100 万亩以上。

表 1-4-3 “十二五”种植面积较大的冬小麦品种及特性

	生育特性	产量	品质	主要分布	面积及变化趋势	存在问题
济麦 22	半冬性品种，中晚熟	区域试验单产 518.8 千克 / 亩；生产试验单产 496.6 千克 / 亩	籽粒蛋白质含量 13.68%~14.68%，湿面筋含量 31.7%~34.5%，面团稳定时间 2.7~2.8 分钟	山东、河北、安徽、江苏	3 500 万亩，稳定	中感至高感秆锈病，高感叶锈病、赤霉病、纹枯病
矮抗 58	半冬性、中熟品种	区域试验单产 553.3 千克 / 亩；生产试验单产 507.6 千克 / 亩	籽粒蛋白质含量 14.06%~14.48%，湿面筋含量 30.4%~30.7%，面团稳定时间 4.0~4.1 分钟	河南、江苏、山东、安徽	2011 年 3 500 万亩，下降趋势	黑胚率中等。中感纹枯病，高感叶锈病和赤霉病
周麦 22	半冬性，中熟品种	区域试验单产 546.3 千克 / 亩 生产试验单产 546.8 千克 / 亩	籽粒蛋白质含量 14.64%、湿面筋含量 33.3%、面团稳定时间 2.9 分钟	河南、安徽	2011 年为 1 100 万亩，上升趋势	黑胚率中等，中感白粉病，中感纹枯病，高感赤霉病和秆锈病
郑麦 366	半冬性	区域试验单产 513.9 千克 / 亩；生产试验单产 460 千克 / 亩。	籽粒蛋白质含量为 15.29%、湿面筋含量 33.2%、面团稳定时间 13.9 分钟。强筋品种	河南、安徽	2011 年 1 300 万亩，下降趋势	中感赤霉病，高感叶锈病和纹枯病
郑麦 9023	春性	区域试验单产 453.4 千克 / 亩；生产试验单产 416 千克 / 亩	籽粒蛋白质含量 14%~14.5%，湿面筋含量 29.8% ~33%，面团稳定时间 7.1~7.6 分钟	河南、湖北、江苏、安徽	1 100 万亩，稳定	中感叶锈病和秆锈病，高感赤霉病、白粉病和纹枯病
西农 979	半冬性，早熟品种	区域试验单产 509.5 千克 / 亩；生产试验单产 457.6 千克 / 亩	籽粒蛋白质含量 15.39% ~13.96%，湿面筋含量 29.4% ~32.3%，面团稳定时间 8.7~17.9 分钟，强筋品种	河南、陕西、安徽、江苏	2011 年 1 000 万亩，上升趋势	不耐后期高温，有早衰现象中感秆锈病和纹枯病，高感赤霉病、叶锈病和白粉病

表 1-4-4 “十二五”种植面积较大的春小麦品种及特性

	生育特性	产量	品质	主要分布	面积及变化趋势	存在问题
宁春4号	春性、中晚熟品种	产量水平 418.5 千克 / 亩	籽粒蛋白质含量 13.58%，湿面筋含量 29.1%，面团稳定时间 8 分钟，中强筋	内蒙古、宁夏、甘肃	2011 年 189 万亩，2012 年 485 万亩	感染条锈、叶锈病、白粉病、黄矮病、赤霉病
垦九10号	春性、晚熟	产量水平 214.3~229.8 千克 / 亩	籽粒粗蛋白含量 16.4%，湿面筋含量 36%，面团稳定时间 5.2 分钟	黑龙江、内蒙古	2011 年 127 万亩、2013 年 186 万亩	高感条锈病、赤霉病和根腐病
龙麦33	春性、中晚熟	产量水平 295.8~339.9 千克 / 亩	籽粒蛋白质含量 15.71%、16.99%；面粉湿面筋含量 32.6%、34.8%，稳定时间 7.6 分钟、4.3 分钟	黑龙江、内蒙古	2012 年 138 万亩，2013 年 141 万亩	高感赤霉病，中感根腐病
新春6号	春性，早熟	产量水平 451.7 千克 / 亩	籽粒蛋白质含量 15.3%，湿面筋 36.7%	新疆	2012 年 122 万亩，2013 年 89 万亩	易穗发芽

部分综合性状好的品种在“十二五”面积不断扩大（表 1-4-4），除表中叙及的周麦 22 和西农 979 外，周麦 127、西农 207、郑麦 7698、新麦 26、存麦 5 号、山农 20、鲁原 502 等品种的种植面积较快扩大。

2. 品种应用的主要成效

（1）品种种植集中程度 “十二五”，面积 1 000 万亩以上的冬小麦品种主要种植在黄淮麦区和长江中下游麦区，面积 100 万亩以上的春小麦品种主要种植在西北和东北春麦区。特别是河南、山东和湖北 3 省推广应用的品种相对集中，优势品种的主导地位更为突出。如矮抗 58、周麦 22、郑麦 366 在河南省的种植面积就超过 1 000 万亩；济麦 22 在山东的种植面积超过 2 000 万亩，有 16 个品种的种植面积超过 100 万亩；郑麦 9023 在湖北的种植面积超过 800 万亩；新疆冬麦区以新冬 20 和新冬 22 为主，面积分别达到 437 万亩和 211 万亩，春麦区以新春 6 号为主，面积达到 169 万亩。

部分省区，因自然地理环境差别较大，麦区生态类型变化也较大，导致生产上应用的小麦品种的集中度较低。如江苏省 2015 年 13 个小麦品种的种植面积为 2740.4 万亩，占总面积的 76%，四川省 7 个品种的种植面积占总面积 40% 左右。陕西省的关中灌区、渭北旱原、陕南汉中麦区分别以小偃 22 和西农 928、长旱 58 和晋麦 47、汉麦 5 号和 6 号共 6 个小麦品种的种植面积最大。甘肃推广应用的小麦品种多而分散，年种植面积超过 10 万亩的品种只有 8 个，主要是因地理环境复杂多变，气候类型丰富。

虽然大多数主产省份都具有占据优势的主体品种，但同时各省实际种植的小麦品种都很多。河南省年推广面积 1 万亩以上的品种达 140 多个；甘肃省实际种植的小麦品种有 120 多个；山东省年种植小麦品种 60 个以上；江苏省年种植小麦品种 80 个左右，其中 10 万亩以下的品种多达 42 个；新疆推广种植的冬小麦品种有 22 个，春小麦品种有 20 个。

（2）品种产量潜力和品质潜力　“十二五”，主产省份高产创建为品种产量潜力的发挥提供了优越条件，基于小麦产量性状的改善和配套技术的实施，主产麦区不断涌现出高产和超高产典型，对小麦稳产和增产起到了重要的示范引领作用。优质小麦品种的产量水平也显著提高，与普通品种的差距缩小。

从“十二五”各地取得的高产纪录来看，我国小麦品种产量潜力已经达到 700 千克 / 亩，在特殊气候年份可以超过 800 千克 / 亩。2014 年河南省修武县“周麦 27”和 2015 年“焦麦 266”分别创造了单产 821.7 千克 / 亩和单产 806.6 千克 / 亩的高产典型。2015 年河南省焦作市的 29 个农业部小麦高产创建万亩示范片，经测产验收平均单产达到 649 千克 / 亩。2005 年以来，河北省每年都有较大面积上实现单产 600 千克 / 亩以上的超高产出现，中筋超高产品种最高单产已达到 721.2 千克 / 亩，强筋品种单产也达到 650 千克 / 亩以上。2014 年、2015 年两年山东省高产创建攻关田共计 80 点次 15 个品种实打验收平均产量 720.52 千克 / 亩，2014 年“烟农 999”在烟台招远实打验收创 817 千克 / 亩的高产纪录。陕西省百亩攻关田单产稳定超过 600 千克 / 亩，2014 年 50 亩“百农 207”实打测产，平均单产达到了 738.6 千克 / 亩。四川多地示范单产超 600 千克 / 亩，2010 年江油市大堰乡 1.14 亩“川麦 42”曾创下单产 710.7 千克 / 亩高产纪录。2014 年江苏省淮麦 33、宁麦 13 分别创下了 695.8 千克 / 亩和 693.2 千克 / 亩的全省小麦高产纪录。

优质强筋小麦品种的产量潜力也显著提高。2011 年河南省“新麦 26”以平均单产 736.8 千克 / 亩刷新了我国强筋小麦的高产纪录。2011 年“藁优 2018”强筋小麦，实打实收 2.389 亩，平均单产达到 651.46 千克 / 亩。目前种植面积较大的强筋小麦品种如石优 20 等在生产实践中也达到单产 550~650 千克 / 亩的高产。强筋品种与中筋高产品种的产量差异缩小。

3. 品种应用中存在的主要问题

“十二五”我国新育成和审定了大量小麦品种，小麦品种的产量、品质、抗逆性状均有了提升，推广应用方面也基本形成了“主导品种突出，搭配品种合理”的布局。但在实际生产中还存在一些较为突出的问题。

（1）品种本身的问题

① 育成品种普遍存在遗传同质化现象，突破性品种相对缺乏。“十二五”小麦育成品种数量多，但育成品种遗传同质化现象较为突出。如河南省 2010 年以来育成品

种中，用“周麦”作亲本育成的国审品种有 11 个，占 47.8%；育成的省审品种 37 个，占 45.1%，现有育成品种遗传同质化和类型趋同、性状相似现象较为突出。

由于品种的遗传同质化，新育成的品种多为修缮型的品种，突破性品种相对缺乏。如江苏省近年育成的产量品质性状优良、抗病抗逆性强、年推广面积 100 万亩以上的小麦品种并不多，缺乏综合性状超过“扬麦 158”及“扬麦 11”的品种，导致品种“多、乱、杂”现象依然严重。

② 现有品种难以适应气候变化。“十二五”，小麦生育期间的干旱、倒春寒、倒伏、病害频繁发生，抗逆性、稳产性成为品种更换推广的重要因素。如长江中下游麦区，抗倒春寒、抗赤霉病成为品种选择必须考虑的性状，抗穗发芽、抗倒伏也成为品种选择的重要因素，但目前生产上应用的许多品种的综合抗逆性状并不突出。山西麦区目前推广的品种也普遍存在抗性差的问题。山西南部中熟冬麦区高产水地，白粉病发病严重，存在着严重的倒伏问题。种植面积较大的济麦 21 抗寒性差，济麦 22 由于成熟期偏晚，易受到干热风的影响。山西中部晚熟冬麦区，大量引进了一般冬性和弱冬性的外省高产品种，若遇到极端低温，易导致毁灭性的灾难。

③ 现有品种对现行耕作制度的适应性不足。如南疆麦区 80% 以上的小麦与果树间作，但生产上缺乏优良的高光效 (耐荫)、早熟、高产小麦品种。

④ 优质小麦品种相对较少。很多优质强筋和优质弱筋小麦品种存在着品质不稳的问题，同时具备节水、抗旱、高产等性状的优质小麦品种更加缺乏。

（2）品种推广应用存在的问题

① 品种应用多而杂，目前各省种植的小麦品种数量都非常多，很多“小”品种碎片化、分散种植，导致品种利用技术体系不健全，不利于栽培管理与生产指导，也不利于病虫害统防统治，更不利于标准化生产和产业化开发，也容易导致品种混杂退化。

② 性状相对优异的新品种推广扩大速度不够快。2011 年以来通过国家审定的品种占目前主导品种的比例，以及在生产中的实际面积比例均很低，说明新近育成的优良品种的推广速度不够快，在生产上所占面积也不够大。这可能与目前我国小麦品种的经营方式和良种补贴方式有关。

③ 品种布局缺乏指导或者管控措施。部分麦区在小麦品种布局方面缺乏有效指导，存在农民乱引乱种、良种良法配套率低、品种不适应的问题，因为品种的抗旱性和越冬性不适应导致减产的事件时有发生。

④ 优质品种的产业化开发程度低。近年虽选育出了一些优质专用品种，但小麦优质产业化开发程度相对较低，很多地区不能做到优质优价，加上受环境复杂多变影响，优质品种年际间的品质稳定性和区域间的品质均匀度也较差，导致很多优质品种推广缓慢，种植面积相对较小。

二、管理技术应用和成效

1. 主推技术的概况与变化

“十二五”，各主产麦区根据生态条件的不同，分区试验示范，将品种选用、整地、秸秆还田、镇压、灌溉、施肥、病虫害防治和收获等各项关键技术综合考虑，形成了各具特色的多项集成性技术模式，对不同生态区小麦生产中的关键环节进行规范和指导。

重要的集成技术主要体现在各年度农业部和主产省区农业厅发布的主推技术名录中。针对黄淮海地区，小麦规范化播种技术、冬小麦宽幅精播高产栽培技术、主要病虫草害统防统治技术在2011—2015年均为农业部主推技术。2011年小麦氮肥后移高产栽培技术、晚茬小麦高产栽培技术均是农业部主推的小麦单项技术，2012—2015年更换为冬小麦节水省肥高产技术、小麦深松少免耕镇压栽培技术。针对长江中下游地区及西南地区，稻茬麦免（少）耕机械播种技术、旱地套作小麦带式机播技术在2011—2015年均为农业部主推的小麦单项技术。针对西北地区，2011—2012年农业部主推技术为旱地小麦蓄水保墒技术，2013—2015年更换为旱地小麦蓄水覆盖保墒技术。针对东北地区，2011—2014年农业部主推技术为深松蓄水保墒耕作技术，2015年更换为东北春小麦优质高产高效栽培技术。

除单项技术外，综合技术及农机化主推技术中也有适用于小麦的技术内容。2011—2015年主推的综合技术的测土配方施肥技术一直是“十二五”小麦生产中推广应用的重点技术。2011—2015年农机主推技术中的保护性耕作技术也一直是小麦生产中推广应用的重点技术，2014—2015年特别指明了黄淮海两茬平作区、南方水旱连作区均为技术推广适用区。2012年，小麦化肥深施机械化技术是农机主推技术之一。2014—2015年，小麦机械化生产技术列入农机主推技术，包括黄淮海地区冬小麦机械化生产技术和稻茬麦机械化生产技术。

从主推技术内容来看，农业部重点推介的适用于小麦的主推技术在相对稳定性的同时，通过局部调整，推介更适应机械化生产和可持续生产需求的替代性技术。“十二五”，针对不同主产麦区的以规范化播种为核心的栽培耕作技术和病虫草害统防统治技术一直是主推的重点技术。与“十二五”初期相比，“十二五”后期小麦主推技术的主要变化一是更加重视小麦机械化生产技术，二是更加重视节水省肥技术集成，三是更加重视耕作技术与栽培技术的集成，四是优质高产高效生产技术进入主推技术。

“十二五”全国小麦主产省份主要推广应用的技术措施如表1-4-5所示。其中包括在全国重点推进的规范化播种技术、测土配方施肥技术、深松、深耕技术、秸秆还田技术以及“一喷三防”技术、主要病虫害统防统治技术等共性技术，也包括适应不同生态区的个性化的技术措施，借助这些技术的推广应用，我国小麦持续稳产增产。

表 1-4-5 “十二五”主产麦区重点推广应用的技术措施

	栽培技术	耕作技术	植保技术	防灾减灾应变栽培技术	技术集成
共性技术	规范化播种技术、测土配方施肥技术	深松、深耕、秸秆还田、保护性耕作技术	主要病虫草害统防统治技术、一喷三防技术	灾情预判预警、抗逆品种选用、低温冷害和冻害预防和补救技术、抗旱技术	
河南	前氮后移技术、小麦节水高产栽培技术	播种后镇压		小麦晚播高产应变栽培技术、倒春寒应变管理技术、干热风预防技术	豫北水浇地小麦高产高效栽培技术、豫东南砂姜黑土区小麦高产高效栽培技术
河北	适期播种、适宜基本苗、限水灌溉技术	旋耕整地技术、隔年（1 年或 2 年）深松、播种后镇压	化学除草技术、小麦吸浆虫的穗期撒毒土防治和后期成虫防治	播种前后镇压、适时灌冻水、春季适时灌溉起身拔节水并结合追施氮肥	黄淮海旱地小麦增产技术模式、黄淮海北部水浇地小麦增产技术模式
山东	精量半精量播种技术、氮肥后移、宽幅精播高产栽培技术	深松少免耕镇压节水栽培技术		节水抗旱栽培技术、干热风预防技术	黄淮海旱地小麦增产技术模式、黄淮海北部水浇地小麦增产技术模式
江苏	机械化播种技术、适时适量壮苗技术、拔节孕穗肥施用技术	秸秆机械化还田技术、机械轮耕技术、旋一体机械作业		冻害防御与补救技术、植株化控防倒技术、防渍应变技术	黄淮海南部稻茬小麦增产技术模式、黄淮海南部水浇地小麦增产技术模式
安徽	氮肥后移技术、复式作业播种技术	镇压、稻茬小麦机开沟少免耕播种技术	药剂拌种、化学除草、起身返青期化学防控、花期及灌浆期化学防治	规范化播种技术、肥水调控技术	淮北地区旱茬小麦栽培技术、沿淮江淮地区稻茬小麦栽培技术

（续表）

	栽培技术	耕作技术	植保技术	防灾减灾应变栽培技术	技术集成
四川	套作小麦带式机播技术、稻茬小麦半旋机播立苗技术、减氮增磷高效施肥技术	稻茬麦免耕技术、秋季秸秆就地覆盖保墒增产技术	药剂拌种技术	低温冻害防控技术、倒伏控制技术、穗发芽综合防控技术	稻茬小麦高产高效栽培技术、丘陵旱地套作小麦抗逆丰产栽培技术
山西	旱地小麦三提前蓄水保墒增产技术	提前耕作（深翻与深松）、深翻模式与深松模式交替使用	包衣与浸种拌种技术、化学除草技术、病虫害防治技术	应对冬小麦干因旱无法播种的免耕沟播技术	“三提前一覆膜”蓄水保墒增产技术、产量品质同步提高抗逆栽培技术
陕西	宽幅播种技术、高效平衡施肥技术、节水灌溉技术	2~3 年深翻或深松一次与播种前旋耕相结合的精细整地	以“三虫三病”为核心，突出吸浆虫防控技术	冻害预防技术	关中灌区 / 渭北旱地高产高效栽培技术、旱地旱作节水集成技术、节水补灌高效栽培技术
甘肃	抗旱节水栽培技术、旱地小麦地膜覆盖和秸秆覆盖技术、灌区节水灌溉技术	少免耕	综合防控和源头控制	工程抗旱技术、抗旱节水栽培技术	旱地小麦蓄水覆盖保墒技术
新疆	高产高效水肥调控技术、半精量播种技术、冬小麦缩行种植技术	旋耕、动力耙	拌种和包衣、杂草的农业和物理机械防治	高温防御技术、冻害防御技术、霜冻防御技术	小麦标准化栽培技术、小麦滴灌节水高产栽培技术、果麦间作小麦高产栽培技术

2. 主推技术要点和推广成效

“十二五”我国小麦稳产增产的生产技术措施主要是突出了“抓两头、调中间、综合应变施策”。“抓两头”：一头是重视抓好以提高播种质量为核心的前期壮苗技术，一头是以“一喷三防”为核心的后期保产技术。这一前一后两头是我国小麦生产上共性、能够统一规范的技术举措，也是小麦稳产增产和防灾减灾最为关键性的工作。前期壮苗技术，以提高整地播种质量为核心，集成了包括秸秆还田、深耕（松）、镇压等为主要内容的高质量整地措施，以及科学选种、适期适量适墒播种、测土配方施肥等多项技术。后期保产技术以“一喷三防”为核心，集成了病虫害防治、后期肥料补充等技术措施，达到防治病虫害、抗逆增产的效果。“调中间”：即在统一抓好两头的前提下，抓好中期管理，“七分种、三分管”，建立好的播种和壮苗基础，中期主要以拔节期前后为中心，因苗实施肥水管理。“综合应变施策”：将上述“抓两头”“调中间”统筹协调，根据多变的气象条件和麦田环境条件，适应不同苗情发展的需要，将水、肥、耕作、植保等多种技术措施综合考虑、综合实施。

从技术角度，“十二五”我国小麦生产管理措施的要点和成效如下。

（1）重视播种技术，整地播种质量有所改善 “七分种、三分管”，建立好的播种和壮苗基础，是“十二五”我国小麦生产主抓的管理要点。各主产区均推行了以提高播种质量为核心的关键技术措施，根据各地生产特点，重点推进了规范化播种技术、半精量播种技术、宽幅播种技术、缩行种植技术等，做到适期、适量、适墒播种，为培育壮苗奠定了基础。

（2）重视水肥统筹管理，节水栽培应用加快 测土配方施肥适用于全国各麦区，是农业部和各主产省份重点推介的综合技术，“十二五”，测土配方施肥技术得到进一步推广应用，通过该技术的实施，氮肥使用量过大，钾肥施用不普遍和施用量太少的状况有所改变，部分旱地通过增施磷肥产量得到提高。由于水资源短缺和水资源分配不均问题日益严重，节水栽培技术较快发展，许多麦区推进了节水高产栽培技术、限水灌溉技术、高产高效水肥调控技术等，将水分和肥料统筹管理，水肥利用效率得到提高。

（3）秸秆还田广泛实施，还田率和还田质量提高 小麦秸秆还田技术包括小麦前茬玉米或前茬水稻的秸秆还田，在北部冬麦区、黄淮冬麦区、长江中下游冬麦区广泛推广应用。2015 年河南省秸秆还田面积 3 500 万亩。河北省小麦主产区实现秸秆还田全面覆盖。江苏省还田面积由“十一五”末 2010 年的 1 500 万亩提高到“十二五”末 2015 年的 2 500 万亩左右，安徽淮北旱茬麦区，还田面积约占 30%。随着农机作业技术水平提高，秸秆粉碎质量明显提高、加之与深松耕、镇压等技术结合，秸秆还田率和还田质量得到提高，成为利用秸秆资源、保持和提高土地肥力的关键常规技术。

（4）重视深松、深耕、镇压，保护性耕作广泛应用 深松、耕技术主要在北部冬麦区和黄淮冬麦区推广应用。河南秸秆还田与深耕技术年推广面积 3 200 万亩，其中豫北 1 600 万亩高产区的秸秆还田地块年年深耕。2015 年山东麦区推广深耕技术 1 534 万亩，深松技术 838 万亩，江苏省稻茬麦深耕播种面积达 706 万亩。甘肃省小麦深翻耕和深松耕面积达到 500 万亩以上，土壤蓄水保墒能力提高，增强抗灾减灾能力的效果明显

播种前后镇压是重要的预防旱灾和冻害的有效措施，适应于各麦区。“十二五”，河北小麦播种后镇压面积 2 900 万亩左右，达到总面积的 85.5%，湖北省应用冬前镇压技术总面积为 1 000 万亩。甘肃省也大力推广播后镇压，同时因地制宜的推广冬、春季镇压的保墒、提墒促返青措施，年小麦镇压作业面积达 700 万亩以上。

（5）*主要病虫草害实现了统防统治，“一喷三防”效果明显*　“十二五”各主产麦区重点采取“预防为主、综合防治”的植保方针，加强病虫草害监测预报，积极推广先进植保机械和小麦种子包衣、药剂拌种、土壤处理、病虫害综合防治及后期“一喷三防”技术，植保专业化早防早控和统防统治面积显著扩大。根据统计河南年平均病虫害防治面积都在 1.5 亿亩次。河北省播种前种子包衣或拌种技术占到小麦播种面积的 60%~85%，河北和山东主产麦区“一喷三防”基本实现了全覆盖。江苏化除面积由 2010 年的 1 643 万亩次扩大到 2015 年的 4 000 万亩次；“一喷三防”面积达到 3 600 万亩次左右。安徽病虫草综合防控技术推广使用范围 90% 以上，“一喷三防”技术推广使用范围 80% 以上。湖北省“一喷三防”技术应用面积达 6 500 万亩。陕西年药剂拌种面积 1 200 万亩，年开展杂草化除面积 800 多万亩，小麦“一喷三防”年防控面积 1 800 万亩次以上，专业化统防统治率在 30% 以上。

（6）*生产机械化程度提高，农机农艺结合有所改善*　“十二五”，在国家农机购置补贴政策支持下，小麦生产机械化程度显著提高。各种专业机械应用到小麦生产主要环节，麦田耕作整地播种环节大力推广机械深耕深松、秸秆还田、宽幅匀播、机械沟播、机械镇压、保护性耕作等农机作业技术；病虫草害防控大力推广机械喷防、弥雾机、无人机统防统治；小麦机械收获跨区作业市场化、社会化和产业化特征明显。主产区小麦生产的农机作业社会化服务产业基本形成，耕、种、收机械化整体水平显著提高。农机装备成为小麦生产技术集成中的关键环节，随着许多新型农机装备的成功研制和应用推广，农机农艺结合程度也有所改善。

（7）*应变抗逆技术广泛应用，抗灾减灾能力进一步增强*　自然灾害和极端气候的频繁发生日益成为小麦高产稳产的严重威胁。“十二五”各主产麦区及时组织专家研究抗灾减灾对策，制订抗灾减灾方案，落实应变管理措施，减轻灾害影响。一方面通过高产创建和农田水利工程建设，改善麦田基础生产条件，一方面因地制宜，重点推进了抗逆品种选用、抗旱保墒技术、低温冷害和冻害预防和补救技术、干热风预防技术、渍害预防技术等技术措施，有效地控制了各类灾害对小麦产量的影响，确保了小麦产量的提升。

第五节 “十三五”我国小麦生产可能面临的问题与挑战

一、稳定和扩大小麦种植面积的压力大

“十三五”我国小麦播种面积很难进一步增加，主要原因是随着人口逐年增加，特别是工业化、城镇化快速发展，以及受农业结构调整、生态退耕和非农建设占用土地等因素影响，全国耕地数量不会增加。但考虑到小麦生产在保障全国“口粮绝对安全”中的特殊重要地位，预计“十三五”全国小麦实际播种面积不会降低。

小麦面积受到政策、比较效益、耕地资源和自然资源等多重因素的影响。黄淮海麦区中，河北省是资源型极度缺水地区，2014年开始实施的治理地下水超采项目，明确了要进一步压缩地下水超采严重的黑龙港地区的小麦面积，因此，“十三五”河北省小麦面积仍将有所减少。受小麦与其他作物或林木比较效益的影响，山东省部分耕地流转后改种林木、林果，小麦播种面积难以持续增加；安徽小麦受到油菜、其他经济作物、设施园艺作物等的影响，面积也难以大幅增加。总体来看，黄淮海麦区面积持续扩大的压力很大，预计“十三五”能够保持稳定。

长江中下游麦区中，江苏由于油菜种植面积逐年下滑，大麦面积也有所下降，小麦种植面积仍呈小幅上升趋势。湖北省由于油菜籽收购价格偏低和油菜生产的机械化程度低等原因，小麦种植面积预计能够保持稳定，但如果马铃薯、油菜等冬季作物的比较效益高于小麦，小麦种植面积仍然有减少的可能。

西南麦区中，四川省小麦种植面积主要受到油菜、马铃薯、蔬菜等作物比较效益的影响，稳定扩大的压力大，但另一方面小麦生产的机械化程度最高，有利于进行规模化生产，种植大户、种植合作社、家庭农场等新型主体的发展，一定程度上有利于稳定小麦种植面积。

西北地区，陕西麦区受重大工程建设及农业产业结构调整等多种因素影响，其中旱地小麦面积受到苹果产区果园改造及品种更新换代等的影响，预计面积将小幅下降。受玉米、马铃薯、制种、蔬菜等比较效益高的作物面积扩大的影响，甘肃小麦面积稳定的难度也较大。与其他省区相比，从耕地角度，新疆的小麦种植规模还有一定的调整空间。

二、单产持续提升的难度加大

“十二五”末，全国小麦平均单产已达350千克/亩，迈入了中高产水平，仍具有增产空间，但受土壤肥力、资源、品种、技术与经济因素等限制，大幅增产难度加大，特别是高产地区及水资源严重受限地区，单产提升难度更大。同时随着部分产区小麦生产目标的调整，高产的同时要兼顾品质，同时还要考虑控制化肥、农药施用，

节约成本。在这种情况下，“十三五”持续提升单产的难度加大。

1. 品种潜力约束

根据目前小麦新品种区域试验和生产试验来看，突破性品种的育成难度不断加大，综合性状突出，集高产性、稳产性和适应性强为一体的品种仍相对缺乏，制约小麦产量进一步提高。目前，生产上应用的很多品种仍为“十一五”审定的小麦品种，品种综合性状水平相对停滞，品种抗病抗逆能力不强，特别是对于重大病害如赤霉病条锈病抗性强的品种少，良种良法配套程度也较低，这些都是小麦单产持续提升的制约因子。

2. 水资源约束

小麦产区普遍存在水资源缺乏和时空分布不均、水利工程保障能力不足的问题，小麦不能充分和及时灌溉、排涝，是限制小麦单产提高的制约因素之一。

黄淮麦区水资源总量不足，致使很多产区小麦灌溉标准和保证率不高。河北省资源性缺水的大环境不可能有根本性改变，水资源对提高小麦产量的硬性约束将长期存在。山东省有 1 300 多万亩是无水浇条件的旱地，遇旱则减产。该区域资源性缺水，再者部分农田水利设施存在建设标准不高、缺乏管护等问题，水源不足和设施落后，使小麦生产经常受到干旱的严重威胁。

长江中下游麦区和西南麦区，水资源相对充裕，但水资源时空分布不均，淮北麦区水少地多，淮南水多地少，水资源与人口、耕地、生产力布局不相匹配，小麦生育期间“北旱南渍”的现象一直存在。随着淮北和沿淮小麦生产地位的提升，水资源空间布局不平衡问题的影响愈加突出。同时，农业基础设施薄弱的局面仍然存在，高标准农田面积较小，排灌设施陈旧老化，沟渠道路不配套，抗御自然灾害能力不强。

水分亏缺是西北麦区小麦单产提升的首要约束因素。水资源总量不足、时空分布失衡、耕地有效灌溉面积小、灌溉条件落后、节水灌溉设备不完善的状况普遍存在。干旱不仅是旱作区主要灾害，在部分麦区，如甘肃灌溉麦区，近年由于水资源短缺，许多保灌区变成了非保灌区，灌区季节性供水紧张也导致拔节前后的干旱。

3. 土壤肥力条件约束

我国小麦产区土壤肥力大致可划分为高、中、低 3 种产量水平，目前高产区在较高产量水平上高点爬坡，中低产区受生态、生产条件，特别是农田基础设施条件的影响，进一步提高整体单产水平有一定难度。一是耕地土壤肥力偏低。我国现有耕地土壤有机质含量 1.3% 左右，低于美国、欧洲等发达国家和地区 3% 的普遍水平。中低产田面积大，土壤与地力需要改良，如砂姜黑土障碍、有机肥缺乏、地力不均和养分不平衡、耕层浅化等问题需要解决。二是在较高的复种指数下，耕地土壤的高强度利用以及小麦－玉米连作或小麦－水稻连作的单一化种植方式，加之多数麦田连年旋耕，化肥长期大量使用，导致部分耕地土壤耕层变浅，耕性变差、养分失衡、保水保肥能力降低。三是许多麦区重用轻养，存在化肥、农药等粗放投入和不合理使用的问题，深耕深松、有机肥施用、秸秆还田面积比例尚小，特别是许多中低产麦区存在氮、磷、钾及其他微量元素比例失调，化肥增产效益下降，制约着小麦单产的提高。

三、自然灾害发生的不确定增强，产量不稳定性增加

全球气候变暖背景下，我国极端性天气和自然灾害发生呈“类型多、频次高、强度大、范围广、危害重”的特点，并呈现“提早、增多、加重”的趋势，局部性与区域性灾害有常态化趋势，产量水平提高与气象条件改变后病虫草的发生规律也发生了变化，增加了小麦生产的不稳定性。主要表现在以下方面：一是气象条件不确定性增加给生产计划和管理带来困难，播期、播量的确定、病虫害防治、标准化技术体系的贯彻落实，都要受到影响。二是主产麦区 9—11 月南方秋绵雨发生频率呈上升趋势，给整地播种尤其是机械化作业带来困难，立苗质量和前期生长受到影响。三是冬春干旱频发，旱地小麦生产条件愈加变劣。三是倒春寒不定期发生给冻（冷）害防控技术的研究与应用造成困难，影响开花结实。四是后期高温影响灌浆，导致籽粒饱满度、粒重下降，影响产量和品质。五是病虫发生规律出现变化，病虫害发生流行的预测难度增加，防治难度加大，赤霉病已成为严重危害长江中下游和黄淮南部小麦生产的病害。气象灾害和病虫草害等对小麦生产的影响加剧，急需监测预警技术及小麦抗逆应变管理技术的改进。

四、小麦生产出现新变化，对技术支撑提出更高要求

1. 种植模式调整，农田生态环境发生变化，周年兼顾的要求提高

我国小麦主产区多为玉米 - 小麦连作或水稻—小麦连作，近几年，由于上茬作物晚熟，不同茬口作物间的竞争性加强。北方玉米 - 小麦连作区由于玉米晚熟以及近年推广玉米晚收技术，小麦玉米接茬变得紧张，如果玉米继续晚熟，小麦和玉米在季节上会出现部分竞争。水稻 - 小麦连作区，水稻收获晚导致稻茬小麦无法适时播种的现象更为突出。在沿淮的某些县区，由于大面积发展晚熟的粳糯稻、水稻撒种直播，造成晚熟，水稻成熟后部分农民不及时收获，在田里晒穗待籽粒脱水后直接入库，都导致南方稻茬小麦播种须推迟至 11 月底 12 月初，有的年份冬前不能出苗，严重影响了小麦产量。而在应对策略上，目前因项目设置、专业分工等原因，使得技术研发主要围绕某个作物展开，对周年协同高产技术的关注和研究不够；农户因对各种作物繁多的品种、技术了解不够，周年生产的安排统筹也比较忽视。品种搭配不科学、茬口衔接不协调，往往影响每一季稳产高产。周年统筹兼顾是“十三五”小麦生产技术需要解决的主要问题之一。

另外，部分麦区因种植结构调整出现了新的小麦种植模式，但在配套品种、技术、机具方面还相对缺乏。如黄淮海麦区地力培肥的综合技术和节水栽培模式仍需要研究，长江中下游稻茬小麦的前作水稻秸秆还田的技术仍不过关，稻茬小麦的规范化

机械化耕作播种技术，由于土壤黏重，农机农艺技术都需要深入探讨，我国旱区无灌溉条件的旱地小麦需要着力解决品种选育、抗旱节水生产技术、适宜作业机具等问题；丘陵旱地因为种植制度复杂、机械化程度较低、作业困难等因素，秸秆还田推进难度较大，合理轮作、培肥地力的农艺农机配套技术亟待形成。

2. 优质小麦需求增加，保优提质增产兼顾的要求提高

在过去一个阶段，多数小麦主产区更多注重产量的增加，对小麦优质和高产优质协同的关注相对较弱。近年来，我国对优质小麦的需求不断提升，但国内优质麦的种植和产量则有减少趋势，优质麦供需缺口扩大，小麦生产与食品工业需求之间存在的结构性矛盾凸显。优化品种结构、扩大优质麦种植、实现高产优质协同增进是小麦生产发展的必然方向。提升小麦品质需要优质品种、良法、良境协调配合，需要集中规模化、标准化经营，优质小麦产区如何兼顾产量与加工品质的同步提升需要持续关注。

3. 生产成本提高，生态安全的需求加大，节本增效的压力较大

近年来我国种子、农药、化肥等主要农业生产资料价格持续上涨，小麦生产成本持续增加。同时生产上还普遍存在农药、化肥过量施用、过量灌水、投入时期不科学、利用率偏低的现象，既浪费了资源，又加重了农业污染。为治理农业污染，2015年农业部提出了“一控两减三基本”的目标。“一控”，即要控制农业用水的总量，要划定总量的红线和利用系数率的红线；“两减”，主要是把化肥、农药的施用总量减下来。为实现这一目标，“十三五”小麦生产必须坚持控量提效，大力发展节水农业；坚持减量替代，实施化肥零增长行动。在这一形势下，小麦生产既要做到节本增效，又要保证产量的持续提高，技术难度加大。

4. 规模化、机械化生产的需求加大，农机农艺结合的要求提高

小麦生产的机械化、规模化是小麦发展的必然趋势。推进小麦种植规模化、生产机械化，技术标准化、病虫害统防统治专业化，可以提高劳动生产效率，能够更好适应农村劳动力日益短缺的状况，也能促进小麦生产由分散的家庭经营向适度规模经营转变。

但目前现有小麦生产技术和作业机械与规模化经营还不相适应，一方面很多现有生产技术家庭农场难以应用，另一方面有些规模生产者承包面积过大，生产环节组织管理程度低，顾此失彼，影响生产技术的落实和产量经济效益的提高。很多规模经营者，生产布局不合理，统筹安排不到位，时间衔接不紧凑、不合理，机械配套性差、机械与农艺的配套差、农机装备及作业质量不高，加之农忙人手紧张等因素影响，导致种植、管理与收获进度慢，影响规模化增产增效；烘干机械与设备落后于需求，收获的小麦不能及时入库，造成丰产不丰收的现象。因此，“十三五”的小麦生产技术，应更注重机械化、轻简化，减少或基本免除人工操作，提高农机农艺的结合程度。

第六节 “十三五”我国小麦主产省产量发展规划

一、“十三五”我国小麦主产省产量发展总体规划

1. 小麦主产省种植面积规划

“十三五”，河南、河北、山东、江苏、安徽、湖北、四川、山西、陕西、甘肃、新疆等 11 个主产省（自治区）规划的小麦种植总面积稳定在 3.32 亿亩左右，比“十二五”略有降低。到 2020 年，预计 11 个主产省（自治区）的小麦种植面积为 33 157.4 万亩，比 2015 年减少 123.8 万亩，降幅 0.37%。与 2015 年相比，2020 年河南、山东、安徽和湖北规划的小麦面积略有增加，河北、四川、江苏、甘肃和新疆规划的小麦面积略有减少，山西和陕西规划的小麦面积基本稳定（表 1–6–1）。

2. 小麦主产省单产规划

“十三五”，11 个小麦主产省（自治区）的小麦单产预计将增加，但增速较“十二五”放缓。根据各主产省（自治区）的规划，2020 年 11 个主产省（自治区）小麦平均单产将达到 387.7 千克 / 亩，比 2015 年增加 14.4 千克 / 亩，增幅 3.85%。各主产省（自治区）规划的小麦单产均持续提升，比 2015 年增加 2.7~28.7 千克 / 亩不等（表 1–6–1）。

表 1–6–1 “十三五”我国小麦主产省产量发展规划

区域	2015 年			2020 年规划目标			2020 年较 2015 年增减		
	面积（万亩）	总产（万吨）	单产（千克 / 亩）	面积（万亩）	总产（万吨）	单产（千克 / 亩）	面积（万亩）	总产（万吨）	单产（千克 / 亩）
河南	8 138.5	3 501.0	430.2	8 220.0	3 616.8	440.0	81.5	115.8	9.8
河北	3 478.3	1 435.0	412.5	3 392.4	1 408.7	415.3	−85.9	−26.3	2.7
山东	5 699.7	2 346.6	411.7	5 750.0	2 472.5	430.0	50.3	125.9	18.3
江苏	3 268.2	1 174.0	359.2	3 200.0	1 161.6	363.0	−68.2	−12.4	3.8
安徽	3 685.5	1 411.0	382.9	3 700.0	1480.0	400.0	14.5	69.0	17.1
湖北	1 640.1	420.9	256.7	1 700.0	476.0	280.0	59.9	55.1	23.3
四川	1 678.5	426.3	254.0	1 600.0	448.0	280.0	−78.5	21.7	26.0
山西	1 012.6	271.4	268.1	1 010.0	281.7	278.9	−2.6	10.3	10.8
陕西	1 628.4	458.1	281.3	1 620.0	502.2	310.0	−8.4	44.1	28.7
甘肃	1 192.2	281.0	235.7	1 150.0	280.0	243.5	−42.2	−1.0	7.8
新疆	1 859.0	698.3	375.6	1 815.0	726.0	400.0	−44.0	27.8	24.4
总计	33 281.2	12 423.7	373.3	33 157.4	12 853.5	387.7	−123.8	429.9	14.4

3. 小麦主产省总产规划

基于小麦种植面积和单产规划，“十三五”11 个主产省（自治区）的小麦总产量预计小幅增长，但增幅低于“十二五”。2020 年 11 个主产省（自治区）规划的小麦总产量为 12 853.5 万吨，比 2015 年增产 429.9 万吨，增幅为 3.46%。河北、江苏、甘肃 3 省规划的小麦总产比 2015 年略有减少；河南、山东、安徽、湖北、四川、山西、陕西、新疆规划的小麦总产均不同幅度地增加，其中河南、山东、安徽、湖北和陕西 5 省规划的小麦总产量的增加值占“十三五”主产省（自治区）小麦总产量增加值的 95.4%（表 1-6-1）。

二、“十三五”我国小麦各主产省产量规划目标与发展重点

1. 河南省

（1）产量规划目标 “十三五”，河南省规划的小麦种植面积稳定在 8 200 万亩左右，其中 2016 年和 2017 年稳定在 8 190 万亩左右，预计 2020 年达到 8 220 万亩（表 1-6-2）。小麦单产将在“十二五”年均 405.9 千克 / 亩的基础上逐年小幅增长，2020 年达到 440 千克 / 亩，比 2015 年增加 9.8 千克 / 亩，增幅为 2.28%。依据小麦种植面积和单产规划，全省小麦总产量逐年小幅增长，到 2020 年总产将达到 3 616.8 万吨，比 2015 年增产 115.8 万吨，增幅为 3.31%。

与“十二五”同期相比，“十三五”河南省规划的年均小麦种植面积将增加 145 万亩，增长率为 1.80%；年均单产提高 26.5 千克 / 亩，增长率为 6.51%；年均总产量增加 275.6 万吨，增长率为 8.42%。

表 1-6-2 “十三五”河南省小麦生产面积、单产和总产规划

年份	面积	总产	单产	比上年增加值			比上年增长率		
				面积	总产	单产	面积	总产	单产
	万亩	万吨	千克 / 亩	万亩	万吨	千克 / 亩	%	%	%
2016	8 198.4	3 466.0	422.8	59.9	−35.0	−7.4	0.73	−0.99	−0.81
2017	8 190.0	3 521.7	430.0	−8.4	55.7	7.2	−0.10	1.63	1.70
2018	8 200.0	3 550.6	433.0	10.0	28.9	3.0	0.12	0.82	0.70
2019	8 210.0	3 579.6	436.0	10.0	29.0	3.0	0.12	0.82	0.69
2020	8 220.0	3 616.8	440.0	10.0	37.2	4.0	0.12	1.03	0.92
				比“十二五”增加值			比“十二五”增长率		
“十二五”	8 058.7	3 271.4	405.9						
“十三五”	8 203.7	3 546.9	432.4	145.0	275.5	26.5	1.80	8.42	6.51

（2）发展重点 区域布局角度：河南省中部和北部高产灌区，常年小麦播种面积约 2 500 万亩，“十三五”该区以提质增效为主要目标，着力改善品质，提高种麦效益，预计到 2020 年单产提高 20 千克 / 亩。北纬 33 度地区的豫中南部麦区，小麦

常年种植面积为 4 500 万亩，“十三五”着力扩大稻茬小麦面积，通过改善生产条件，增加投入，推广优良品种和高产优质栽培技术，主攻单产水平提高，到 2020 年单产可提高 25 千克 / 亩左右。豫西、豫西南和豫中北部无水浇条件的丘陵旱地麦田，小麦常年种植面积约 1 600 万亩，受水资源短缺等条件制约，小麦产量长期低而不稳，该区因生态治理、农业结构调整，小麦种植面积可能小幅减少，重点保稳产。该区通过推广抗旱节水稳产品种和秸秆地膜覆盖、少（免）耕等抗旱节水栽培技术，持续培肥地力，增强抗灾稳产性，到 2020 年小麦单产可提高 15 千克 / 亩以上。

品质角度：“十三五”，预计河南省优质强筋和中强筋小麦面积稳定在 2 000 万亩左右，弱筋小麦发展到 300 万亩左右。2016—2018 年全省已规划在豫北、豫中和豫东地区发展优质强筋小麦 1 000 万亩，在淮南发展优质弱筋小麦 200 万亩，着力提高小麦质量、效益、市场竞争能力和小麦生产附加值。

2. 河北省

（1）*产量规划* “十三五”，河北省规划小麦种植面积在“十二五”末 3 478.3 万亩的基础上小幅缩减，2016 年降至 3 456.7 万亩，2017—2020 年稳定在 3 400 万亩左右并略有减少，预计 2020 年降至 3 392.4 万亩。单产小幅增长，但增幅趋于递减，2020 年平均单产预计为 415.3 千克 / 亩，比 2015 年增加 2.7 千克 / 亩，增幅 0.66%。依据小麦种植面积和单产规划，小麦总产量将有所减少，预计 2020 年小麦总产量为 1 408.7 万吨，比 2015 年减少 26.3 万吨，降幅 1.83%（表 1-6-3）。

与“十二五”同期相比，“十三五”河北省规划的年均小麦种植面积将减少 143.7 万亩，降幅为 4.04%；年均单产提高 28.0 千克 / 亩，增长率为 7.25%；年均总产量增加 40 万吨，增长率为 2.91%。

表 1-6-3 “十三五”河北省小麦生产面积、单产和总产规划

年份	面积	总产	单产	比上年增加值			比上年增长率		
				面积	总产	单产	面积	总产	单产
	万亩	万吨	千克 / 亩	万亩	万吨	千克 / 亩	%	%	%
2016	3 456.7	1 428.5	413.3	−21.6	−6.5	0.7	−0.62	−0.45	0.17
2017	3 406.7	1 410.8	414.1	−50.0	−17.7	0.9	−1.45	−1.24	0.21
2018	3 398.7	1 409.0	414.6	−8.0	−1.8	0.4	−0.23	−0.13	0.11
2019	3 395.1	1 408.9	415.0	−3.6	−0.1	0.4	−0.11	−0.01	0.10
2020	3 392.4	1 408.7	415.3	−2.7	−0.2	0.3	−0.08	−0.01	0.07
				比“十二五”增加值			比“十二五”增长率		
“十二五”	3 553.6	1 373.2	386.4						
“十三五”	3 409.9	1 413.2	414.4	−143.7	40.0	28.0	−4.04	2.91	7.25

（2）*发展重点* 区域布局角度：河北省地下水超采地区压减小麦种植面积的区域

主要在黑龙港地区，通过压减面积的调整，使小麦种植区域进一步向太行山山前平原区、黑龙港地区和冀东平原区 3 个优势产区集中。保证全省平均单产稳步提高，以稳定压缩面积后全省小麦的总产量：太行山山前平原区发挥生产条件较好的优势，通过先进技术和高产、超高产品种的集成应用，稳定提高小麦单产；黑龙港地区在压缩严重缺水地区面积的基础上，在水肥条件相对优越地区进一步实施节水栽培，保证小麦单产稳定并有所提高，逐步缩小黑龙港地区与高产地区小麦单产的差距。

品质角度：把河北省发展强筋小麦的区位优势转变成生产优势和产品优势，在石家庄、邢台延京广铁路的山前平原麦区集中发展优质强筋小麦，形成规模效应，其他麦区以发展优质高产中筋小麦为主。

3. 山东省

（1）*产量规划* “十三五”，山东省规划小麦种植面积在“十二五”末 5 699.7 万亩的基础上逐年小幅增加，到 2019 小麦种植面积达到 5 800 万亩的峰值，2020 年面积降至 5 750 万亩。小麦单产预计逐年小幅增长，2020 年达到 430 千克 / 亩，比 2015 年增加 18.3 千克 / 亩，增幅为 4.44%。依据小麦种植面积和单产规划，全省小麦总产量逐年小幅增长，到 2020 年将达到 2 472.5 万吨，比 2015 年增加 125.9 万吨，增加 5.37%（表 1-6-4）。

与“十二五”同期相比，“十二五”山东省规划的年均小麦种植面积将增加 237.2 万亩，增长率为 4.29%；年均单产提高 18.5 千克 / 亩，增长率为 4.61%；年均总产量增加 202.1 万吨，增长率为 9.09%。

表 1-6-4 “十三五”山东省小麦生产面积、单产和总产计划

年份	面积	总产	单产	比上年增加值			比上年增长率		
				面积	总产	单产	面积	总产	单产
	万亩	万吨	千克 / 亩	万亩	万吨	千克 / 亩	%	%	%
2016	5 745.4	2 344.6	408.1	45.6	−2.0	−3.6	0.80	−0.09	−0.88
2017	5 760.0	2 396.2	416.0	14.7	51.6	7.9	0.25	2.20	1.94
2018	5 780.0	2 439.2	422.0	20.0	43.0	6.0	0.35	1.79	1.44
2019	5 800.0	2 470.8	426.0	20.0	31.6	4.0	0.35	1.30	0.95
2020	5 750.0	2 472.5	430.0	−50.0	1.7	4.0	−0.86	0.07	0.94
				比“十二五”增加值			比“十二五”增长率		
“十二五”	5 529.8	2 222.5	401.9						
“十三五”	5 767.1	2 424.6	420.4	237.3	202.1	18.5	4.29	9.09	4.61

（2）*发展重点* 区域布局角度：山东省鲁西为粮食主产区，鲁中为粮食生产与蔬菜生产交互产区，鲁东为粮食与蔬菜果品交互产区，“十三五”要稳定鲁西粮食主产区的小麦面积，加大各小麦产区的农田基本建设，提高农田的高产稳产和抗灾能力。

立足山东省鲁中、鲁南旱地小麦产量的稳定高产，实现中低产田小麦产量水平的提高和大面积均衡增产。

品质角度：继续注重优质强筋小麦品种培育，扩大强筋小麦种植面积到 1 500 万亩，研究强筋小麦优质高产高效的规范化栽培技术，提高强筋专用小麦品质稳定性与单产水平，满足山东省和国内市场需求，支撑优质小麦产业发展。

4. 江苏省

（1）*产量规划* “十三五”，江苏省规划的小麦种植面积稳定在 3 200 万亩以上，呈小幅缩减趋势，预计 2020 年小麦面积为 3 200 万亩，比 2015 年减少 68.2 万亩，降幅 2.09%。小麦单产预计逐年小幅增长，2020 年小麦单产达到 363 千克 / 亩，比 2015 年增加 3.8 千克 / 亩，增幅为 1.06%。依据小麦种植面积和单产规划，全省小麦总产量稳定在 1 100 万吨以上，预计 2020 年总产为 1 161.6 万吨，比 2015 年减少 12.4 万吨，降幅为 1.06%（表 1–6–5）。

与“十二五”同期相比，“十三五”江苏省规划的年均小麦种植面积将增加 13.8 万亩，增长率为 0.43%；年均单产提高 11.5 千克 / 亩，增长率为 3.36%；年均总产量增加 42.0 万吨，增长率为 3.81%。

表 1–6–5 “十三五”江苏省小麦生产面积、单产和总产规划

年份	面积	总产	单产	比上年增加值			比上年增长率		
				面积	总产	单产	面积	总产	单产
	万亩	万吨	千克 / 亩	万亩	万吨	千克 / 亩	%	%	%
2016	3 284.8	1 119.6	340.8	16.6	–54.4	–18.4	0.51	–4.64	–5.13
2017	3 250.0	1 137.5	350.0	–34.8	17.9	9.2	–1.06	1.60	2.70
2018	3 220.0	1 143.1	355.0	–30.0	5.6	5.0	–0.92	0.49	1.43
2019	3 210.0	1 155.6	360.0	–10.0	12.5	5.0	–0.31	1.09	1.41
2020	3 200.0	1 161.6	363.0	–10.0	6.0	5.0	–0.31	0.52	0.83
				比“十二五”增加值			比“十二五”增长率		
“十二五”	3 219.2	1 101.5	342.2						
“十三五”	3 233.0	1 143.5	353.7	13.8	42.0	11.5	0.43	3.81	3.36

（2）*发展重点* 区域布局角度：从面积增长潜力看，苏北和苏中的小麦面积仍有一定的扩大空间但已十分有限，苏南小麦面积会趋于稳定或略减。在注重高产田的同时，对江苏中低产田进行改造，抓好平衡增产能够实现全省单产水平的提升。

品质角度：江苏红粒小麦品质优势明显，在全国有很强的市场竞争力，但白粒小麦总体品质不如北方，需进一步提升。“十三五”，弱筋小麦种植面积计划发展到 500 万亩，中筋小麦计划发展到 1 800 万 ~2 000 万亩，强筋小麦计划发展到 800 万 ~ 1 000 万亩。淮北重点推广优质中、强筋小麦品种，沿淮重点推广优质中筋小麦品种，淮南重点推广优质中、弱筋小麦品种。

5. 安徽省

（1）*产量规划*　“十三五”，安徽省规划的小麦种植面积基本稳定在 3 700 万亩。小麦单产将在“十二五”年均 365.5 千克 / 亩的基础上逐年小幅增长，2020 年达到 400 千克 / 亩，比 2015 年增加 17.1 千克，增幅为 4.48%。依据小麦种植面积和单产规划，全省小麦总产量逐年小幅增长，到 2020 年达到 1 480 万吨，比 2015 年增产 69 万吨，增幅为 4.89%（表 1-6-6）。

与“十二五”同期相比，“十三五”安徽省规划的年均小麦种植面积将增加 60.9 万亩，增长率为 1.67%；年均单产提高 23.8 千克 / 亩，增长率为 6.50%；年均总产量增加 110.1 万吨，增长率为 8.29%。

表 1-6-6　“十三五”安徽省小麦生产面积、单产和总产规划

年份	面积	总产	单产	比上年增加值			比上年增长率		
				面积	总产	单产	面积	总产	单产
	万亩	万吨	千克 / 亩	万亩	万吨	千克 / 亩	%	%	%
2016	3 689.0	1 387.0	376.0	3.0	-24.0	-6.9	0.08	-1.70	-1.80
2017	3 700.0	1 425.0	385.0	1.0	38.0	9.0	0.03	2.74	2.39
2018	3 700.0	1 443.0	390.0	0.0	18.0	5.0	0.00	1.26	1.29
2019	3 700.0	1 462.0	395.0	0.0	19.0	5.0	0.00	1.32	1.28
2020	3 700.0	1 480.0	400.0	0.0	18.0	5.0	0.00	1.23	1.27
				比“十二五”增加值			比“十二五”增长率		
“十二五”	3 636.9	1 329.3	365.5						
“十三五”	3 697.8	1 439.4	389.3	60.9	110.1	23.8	1.67	8.29	6.50

（2）*发展重点*　区域布局角度：“十三五”，安徽省淮北地区由于发展经济作物，小麦面积保持稳定或略减；淮南地区部分冬闲田可扩大小麦面积。淮北麦区发展的方向是提高效益、减少损失，实现平衡增产，使大部分县市达到或超过 450 千克 / 亩产量水平，更多县市的单产达到 500 千克 / 亩以上。江淮稻茬麦区努力实现小麦从中产到中高产水平的转变，各县单产达到 350 千克 / 亩左右；沿江地区单产达到或接近 300 千克 / 亩的水平。

品质角度：赤霉病、穗发芽、黑胚、籽粒质地、不完善粒、容重是影响安徽省小麦品质的最重要因素。通过品种改良和栽培新技术的应用，改善小麦的品质，是安徽省小麦发展的重要任务之一。

6. 湖北省

（1）*产量规划*　“十三五”，湖北省规划小麦种植面积在“十二五”末 1 640 万亩的基础上小幅增长，预计 2020 年可达到 1 700 万亩。小麦单产也逐年小幅增长，

2020 年达到 280 千克 / 亩，比 2015 年增加 23.3 千克 / 亩，增幅为 9.09%。依据小麦种植面积和单产规划，全省小麦总产量持续增加，到 2020 年将达到 476 万吨，比 2015 年增产 55.1 万吨，增幅为 13.08%（表 1–6–7）。

与“十二五”同期相比，“十三五”湖北省规划的年均小麦种植面积将增加 78 万亩，增长率为 4.87%；年均单产提高 22.9 千克 / 亩，增长率为 9.29%；年均总产量增加 57.7 万吨，增长率为 14.61%。

表 1–6–7 “十三五”湖北省小麦生产面积、单产和总产规划

年份	播种面积	总产	单产	比上年增加值			比上年增长率		
				面积	总产	单产	面积	总产	单产
	万亩	万吨	千克 / 亩	万亩	万吨	千克 / 亩	%	%	%
2016	1 662.4	428.2	257.5	22.3	7.3	0.8	1.36	1.73	0.32
2017	1 670.0	440.9	264.0	7.6	12.7	6.5	0.46	2.96	2.52
2018	1 680.0	453.6	270.0	10.0	12.7	6.0	0.60	2.89	2.27
2019	1 690.0	464.8	275.0	10.0	11.2	5.0	0.60	2.46	1.85
2020	1 700.0	476.0	280.0	10.0	11.3	5.0	0.59	2.42	1.82
				比“十二五”增加值			比“十二五”增长率		
“十二五”	1 602.5	395.0	246.5						
“十三五”	1 680.5	452.7	269.4	78.0	57.7	22.9	4.87	14.61	9.29

（2）*发展重点* 区域布局角度：继续按照“北麦南油”的优势区域布局，合理调整，压缩冬闲田，推进小麦北移和油菜南移，缓解粮油争地矛盾，确保小麦、油菜双发展。鄂中北地区适当扩大小麦种植面积；在北纬 31° 以南，适当发展部分大麦来代替小麦，减少赤霉病和穗发芽发生危害。湖北省各地小麦单产水平不平衡，高产县市如襄阳、枣阳等县市单产已超过 400 千克 / 亩，全省约 600 万亩小麦的单产水平低于全省平均水平，部分县市小麦单产长期徘徊在 100 千克 / 亩左右，“十二五”要力争使小麦均衡增产。

品种和品质角度：改变品种单一、北部春性品种比例过大、南部缺少抗穗发芽能力较强的红皮品种等不合理的现象，引种和推广生产上急需的产量水平较高、稳产、适应性较广、抗倒性较强的小麦品种。在北纬 31° 以北的县（市、区）建设布局中筋小麦板块；在江汉平原及鄂东地区，建设布局弱筋小麦板块。

7. 四川省

（1）*产量规划* “十三五”，四川省规划的小麦种植面积在“十二五”末 1 678.5 万亩的基础上小幅缩减，2017 年之后稳定在 1 600 万亩左右，比 2015 年缩减 4.68%。小麦单产预计持续增长，2020 年全省小麦平均单产达到 280 千克 / 亩，比 2015 年增加 26.0 千克 / 亩，增幅为 10.24%。依据小麦种植面积和单产规划，全省小麦总产量

预计保持相对稳定，2020 年总产达到 448 万吨，比 2015 年增产 21.7 万吨，增幅为 5.09%（表 1-6-8）。

与“十二五”同期相比，“十三五”四川省规划的年均小麦种植面积将减少 192 万亩，降幅为 10.67%；年均单产提高 28.8 千克 / 亩，增长率为 12.08%；年均总产量持平略增。

表 1-6-8　“十三五”四川省小麦生产面积、单产和总产规划

年份	面积	总产	单产	比上年增加值			比上年增长率		
				面积	总产	单产	面积	总产	单产
	万亩	万吨	千克 / 亩	万亩	万吨	千克 / 亩	%	%	%
2016	1 632.0	413.4	253.3	−47.0	−12.9	−0.7	−2.80	−3.03	−0.28
2017	1 607.0	417.8	260.0	−25.0	4.4	6.7	−1.53	1.06	2.65
2018	1 600.0	427.2	267.0	−7.0	9.4	7.0	−0.44	2.25	2.69
2019	1 600.0	440.0	275.0	0.0	12.8	8.0	0.00	3.00	3.00
2020	1 600.0	448.0	280.0	0.0	8.0	5.0	0.00	1.82	1.82
				比“十二五”增加值			比“十二五”增长率		
“十二五”	1 799.8	428.8	238.2						
“十三五”	1 607.8	429.3	267.0	−192.0	0.5	28.8	−10.67	0.12	12.08

（2）*发展重点*　区域布局角度：川西地区，生产条件良好，稻茬小麦比例较高，小麦面积约 500 万亩，预计小麦平均单产将由“十二五”的 310 千克 / 亩提高到 2020 年的 350 千克 / 亩；川中地区，以旱地小麦和套作小麦为主，小麦面积约 800 万亩，预计小麦平均单产将由“十二五”的 230 千克 / 亩提高到 2020 年的 250 千克 / 亩；川南、川东、攀西地区，小麦面积约 400 万亩，多种类型并存，条件较差，预计平均单产将由“十二五”的 200 千克 / 亩提高到 2020 年的 220 千克 / 亩。

品质角度：四川省小麦以加工面条为主，大型面条加工企业利用北方小麦“筋力”较好，而南方小麦出粉率高、白度好、灰分含量低的特点，多数采取当地小麦和北方小麦各占 50% 的方式生产优质面条。“十三五”期间，需要着力解决面条小麦筋力偏弱、降落值偏低的问题，促进面条企业做大做强，进而带动小麦生产发展。同时，四川省具有生产优质弱筋小麦的生态优势，将继续强化弱筋小麦产业发展。

8. 山西省

（1）*产量规划*　“十三五”，山西省小麦面积增加的可能性很小，规划目标主要是将面积稳定在“十二五”的水平上，即 1 010 万亩左右。按照“十二五”单产年均增加 2 千克 / 亩的增长速度，到 2020 年小麦单产预计突破 278 千克 / 亩，比 2015 年增产 10.8 千克 / 亩，增幅 4.04%。依据小麦种植面积和单产规划，全省小麦总产量预计逐年小幅增长，到 2020 年总产将达到 281.7 万吨，比 2015 年增产 10.3 万吨，增幅为 3.78%（表 1-6-9）。

与“十二五”同期相比，“十三五”山西省规划的年均小麦种植面积将减少 17.9 万亩，降幅为 1.74%；年均单产提高 29.6 千克 / 亩，增长率为 12.05%；平均总产量增加 25.5 万吨，增长率为 10.09%。

表 1-6-9 “十三五”山西省小麦生产面积、单产和总产规划

年份	面积	总产	单产	比上年增加值			比上年增长率		
				面积	总产	单产	面积	总产	单产
	万亩	万吨	千克 / 亩	万亩	万吨	千克 / 亩	%	%	%
2016	1 009.0	273.4	270.9	−3.2	2.0	2.8	−0.32	0.74	1.06
2017	1 010.0	275.6	272.9	0.6	2.2	2.0	0.06	0.81	0.74
2018	1 010.0	277.6	274.9	0.0	2.0	2.0	0.00	0.73	0.73
2019	1 010.0	279.7	276.9	0.0	2.0	2.0	0.00	0.73	0.73
2020	1 010.0	281.7	278.9	0.0	2.0	2.0	0.00	0.72	0.72
				比“十二五”增加值			比“十二五”增长率		
“十二五”	1 027.7	252.1	245.4						
“十三五”	1 009.8	277.6	274.9	−17.9	25.5	29.6	−1.74	10.09	12.05

（2）*发展重点* 区域布局角度：运城市小麦面积占山西省小麦面积的 50% 左右，是山西省小麦生产的重点之一。“十三五”规划运城小麦面积达到 510 万亩，临汾 360 万亩，晋城 90 万亩，其他地市合计达到 50 万亩。根据运城市“十三五”规划，2020 年全市将建成 300 万亩高标准粮食生产基地，小麦单产达到 400 千克 / 亩以上，保证水地小麦产量持续提高。并通过黄河引水工程，逐步扩大 230 万亩旱地小麦的灌溉面积，发展节水灌溉，使旱地的生产能力得到大幅度提高。

品质角度：山西省的气候特点对生产优质强筋、中强筋小麦非常有利，“十三五”将积极培育与引进优质小麦品种，结合优质栽培技术的大面积推广，生产优质小麦，实施多种形式的优质小麦规模化生产。

9. 陕西省

（1）*产量规划* “十三五”，陕西省规划的小麦种植面积稳定在 1 620 万亩。小麦单产预计逐年小幅增长，2020 年小麦单产达到 310 千克 / 亩，比 2015 年增加 28.7 千克 / 亩，增幅为 10.19%。依据小麦种植面积和单产规划，全省小麦总产量逐年小幅增长，到 2020 年将达到 502.2 万吨，比 2015 年增产 44.1 万吨，增幅为 9.63%（表 1-6-10）。

与“十二五”同期相比，“十三五”陕西省规划的年均小麦种植面积将减少 35.5 万亩，降幅为 2.14%；年均单产提高 38.3 千克 / 亩，增长率为 15.04%；年均总产量增加 53.2 万吨，增长率为 12.59%。

表 1-6-10　“十三五”陕西省小麦生产面积、单产和总产规划

年份	面积	总产	单产	比上年增加值			比上年增长率		
				面积	总产	单产	面积	总产	单产
	万亩	万吨	千克 / 亩	万亩	万吨	千克 / 亩	%	%	%
2016	1 623.9	445.1	274.1	−4.5	−13.0	−7.2	−2.76	−2.84	−2.56
2017	1 630.0	462.9	284.0	6.1	17.8	9.9	3.76	4.00	3.61
2018	1 620.0	473.0	292.0	−10.0	10.1	8.0	−0.61	2.19	2.82
2019	1 620.0	494.1	305.0	0.0	21.1	13.0	0.00	4.45	4.45
2020	1 620.0	502.2	310.0	0.0	8.1	5.0	0.00	1.64	1.64
				比“十二五”增加值			比“十二五”增长率		
“十二五”	1 658.3	422.3	254.7						
“十三五”	1 622.8	475.5	293.0	−35.5	53.2	38.3	−2.14	12.59	15.04

（2）*发展重点*　区域布局角度：确保小麦种植面积是陕西小麦发展的关键。从种植面积调减看，规划关中麦区减少 27.5 万亩，占全省总规划中减少面积的 70.1%；渭南维持目前现有水平困难不大；咸阳麦区年减少控制在 0.6% 以内；宝鸡麦区年减少控制在 0.5% 以内。从单产看，关中麦区单产提高空间较大。

品质角度：大力推广小麦调优技术，持续提高籽粒品质。陕西关中麦区属于我国黄淮优势强筋区，具有特殊的环境优势和区位优势，近年来新选育的小麦品种如西农 979、西农 509、陕农 33 等品质较以往也有较大的提高，在大面积生产中，结合调优配套技术的推广，将有助于整体质量水平的提高。

10. 甘肃省

（1）*产量规划*　“十三五”，甘肃省规划小麦面积维持在 1 150 万亩不下滑，单产在“十二五”末 235.7 千克 / 亩的基础上，年递增 1.5 千克 / 亩左右，2020 年达到 243.5 千克 / 亩，比 2015 年增加 7.8 千克 / 亩，增幅为 3.32%。依据小麦种植面积和单产规划，全省小麦总产量逐年小幅增长，到 2020 年将达到 280 万吨，比 2015 年减少 10 000 吨，降幅为 0.36%（表 1-6-11）。

与“十二五”同期相比，“十三五”甘肃省规划的年均小麦种植面积将缩减 76.8 万亩，降幅为 6.25%；年均单产提高 26.5 千克 / 亩，增长率为 12.37%；年均总产量增加 14.1 万吨，增长率为 5.35%。

表 1-6-11 “十三五”甘肃省小麦生产面积、单产和总产规划

年份	面积	总产	单产	比上年增加值			比上年增长率		
				面积	总产	单产	面积	总产	单产
	万亩	万吨	千克 / 亩	万亩	万吨	千克 / 亩	%	%	%
2016	1 158.0	275.0	237.5	−34.2	−6.0	1.8	−2.87	−2.14	0.76
2017	1 150.0	274.9	239.0	−8.0	−0.2	1.5	−0.69	−0.05	0.63
2018	1 150.0	276.6	240.5	0.0	1.7	1.5	0.00	0.63	0.63
2019	1 150.0	278.3	242.0	0.0	1.7	1.5	0.00	0.62	0.62
2020	1 150.0	280.0	243.5	0.0	1.7	1.5	0.00	0.62	0.62
				比“十二五”增加值			比“十二五”增长率		
“十二五”	1 228.4	262.9	214.0						
“十三五”	1 151.6	277.0	240.5	−76.8	14.1	26.5	−6.25	5.35	12.37

（2）*发展重点* 区域布局角度：“十三五”，甘肃省计划将小麦生产重点放在 11 个市（州）的 42 个县（区），总面积达到 1 058.5 万亩，约占“十三五”总规划面积的 90%。另外的 100 万亩小麦非重点区属于低产不稳产区，主要集中在山旱地。按产区来分，陇东、陇南、中部、河西四大麦区在重点发展区域所占比重分别为 27.7%、34.1%、26.6%、11.6%。不同产区间将进行适当增减调整。陇南麦区，预计继续压缩高海拔条锈病越夏区的面积 30 万亩，中部麦区将扩展旱地小麦面积 20 万亩左右。在发展战略上，甘肃省小麦单产提高的重点在旱地小麦，区域在陇东、陇南和中部三大麦区。中部旱作麦区将全面由低产向中产发展，单产年递增率达到 2% 左右；陇东和陇南旱作麦区将从中产向中高产发展，单产年递增率平均达到 1.5% 左右。河西灌溉麦区将在稳定现有单产的基础上，逐步由高产向 600 千克 / 亩的超高产发展，单产年递增率平均达到 0.7% 左右。

品质角度：“十三五”，甘肃在约 880 万亩旱地小麦中，规划 70% 的面积以生产中筋类小麦为主，约 30% 的面积以生产强筋的面包专用小麦和弱筋的饼干与糕点专用小麦为主；在约 300 万亩灌区小麦中，60% 的面积用于生产优质专用粉原料，10% 的面积用于生产弱筋专用粉，30% 的面积用于生产中筋小麦。区域规划上，中强筋小麦产区主要在河西和沿黄春小麦灌区、陇东麦区、中部旱地；弱筋小麦产区分为红粒弱筋春麦区和红粒中弱筋冬麦区，其中红粒弱筋春麦区主要集中在河西走廊海拔 2 000 米以上灌区和洮岷高寒春麦区；红粒中弱筋冬麦区主要集中在陇南麦区的嘉陵江上游麦区。

11. 新疆维吾尔自治区

（1）*产量规划* “十三五”，新疆维吾尔自治区规划小麦种植面积在 2016 年预计的 1 934 万亩的基础上显著缩减，2017—2020 年种植面积稳定在 1 815 万亩。小麦单产逐年小幅增长，2020 年达到 400 千克 / 亩，比 2015 年增加 24.4 千克 / 亩，增

幅为6.50%。依据小麦种植面积和单产规划，2017—2020年全区小麦总产量趋于小幅增长，到2020年达到726万吨，比2015年增产27.7万吨，增幅为3.97%（表1-6-12）。

与“十二五”同期相比，“十三五”新疆规划的年均小麦种植面积将增加139.8万亩，增长率为8.23%，年均单产提高21.0千克/亩，增长率为5.72%，年均总产量增加90万吨，增长率为14.44%。

表1-6-12 “十三五”新疆维吾尔自治区小麦生产面积、单产和总产规划

年份	面积	总产	单产	比上年增加值			比上年增长率		
				面积	总产	单产	面积	总产	单产
	万亩	万吨	千克/亩	万亩	万吨	千克/亩	%	%	%
2016	1 934.0	724.6	374.7	75.0	26.3	−0.9	4.03	3.77	−0.24
2017	1 815.0	695.0	382.9	−119.0	−29.6	8.2	−6.15	−4.09	2.19
2018	1 815.0	705.1	388.5	0.0	10.1	5.6	0.00	1.45	1.46
2019	1 815.0	715.5	394.2	0.0	10.4	5.7	0.00	1.47	1.47
2020	1 815.0	726.0	400.0	0.0	10.5	5.8	0.00	1.47	1.47
				比“十二五”增加值			比“十二五”增长率		
“十二五”	1 699	623.2	366.9						
“十三五”	1 838.8	713.2	387.9	139.8	90.0	21.0	8.23	14.44	5.72

（2）*发展重点* 区域布局角度：到2020年，新疆规划在41个小麦主产县（市）建成小麦高产田1 000万亩，平均单产提高到450千克/亩以上，作为新疆口粮的安全底线，其中：北疆小麦主产区建成高产田674万亩，南疆小麦主产区建成304万亩。北疆生态类型多样，冬、春小麦兼种，中低产田面积占75%左右，小麦单产水平比南疆低，小麦增产的潜力很大。规划到2020年，北疆小麦高产田平均单产水平达到447.5千克/亩，南疆平均单产水平达到469.2千克/亩，北疆与南疆小麦单产差距缩小至21.7千克/亩。

品质角度：新疆小麦品质目前以中强筋类为主，同时也具有发展优质强筋和弱筋专用小麦的区域优势和品种优势。新疆光照充足，昼夜温差大，灌浆成熟和麦收期间阴雨天气较少，籽粒少有霉烂变质现象，有利白粒小麦品种发展。“十三五”，南疆喀什、和田、克孜勒苏柯尔克孜自治州以发展优质中筋冬小麦为主，阿克苏地区重点发展中强筋冬小麦，焉耆盆地以发展中筋、中强筋优质高产春麦为主；北疆昌吉、塔城、伊犁和博尔塔拉蒙古自治州的温泉县、阿勒泰地区部分县为优质商品粮生产区，重点以发展优质强筋、中强筋冬、春小麦为主，实现优质化、基地化生产。

第七节 "十三五"我国小麦生产发展的技术储备与技术需求

一、优良品种的储备与需求

优良品种是实现小麦产量和品质目标的基础。2011—2014年我国有83个小麦品种通过国家审定，以高产、抗逆的中筋品种为主，并有20个品种达到强筋小麦审定标准，1个品种达到弱筋小麦审定标准，有328个小麦品种通过省级审定。这为"十三五"小麦生产中品种更新换代创造了条件，同时也为进一步筛选主导品种奠定了基础，其中部分品种在"十二五"已经成为小麦生产的主导品种。

在加大推广应用现有优良品种的基础上，"十三五"，不同生态类型区针对小麦生产的需求，将继续加强小麦新品种的选育和推介应用力度。通过种质资源和重要农艺性状挖掘与育种方法创新，有效改善现有育成品种类型趋同、性状相似、遗传同质化的问题，新品种对小麦生产发展的支撑能力进一步增强。

1. 黄淮海麦区

注重综合抗性好、适应范围广、优质高产、增产潜力大且稳产性好的品种的选育和推广。将继续注重单产600千克/亩以上超高产潜力小麦品种、优质强筋小麦品种、节水广适型品种、耐旱、抗旱稳产特性的节水品种、旱地小麦品种的选育和推广。加强具有高产、超高产潜力的优质强筋小麦品种的选育，缩小强筋品种与中筋高产品种的产量差异。

2. 长江中下游麦区

注重抗逆性强、稳产性好、优质、高产小麦品质的选育和推广。江苏省将注重筛选推广适合不同农区机械化生产的优质高产抗逆的小麦新品种，加大优质弱筋、强筋等专用小麦新品种培育力度，加大适应未来气候形势新品种的选育和推广，突破现有品种抗性，重点解决赤霉病、抗寒性、抗倒性问题。安徽注重选用抗（耐）赤霉病、耐穗发芽、抗倒春寒、优质、稳产性好、适应性强、抗倒伏的小麦新品种。湖北省注重抗逆稳产高产品种的鉴定筛选与示范，在稻茬麦产区特别是中南部地区通过选育红粒小麦品种抵御穗发芽。

3. 西南麦区

注重水肥高效利用品种的推广。四川省将筛选和布局水肥高效利用新品种，作为促进小麦生产控水、减肥、减药的基础。

4. 西北麦区

注重丰产性、抗逆性、优质品种的选用和推广。陕西省和山西省注重培育适宜灌区种植的强筋品种和适宜旱地种植的中筋品种，稳产性、丰产性、综合抗性突出的品种已有很好的储备。甘肃省也特别注重强适应性品种的选用，从品种的抗旱性、丰产性、稳产性、抗病性、熟性、越冬和抗寒能力、抗倒伏能力、品质状况等指标方面考虑选择。新疆将针对地域特点重点开展节水（水分高效利用）、高产、优质（中筋、中强筋）、抗病小麦新品种选育，在南疆重点开展弱光性（高光效）小麦的引育，提高南疆林下间作小麦产量水平。

二、关键技术储备

“十二五”农业部推介的主要技术，仍将是未来几年我国小麦生产主导性技术，应进一步加大推广力度，切实提高技术推广的入户率和到位率。除继续推广已有实用增产技术外，“十三五”我国主产麦区重点示范应用的储备技术还包括：

1. 黄淮海麦区

不同生态类型麦区规范化播种技术、机械化宽幅喷防作业、统一防治病虫害技术、无人机喷洒专用植保药剂防治病虫害技术、气象灾害防控与灾后补救技术、小麦生产全程机械化作业技术、数字化苗情监测抗逆应变栽培技术、土壤障碍因子消减与培肥技术、水肥一体化技术、秸秆高质量还田机械精细整地技术、旱地麦田深松或免耕蓄水保墒整地技术等。

2. 长江中下游与西南麦区

稻茬麦少免耕、节种、晚播高产栽培技术、旱地小麦高产高效栽培技术、宽幅轨道作业机械化技术、小麦全程机械化生产技术，包括麦苗控旺、促弱栽培技术，受冻、受寒麦田恢复技术，规范化播种技术，氮肥后移及化控技术等在内的防灾减灾技术等。

3. 西北麦区

三提前一覆膜蓄水保墒技术与探墒沟播技术、麦秋两作秸秆还田、产量品质同步提高抗逆栽培技术、地膜覆盖栽培技术、半精播栽培模式、晚茬麦独杆栽培模式、深耕浅耕结合技术、深松蓄墒技术、旋耕加秸秆还田、播后镇压技术等。

三、需要加快研发或推广的关键技术

除继续推广已有适用技术外，“十三五”我国各主产区重点需要加快研发和示范推广的技术主要包括以下方面。

1. 植保技术

在控药减药、生态安全、食品安全的目标下，需要持续推进重大病虫害的统防统治，实施抗性品种合理布局，加大机械化植保技术，重大有害生物绿色防控技术、新型高效低残留农药与防治技术、肥、水、药高效减污减排技术与一体化施用技术、重大有害生物预警技术、快速的病虫草抗药性检测技术及预警技术、环境与产品等有害物质高效检测设备及技术等的研发和应用，充分发挥监测与预警、品种、农药、机械等技术的互补作用及协同效应，为麦田农药减量提供依据和技术支撑。

同时强化研究轻型栽培技术对小麦病虫草害发生的影响，加强专业化的病虫害防控队伍建设，统防统治，防止除草剂等农药使用不当产生不必要的危害。

2. 栽培耕作技术与技术集成

（1）黄淮海麦区　以抗逆稳产、节水节肥高效、周年兼顾、农机农艺结合和轻简化为主要技术目标。

河南省重点示范应用不同生态类型麦区规范化播种技术、农机农艺信息三融合技术、小麦生产全程机械化作业技术、数字化苗情监测抗逆应变栽培技术、土壤障碍因子消减与培肥技术、麦田间歇性灌溉节水技术、水肥一体化技术、秸秆高质量还田+机械精细整地技术、一深两旋节本整地技术与旱地麦田深松或免耕蓄水保墒整地技术等机械化作业技术。

河北将按照“前精后简”的技术运筹原则，加强轻简化、规范化栽培技术的研发和应用，重视配套农机具的研发，保证高产高效农艺技术的高质量机械化实施，重点示范推广“不同生态类型区资源高效利用与协调运筹的小麦－玉米高产品种搭配模式”等。

山东将继续推广小麦规范化耕作播种技术、小麦宽幅播种技术、小麦深松少免耕镇压技术、小麦测墒补灌节水栽培技术、旱地小麦水肥高效利用简化栽培技术，加强小麦－玉米周年节水省肥高产高效技术、农机农艺深度融合技术的研发与推广。

（2）长江中下游和西南麦区　以提高秸秆还田质量、提高播种质量、培肥地力、提高肥料利用率、产量品质协调高效、规模化种植条件下稻麦、麦玉两熟兼顾为主要技术目标。

江苏重点研发和推广规模化种植下粮食作物品种、栽培方式及其匹配模式与全省优化布局区划问题；规模化种植条件下稻麦、麦玉两熟新型农作制及其配套耕作栽培技术，稻茬小麦条件下水稻秸秆还田的农机农艺结合技术，水稻秸秆还田、耕作、施肥、小麦精准播种的配套机械的研制；中低产地小麦稳定高产高效栽培技术；精确施肥与养分高效利用技术；高效节水精确灌排技术；作物智能化生产技术等；深化研究强筋中筋小麦优质高产高效技术；弱筋小麦量质协调高效技术；品质产量遥感监测技术等；中低产田综合改良技术；并强化各技术的集成应用，注重资源高效利用与环境友好。

安徽重点研发和推广规范化播种技术、高效肥水管理技术，包括播种定位深施肥技术、控释肥技术、精准施肥技术、春季苗期机械化施肥技术、叶面高效施肥机械化技术、节水灌溉技术等，加大深松耕机械的社会化服务，大力发展玉米机收，全面实施灭茬及秸秆粉粹还田。

湖北重点研发和推广规范化播种技术、水稻秸秆还田技术、稻茬麦少免耕栽培技术、麦稻和麦玉周年高产优质高效栽培技术、合理高效施肥技术、深松耕技术、稻茬麦田机械开沟技术。

四川着重开展中低产田培肥增产技术、周年水肥平衡高效利用技术、秸秆综合利用技术和规模化生产技术研究和推广。

（3）西北麦区　以覆盖保墒、培肥地力、抗逆、产量品质同步提高为主要技术目标。

山西省提高小麦单产的指导思想是旱地水地均增产。旱地通过狠抓有机培肥沃土工程，提高土壤有机肥力，继续推行传统纳雨蓄墒耕作法与现代机械化保护性免耕、深耕松覆盖技术，积极扩大地膜覆盖栽培技术，大力推广三提前一覆膜蓄水保墒技术与探墒沟播技术。水地大力推广麦秋两作秸秆还田技术、产量品质同步提高抗逆栽培技术；晋南麦区高水肥地块推行精播半精播栽培模式。中部晚熟冬麦区推行晚茬麦独杆栽培技术模式。

陕西以宽幅播种为突破口，不断完善与示范推广新品种与良法结合技术、减氮增磷施钾补微平衡施肥技术、病虫草害高效防治技术、节水高效生产技术、晚春冻害预防技术、一喷多防技术等集成技术。以深松深耕为突破口，大力推广保护性耕作技术，深耕与深松结合，轮作倒茬、间作套种等为主要内容，逐步改善优化现有耕作制度。继续研发推广以平衡施肥为主要内容的高效施肥及土壤培肥技术，为实现小麦生产化肥零增长提供技术保障。加强以小麦生产全程机械化模式和生产配套机具的优化升级等为主要内容的农机装备研究，加强农机社会化服务体系建设。

甘肃旱地重点研发各种覆盖保墒栽培技术、播种技术、节肥和培肥技术。在旱作麦区，因地制宜推广深耕浅耕结合技术、深松蓄墒技术、“三提前技术”等耕作纳雨蓄墒技术。灌区重点发展节水省肥省药技术、宽幅精播技术、间套作带田高效栽培技术、抗盐渍化栽培技术、旋耕加秸秆还田技术、播后镇压技术、深松、深耕浅耕结合技术。

新疆将持续推进小麦高产超高产机理与栽培调控技术、小麦节水高产机理及调控技术、小麦水肥运筹技术的研究，推进保护性耕作、深松技术、旋耕、旋耕深松联合耕整地技术增产机理研究，研发适宜新疆的小麦机械化精量（半精量）播种新技术，建立充分利用荒漠绿洲资源的小麦高产优质高效可持续发展的关键栽培耕作技术体系。推进配方施肥技术和合理、高效种植制度研究及长期定位观测，为实现化肥零增长和减量提供依据，为政府和农业行政主管部门提供预警及解决方案。

四、需要重点突破的关键技术创新

小麦关键技术的研究和创新需要立足现实，面向未来。未来一段时间内我国小麦生产还面临多方面的挑战：水资源的刚性约束增强，气候变化的影响将更加显著，高产制约因素越来越突出；种植生产比较效益低的问题长期存在，对优质麦的需求增加；农村劳动力短缺问题将更加严重，规模经营的比例增大，对技术轻简化和高效率提出更高要求；农田生态脆弱性增强，对资源高效利用和可持续发展提出更高要求。

小麦生产技术既要解决当前生产问题，又要适应未来的各种突出性变化，迫切需要创新小麦栽培理论和核心技术，围绕小麦生产的综合目标的实现，实现关键技术的集成创新。“十三五”，需要重点突破以下五方面的关键技术创新。

一是高产节水节肥高效关键技术。主要目标是面向“一控二减三基本”的农业发展要求，研发推广与当前小麦高产水平相适应的限量节水技术、高效平衡施肥技术、病虫害高效防治技术，在不影响增产的前提下，最大限度提高水分利用效率，提高肥料和农药的利用效率，逐步控制和减少肥料、农药的用量，减少对资源环境的污染。

二是高产优质兼顾关键技术。适应当前对小麦商品品质、加工品质、卫生品质越来越高的需求，研发高产与优质兼顾、优良品种与优法栽培配套、优质品种与适宜环境协调的一体化关键技术。

三是环境友好的可持续生产关键技术。主要目标是培肥地力、藏粮于田，重点研发集成推广适应不同生态区的秸秆还田技术、土壤培肥保墒技术、测土配方平衡施肥技术。

四是轻简化机械化生产关键技术。主要目标是适应当前劳动力日益短缺、不同规模经营长期并存但规模经营整体逐渐扩大的现状，重点研发推广农机农艺结合、管理措施机械化、轻简化、一体化关键技术。

五是资源高效利用的周年兼顾关键技术。主要目标是在两茬轮作麦区，特别是玉米－小麦、水稻－小麦轮作地区，重点研发两茬作物的品种和栽培管理配套技术、播期和播量应变技术、前茬秸秆还田技术等，促进前后茬作物栽培管理上的衔接，减少争地矛盾，提高农田和自然资源利用效率，实现前后茬作物的协同增产。

第八节 “十三五”我国小麦生产发展的政策建议

一、强化主产区政策倾斜，加大基础设施建设和生态环境改善投入

由于粮食生产的弱质性、风险性特征，种粮效益差，财政收入低，直接影响农民种粮和地方政府重粮抓粮的积极性。国家应进一步加大对产粮大县的财政转移支付力度，并尽快形成长期稳定增长的转移支付机制。同时，要尽快建立粮食主销区与主产区的利益补偿机制，通过平衡粮食主产区和主销区之间的利益关系，进一步调动粮食主产区政府和农民的种粮积极性，把 2015 年中央一号文件提出的：“强化对粮食主产省和主产县的政策倾斜，保障产粮大县重农抓粮得实惠、有发展”能真正落到实处。

建议继续加大对粮食主产区的资金投入力度，通过部门协调和资源整合，切实加强以农田水利为重点，统筹推进水、电、路、林等灌溉排水、土壤改良、道路整治、机耕道和电力配套等设施建设，集中打造“田地平整肥沃、灌排设施完善、农机装备齐全、技术集成到位、优质高产高效、绿色生态安全”的高标准永久性粮田，为小麦

持续稳定增产创造适宜的土壤环境和规模化、集约化生产条件，奠定小麦稳定增产的基础。同时，要把高标准良田建设与小麦高产创建和绿色增产模式攻关紧密结合，积极推进整乡整县整建制高产创建，在改善生产条件的基础上着力提高粮食综合生产能力。

二、实施耕地质量保护与提升行动，探索建立粮食生产功能区

严格按照国家“五不准”要求，落实好基本农田划定、补划备案和年度核查制度，切实保护好基本农田。加快中低产田改造步伐，通过加强粮田基础设施建设、土地平整、土壤改良、土壤修复等措施，逐步把低产田改造为中产田，把中产田改造为旱涝保收的高产稳产田。实行用养结合，以增施有机肥、秸秆还田为手段培肥地力。强化大型农机具的服务和作业补贴，定期采取深耕深松措施，提高耕地蓄水保墒能力，实现“藏粮于地”。

粮食生产功能区是以集中连片的标准农田为基础，以完善农田设施、提升农田质量、提高生产技术和健全服务体系为目标，按照建设良田、应用良种、推广良法、配套良机的要求，依靠科技、增加投入、完善设施、长久保护、强化管理，使之成为粮食稳产高产高效模式示范区、先进适用技术的推广应用区、统一服务的先行区。围绕“稳能力、保总量、增效益”的粮食生产要求，以粮食功能区的规范建设为重点，以保护和管理为保障，以体制机制创新为突破口，切实做好粮食生产功能区建设和完善工作，加快推进粮食生产转型升级。

三、实施创新驱动战略，进一步加大科技创新推动小麦发展的力度

强化农业科技创新驱动战略，重点支持新品种创新，智能农业、农机装备、生态环保和节本增效、轻简栽培、防灾减灾等重大实用技术的研究与转化，分区集成良种良法配套、农机农艺融合的小麦增产技术模式，着力构建良田、良种、良肥、良法、良机、良态、良储配套的防灾减灾科技支撑体系和农机、农艺、信息三融合的生产技术体系，不断提高小麦生产的科技含量和生产技术水平。

建立小麦生产风险监测、预警与应对管理机制，将专家系统、现代信息技术、物联网技术等多手段结合，建立覆盖全国主要产区的小麦苗情、墒情、气象灾害、病虫害综合测报网络基点和信息平台，对小麦生产过程中的风险进行及时预报、预警，并进行及时的应变调控和管理。

加大现代实用农机具的研发力度和推广力度，强力推行农机农艺高效融合。由于小麦生产全面机械化，耕播等主要技术实施主体由农户加快向农机专业户、农机手转移，要改变小麦生产技术培训形式，培训的技术内容要农艺农机结合，培训对象要由农户为主改变为农机手为主，保证机械化农艺技术的高质量实施。

利用现代信息渠道与农民建立高效联系，适应农村农业生产从业人员的新特点和

农事作业社会化的新形势，研究探索科技推广与培训的新模式和新方法，有效提高小麦生产关键技术的普及化程度，实现“藏粮于技”。

四、推进实施三大区域小麦可持续丰产高效科技战略行动

为实现“十三五”产量目标，并全面提高小麦生产效益，建议在三大重点区域实施三大科技攻关战略工程。

（1）华北地区 5 000 万亩小麦（玉米）节水节肥增效行动

实施区域：包括河北、山西、北京、天津等省（市），小麦面积 4 700 万亩、玉米面积 7 600 万亩。

行动目标：力争到 2020 年，该区域小麦全生育期用水量和用氮量均减少 30%，显著降低地下水超采和污染，并稳定全年粮食产量。

技术路径：通过品种节水、设施节水、农艺节水、机制节水等措施综合集成，发展限水丰产栽培、贮墒旱作栽培和水肥一体化管理，提高水分效率，减少地下水超采，实现节水稳产保粮的目标。

（2）黄淮麦区 5 000 万亩砂姜黑土改土增产增效行动。

实施区域：主要包括河南的南阳、周口、驻马店，安徽的阜阳、亳州，江苏的盐城、连云港、宿迁，山东的菏泽等地的 80 个产粮县，总面积约 5 000 万亩。

行动目标：力争到 2020 年，该区域基础地力提高 1 个等级，化肥和灌溉水利用率提高 10 个百分点，粮食单产提高 30% 以上，新增粮食产能约 20 亿千克。

技术路径：针对砂姜黑土“旱、涝、僵、瘦”等问题，重点采取工程和农艺措施，开展深松深耕打破犁底层，采取秸秆还田、掺沙、掺煤灰渣、增施有机肥和氮磷肥等措施改良土壤物理性状，提高土壤保水保肥能力。推广抗寒抗病弱冬性品种，以提高播种质量为核心，良种良法良机结合，强化防灾减灾，集成并推行高产高效综合技术体系。

（3）南方 5 000 万亩稻茬麦抗逆增产增效行动

实施区域：长江中下游和西南地区稻茬小麦约 5 000 万亩。

行动目标：力争到 2020 年，该区域农田生产条件和抗逆能力显著改善，肥、药用量减少 20%，单产提升，新增粮食产能约 20 亿千克。

技术路径：协调优化周年稻 – 麦资源配置，重点突破晚茬麦高产高效技术、周年秸秆高效利用与控湿控氮减耗技术、机械化精匀播种技术等，强化病虫害精准防治，推广抗病抗倒高产品种，分类集成优质高产高效技术体系。

五、加快推进优质小麦区域化布局，建立规模化优质小麦生产基地

发展优质小麦应作为下一阶段农业结构调整的重要环节。应根据小麦品质区划布局，推进品种分类布局区域化，不断优化品种结构，逐步实现优质小麦品种研究、

区域布局与市场需求的有效对接。建议农业部牵头，联合组织相关区域省份农业部门、相关企业和科研单位，在优质小麦优势产区——黄淮海强筋麦区、东北强筋春麦区、长江中下游弱筋麦区，集中建设若干规模化优质小麦生产基地，集中整治生产环境，整合标准化农田建设项目、沃土工程项目、测土配方施肥项目、农业开发项目等资源，集成优质品种、优质栽培、优质环境、优质加工协同经营模式，同时完善小麦临时收储政策，订单生产，分类统一供种统一收储，逐步打造高品质优质小麦品牌。

六、积极引导适度规模经营，加强政策扶持、科技支持和社会化服务体系建设

积极引导、培育和扶持小麦种植大户和家庭农场等新型主体，建立规模经营有序推广机制，加强政策扶持、科技支持和社会化服务体系建设，克服现阶段规模经营中出现的问题，逐步提高小麦生产的规模化、机械化和标准化。

加大对小麦规模化新型经营主体的政策扶持。建议调整补贴政策，增加补贴力度，将新增补贴向种粮大户、粮食生产专业合作社和家庭农场倾斜，使农民种粮收入不低于种植经济作物，或接近于外出务工的收入水平，有利于充分保障补贴政策激励粮食生产的导向目标和功能。建议国家投入农田设施建设要优先把种粮大户和家庭农场等新型农业经营主体作为重点受益对象，通过出台针对性政策，解决发展粮食生产遇到的实际困难，真正构建粮食增产、粮农增收和粮食主产区发展三者共赢的粮食安全内生长效机制。通过创新农业金融和保险制度，拓宽新型农业经营主体抵押贷款品种，降低贷款门槛，提高粮食生产保费补贴比例和理赔标准，真正解决种粮大户和家庭农场等新型农业经营主体经营资金短缺、信贷融资困难、发展后劲不足和灾害风险分散等问题。

针对规模化新型农业经营主体的科技需求和信息需求，通过“互联网＋农户”等现代方式为种田大户开辟信息平台、提供农资、农产品信息服务，定向组织科技指导，开展全程技术服务，建立种田大户参与式农技推广体系，提升规模化生产的技术水平与效益。

围绕新型主体“品种统一、物资统供、病害统防”的需求，大力发展农民专业合作社和专业化服务队，培育和扶持农机、植保社会化服务组织，健全社会化服务体系。

第二章
河南省“十三五”小麦生产发展规划

河南是全国粮食生产大省，小麦是河南的第一大优势作物，其种植面积和总产量均居全国首位，在全国夏粮生产中占有举足轻重的地位。“十二五”以来，河南省小麦种植面积稳定在 8 000 万亩以上，占全国小麦面积的 20%以上；总产稳定在 3 100 万吨以上，占全国的 25%以上，是全国商品小麦调出的第一大省。

第一节 “十二五”河南省小麦生产总结

一、小麦生产总体特点

1. 2011—2015 年小麦产量变化情况

“十二五”，河南小麦生产尽管曾多次遭遇干旱、雨涝、病虫草害、低温冻害、干热风、阴雨寡照等多种自然灾害影响，但在国家一系列强农惠农政策支持下，通过加快高标准粮田建设，改善农业生产条件，强化创新驱动，提高科技支撑能力，粮食综合生产和抗逆减灾能力不断增强，小麦产量稳定增加。“十二五”河南省小麦生产特点主要表现如下几个方面。

一是面积逐年增加。河南省 2015 年小麦收获面积为 8 138.5 万亩，较 2010 年的 7 920 万亩增加 218.5 万亩；全省“十二五”累计增加小麦收获面积 178.5 万亩。自 2012 年起河南省小麦播种面积连续 4 年超过 8 000 万亩。据统计，“十二五”，河南省小麦累计种植面积 40 293.5 万亩，年均小麦种植面积 8 059 万亩，比“十一五”累计面积 39 337.7 万亩增加 955.8 万亩，增幅为 2.43%。“十二五”，河南小麦面积增加对总产增加的贡献份额为 30.4%。

二是单产连年提高。2015 年河南省小麦平均亩产为 430.2 千克，比 2010 年的

389.2 千克增 41 千克，提高 10.5%；比“十一五”初期全省平均单产 375.9 千克 / 亩提高 14.5%。2013 年全省小麦平均亩产首次跨上 400 千克台阶，表明河南小麦生产能力已达到中高产水平。据统计，“十二五”，河南小麦平均亩产为 405.9 千克，比“十一五”平均亩产 384.0 千克增加 21.9 千克，提高 5.7%。2014 年河南省修武县创造了亩产 821.7 千克的全国冬小麦最高产量纪录。“十二五”，河南省小麦单产增加对总产增加的贡献份额为 69.6%。

三是小麦总产实现“十三连增”。在面积和单产增加的共同作用下，“十二五”河南小麦连年增产，实现了历史罕见的“十三连增”，并于 2015 年首次突破 3 500 万吨大关，亩产也首次突破 430 千克大关，达到 430.2 千克。据统计，“十二五”，全省小麦总产累计达 16 265.8 万吨，比“十一五”累计产量 15 105.9 万吨增加 1 159.9 万吨，增幅为 7.7%（表 2-1-1）。

表 2-1-1 河南省“十一五、十二五”小麦播种面积、总产和单产统计表

年 代	年份	种植面积（万亩）	总产（万吨）	单产（千克 / 亩）
“十一五”	2006	7 812.7	2 936.5	375.9
	2007	7 820.0	2 980.2	381.1
	2008	7 890.0	3 051.0	386.7
	2009	7 895.0	3 056.0	387.1
	2010	7 920.0	3 082.2	389.2
“十二五”	2011	7 985.0	3 123.0	391.1
	2012	8 010.0	3 177.4	396.7
	2013	8 050.0	3 226.4	400.8
	2014	8 110.0	3 329.0	410.5
	2015	8 138.5	3 501.0	430.2

另据分析（表 2-1-2），2006—2015 年的 10 年间，河南省共累计增产小麦 832.3 万吨，占全国小麦累计增产总量 3 276.1 万吨的 25.4%。其中，“十一五”河南小麦累计增产 1 773.3 万吨，占同期全国增产总量的 28.4%；“十二五”河南小麦累计增产 327.8 万吨，占同期全国小麦增产总量的 21.8%。

表 2-1-2　2006—2015 年河南小麦增产量在全国增产总量中的比重

年份	河南增产（万吨）	全国增产（万吨）	占全国比重（%）
2006	358.8	1 101.9	32.6
2007	43.7	83.4	52.4
2008	70.8	316.3	22.4
2009	5.0	265.1	1.9
“十一五”累计增产量及比重	504.5	1 773.3	28.4
2011	40.8	222.0	18.4
2012	54.3	362.2	15.0
2013	49.1	91.3	53.8
2014	102.6	387.3	26.5
2015	81.0	440.0	18.4
“十二五”累计增产量及比重	327.8	1 502.8	21.8

2. 小麦产量变化的主导因素

根据对河南省 2011—2015 年小麦产量三因素分析（表 2-1-3），“十二五”，全省小麦亩穗数平均 39.05 万穗，并呈逐年增加的趋势，2015 年比“十一五”末的 2010 年亩穗数增加 3.77 万穗。其中，增幅最大的是 2011 年，比上年亩增 1.6 万穗；增幅最小的是 2013 年，比上年亩增 0.2 万穗。5 年间全省平均穗粒数为 32.49 粒，其中，平均穗粒数较上年增加的有 3 年，较上年减少的有 2 年，穗粒数最高年份与最低年份相差 0.53 粒。5 年间全省平均千粒重为 40.40 克，平均千粒重较上年增加的有 3 年，较上年减少的有 2 年，全省平均千粒重最高年份与最低年份相差 1.22 克，小麦产量构成三因素除 2012 年外均表现为“两增一减”。由此表明，“十二五”河南小麦亩穗数稳定增加对产量连续提高起到了最重要的作用，穗粒数和千粒重年际间表现不同，且以千粒重变化对产量的影响较大。

表 2-1-3　河南省 2011—2015 年小麦产量三因素统计表

年 份	亩穗数		穗粒数		千粒重	
	（万 / 亩）	比上年增减（%）	（粒 / 穗）	比上年增减（%）	（克）	比上年增减（%）
2011	38.2	1.6	32.67	0.47	39.64	-0.36
2012	38.67	0.47	32.74	0.07	40.31	0.67
2013	38.87	0.2	32.53	-0.21	40.84	0.53
2014	39.16	0.29	32.21	-0.32	40.86	0.02
2015	40.37	1.21	32.29	0.08	40.36	-0.5
平均	39.05	—	32.49	—	40.4	—

3. 小麦生产发展主要特点

（1）主导品种更加突出，品种布局更趋合理　“十二五”，河南各地因地制宜选择优良品种，逐步扩大高产优质、抗逆稳产品种面积，一批集高产优质、抗逆稳产、适应性广、综合性状优良于一体的品种占据了河南省小麦品种利用的主导地位。据统计，年种植面积 800 万亩以上的矮抗 58、周麦 22、郑麦 366、西农 979 等 4 个主导品种，其年推广面积均占全省小麦种植总面积的 65% 左右。其中，获国家科技进步一等奖的“矮抗 58”年最大推广面积达 2 800 万亩；“周麦 22”年最大推广面积达 2 000 万亩；获国家科技进步二等奖的“郑麦 366”年最大推广面积达 1 050 万亩。各地在科学选用主导品种的基础上，依据生产条件、产量水平、作物茬口、品种特性和品质类型等因地制宜合理搭配，区域布局更趋合理。据统计，“十二五”全省小麦良种覆盖率稳定在 98% 以上，为充分发挥各地资源优势和品种增产潜力，实现小麦稳产增产奠定了基础。

（2）小麦整地播种基础有所改善　“十二五”，河南省始终坚持“七分种、三分管”和“秸秆还田必须深耕、旋耕地块必须耙实”等技术要领，落实了以秸秆粉碎还田、深耕（松）、镇压为主要内容的高质量整地措施，以及科学选种、适期适量适墒播种、秸秆粉碎还田、测土配方施肥、病虫草害综合防治等关键增产技术落实，全省小麦整地播种质量明显提高。据河南省农业厅统计，2015 年全省深耕、秸秆还田、土壤处理面积分别为 3 620 万亩、35 00 万亩、2 600 万亩。这些麦播关键技术措施的落实，为小麦抗逆减灾和连续增产奠定了坚实基础。

（3）小麦生产机械化程度进一步提高　“十二五”，随着全省新型工业化、城镇化的快速推进和农村劳动力的大量转移，全省农村土地流转面积逐年扩大，新型农业经营主体不断增多。据统计，截至 2014 年底，全省土地流转面积已达 3 605 万亩，有种粮大户 39 000 多个、家庭农场 16 000 多个，在工商部门注册登记的农民合作社 97 000 多家。随着农村土地流转步伐加快和新型农业经营主体的迅速发展，在国家农机购置补贴政策支持下，全省麦田耕作整地播种大力推广机械深耕深松、玉米秸秆还田、宽幅匀播、机械沟播、机械镇压、保护性耕作等农机作业技术；病虫草害防控大力推广弥雾机、无人机统防统治；小麦机械收获跨区作业市场化、社会化和产业化特征明显，农机作业社会化服务产业基本形成，小麦生产的机械化水平不断提高。据统计，全省小麦耕、种、收的机械化整体水平已达 95% 以上。

（4）抗灾减灾能力进一步增强　“十二五”，河南小麦生产曾遭遇多种自然灾害侵袭，如 2011 年的冬春连旱和 3 月份的持续低温，2012 年的赤霉病爆发流行，2013 年春季的三次严重晚霜冻害，2014 年的纹枯病和根茎基腐病导致田间“白穗”死穗现象严重发生，2015 年小麦生育后期白粉病、叶锈病重发加之干热风危害，均对河南小麦生产造成较大影响。针对小麦生育期自然灾害多发、重发、叠发的不利形势，河南省及时组织专家研究抗灾减灾对策，制订抗灾减灾方案，落实应变管理措施。如

2011 年度持续严重旱情发生后，全省紧紧围绕“重旱地区少减产、轻旱地区保稳产、有水浇条件地区多增产”的总体部署，全民动员，全力抗灾，千方百计扩大浇麦面积，打赢了抗旱浇麦攻坚战，最终产量明显好于预期。

（5）高产典型不断涌现 “十二五”，河南省组织实施了小麦高产创建、粮食增产科技支撑行动计划、粮食丰产科技工程、粮食增产模式攻关等重大科技项目，建立了一大批超高产攻关田、高产示范核心区和技术辐射区，通过重点抓“整地播种、培育冬前壮苗”两个基础和“春季管理、后期管理”两个关键，并将小麦优良品种、秸秆粉碎还田、适期适量播种、测土配方施肥、节水灌溉、氮肥后移和病虫草害综合防治等技术进行集成组装配套，各生态类型麦区都连续创造了一批小麦高产典型。2014 年修武县设置的“周麦 27”小麦超高产攻关，经组织专家现场实打验收，创造了小麦亩产 821.7 千克的全国冬小麦最高产量纪录。焦作市 2015 年安排的 29 个农业部小麦高产创建万亩示范片，经测产验收平均亩产达到 649 千克。各地不断涌现的高产典型对全省小麦稳定增产起到了重要示范引领作用。

二、气象条件变化及自然灾害对小麦生产的影响

1. 2011—2015 年逐年气象特点及其对小麦生产的影响

（1）2010—2011 年度小麦生育前期长时期干旱是制约小麦生产的最主要因素 2010 年 10 月 1 日至 2011 年 2 月 8 日，全省平均降水量仅为 13.5 毫米，比常年同期偏少 86.9%，大部分地区连续 130 多天基本无有效降雨。开春后的 2011 年 2 月 25—30 日和 5 月 8—10 日、20—21 日，全省三场大范围降雨与小麦需水高峰期和产量三要素的形成基本吻合，扭转了全省小麦生产的不利局面，最终 6 000 多万亩水浇地小麦增产，1 600 万亩旱地和雨养区受干旱影响单产下降。受冬春干旱和 3 月份持续低温的共同作用，水浇地和旱地小麦株高普遍降低，全省小麦没有出现大面积倒伏，且病虫害普遍较轻。

（2）2011—2012 年度因秋季雨水多，腾茬晚，全省小麦始播期较往年推迟 5~7 天，加之麦播期间的持续阴雨造成部分低洼地土壤过湿甚至积水严重，整地粗放，播期推迟，出苗不齐 小麦生育期间虽然降水丰沛，但因受 4 月 22—24 日和 4 月 28 日普降中雨和 5 月上旬间歇性阴雨及连续近 1 周的雾霾天气影响，造成大部分麦田小麦赤霉病、白粉病、叶锈病等严重发生，其中赤霉病发生面积高达 5 115 万亩；6 月 1—2 日又遇高温天气影响，对粒重影响较大，造成部分水浇地平产或减产，而旱地小麦由于降水充足，生长正常，增产幅度较大。本年度基本没有发生“倒春寒”和晚霜冻害。

（3）2012—2013 年度河南小麦秋播底墒较充足，且天气晴好，播期适时集中，大部分麦田冬春麦苗生长稳健，苗情总体较好 1—4 月因降水偏少，没有水浇条件的旱地麦田春旱发生较重。3 月下旬至 4 月中下旬全省出现 3 次剧烈强降温，尤其是

4月19—22日大范围出现冰点以下温度，部分墒情不足的麦田幼穗受冻重，穗粒数减少较多导致减产严重。5月25—26日河南省南部、中部、东部等地在小麦即将成熟时普降中到大雨，造成部分麦田因倒伏、穗发芽、穗发黑霉变，致使产量下降、品质变劣。

（4）2013—2014年度小麦秋播期间全省大范围长时期无有效降雨，9月1日至10月7日全省平均降水量仅38.9毫米，较常年同期偏少57% 抗旱种麦面积大，播期跨度时间长，部分旱地小麦等雨播种，至11月中旬全省麦播才全部结束，导致全省小麦苗情类型多、差异大。但小麦播种后，天气条件总体有利于小麦生长发育，小麦抽穗开花期较常年提前7~10天，且基本没有发生冻害和倒伏，特别是灌浆前中期土壤墒情好，光照充足，昼夜温差较大，籽粒灌浆期长，全省小麦粒重为多年来少有的高粒重年份。

（5）2014—2015年河南省大部分地区麦播时底墒充足，仅有豫南、豫东南地区个别地方因降水过多土壤偏湿，小麦播期延迟，但由于越冬期积温比常年高100℃以上，加之麦播后期及11月底2次大范围降水，有利于晚播小麦苗情转化，全省冬前小麦苗情是近年来最好的一年 返青至拔节期温度偏低，两极分化慢，群体普遍偏大，亩穗数明显增多，但由于小分蘖成穗多，全省小麦穗粒数与常年持平。2015年4月、5月全省降雨多、温度偏低，赤霉病、白粉病、叶锈病、条锈病等发生较重，导致水浇地小麦粒重较上年不同程度降低，有20多万亩小麦因5月6日雹灾基本绝收。但旱地小麦由于全生育期雨水充足，且降水时段与关键需水期吻合，成穗多、穗子大、粒重高，增产幅度最大。

2. 主要气象灾害、病虫害对小麦产量和品质的影响

“十二五”，河南省小麦生产遭遇了干旱高温、晚霜冻害、雨涝渍害、大风冰雹、干热风等气象灾害，对全省小麦产量和品质造成不同程度的影响。

（1）干旱 “十二五”，河南省几乎每年都发生大范围或局部地区干旱灾害，且以2010—2011年度和2013—2014年度发生的全省性、长时间干旱对小麦生产的影响较重。2010—2011年度受秋冬春长时间持续干旱影响，旱地小麦减产明显，水浇地小麦因旱一般多浇1~2次水，增加了小麦生产成本；2013年麦播时受大范围长时期无有效降雨影响，全省有470万亩小麦于11月上旬末降雨后才播种，致使小麦出苗晚，冬前苗小苗弱，生长发育差，苗情类型复杂，对产量影响较大。

（2）雨涝 “十二五”，雨涝对河南小麦生产影响最大的时期是抽穗扬花期阴雨天气诱发赤霉病重发；其次是整地播种期连阴雨天气导致晚播麦面积增大；以及成熟收获期遇雨发生穗发芽。2011年河南省小麦播种和苗期降雨较多，部分麦田形成苗期渍害，初生根下扎浅，加之气温偏高，地上部茎鞘徒长，叶片长薄而下披，呈现“头重脚轻”现象，个别群体过大地块甚至出现苗倒，直到越冬期随地表水下渗苗情才有所改善。2012年小麦扬花期遇雨，导致全省赤霉病爆发流行，严重影响小麦粒重，产量下降、品质变劣。据测定，全省小麦样品中的脱氧雪腐镰刀菌烯醇（DON）的检出率高达 99%，超标率高达 9%，商品小麦质量降低严重。2013 年豫中南地区小麦成熟收获期遇雨，部分田块发生穗发芽，籽粒品质下降，商品率降低。2014 年小麦播种期豫南、豫东南降雨偏多，部分麦田因田间积水或土壤过湿，播期推迟到 11 月上中旬，导致晚播麦田面积大。2015 年小麦生长后期气温持续偏低，加之扬花期遇雨，造成条锈病近年来第一次越过黄河在孟州市点片发生，赤霉病、叶锈病、白粉病也发生较重，对粒重、产量和品质影响较大。

（3）晚霜冻害　“十二五”，河南省晚霜冻害发生频率较高。其中，2011 年 4 月 13—15 日发生的倒春寒导致部分地区中熟偏晚和晚熟品种冻害较重而造成不同程度减产；2013 年 3 月至 4 月份，正处于拔节孕穗期的小麦连续遭遇三次强寒流袭击，尤其是 4 月 19 日出现的晚霜冻害，致使处于四分体发育时期的小麦幼穗遭受不同程度冻害，严重影响结实粒数。其余年份晚霜冻害在全省个别地区偶有发生，但影响程度相对较小。

（4）干热风　“十二五”，干热风在河南不同生态类型麦区几乎每年都有不同程度发生，尤其是 2013 年 5 月 14 日至 16 日小麦灌浆中期豫中、豫西地区发生的中度干热风，对小麦粒重影响较大，致使该区小麦产量减产较多。

（5）冰雹　2015 年 5 月 6 日河南省洛阳、平顶山、许昌、南阳部分县市出现强对流天气，遭遇强风和冰雹袭击，导致 135.8 万亩麦田发生不同程度倒伏，27.5 万亩雹灾重的麦田基本绝收。

三、小麦水土资源条件及变化

“十二五”初，河南小麦生产的水土资源状况为：粮食核心区 95 个县（市、区）的现有耕地中，有效灌溉面积 6 442.3 万亩，占 67.7%；中低产田面积 5 030 亩，占 52.8%；高产稳产田面积 998.2 万亩，占 10.5%。另据 2014 年公布的河南省第二次土地调查数据，全省耕地面积为 12 288 万亩，其中，水田 1 138 万亩，水浇地 6 919 万亩，旱地 4 231 万亩；全省人均耕地面积 1.23 亩，低于全国人均 1.52 亩的水平。全省基本农田 10 176 万亩，其中，平原区耕地 8 537 万亩，占 69.47%；丘陵区耕地 2 572 万亩，占 20.93%；山区耕地 1 179 万亩，占 9.60%。全省耕地中，有灌溉设施的耕地 8 057 万亩，占 65.57%，无灌溉设施的耕地 4 231 万亩，占 34.43%。

按照农业部《全国耕地类型区耕地地力分等定级划分》标准，全省质量较好的三等以上（700 千克 / 亩・年以上地力）耕地 4 050 万亩左右，占 63%，平均有机质含量为 1.46%。至 2015 年全省粮食核心区完善建成高标准粮田 3 805 万亩，其中，提升改造 1 107 万亩，新建 2 698 万亩。已建成的高标准粮田，水、电、路、林、沟、渠、井等农田基础设施建设明显改善，初步达到“田成方、林成网、路相通、渠相连、旱能浇、涝能排”的建设目标；在此期间，全省通过实施有机质提升、沃土工程和测土配方施肥等项目，积极推进高产田耕地质量保育、中产田地力培肥、低产田改良和障碍因子消减等耕地质量建设。据全省 45 个耕地地力长期定位监测点提供的数据，土壤耕层有机质、全氮、速效磷、速效钾平均含量分别为 16.1 克 / 千克、1.02 克 / 千克、11.93 毫克 / 千克和 121 毫克 / 千克，均较 1986 年第二次土壤普查结果有不同程度提高，土壤肥力稳中有升。但由于河南省中低产田面积占耕地面积的一半以上，其中，河南省仅砂姜黑土面积就有 1 871 万亩，占全国砂姜黑土总面积（4 835.6 万亩）的 38.7%。这类耕地瘠、薄、瘦、漏、黏、盐碱等障碍因素多，养分失衡的面积占 80% 以上，且农业基础设施条件差，已成为制约小麦生产可持续发展的瓶颈。

河南省是一个水资源短缺的省份，全省水资源总量为 413.71 亿立方米，居全国第 19 位，人均水量和亩均水量在 400 立方米左右，仅相当于全国平均水平的 1/5 和 1/6，不足世界平均水平的 1/25，且季节性和区域性分布严重不均，豫北地区亩均水资源量为 213 立方米，豫南地区和南阳盆地亩均水资源量为 376 立方米；小麦非生长季节的 6—9 月 4 个月的降水量占全年降水量的 50%~75%，全省大部分地区小麦生育期间需要进行灌溉，水资源短缺已成为制约小麦可持续发展的瓶颈。但同时应该看到，河南省到 2020 年将建成 6 000 万亩高标准粮田，届时河南麦田的水土资源条件将得到进一步改善，小麦的生产能力和抗逆减灾能力将进一步增强。

四、小麦生产发展的主要技术措施

1. 因地制宜科学选种，把好品种选用关

“十二五”河南省按照“主导品种突出，搭配品种合理”的要求，根据育成小麦品种在不同地区、不同气候年型的综合表现，立足抗灾减灾，分区科学布局小麦品种，引导农民科学选用良种，有效发挥了品种的增产潜力。全省主推的小麦品种为：豫北麦区早中茬以矮抗 58、周麦 22、郑麦 366、周麦 16 为主；豫中部麦区早中茬以矮抗 58、周麦 22、周麦 18、豫麦 49-198 为主，晚茬地种植周麦 23、兰考 198、洛麦 24、开麦 20 等品种；东部麦区早中茬以周麦 22、矮抗 58、众麦 1 号为主，晚茬地种植周麦 23、兰考 198 等品种；南阳盆地麦区早中茬种植西农 979、衡观 35 等半冬性早中熟品种为主，晚茬种植郑麦 9023、偃展 4110、豫麦 70-36、兰考 198 等弱春性品种；信阳稻茬麦区主导品种以偃展 4110、郑麦 9023 为主，搭配种植西农 979、豫麦 18-64、扬麦 15 等品种；豫西、豫西南和豫西北旱作麦区的旱肥地以种植洛旱 6 号、洛旱 7 号、豫麦 49-198 为主，旱薄地以种植洛旱 6 号、洛旱 7 号为主。

据统计，“十二五”河南省年推广面积在 1 000 万亩以上的品种为矮抗 58、周麦 22 和郑麦 366。其中，矮抗 58 矮秆抗倒性突出，综合抗性较好，适应性广，高产稳产，年最大推广面积达 2 800 万亩，5 年累计推广面积超过 1 亿亩；周麦 22 产量三要素协调，综合抗性较好，丰产潜力大，高产稳产，“十二五”累计推广面积近 8 000 万亩；郑麦 366 作为优质强筋小麦和订单农业的主推品种，5 年累计推广 5 000 多万

亩；西农979为晚播早熟优质强筋小麦品种，是全省推广的第四大品种，在信阳、南阳、驻马店地区种植面积较大，全省年推广面积700万亩左右。此外，周麦26、周麦27、百农207等丰产潜力大、高产稳产性好的半冬性品种和郑麦7698、新麦26、存麦5号等优质高产强筋品种推广应用面积也有继续增大趋势。

2. 狠抓关键增产技术落实，提高高产栽培技术水平

（1）规范化播种技术　小麦规范化播种包括精细整地、科学配方施肥、选择适宜优良品种、适墒适期适量适深精匀播种，以及播种期病虫害综合防治等技术环节。据初步统计，“十二五”，小麦规范化播种技术在不同生态类型麦区累计应用面积2亿亩以上，年均4 000万亩以上。由于规范化播种技术应用面积逐年增加，为培育冬前壮苗、保苗安全越冬和抗逆减灾、最终实现稳产高产奠定了坚实的基础。目前存在的问题是受大型农机具数量限制和成本问题，全省深耕深松和旋耕播种麦田镇压耙实面积偏低，播量普遍偏大，且足墒播种在一些年份落实得不好，为高产稳产埋下隐患。

（2）前氮后移技术　山东农业大学研制的前氮后移技术是“十二五”河南省中高产水浇地麦田主推技术之一。该技术将氮肥底施和追施比例由7∶3改为5∶5（中等肥力地块）或4∶6（中上等肥力地块）；并配施适量磷、钾肥，追肥时期由原来的返青起身期推迟至拔节期，地力较好的地块推迟到拔节与挑旗期之间，改以往的春季一次追肥为拔节期结合浇水亩追施尿素15~20千克，孕穗期结合浇水亩追施尿素3~5千克，后期结合“一喷三防”用磷酸二氢钾或尿素溶液进叶面喷肥。该技术5年累计应用面积1.8亿亩左右，年均推广面积3 600万亩左右，为优化群体结构，提高肥料利用率和小麦产量，改善籽粒品质起到了良好效果。但近年来受农村劳动力成本增加和种粮效益低等因素影响，小麦底肥“一炮轰”比例有逐年增大趋势，不利于“一控两减”和小麦高产优质高效目标的实现。

（3）小麦节水高产栽培技术　“十二五”，河南省积极发展节水农业，大力推广节水耐旱品种，集成品种、农艺、设施节水增产技术模式，重点在地表水匮乏、地下水埋藏深，并有一定水浇条件的豫中、豫西及豫西南旱地麦田推广应用，年推广面积500万亩左右。在有水浇条件的地区，重点推广足（造）墒播种和深耕、深松扩蓄增容节水技术、水肥一体化和测墒灌溉等农田节水技术，以提高土壤蓄水保墒能力和水肥利用率。目前，存在的问题是，河南省水资源短缺，无水浇条件的丘陵旱地麦田面积大，旱灾发生频繁，严重干旱年份人畜吃水都难以保证，发展节水灌溉，实施控量提效的难度很大。

（4）加深耕层，强化深耕（松）机械作业　针对河南省小麦备播整地作业中普遍存在的旋耕面积大、耕作层浅、犁底层增厚上移、秸秆还田质量差等问题，“十二五”，河南省抓住国家农机购置补贴机遇，大力发展农机专业合作社，突出抓好农机农艺融合，强化深耕（松）机械作业，重点推广了秸秆还田与深耕相结合，旋耕与镇压耙实相结合，连年旋耕地块要求3年深耕一遍等措施。据统计，秸秆还田与深耕技术五年来在全省推广 1.6 亿亩左右，年推广面积 3 200 万亩，其中豫北 1 600 万亩高产区，坚持秸秆还田地块年年深耕，秸秆还田培肥地力，增强抗灾减灾能力的效果明显。目前存在的问题是，受深耕（松）作业成本和大中型农机具数量不足限制，部分麦田连年旋耕播种的局面还未得到有效改变；部分麦田深耕和秸秆还田后镇压耙实落实还不够到位。

（5）绿色植保技术　河南小麦生育期间病虫害多发、重发、叠发，尤其是近年来赤霉病、纹枯病和茎基腐、根腐病等造成的“白穗”现象发生严重，对小麦产量和品质影响很大。为此，河南省“十二五”重点采取“预防为主、综合防治”的植保方针，大力推广“科学植保、公共植保、绿色植保”，强化植物检疫，加强病虫草害监测预报，积极推广先进植保机械和小麦种子包衣、药剂拌种、土壤处理、病虫害综合防治及后期“一喷三防”技术，努力扩大植保专业化早防早控和统防统治面积。据统计，河南省“十二五”年平均病虫害防治面积都在 1.5 亿亩 / 次左右，为保证小麦安全生产和实现高产高效起到了重要作用。

（6）防灾减灾应变栽培技术　河南省冬小麦生育期长，跨越秋冬春夏 4 个季节，在全球气候变化的大背景下，气象灾害发生呈“类型多、频次高、强度大、范围广、危害重”的特点和“提早、增多、加重”的趋势。“十二五”，河南省根据冬小麦生育期间发生的主要气象灾害，重点推广应用了以下防灾减灾应变栽培技术：

① 小麦晚播高产应变栽培技术。“十二五”，河南省几乎每年都有一定面积小麦误期晚播，对该类麦田，重点采用“四补一促”高产栽培技术，即调整半冬性品种为春性品种，以种补晚；适当增施肥料，以肥补晚；适当增加基本苗，以密补晚；种子出苗后精细管理，以管补晚；冬前和早春加强管理，以促为主。

② 抗旱保产技术。“十二五”，河南小麦生育关键时期几乎每年都遭遇不同程度干旱灾害，且以 2010—2011 年度和 2013—2014 年度的干旱持续时间最长，发生面积最大、危害程度最重。针对小麦旱灾，尤其是小麦播种和生育前期发生的旱灾，河南省采用的抗旱保产技术主要有水浇地镇压提墒、中耕保墒，播种期遇旱先播种后浇蒙头水，小麦生育期间遇旱及时浇水；旱地小麦在高质量整地播种基础上，提倡增施磷肥，播后用粉碎秸秆顺垄覆盖，冬春趁雨雪追肥等措施均起到了较好的抗旱保产效果。

③ 倒春寒应变管理技术。“十二五”，河南防御“倒春寒”采取的主要措施，一是根据天气预报，在寒流到来之前抓紧浇水，以增加土壤墒情，平抑地温，调节近地面层小气候，预防冻害发生。二是在寒流过后 2~3 天及时观察幼穗受冻程度，若发现主茎和大分蘖幼穗如水浸状，并出现黄苗、死苗现象的麦田，及时采取追施速效氮肥并结合浇水等措施，促新生分蘖早发快长，最大限度降低冻害造成的损失。

④ 干热风预防技术。根据已有成熟经验，防御小麦干热风最有效的办法是，根据天气预报在干热风来临之前进行浇水，改善田间小气候，降低干热风危害，或在小

麦灌浆期用磷酸二氢钾、尿素溶液进行叶面喷洒，对减轻干热风危害，促进籽粒灌浆有明显效果。

（7）技术集成 “十二五”，针对河南主要生态类型麦区存在的共性问题，重点示范推广的集成技术主要有：

① 豫北水浇地小麦高产高效栽培技术。该集成技术以节水灌溉和均衡施肥为中心，通过实施科学肥水管理，优化群体质量，增加干物质积累量，实现生物量和经济系数的双提高获得持续高产。其技术关键点为：一是前茬玉米秸秆粉碎（长度≤10厘米）后均匀撒于地表，深耕25厘米或深松30厘米以上还田，若采用深松技术，须旋耕15厘米以上，耙压踏实土壤；二是依据测土化验结果均衡施肥，并实施春管后移，推迟春季肥水施用，将其中的50%~70%氮肥预留至拔节期结合浇水追施；三是选用丰产潜力大、高产优质、多抗广适的半冬性小麦品种，并进行种子包衣和土壤处理；四是改目前20厘米或23厘米等行距种植为17厘米等行距、或11厘米×19厘米（株型紧凑型品种）和13厘米×20厘米（株型半紧凑型品种）宽窄行半精量机械条播，以改善植株田间分布均匀度，培育冬前壮苗，优化群体质量，一般播量为8~12.5千克/亩；五是当土壤相对含水量低于70%时必须先造墒，以确保足墒播种，出苗整齐均匀；六是实施播前或播后镇压，以踏实土壤，促根壮蘖，培育壮苗安全越冬。春季看苗肥水管理，实施氮肥后移，促弱控旺，及时防治病虫草害；后期重点搞好一喷三防，适时收获。

② 豫东南砂姜黑土区小麦高产高效栽培技术。该集成技术以提高整地作业和播种质量为核心，以培育壮苗、统筹定量肥水和化调增粒增重为关键技术。其技术关键点为：一是在前茬作物秸秆粉碎高质量还田基础上，实施机械深耕（耕深25厘米）或深松（30厘米以上）后旋耕2遍并耙压精细整地。二是测土配方施肥，适量减氮、增磷、稳钾、补硫锌、配施微肥。施足基肥，氮肥后移重施，磷钾少量追施。三是选好品种，并进行种子包衣和土壤处理，确保足墒适期适量播种，一般多穗型品种亩基本苗为18万、大穗型品种亩基本苗为30万左右。四是窄行扩株匀播，行距由常规20厘米缩至17厘米均匀等行距播种或宽窄行种植，也可采用宽幅播种8厘米苗带、12厘米缩行扩株种植，以改善植株田间分布均匀度，优化群体质量。五是浅播镇压，一般播深宜控制在2~3厘米，且做好随播镇压或播前镇压。六是限量控水，定期灌水。墒情不足条件下浅播（播深1~3厘米），播后灌水沉籽促苗，水量控制在每亩20立方米左右；正常降水年型不浇水，干旱年型应灌好拔节水。六是全程化调防倒增粒增重。冬前及时进行化学除草，苗期控旺矮化株型；生育中期（拔节后20天左右）喷施调节剂（6-BA或硼），抑制小花败育增粒数；后期结合“一喷三防”叶面喷施磷酸二氢钾溶液或氨基酸叶面肥，防病防衰促灌浆增粒重。

第二节 “十三五”河南省小麦生产发展规划

一、小麦生产面临的主要问题

1. 制约面积稳定或扩大的问题

“十三五”河南省小麦播种面积不可能进一步增加，预计维持在“十二五”水平。这是因为，随着人口逐年增加，特别是工业化、城镇化快速发展，以及农业结构调整、生态退耕和非农建设占用土地等因素影响，全省耕地数量不断减少的趋势不可逆转。即使采用最严格的“占补平衡”措施，占的都是好耕地，补的多为质量差的荒地或废弃地。考虑到河南小麦生产在保障全国“口粮绝对安全”中的特殊重要地位，预计河南“十三五”小麦实际播种面积也不会降低，大体会稳定在 8 050 万 ~8 100 万亩。

2. 制约单产提高的问题

“十三五”制约河南小麦单产提高的主要问题，一是河南小麦主产区大体可划分为高产区、中产区、低产区 3 种产量水平，其面积约各占 1/3，高产区在较高产量水平上高点爬坡，中低产区受生态、生产条件，特别是农田基础设施条件的影响，进一步提高单产的难度增大。二是极端天气增多，气象灾害和病虫草害危害加重。据调查，河南小麦因病虫草害和非生物灾害每年造成的减产损失在 10%~30%；同时，根据河南省目前小麦新品种区域试验和生产试验来看，近几年育成突破性品种难度很大，制约小麦产量进一步提高。三是农民种麦比较效益长期偏低，加之农村劳动力匮乏，农业生产资料价格上涨和人工、机械作业费用增加，特别是农村土地流转成本的增加，今后小麦生产成本将呈逐步上升的趋势。同时，种粮大县多是财政穷县，农民种粮、地方政府抓粮的积极性不高，势必影响小麦持续增产。

3. 制约土壤肥力提升的问题

河南人多地少，耕地资源不足，在较高的复种指数下，耕地土壤的高强度利用以及小麦、玉米连作单一化种植方式，加之多数麦田连年旋耕，化肥长期大量使用，导致部分耕地土壤质量退化，耕层变浅，耕性变差、养分失衡、保水保肥能力降低，土传病菌积累，连作障碍加重。即使实施化肥减量有机肥替代行动，土壤肥力提升仍是一个很缓慢的过程，预计“十三五”不会发生明显变化。

4. 水资源约束的问题

河南省属于严重缺水省份，干旱年份缺水量更大，而且季节性和区域性分布严重不均，小麦生长季节的降水量仅占全年降水量的 25%~50%，水资源分布呈现南部多于北部、山区多于平原的特点（图 2-2-1），导致多数地区小麦生产的水资源供需矛盾突出。从灌溉条件来看，河南省无灌溉设施的耕地比重为 34.43%，其中平原区比重为 24.34%，而丘陵区和山区的比重分别高达 53% 和 67%（表 2-2-1）。水资源短缺、分布不均和无灌溉设施的耕地面积大是制约小麦生产的一个重要因素。

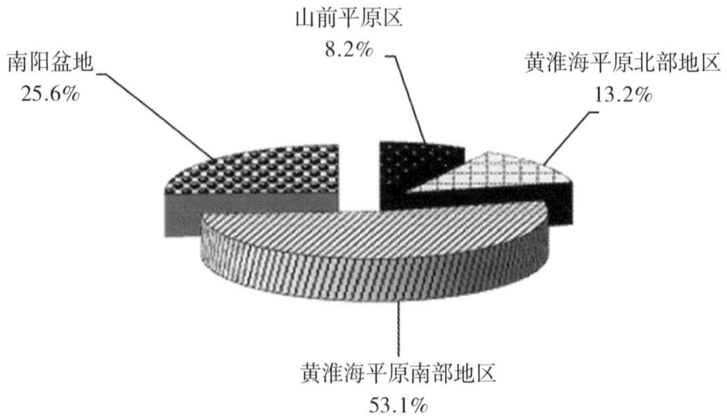

图 2-2-1　河南粮食生产核心区主体范围地表水资源分布

表 2-2-1　河南省有灌溉设施和无灌溉设施耕地面积

地区	有灌溉设施耕地		无灌溉设施耕地	
	面积（万公顷）	占耕地比重（%）	面积（万公顷）	占耕地比重（%）
全省	537.15	65.57	282.05	34.43
平原区	430.61	75.66	138.5	24.34
丘陵区	80.6	47	90.88	53
山 区	25.94	33	52.67	67

5. 人工及投入因素

据河南省农调队分析，2015 年河南小麦生产成本为 567.0 元 / 亩，与 2010 年相比，5 年间增加了 113.2 元 / 亩，增幅为 25%，年均增长 4.6%，其中，物质费用 243.3 元 / 亩，5 年增加了 68.2 元，增幅为 39%，年均增长 6.8%; 生产服务支出 158.5 元 / 亩，5 年增加了 44.9 元，增幅为 39.5%，年均增长 6.9%; 人工成本 165.2 元 / 亩，与 5 年前基本持平。考虑到目前全省小麦生产多以个体农户为基本单元，经营规模小，加之农资价格和农机作业费用上升幅度快，小麦生产成本不断增高，农民种小麦效益持续偏低，势必对农户小麦生产投入造成一定影响。

二、小麦生产发展的面积、单产和总产

1. 种植面积规划

考虑到河南小麦生产在全国夏粮生产中的特殊重要地位，以及农业供给侧结构

性改革和种植业结构调整等实际，“十三五”河南省小麦年种植面积预计稳定在 8 200 万亩左右，其中国家粮食战略工程河南核心区到 2020 年建设的 6 000 万亩永久性高标准粮田全部为小麦主产区。“十三五”河南省小麦生产发展面积的年度规划为，2016 年和 2017 年稳定在 8 190 万亩左右，2018 年之后稳定在 8 200 万亩左右（表 2-2-2）。

表 2-2-2　“十三五”期间河南小麦生产面积、单产和总产规划

年份	播种面积	总产	单产	比上年增加值			比上年增长率		
				面积	总产	单产	面积	总产	单产
	万亩	万吨	千克 / 亩	万亩	万吨	千克 / 亩	%	%	%
2015	8 138.5	3 501.0	430.2	28.5	172.0	19.7	0.35	5.17	4.8
2016	8 198.4	3 466.0	422.8	59.9	−35.0	−7.4	0.73	−0.99	−0.81
2017	8 190.0	3 521.7	430.0	−8.4	55.7	7.2	−0.1	1.63	1.7
2018	8 200.0	3 550.6	433.0	10.0	28.9	3.0	0.12	0.82	0.7
2019	8 210.0	3 579.6	436.0	10.0	29.0	3.0	0.12	0.82	0.69
2020	8 220.0	3 616.8	440.0	10.0	37.2	4.0	0.12	1.03	0.92

2. 单产规划

“十三五”预计河南省小麦单产在“十二五”年均单产 405.9 千克 / 亩的基础上增加 34.1 千克 / 亩，平均亩产达到 440 千克，增幅为 8.4%；比 2015 年平均亩产增加 9.8 千克，增幅为 2.4%。其规划依据为，“十二五”河南小麦单产增幅为 5.1%，并实现了历史罕见的“十二连增”，“十三五”要在如此高的起点基础上再获增产难度很大。另据分析，新中国成立以来，全国小麦单产每 10 年增加 50 千克 / 亩，河南小麦单产平均每 9 年增加 50 千克 / 亩。在规划“十三五”河南小麦单产时，既考虑到 2020 年河南省将全面建成 6 000 万亩高标准粮田，小麦的抗逆减灾和综合生产能力将进一步提升，同时也考虑到随着工业化、城镇化建设进程加快，会占用部分质量较好的耕地，而“占补平衡”的土地多为低产田。而且，“十三五”期间河南农业供给侧结构性改革将大力发展优质强筋和弱筋小麦，而优质小麦的单产水平一般与普通小麦基本持平或略低。因此，该单产水平规划是比较符合河南实际的。

“十三五”河南小麦单产分年度规划：2016 年全省小麦平均单产为 423 千克 / 亩，2017 年为 430 千克 / 亩，2018 年为 433 千克 / 亩，2019 年为 436 千克 / 亩，2020 年为 440 千克 / 亩。考虑到不同年度偶发性重大自然灾害发生的不确定性，各年度规划的小麦单产可能会有变化。河南小麦单产分区域规划力争实现的增产目标：豫北地区 1 000 万亩高产区，平均亩产由目前的 530 千克增加到 2020 年的 550 千克，年均增加 4 千克；豫东北、许昌、漯河、周口等 2 000 万亩高产田，单产由目前的 500 千克稳定提高至 520 千克，年均增加 4 千克；商丘、驻马店、开封 2 000 万亩水浇地小麦单产由目前的460千克左右提高到485千克左右，年均增加5千克；南阳、平顶山、郑州等地1 000万亩水浇地，单产由目前的380千克提高到400千克，年均增加4千克；信阳500万亩稻茬麦由目前的亩产320千克提高到350千克，年均增加6千克；郑州、洛阳、平顶山、三门峡等地1 600万亩旱地小麦由目前平均单产250千克左右提高到260千克，年均增加2千克。

3. 总产规划

依据“十三五”河南省小麦种植面积和单产规划，到2020年全省小麦总产将突破3 616.8万吨，比2015年增产115.8万吨，增幅为3.31%。分年度规划，2016年全省小麦总产为3 466万吨，2017年为3 521万吨，2018年为3 550万吨，2019年为3 580万吨，2020年全省小麦总产争取突破3 600万吨大关。

三、小麦生产发展的重点

1. 面积和布局角度

按照国家发改委对国家粮食战略工程河南核心区建设的批复，至2020年，分布在河南省95个县市的7500万亩小麦生产核心区平均单产达到450千克，总产达到3 375万吨的生产能力。《河南省人民政府关于建设高标准粮田的指导意见》（豫政【2012】26号）明确提出：到2020年集中打造6 000万亩“田地平整肥沃、灌排设施完善、农机装备齐全、技术集成到位、优质高产高效、绿色生态安全”的高标准永久性粮田，确保周年两熟平均亩产达到1 250千克，目前已完善建成高标准粮田3805万亩，计划2016—2020年再建成高标准粮田2 630万亩，力争高标准粮田建成区80%以上面积小麦平均亩产达500千克以上。从区域布局角度分析，“十三五”，河南小麦生产发展重点是，中部和北部高产灌区产量以提质增效为主要目标，着力改善品质，提高种麦效益；位于北纬33°地区着力扩大稻茬小麦面积、主攻单产水平提高；无水浇条件的豫西和豫中北部丘陵旱地麦田因生态治理、农业结构调整，小麦种植面积可能小幅减少，重点保稳产。

2. 单产角度

“十三五”，河南省通过高标准粮田建设，有望实现均衡增产。其中，位于河南省北纬33°地区包括豫中南部的南阳、信阳、驻马店、周口、平顶山、漯河、许昌、商丘8个市72个县（市、区），小麦常年种植面积为4 500万亩，小麦平均单产低于全省平均水平。但该区光热资源丰富，降水量较多，且地下水位较高，通过改善生产条件，增加投入，推广优良品种和高产优质栽培技术，到2020年亩产可提高25千克左右。生产条件较好、土壤肥沃、灌溉设施配套、农民科学种田水平较高的河南省中部和北部高产灌区，常年小麦播种面积约2 500万亩，通过高标准粮田建设、修整田间水利设施，加强高产栽培技术攻关研究和小麦高产创建示范，推广优良品种和节水高产栽培技术，到2020年亩产可提高20千克左右。豫西和豫中北部无水浇条件的丘陵旱地麦田，常年小麦种植面积约1 000万亩，但受水资源短缺等条件制约，小麦产量长期低而不稳。该区通过推广抗旱节水稳产品种和秸秆地膜覆盖、少（免）耕等抗旱节水栽培技术，持续培肥地力，增强抗灾稳产性，到2020年小麦亩产可提高15千克以上。

3. 品质角度

根据农业部发布的《中国小麦品质生态区划》，河南省大部分地区属于黄淮优质强筋小麦生态区，豫南信阳市和南阳、驻马店两市部分地区属于长江中下游优质弱筋小麦生态区。另据调查，目前河南全省小麦加工企业2 100多个，占全国的24%；年加工能力6 000多万吨，占全国的30%；年面粉产量4 800多万吨，居全国首位，市场占有率超过25%。“十三五”，河南小麦生产发展将按照农业供给侧结构性改革和“稳粮增收、提质增效”目标要求，着力提高小麦生产的质量、效益和市场竞争能力，重点“抓两头，带中间”，大力发展优质强筋、弱筋小麦生产与产后加工，预计全省优质强筋和中强筋小麦面积稳定在2 000万亩左右，弱筋小麦发展到300万亩左右，其中，2016—2018年全省已规划在豫北和豫中、豫东地区发展优质强筋小麦1 000万亩，在淮南发展优质弱筋小麦200万亩，之后稳步发展，以着力提高河南小麦市场竞争能力和附加值。

4. 资源角度

依据河南省人增地减、资源匮乏、农业生态文明建设和“稳粮增收、提质增效”的要求以及农业部提出的“一控两减三基本”目标，从资源角度出发，“十三五”河南小麦生产发展的重点是：坚持控量提效，大力发展节水农业；坚持减量替代，实施化肥零增长行动；坚持减量控害，实施农药零增长行动；全面开展秸秆资源化利用重点解决秸秆还田“切不碎、撒不匀、翻不深、压不实、烂不快”问题，持续培肥地力，提高肥料利用率和保水抗灾能力，实现河南小麦生产能力稳定提高、资源永续利用、生态环境不断改善的可持续发展目标。

四、小麦生产技术储备

1. 小麦品种方面

“十三五”，预计河南省可完成小麦品种更新换代一次，力争推出综合抗性好、适应范围广、优质高产、增产潜力大且稳产性好的年应用面积1 000万亩以上的突破性品种2~3个。通过种质资源和重要农艺性状挖掘与育种方法创新，届时现有育成品种类型趋同、性状相似、遗传同质化的问题将得到有效改善，新品种对小麦生产发展的支撑能力进一步增强。

2. 栽培管理技术方面

“十三五”河南小麦栽培管理除继续推广已有实用增产技术外，重点示范应用新集成的不同生态类型麦区规范化播种技术、强（弱）筋小麦保优节本高效栽培技术、农机农艺信息三融合技术、小麦生产全程机械化作业技术、数字化苗情监测抗逆应变栽培技术、土壤障碍因子消减与培肥技术、麦田间歇性灌溉节水技术、水肥一体化技术等，积极探索“互联网+”与现代小麦产业的深度融合，提升河南小麦产业质量与效益。

3. 耕作技术方面

“十三五”，河南省麦田耕作技术以加深耕层、打破犁底层、提高土壤蓄水保墒和抗逆减灾能力为主要目标，以种粮大户、家庭农场、农民专业合作组织为主要服务对象，重点示范推广“十二五”末已研制储备的“秸秆高质量还田 + 深松（30 厘米以上）或深耕（25 厘米）旋耕（2~3 遍）耙实（上虚下实）机械精细整地技术”、“一（年）深（松耕）两（年）旋（耕）节本整地技术”与“旱地麦田深松或免耕蓄水保墒整地技术”等机械化作业技术。

4. 植保技术方面

“十三五”，河南省麦田植保技术方面重点示范应用的储备技术主要有小麦病虫害监测预警技术、机械化宽幅喷防作业统一防治病虫害技术、利用农用无人机喷洒专用植保药剂防治病虫害技术，以及环境友好型生物农药等。

5. 防灾减灾技术

“十三五”，河南小麦防灾减灾技术重点示范应用小麦规范化整地播种抗逆减灾增产技术、小麦生物和非生物灾害监测预警技术、气象灾害防控与灾后补救技术等。

6. 技术集成

“十三五”，河南小麦生产重点示范应用的集成技术主要是承担农业部绿色增产模式攻关研制的豫北灌区“高产稳产品种 + 土壤培肥 + 深耕深松 + 窄行精匀播种 + 春管后移 + 病虫害综合防控”增产技术模式，砂姜黑土区“高产多抗品种 + 深松旋（耕）耙耱 + 宽幅精匀浅播 + 播后浇蒙头水 + 增施有机肥和高氮高磷肥料 + 病虫害综合防控”增产技术模式等。

五、发展河南省小麦生产的政策建议

1. 加大政策支持力度，尽快建立粮食主产区效益补偿机制

河南作为国家粮食战略工程核心产区，全省绝大部分土地都用来生产粮食，由于粮食生产的弱质性、风险性特征，种粮效益差，财政收入低，直接影响农民种粮和地方政府重粮抓粮的积极性。因此，建议国家进一步加大对产粮大县的财政转移支付力度，并尽快形成长期稳定增长的转移支付机制。同时，建议尽快建立粮食主销区与主产区的利益补偿机制，通过平衡粮食主产区和主销区之间的利益关系，进一步调动粮食主产区政府和农民的种粮积极性。

2. 进一步加大对粮食主产区农业基础设施和改善农业生态环境的投入

国家要继续加大对粮食主产区的资金投入力度，通过部门协调和资源整合，把种粮大户和家庭农场等新型农业经营主体为重点受益对象，以农田水利为重点，统筹推进水、电、路、林等灌溉排水、土壤改良、道路整治、机耕道和电力配套等设施建设，集中打造“田地平整肥沃、灌排设施完善、农机装备齐全、技术集成到位、优质高产高效、绿色生态安全”的高标准永久性粮田，为小麦持续稳定增产创造适宜的土壤环境和规模化、集约化生产条件，奠定小麦稳定增产的基础。

3. 实施创新驱动战略，进一步加强对小麦科技创新与技术推广的支持力度

强化农业科技创新驱动战略，重点支持新品种创新，智能农业、农机装备、生态环保和节本增效、轻简栽培、防灾减灾等重大实用技术的研究与转化，分区集成良种良法配套、农机农艺融合的小麦增产技术模式，特别是豫南稻茬小麦和豫西、豫西北缺水地区小麦节水增产技术模式研发，着力构建良田、良种、良肥、良法、良机、良态、良储配套的防灾减灾科技支撑体系和农机、农艺、信息三融合的生产技术体系，不断提高小麦生产的科技含量和生产技术水平。国家农业科技投入要向主产区倾斜，并解决竞争性课题过多和课题重复、分散等问题。根据我国粮食主产区因连年旋耕导致土壤耕层变浅，有效耕层土壤量减少，犁底层变厚，土壤结构紧实，保水保肥能力和抗逆减灾能力降低，以及生产用种“多、乱、杂”和病虫害防治不及时，每年都造成不同程度减产损失等实际，建议中央财政列专项对粮食主产区给予 3 年深耕一次的深耕（深松）作业补贴，对农民购买小麦良种和病虫草害防治进行全额补贴。

4. 分区推进，力促全省小麦实现均衡增产

一是豫北高产灌区，通过进一步优化品种布局，推广集成技术，狠抓高产示范带动，建立精准灌溉与智慧节水灌溉试验区和优质强筋小麦生产区，努力实现高产再高产目标，对全省夏粮增产和品质结构调整继续发挥引领作用；二是豫东、豫中南和豫西南即北纬 33° 补灌和雨养麦区，该区光、温、水资源条件好，增产潜力大，小麦种植面积大、商品率高，但其生产条件差、产量水平低，应在增加投入、改变生产条件、努力扩大畦田面积的同时，进行以改善水利设施为重点的工程措施建设高标准农田，并大力发展优质小麦生产，加大良种良法配套、高产高效集成技术推广力度，实现中产变高产，确保该区小麦多增产；三是豫西、豫西北丘陵旱地麦区，应通过改良土壤、培肥地力，重点推广抗旱稳产对路品种和旱地小麦增产技术保稳产，实现旱肥地中产变高产，以及无水浇条件丘陵旱地低产变中产，真正实现“三区”整体推进，均衡增产。

5. 进一步加强对新型农业经营主体的扶持政策

一是国家应将新增补贴向种粮大户、粮食生产专业合作社和家庭农场倾斜，调动农民种粮积极性。二是国家要尽快出台解决新型农业经营主体规模化生产晒场、粮食烘干设备、农机停放与维修场所等建设用地问题的针对性政策，解决他们发展粮食生产遇到的实际困难。三是创新农业金融保险制度，鼓励政府参与成立农业担保公司，拓宽新型农业经营主体抵押贷款品种，降低贷款门槛，提高粮食生产保费补贴比例和理赔标准，真正解决种粮大户和家庭农场等新型农业经营主体经营资金短缺、信贷融资困难、发展后劲不足和灾害风险分散等问题。四是国家投入农田设施建设要优先把种粮大户和家庭农场等新型农业经营主体作为重点受益对象，真正构建粮食增产、粮农增收和粮食主产区区域发展三者共赢的国家粮食安全内生长效机制，以粮食安全保障国家长治久安。

第三章
河北省“十三五”小麦生产发展规划

第一节　“十二五”河北省小麦生产总结

一、小麦产量特点

1. 小麦生产总体特点

2011—2015 年的 5 年中，河北省的小麦面积总体上呈减少趋势，2015 年比 2010 年净减少 152.5 万亩。但小麦单产量和总产量都呈持续增加趋势。其中，2015 年单产量比 2010 年增加 73.5 千克 / 亩，总产量增加 204.4 万吨（表 3-1-1）。

表 3-1-1　河北省 2010—2015 年小麦生产情况

年份	面积（万亩）		单产（千克 / 亩）		总产量（万吨）	
	当年	比上年增减	当年	比上年增减	当年	比上年增减
2010	3 630.5		339.0		1 230.6	
2011	3 594.1	-36.4	355.1	16.1	1 276.1	45.5
2012	3 615.0	20.9	370.1	15.0	1 337.7	61.6
2013	3 566.6	-38.3	389.0	18.9	1 387.2	49.5
2014	3 514.0	-52.6	407.1	18.1	1 429.9	42.7
2015	3 478.0	-36.0	412.5	5.4	1 435.0	5.1

除太行山山前平原区中南部的邢台市因 2013 年播种前墒情非常好致使 2014 年面积增加，总体上河北省各市的小麦面积都呈减少趋势（表 3-1-2）。衡水市是治理地下水超采的重点项目区，2015 年面积减少较多。各市的小麦单产都呈增加趋势，2014 年除石家庄以外的其他市单产增加幅度都较大。个别年份由于各市面积减少幅

度较大，致使总产量下降较多。

表 3-1-2　2011—2015 年河北省部分设区市小麦生产情况

市名	年份	面积（万亩）		单产（千克 / 亩）		总产量（万吨）	
		当年	比上年增减	当年	比上年增减	当年	比上年增减
邢台	2011	522.6		412.5		215.6	
	2012	523.7	1.1	421.1	8.6	220.5	4.9
	2013	514.8	-8.9	426.1	5.0	219.3	-1.2
	2014	538.7	23.9	471.3	45.2	253.9	34.6
	2015	533.1	-5.6	472.5	1.2	251.9	-2.0
保定	2011	600.0		412.8		247.7	
	2012	601.2	1.2	421.0	8.2	253.1	5.4
	2013	591.3	-9.9	423.0	2.0	250.1	-3.0
	2014	512.4	-78.9	428.8	5.8	219.7	-30.4
	2015	519.7	7.3	430.1	1.3	223.5	3.8
衡水	2011	434.3		412.4		179.1	
	2012	435.4	1.1	421.0	8.6	183.3	4.2
	2013	427.7	-7.7	425.3	4.3	181.9	-1.4
	2014	426.9	-0.8	435.4	10.1	185.9	4.0
	2015	392.8	-34.1	437.6	2.2	171.9	-14.0
唐山	2011	174.8		358.8		62.7	
	2012	175.1	0.3	363.8	5.0	64.0	1.3
	2013	169.5	-5.6	366.3	2.5	62.1	-1.9
	2014	170.6	1.1	385.1	18.8	65.7	3.6
	2015	161.9	-8.7	394.1	9.0	63.8	-1.9

2. 小麦逐年生产情况

2011—2015 年的 5 年中，河北省小麦面积除 2012 年比 2011 年增加 20.9 万亩以外，其他各年都比上一年面积减少。尤其是 2013—2015 年，每年减少 36 万 ~52 万亩。虽然面积缩减，5 年中小麦总产量都比上一年增加，其原因是单产水平持续提高。其中，2011—2014 年，单产每年提高 15 千克 / 亩以上，总产量每年增加 42.7 万 ~61.6 万吨。2015 年河北省小麦面积比上年减少 36 万亩，单产增加 5.4 千克 / 亩，总产量比上年增加 5.1 万吨。

全省各主要生态区的小麦生产形势有所不同。邢台市的麦田分布在太行山山前平原、低平原和浅山区 3 种生态类型区，种植面积受播种期土壤墒情变化的影响较大，单产也受播种期及生育期间降水的影响较大。如 2013 年，由于小麦播种期间土壤墒情充足，2014 年收获面积显著增加；同时 2013—2014 年度的降水和光温条件适宜，小麦单产和总产增加也很显著。2015 年，小麦面积受压缩低平原地下水超采区的面积而减少，单产增加幅度也较小，导致总产量有所减少。

保定市地处太行山山前平原区北端，麦区同样分布在太行山山前平原、低平原和浅山区 3 种生态类型区。因为其北部采用小麦玉米一年两熟光热资源较紧张，近年来部分年份有改为二年三熟的趋势。加之山区一部分水资源条件较差的麦田改种其他适宜旱作的作物，面积下降幅度较大。所以保定市尽管单产稳定增加，总产量呈减少趋势。

衡水市是典型的地下水超采地区，2013 年以来小麦面积一直在减少。但由于单产一直在小幅稳定增长，其中以 2014 年增幅稍大，所以 2012—2014 年总产量都是小幅增减。2015 年因面积大幅度压减致使总产量减少。

唐山市属于燕山山麓平原麦区，水资源较其他麦区丰裕，但近年也有逐渐匮乏的趋势，所以小麦面积也趋于减少。由于单产稳定增加，年际间产量较为稳定。

3. 小麦产量变化的主导因素

对河北省小麦种植面积和单产的变化对 2015 年总产量比 2010 年的增加值（204.4 万吨）的贡献率进行分析表明，单产增加对总产量增加的贡献率为 134%，同期种植面积对总产量的贡献率为 –34%。可见，“十二五”河北省小麦总产量的增加，主要是单产增加的贡献，种植面积的减少则减缓了总产量的增加趋势。

对不同生态类型区部分设区市小麦种植面积和单产的变化对 2015 年的总产量比 2011 年增加值的贡献率进行分析表明，邢台市总产量的增加值（36.3 万吨）中，面积变化的贡献率为 13%，单产变化的贡献率为 87%（表 3–1–3）。

在保定市 2011—2015 年总产量的减少值（24.2 万吨）中，面积减少对总产减少的贡献率为 140%，因单产增加使产量增加的贡献率为 40%（即单产增加对减产的贡献率为 –40%）。

在衡水市 4 年中总产量的减少值（7.2 万吨）中，因面积减少的贡献率为 143%，因单产增加使产量增加的贡献率为 43%（即对减产的贡献率为 –43%）。

在唐山市 4 年中总产量的增加值（1.1 万吨）中，因单产增加的贡献率为 140%，因面积减少使产量减少的贡献率为 40%（即对增产的贡献率为 –40%）。

表 3–1–3 2011—2015 年河北省部分设区市面积和单产的变化对小麦总产量变化的贡献率

市名	总产量增减值（万吨）	面积贡献率（%）	单产贡献率（%）
邢台	36.3	13	87
保定	–24.2	140	–40
衡水	–7.2	143	–43
唐山	1.1	–40	140

注：表中贡献率正负号的解释要结合总产量的变化趋势。如保定总产量增加值为负值（即总产量下降），主要是种植面积下降导致，占 140% 的比重，而单产的增加对总产下降有减缓作用，对总产下降的贡献率为 –40%

二、气象条件及自然灾害对小麦生产的影响

总的看来，河北省小麦的播种基础扎实，品种的抗旱性、抗寒性及抗病虫特性较强，在近年多种极端天气条件下，小麦生产表现较为稳定的生育特性和产量性状，受气象灾害和病虫害的影响较小。

1. 主要气象灾害及对产量和品质的影响

2010—2011 年，河北省小麦生产主要遭受到干旱和低温冻害。从 2010 年 10 月下旬至 2011 年 6 月上半月，全省麦区的平均总降水量为 84.6 毫米，大部分区域比常年偏少，致使本年度受旱麦田 2 032 万亩，严重受旱 342.8 万亩。其中 2010 年 10 月 25 日到 2011 年 2 月 8 日，河北省平均降水仅 2 毫米，比历史同期少 85%，109 个县连续 90 天无降水，发生 50 年不遇的气象干旱。由于长期气象干旱造成的土壤干旱，小麦冬前分蘖期间虽然分蘖正常，但出生的次生根较少，有的次生根虽然出生却难以下扎。虽然干旱持续发展，但依靠 11 月下旬的封冻水和春季灌溉，加之后期天气晴好，千粒重高，干旱没有对产量造成严重影响。

除干旱外，2011 年 2 月 25—28 日连续降雪降温天气，日平均气温基本在 3℃以下，致使冬小麦萌动返青普遍推迟，较常年偏晚 3~10 天。3 月中旬末下旬初出现明显降温过程，部分时段最低气温下降到 0℃左右，部分麦区在 –4℃。68 万亩冬小麦的叶片受到轻微冻害，但因低温持续时间短，未对小麦形成明显不利影响，没有成灾面积。

2012 年冬小麦越冬期间河北省麦区有效降水极少，出现较严重气象干旱。从 12 月初到 3 月中旬的平均气温均偏低，但越冬期间温度变化平稳。加之播种前底墒充足及中北部麦区灌越冬水，气象干旱和低温没有对小麦造成明显影响。2013 年 4 月 19—20 日出现异常极端雨雪低温天气过程，中南部麦区最低气温降到 –1.8~2.1℃，降水量 10~20 毫米。最低气温和降雪出现时间之晚为历年少见，但由于持续时间较短，而且大部分麦田此前根据天气预报抓紧浇过拔节水，充足的土壤水分对稳定气温和地温起到一定作用，因此未造成明显冻害。低温过后次日、7 天、14 天的连续跟踪调查，未发现穗分化异常。

2013 年 5 月中旬至 6 月上旬出现两次明显降水过程，中南部大部分麦区和东北部部分麦区降水 50~194 毫米。虽然水分条件基本利于后期生长，但降水量 100 毫米以上的麦区土壤过湿，对后期根系有一定影响。降雨过程也造成 6 月上旬麦区旬平均气温大部为 21~23℃，较常年偏低 1~3℃；日照平均每天仅 2~5 小时。气温偏低、日照偏少明显影响了灌浆速度，致使千粒重降低。根据定点调查，河北省中部当年千粒重一般不足 35 克，比同一品种常年千粒重低 3~5 克。但由于当年春季升温慢，穗分化时间长，穗粒数明显多于常年 2~3 粒，因此产量下降幅度不大，约为 30 千克 / 亩。

2014 年 5 月下旬的平均气温高达 25~29℃，较常年偏高 3~7℃，尤其 26—31 日大部分麦区出现连续干热风天气，其中 27—29 日保定、廊坊及以南麦区，30 日沧州、邢台、邯郸麦区出现重度干热风，使冬小麦灌浆受到不同程度影响。不过由于本年度抽穗开花较早，前期灌浆速度快，干热风发生前的千粒重已经超过 2013 年的千粒重，部分灌浆快的品种千粒重已经高于常年，并且由于根系尚未开始衰老，干热风过后千粒重又有较大幅度提高，因此本年度平均千粒重远高于常年，小麦产量受干热风的影响不明显。

2015 年 5 月 13 日、18 日部分地区出现干热风天气，其中 13 日中南部大部分麦区出现轻度干热风，石家庄局部出现重度干热风，18 日保定西南部、石家庄北部、邢台东南部、邯郸大部出现轻度干热风。5 月 24—26 日及 31 日部分地区又出现轻度干热风天气。但由于干热风天气均以轻度为主且不是连续出现，因此未对冬小麦灌浆造成明显影响。

2. 冬小麦病虫草害的总体发生特点

2011 年冬小麦病虫害发生期明显晚于常年。常年麦蚜于 4 月底 5 月初就陆续达到防治指标，2011 年度 5 月上旬才陆续达到防治指标，5 月中旬达到发生高峰期，比常年晚 5—7 天。小麦吸浆虫发生期比常年晚 3 天左右，中蛹盛期在 4 月中下旬，成虫羽化盛期在 5 月上旬。小麦白粉病始见期比常年晚 15 天左右，其中馆陶县始见期为 5 月 5 日，平乡县为 5 月 3 日，正定县为 5 月 16 日，望都县为 5 月 14 日。小麦条锈病始见期为 5 月下旬，也晚于常年的 5 月上旬。但该年度重大虫害总体发生程度重于常年。春季小麦吸浆虫的发生密度和高密度点块明显多于常年；麦蚜发生也重于常年，5 月中旬调查，百穗蚜量 2 000 头以上，5 月下旬未防治地块百穗蚜量 1 万头以上。

2011 年底至 2012 年早春气温偏低、气候干旱，加重了小麦根部病害、麦蜘蛛的为害程度。春季小麦群体较大，利于前期根部病害和后期赤霉病、白粉病等病害发生。3 月上中旬气温偏低，变化幅度较大，小麦生育期推迟。麦苗返青后生长缓慢，抗逆能力下降，利于小麦纹枯病、根腐病等病虫害发生发展。4 月下旬中南部出现大范围降水，有利于赤霉病等病害发生。2012 年全省小麦病虫总体呈中等偏重发生，其中小麦赤霉病、吸浆虫、麦蚜大发生。

2013 年河北省小麦病虫害总体中等发生，轻于常年，共计发生 1.16 亿亩次，防治 1.11 亿亩次。其中，小麦纹枯病、白粉病、赤霉病和根腐病在中南部麦区中等偏轻发生，小麦条锈病在南部麦区轻发生；全省麦蚜中等发生，吸浆虫中等偏重发生，麦叶蜂中等偏轻发生。小麦病虫草害总体发生特点表现为 3 个方面：一是发生期偏晚。春季气温回升慢，麦蜘蛛、麦蚜、小麦吸浆虫、小麦白粉病发生期普遍推迟。二是多数病虫发生程度轻。除小麦吸浆虫、小麦赤霉病外，麦蚜、麦蜘蛛、小麦白粉病、小麦条锈病等其他小麦主要病虫害发生均轻于常年。三是个别病虫发生偏重或局部偏重。小麦吸浆虫总体中等偏重发生，部分地块大发生。小麦赤霉病局部偏重发生。

受2013年病虫草基数和2014年早春气候及防控措施等因素影响，2014年河北省小麦病虫草害呈现两个特点，一是发生期提前，二是发生程度较轻。小麦病虫草害总体中等发生，轻于常年，累计发生12 224.5万亩次。其中，麦蚜偏重发生，小麦吸浆虫局部偏重发生，麦蜘蛛、小麦纹枯病、白粉病、赤霉病、根腐病在中南部麦区中等发生，局部偏重发生。

3. 病虫草害对小麦产量和品质的影响

2011年河北全省小麦病虫草害防治1.15亿亩次。小麦纹枯病、麦蜘蛛达标地块均除治一遍。小麦吸浆虫在中蛹期撒毒土防治基础上，严重地块均开展了成虫期防治。由于物化补贴和各级领导的高度重视，麦田5月中旬用药面积大，时间早，在一定程度上压低了前期的基数，抑制了麦蚜、白粉病快速上升。由于防治及时到位，对小麦产量和品质没有造成明显影响。

2012年由于播种前拌种，冬前和春季化学除草，中期病虫害防治及后期“一喷三防”等各技术环节落实到位，病虫草害对小麦产量和品质没有显著影响。根据对保定市、廊坊市和唐山市2012年小麦病虫害发生、防治及损失情况的调查，由于防治较及时，共计挽回损失29.0万吨，实际产量损失为10.7万吨。

2013年除播种期拌种和小麦吸浆虫蛹期毒土防治外，病虫防治主要集中在扬花灌浆期的“一喷三防”。本年度中央财政拨付河北省1.81亿元专项资金，用于全省冬小麦每亩5元的防治技术补助。全省共采购7 915.5吨补贴物资，5月15日前分发到农户，开始实施“一喷三防”，到5月底普遍实施一遍，大大压低了小麦中后期病虫发生基数，有效控制了中后期病虫的发生为害。根据对保定市、廊坊市、唐山市以及从保定市分离为省直管的定州市2013年小麦病虫害发生、防治及损失情况的调查，由于防治较及时，共计挽回损失31.8万吨，实际产量损失仅5.9万吨。

2014年根据对保定市、廊坊市和唐山市小麦病虫害发生、防治及损失情况的调查，由于防治及时，三市共计挽回小麦产量损失31.8万吨，实际产量损失19.8万吨。

2015年各种病虫草害发病较轻，对小麦产量和品质没有明显影响。

三、小麦水土资源条件及变化

1. 灌溉排水条件建设

降水量不足，容易发生旱灾，是河北省小麦生产中经常出现的问题。因此，河北省的灌溉条件建设是农田基本建设的重要任务。由表3-1-4可见，在河北省小麦产区的各设区市中，除石家庄市的有效灌溉农田面积从2011—2013年逐年增大外，其他市都不同程度减小。其中，邯郸、邢台、保定、沧州4个市在2012年有所增大后，

2013 年减小，而衡水、廊坊、唐山、秦皇岛则从 2012 年就开始减小。

受各市有效灌溉农田面积变化的影响，全省的有效灌溉农田面积也是在 2012 年有所增加，2013 年有所减少。由于河北省属于资源性缺水地区，在没有大量外来水源补充的条件下，未来几年有效灌溉农田面积减少的可能性大。

表 3-1-4　2011—2013 年河北省不同小麦产区的有效灌溉农田面积　（万亩）

地区	2011	2012	2013
石家庄	751.7	754.3	761.9
邯郸	824.5	825.7	787.6
邢台	829.8	849.8	838.8
保定	990.8	992.4	966.4
沧州	800.2	813.6	685.2
衡水	717.0	715.6	714.0
廊坊	412.6	409.1	345.5
唐山	748.2	735.9	693.6
秦皇岛	201.7	184.9	194.8
全省	6 276.4	6 281.2	5 987.7

2. 土壤肥力情况

与完成第二次普查的 20 世纪 80 年代末期相比，近年来河北省麦区的土壤肥力有了很大提高（表 3-1-5）。2014 年全省平均土壤有机质含量为 15.9 克 / 千克，各小麦主产市的土壤有机质含量范围为 12.4~18.5 克 / 千克，比 1988 年提高 2.5~6.3 克 / 千克。全省平均土壤全氮含量为 0.93 克 / 千克，各小麦主产市的土壤全氮含量范围为 0.70~1.07 克 / 千克，比 1988 年提高 0.08~0.36 克 / 千克。全省平均土壤有效磷含量为 20.9 毫克 / 千克，各小麦主产市的土壤有效磷含量范围为 18.0~25.8 毫克 / 千克，比 1988 年提高 12.0~18.8 毫克 / 千克。全省平均土壤速效钾含量为 122.4 毫克 / 千克，各小麦主产市的土壤速效钾含量范围为 106.1~133.2 毫克 / 千克。除石家庄、唐山、秦皇岛分别比 1988 年提高 4.7、13.2 和 26.1 毫克 / 千克以外，其他市比 1988 年减少 7.8~46.3 毫克 / 千克。

分析可见，土壤有机质、全氮、有效磷的含量都比 1988 年有较大幅度提高，应该与长期秸秆还田和长期施用氮肥和磷肥有关。但由于长期以来施用钾肥较少而产量不断提高造成的消耗，大部分地区土壤速效钾含量降低。不同区域比较，土壤有机质、全氮、有效磷的含量都以石家庄最高，沧州最低；目前比 1988 年的增加量也以石家庄最多，沧州最少；而土壤速效钾的下降幅度也以沧州最多。综合看来，当前河北省麦区的土壤肥力较高，但沧州的土壤肥力提高最慢，土壤速效钾消耗最多，今后应该注重地力培育。

表 3-1-5　河北省小麦产区各市的土壤肥力条件

地区	有机质（克 / 千克）		全氮（克 / 千克）		有效磷（毫克 / 千克）		速效钾（毫克 / 千克）	
	2014	1988	2014	1988	2014	1988	2014	1988
石家庄	18.5	11.2	1.07	0.71	25.8	7	112.7	108
邯郸	15.6	11.6	0.95	0.73	21.0	7	128.1	153
邢台	15.3	9.7	0.90	0.62	19.7	6	114.9	146
保定	16.2	12.3	0.97	0.77	22.7	7	108.7	125
沧州	12.4	9.9	0.70	0.62	18.0	6	118.7	165
衡水	14.2	8.7	0.93	0.68	20.2	5	128.5	142
廊坊	14.5	9.9	0.85	0.71	21.4	4	133.2	141
唐山	16.9	12.3	0.98	0.73	25.1	6	125.2	112
秦皇岛	16.8	12.8	0.91	0.71	20.7	5	106.1	80
全省	15.9	12.2	0.93	0.74	20.9	6	122.4	135

注：1988 年数据引自：李承绪主编 . 1990. 河北土壤 . 石家庄：河北科学技术出版社

3. 高标准农田建设情况

表 3-1-6　2012—2015 年河北省小麦产区各市高标准农田建设面积　（万亩）

地区	2012	2013	2014	2015	合计
石家庄	65	60	40	45	210
邯郸	55	50	60	55	220
邢台	0	90	90	100	280
保定	70	80	90	90	330
沧州	0	120	140	140	400
衡水	150	50	50	50	300
廊坊	0	60	70	70	200
唐山	60	60	70	70	260
秦皇岛	0	30	10	10	50
全省	400	600	620	630	2 250

河北省从 2012 年开始实施高标准农田建设项目，全部在冬小麦主产区的 9 个市。由表 3-1-6 可见，到 2015 年，全省累计建设高标准农田 2 250 万亩。其中，原来农田基本建设基础较好的石家庄建设面积较小，原来农田基本建设基础较差的沧州、保定、衡水、邢台等市建设面积较大。

四、“十二五”河北省小麦生产发展的主要技术措施

1. 优良品种

（1）节水稳产和抗旱品种　河北省属于资源性严重缺水地区。适应这种地区特点，河北省选育的小麦新品种，都具备较强的耐旱、抗旱特性。在此基础上，通过品种管理部门和科技人员的试验研究，进一步筛选了一批具有耐旱、抗旱稳产特性的节水品种。2014 年，根据《2014 年度河北省地下水超采综合治理试点调整农业种植结构和农艺节水项目实施方案》的要求，经项目市初步推荐入围品种，由国家和省小麦专家顾问组结合生产实际进行充分论证，推介 29 个小麦品种作为该项目的配套品种，在沧州、衡水、邢台、邯郸等 4 个项目市应用。这些品种分别是沧麦 028、沧麦 119、沧麦 6002、邯 6172、邯麦 12、邯麦 13、河农 6049、河农 827、衡 0816、衡 136、衡 216、衡 4399、衡 4444、衡 6632、衡观 35、冀麦 585、农大 399、石家庄 8 号、石麦 15、石麦 18、石麦 21、石麦 22、石新 828、石优 20、邢麦 4、邢麦 6、邢麦 7、婴泊 700、冀麦 32。在其他年份和其他地区，也都注重节水稳产小麦品种的应用。

（2）具有超高产潜力的品种　2005 年以来，河北省每年都有较大面积实现单产 600 千克 / 亩以上的超高产出现，并多次刷新产量纪录。目前，中筋超高产品种最高单产已达到 721.2 千克 / 亩，强筋品种单产也达到 650 千克 / 亩以上，表明河北省的小麦品种已经具备超高产潜力，这些品种在河北省中南部的小麦高产创建项目区广泛应用。即使在生产条件稍差、气象条件不利的情况下，这些品种的单产量也都在 500 千克 / 亩以上。据不完全统计，通过农业部门组织专家实收达到单产 600 千克 / 亩以上的品种包括石新 828、冀丰 703、石麦 12、石麦 14、石麦 15、石麦 18、藁优 2018（强筋）、石新 633、婴泊 700、冀麦 585、邢麦 6 号、衡 4444、科农 1006、衡 S29、石麦 22，以及外省市品种农大 399、良星 99、鲁原 502 等。

（3）适应市场需求的强筋品种　河北省中部具有生产强筋小麦品种的自然条件和传统。1998 年以来，已经育成了以藁优 8901 为代表的一批优质强筋品种，形成了比较稳定的强筋小麦种植区域，满足了企业对强筋小麦的需求。目前种植面积较大的石优 20、藁优 2018 等强筋小麦品种，还具有产量潜力较大的特点，在生产实践中都曾达到单产 550~650 千克 / 亩的高产，缩小了强筋品种与中筋高产品种的产量差异。

“十二五”河北省农业厅推介发布的各年度的主导小麦品种及主要特性如下。

2011 年有 6 个品种，包括石麦 15 号，适宜区域为冀中南部冬麦区；藁优 2018（强筋），适宜区域为冀中南部冬麦区中高水肥地块；衡观 35，适宜区域为冀中南部冬麦区；石新 828，适宜区域为冀中南部冬麦区；河农 6049，适宜区域为冀中南部中高水肥地块；北京 0045，适宜区域为冀中北部冬麦区。

2013 年有 6 个品种，包括石麦 18 号，适宜在中南部冬麦区中高水肥地块种植；

藁优 2018（强筋），适宜在中南部冬麦区中高水肥地块种植；中麦 175，适宜在中北部冬麦区中高水肥地块种植；邯 6172，适宜在中南部水地冬麦区种植；石麦 15 号，适宜在中北部冬麦区中高水肥地块、中南部冬麦区和黑龙港流域冬麦区种植；衡观 35，适宜在中南部冬麦区高水肥地块种植。

2014 年有 6 个品种，其中中麦 175、衡观 35、石麦 15 号、石麦 18 号等 4 个品种适宜区域同 2013 年；石新 828，适宜在中南部冬麦区种植，建议在中高水肥条件下种植，注意防止冻害；邯麦 13，适宜在中南部中高水肥地块种植。

2015 年有 6 个品种，其中衡观 35、石麦 15 号、石新 828、邯麦 13 共 4 个品种适宜区域同 2014 年；河农 6425，适宜在中北部冬麦区中高水肥地块种植；衡 4399，适宜在中南部中高水肥地块种植。

2. 栽培技术

（1）播种期——早播、晚播到适期　2006 年之前的年份中，由于中南部地区小麦播种期偏早，造成 2005 年、2006 年连续出现冬前旺长，冬、春季出现因旺长后低温造成的冻害。因此，2007 年河北省率先提出推广小麦适期晚播技术，明显减少了冬前旺苗出现的概率和面积。经过几年的调整，播种期调整到较为适宜的范围内。为了避免对农民的误导，不再用“晚播”的提法，而是提出根据不同区域的季节和温度条件适期播种。目前，不同生态类型区的推荐播种期为：南部麦区 10 月 8—18 日，中部麦区 10 月 5—13 日，北部麦区 10 月 1—8 日，冀东麦区 9 月 28 日至 10 月 5 日。

在生产实践中，中南部麦区的播种期一般都在适期范围内。北部麦区和冀东麦区前茬为春播作物的，小麦播种期一般也在适期范围内。但前茬为夏播作物的，由于前茬作物成熟较晚，播种期往往偏晚，保定北部、廊坊、唐山等地前茬作物为夏玉米的麦田，很多小麦的播种期在 10 月 10 日以后。因此，仍需研究解决北部麦区一年两熟条件下，保证冬小麦适期播种的配套技术。

（2）密度问题——基本苗一般充足、偏多　由于 2007—2008 年度因播种期连阴雨天气造成晚播和群体偏小，2008—2009 年遭遇秋冬春长期干旱，2009—2010 年因秋末冬初降温降雪造成严重冻害等不利条件下，基本苗多、群体较大的麦田受影响较小，表现稳产，因此之后的密度一直居高不下。“十二五”各年度均表现为基本苗较充足，太行山山前平原中南部地区每亩 25 万 ~30 万（石家庄、邢台调查数据），黑龙港地区（如衡水）和北部麦区每亩（如廊坊）30 万 ~35 万，甚至高达 40 万以上。目前正在通过技术指导和培训，适当减少小麦的播种量，在高产创建核心示范区、其他科研项目的核心示范区，基本苗都较适宜，适期播种的中南部麦田基本苗 20 万 / 亩至 25 万 / 亩，北部 30 万 / 亩左右。

（3）灌水次数和灌水量总体逐渐变少　近 10 年来，河北省小麦的灌水次数和灌水量总体上呈减少趋势。尤其是 2011—2015 年的 5 年间，中南部麦区一般采用浇灌底墒水后不再浇冻水，或在播种期墒情适宜时趁墒播种并浇冻水，春季灌溉拔节水和抽穗扬花水（或灌浆水）2 次，全生育期灌水 3 次左右的灌溉技术。北部麦区则要普遍增灌一次冻水，即全生育期灌水 4 次左右。2014 年以来，中南部麦区在进一步探讨春季只灌 1 次拔节水，即常年降水条件下全生育期只灌 1~2 次水的限水灌溉技术。

（4）*施肥量和追肥时期趋向合理，仍有氮肥偏多情况* 小麦测土配方施肥技术每年都列入河北省主推技术中。通过该技术的实施，氮肥施用量过大，钾肥施用不普遍、施用量太少的状况有所改变。根据对部分县（市）的调查，一般每亩施用底肥纯氮 6~10 千克 / 亩，施用面积达到 100%；每亩施用五氧化二磷 6~10 千克 / 亩，施用面积 100%；钾肥施用面积 87%~100%，每亩施用氧化钾 3~6 千克 / 亩。春季一般每亩追施纯氮 8~10 千克 / 亩（每亩总施氮量 14~20 千克 / 亩）。总体上，氮、磷肥施用量充足而适宜，钾肥施用面积逐年增加。但仍有个别地区的麦田存在春季追氮量过多（纯氮 15 千克 / 亩以上）、追施过早（起身期之前）的情况。

（5）*秸秆还田全面覆盖且质量提高* 据农业部门统计，2011—2014 年，河北省全省的玉米秸秆还田面积（包括不种植小麦的一年一熟春玉米区）分别为 4 666 万亩、4 285 万亩、4 543 万亩、4 714 万亩，小麦主产区则实现全面覆盖。随着农机作业技术水平提高，秸秆粉碎、还田质量明显提高，秸秆还田技术从很多地区不得不为之的秸秆处置措施逐渐成为群众自发进行的利用秸秆资源、保持和提高土地肥力的关键常规技术。

3. 耕作技术

旋耕整地技术一直是河北省小麦主产区的主要土壤耕作技术。2011 年以来，在部分麦田实施隔年深松逐渐成为常态。2011 年为 900 万亩，2012 年因强力推进达到 1 500 万亩，2013 年和 2014 年都达到 1 000 万亩，占全省冬小麦种植面积的 30%。石家庄、邯郸、邢台、保定、沧州、衡水等主产市每年的深松面积都在 100 万亩以上。

播种后镇压措施越来越普遍，2012 年、2013 年、2014 年小麦播种后的镇压面积分别为 2 889 万亩、2 869 万亩和 2 952 万亩。其中，2014 年的播种后镇压面积达到总面积的 85.5%。邯郸、沧州、邢台、石家庄、保定、衡水、唐山、廊坊等 8 个小麦主产市 2014 年的播种后镇压面积分别是 540 万亩、513 万亩、455 万亩、426 万亩、405 万亩、353 万亩、142 万亩、112 万亩，占播种面积的 75%~100%。

4. 植保技术

播种前种子包衣或拌种技术，成为小麦主产区的常规技术，一般占到小麦播种面积的 60%~85%。冬前或春季麦田化学除草技术也被广泛采用。小麦吸浆虫的穗期撒毒土防治和后期成虫防治，是小麦吸浆虫发生区的重点工作。每年植保部门都要召开全省的防治技术现场会，发布穗期防治适宜适期预测预报，并指导农民进行适时防治。因此，虽然小麦吸浆虫的发生区域有所扩大，但没有造成明显产量损失。

小麦后期“一喷三防”技术一直列入河北省主推技术。防治面积已经全面覆盖，有的重点麦田分别在抽穗后至开花前及开花后7~10天进行2次“一喷三防”，有效地控制了后期病虫危害，并对减轻干热风造成的损失发挥了重要作用。

5. 防灾减灾技术

播种前后镇压是重要的预防旱灾和冻害的有效措施。如前所述，近年来镇压面积稳步增长，2014年的播种后镇压面积达到总播种面积的85.5%。小麦主产市的镇压面积达到小麦播种面积的75%~100%。

适时灌冻水也是稳定冬季低温、预防旱灾和冻害的重要措施。为实现节水，河北省目前只在部分地区和部分年份提倡浇灌冻水。由于冬前的降水量和时间分布不同，灌冻水的面积又有所不同。2011—2014年的4年中，灌冻水面积分别为1 514万亩、2 052万亩、2 001万亩和2 605万亩，分别占当年播种面积的42.0%、57.6%、57.1%和75.5%。其中，保定、廊坊、唐山等北部麦区灌冻水的面积，在大部分年份都是100%。

春季适时灌溉起身拔节水并结合追施氮肥，不但是提高小麦产量的关键肥水运筹措施，也是预防和应对春季低温寒潮的重要措施。如2013年4月19日河北省中南部降温降雪的情况下没有造成冻害，此前拔节期肥水的实施发挥了重要作用。

6. 技术集成

重要的集成技术体现在各年度河北省农业厅发布的主推技术名录中。

2011年发布的小麦主推技术包括：玉米、小麦“两适”（指前茬玉米适时收获，小麦适时播种）增产技术，冬小麦规范化播种技术，专业化统防统治小麦病虫草害技术，以及适宜在小麦上应用的农业综合技术如测土配方施肥技术、农田节水综合技术、农机深松技术、机械化秸秆综合利用技术。

2013年发布的小麦主推技术包括：玉米、小麦“两适”增产技术，冬小麦规范化播种技术，冬小麦高产高效测土配方施肥技术，小麦“一喷三防”技术，以及适宜在小麦上应用的农业综合技术如旱作节水农业技术、农机深松丰产集成技术。

2014年发布的小麦主推技术包括：冬小麦规范化播种技术，冬小麦高产高效测土配方施肥技术，小麦“一喷三防”技术，以及在小麦玉米一年两熟区适宜应用的旱作节水农业技术、冬小麦夏玉米水肥一体化技术、小麦玉米一年两熟超吨粮集成技术、农机深松丰产集成技术等综合农业技术。

2015年发布的小麦主推技术包括：山前平原区冬小麦集成标准化播种技术，黑龙港区小麦节水规范化播种技术，冬小麦、夏玉米水肥一体化技术，小麦“一喷三防”技术，以及农机深松丰产集成技术等综合农业技术。

第二节 “十三五”河北省小麦生产发展规划

一、小麦生产面临的主要问题

1. 制约面积稳定的主要原因

河北省小麦种植面积不稳定，一方面是受种植比较效益的影响变化很大。近 20 年来，1999—2004 年小麦种植面积连年下降，2004 年仅有 3 248.2 万亩，为 1974 年以后最少的一年。2005—2007 年有所恢复，但 2008 年以后又逐渐减少。另一方面，水资源是制约河北省小麦面积的关键因素。河北省是资源型极度缺水地区，考虑到与国民经济各行业用水量的平衡，近 20 多年来已经压缩了缺水最严重的太行山区和黑龙港流域的部分非主产区小麦面积，使主产区更为集中，未来河北省小麦面积仍趋于减少。

2. 制约单产提高的主要问题

河北省小麦单产受到多方面的制约。一是由于水资源限制，水资源总量不足，致使全省小麦灌溉标准和保证率不高。水资源时空分布不均和水利工程保障能力不足，小麦不能充分和及时灌溉，严重限制小麦单产的提高。二是抗灾能力制约。小麦从播种到收获的 260 天生育期中，受自然环境和生产条件的影响较大，苗期的干旱、越冬期到拔节期的冷害、扬花期的干旱和阴雨、后期的倒伏和干热风以及病虫草害等灾害，都可能影响小麦的正常生长和产量的提高。

3. 制约土壤肥力提升的主要问题

制约土壤肥力进一步提升的主要是气候因素，河北省夏季炎热，全年以干旱为主，土壤的氧化性强，不利于土壤有机质的积累。另外，部分产区如沧州市土壤肥力提升缓慢的主要原因是基础肥力低，干旱缺水，作物生产的生物量小，返还土壤的秸秆量自然也较少，造成生物量投入和产出都比较低的恶性循环。

4. 气象变化因素

近年来，河北省极端天气事件出现的频率增加，强度增强。2008—2009 年、2010—2011 年的秋冬春连续干旱，2009 年秋末冬初的强降雪造成的冬季和 2010 年春季长期低温和小麦冻害，2013 年 4 月中旬末期的仲春降温降雪，都是极其罕见的天气事件，并对小麦生产造成一定灾害。

5. 人工及投入因素

由于农村劳动力不断向城市转移，用于小麦等农作物生产的劳动力减少，且素质较低。因此，新时期的小麦生产技术，应更注重机械化、轻简化，减少或基本杜绝人工操作，以适应农村劳动力的现状。小麦生产成本过高，效益较低，也是影响农民生产积极性的因素。

二、小麦生产发展的面积、单产和总产

河北省规划小麦生产将继续考虑压减地下水超采地区的面积（表 3-2-1）。2016 年和 2017 年分别规划压减地下水超采地区小麦 50 万亩和 90 万亩，但考虑部分棉田改种小麦的因素，2016 年小麦减少 21.6 万亩，2017 年减少 50 万亩。之后 3 年将基本稳定在 3 400 万亩并略有减少，2020 年减少到 3 392.4 万亩。地下水超采地区除了压减小麦面积以外，种植的小麦要进一步实施节水栽培；生产条件较好的太行山山前平原区将进行小麦生产的供给侧改革，发展强筋小麦生产。由于实施节水栽培和种植强筋品种，且目前单产较高，单产增幅将较小，2016 年和 2017 年每年提高 0.7~0.8 千克 / 亩，之后增产值仍递减，到 2020 年增加到 415.25 千克 / 亩。由于面积减少和增产幅度较小，总产量将有所减少，2016 年和 2017 年分别减少 6.5 万吨和 17.7 万吨，之后 3 年仍略减少，2020 年减少到 1 408.7 万吨，比 2015 年减少 26.3 万吨。

表 3-2-1　2016—2020 年河北省及部分设区市小麦生产规划

年份	地区	面积（万亩）			单产（千克 / 亩）			总产量（万吨）		
		当年	增减	增减（%）	当年	增减	增减（%）	当年	增减	增减（%）
2016	石家庄	495.0	−4.4	−0.88	450.20	0.20	0.04	222.85	−1.88	−0.84
	邯郸	558.0	−2.0	−0.36	439.20	2.20	0.50	245.07	0.35	0.14
	邢台	529.6	−3.5	−0.66	453.90	0.10	0.02	240.39	−1.54	−0.63
	保定	512.9	1.6	0.31	430.40	0.00	0.00	220.75	0.69	0.31
	衡水	389.3	−6.1	−1.54	442.50	3.50	0.80	172.27	−1.32	−0.76
	沧州	563.7	−9.5	−1.66	334.50	0.50	0.15	188.56	−2.89	−1.51
	唐山	161.7	−0.2	−0.12	394.00	−0.20	−0.05	63.71	−0.11	−0.17
	全省	3 456.7	−21.6	−0.62	423.25	0.72	0.17	1 428.50	−6.50	−0.45
2017	石家庄	495.0	0.0	0.00	450.30	0.10	0.02	222.90	0.05	0.02
	邯郸	565.0	7.0	1.25	439.40	0.20	0.05	248.26	3.19	1.30
	邢台	521.0	−8.6	−1.62	454.00	0.10	0.02	236.53	−3.85	−1.60
	保定	492.0	−20.9	−4.07	430.60	0.20	0.05	211.86	−8.90	−4.03
	衡水	378.0	−11.3	−2.90	442.60	0.10	0.02	167.30	−4.96	−2.88
	沧州	551.0	−12.7	−2.25	336.00	1.50	0.45	185.14	−3.42	−1.81
	唐山	160.0	−1.7	−1.05	394.20	0.20	0.05	63.07	−0.64	−1.00
	全省	3 406.7	−50	−1.45	414.13	0.88	0.21	1 410.83	−17.67	−1.24
2018	石家庄	494.50	−0.5	−0.10	450.50	0.20	0.04	222.77	−0.13	−0.06
	邯郸	564.0	−1.0	−0.18	439.60	0.20	0.05	247.93	−0.33	−0.13
	邢台	520.0	−1.0	−0.19	454.10	0.10	0.02	236.13	−0.40	−0.17
	保定	491.0	−1.0	−0.20	430.70	0.10	0.02	211.47	−0.38	−0.18

（续表）

年份	地区	面积（万亩）			单产（千克/亩）			总产量（万吨）		
		当年	增减	增减（%）	当年	增减	增减（%）	当年	增减	增减（%）
	衡水	377.0	−1.0	−0.26	442.70	0.10	0.02	166.90	−0.40	−0.24
	沧州	549.0	−2.0	−0.36	337.00	1.00	0.30	185.01	−0.12	−0.07
	唐山	160.0	0.0	0.00	394.30	0.10	0.03	63.09	0.02	0.03
	全省	3 398.4	−8.0	−0.23	414.55	0.41	0.10	1 408.92	−1.92	−0.14
2019	石家庄	494.4	−0.1	−0.02	450.60	0.10	0.02	222.78	0.00	0.00
	邯郸	563.8	−0.2	−0.04	439.70	0.10	0.02	247.90	−0.03	−0.01
	邢台	520.0	0.0	0.00	454.20	0.10	0.02	236.18	0.05	0.02
	保定	491.0	0.0	0.00	430.80	0.10	0.02	211.52	0.05	0.02
	衡水	376.5	−0.5	−0.13	442.80	0.10	0.02	166.71	−0.18	−0.11
	沧州	548.0	−1.0	−0.18	338.00	1.00	0.30	185.22	0.21	0.11
	唐山	159.8	−0.2	−0.12	394.30	0.00	0.00	63.01	−0.08	−0.12
	全省	3 395.1	−3.6	−0.11	414.94	0.40	0.10	1 408.78	−0.14	−0.01
2020	石家庄	494.3	−0.1	−0.02	450.70	0.10	0.02	222.78	0.00	0.00
	邯郸	563.0	−0.8	−0.14	439.80	0.10	0.02	247.61	−0.30	−0.12
	邢台	519.8	−0.2	−0.04	454.20	0.00	0.00	236.09	−0.09	−0.04
	保定	490.5	−0.5	−0.10	430.90	0.10	0.02	211.36	−0.17	−0.08
	衡水	376.0	−0.5	−0.13	442.80	0.00	0.00	166.49	−0.22	−0.13
	沧州	547.7	−0.3	−0.05	339.00	1.00	0.30	185.67	0.45	0.24
	唐山	159.6	−0.2	−0.13	394.40	0.10	0.03	62.95	−0.06	−0.10
	全省	3392.4	−2.7	−0.08	415.22	0.27	0.07	1 408.58	−0.20	−0.01

三、小麦生产发展的重点

1. 面积和布局角度

继续完成地下水超采地区压减小麦种植面积的工作。种植面积将逐年减少，尤其是 2016 年和 2017 年减少较多。面积减少的区域主要在黑龙港地区，从行政区划上，主要是沧州、衡水，以及邢台、邯郸、保定三市东部、廊坊南部地区。通过压减面积的调整，使种植区域进一步向太行山山前平原区、黑龙港地区和冀东平原区 3 个优势产区集中。其中，优质强筋小麦集中在石家庄、邢台延京广铁路的山前平原部分，其他区域以优质高产的中筋小麦为主。

2. 单产角度

通过先进技术和高产、超高产品种的集成应用，发挥太行山山前平原区生产条件较好、且适宜生产强筋小麦的优势，发展强筋小麦生产，并稳定该地区的小麦单产量。在压缩严重缺水地区面积的基础上，在水肥条件相对优越地区进一步实施节水栽培，保证黑龙港地区小麦单产稳定并有所提高。通过这些措施，保证全省平均单产在稳定中小幅度增产，减小压缩面积后全省小麦总产量下降的压力。

3. 品质角度

把河北省适宜发展强筋小麦的区位优势转变成生产优势和产品优势，继续提高强筋小麦品种创新能力，大力抓好近年审定的具有高产潜力的强筋小麦品种和提质保优技术的示范推广，形成强筋小麦的规模效应，适宜地区适当规模发展优质强筋小麦的品种品质结构。

4. 资源角度

黑龙港地区采用节水耐旱品种和节水稳产高产技术，实现水分限制条件下的稳产高产。太行山山前平原区采用高产品种和节水高产栽培技术体系，或采用优质高产品种和高产保优栽培技术体系。冀东平原区采用耐寒、早熟、耐晚播品种，采用近年研究集成的适宜该地区的资源高效型小麦玉米两熟丰产技术体系，实现光热资源不足地区的两熟高产。

四、小麦生产技术储备

1. 小麦品种方面

针对河北省不同生态类型区小麦生产的需求，继续加强小麦新品种的选育和推介应用力度。在严重缺水的黑龙港地区，进一步选育和筛选推荐一批具有耐旱、抗旱稳产特性的节水品种。在山前平原区和其他生产条件较优越的地区，继续加强具有单产 600 千克 / 亩以上超高产潜力小麦品种的筛选和应用。继续加强优质强筋小麦品种的选育，特别是加强具有高产、超高产潜力的优质强筋小麦品种的选育，缩小强筋品种与中筋高产品种的产量差异。稳定和扩大石家庄、邢台京广铁路沿线地区的优质强筋小麦种植区域，保持和提高河北省强筋小麦品种研发的技术优势和产品质量优势。

2. 栽培技术方面

在播种前准备到播种阶段，采用规范化耕作播种技术，规范优良品种选用、土壤药剂处理和药剂拌种、秸秆还田、保证底墒、施足底肥、土壤耕作和整地、适期适量的高质量机械化播种、播前播后镇压等技术环节。在生育期间的管理上，重点做好春季“二水一肥”或“一水一肥”两种水肥运筹模式的完善和实施。春季“一水一肥”模式即：小麦返青期前后及时镇压或结合划锄，增温保墒。起身拔节期浇水，在时间上掌握苗弱早浇，苗旺晚浇；墒差早浇，墒足晚浇；瘦地早浇，肥地晚浇等原则，结合浇水一次性追施计划中需要追施的氮肥。缺水地区在精细播种基础上，通过春季这一水的实施，可以保证单产 400 千克 / 亩以上，生产条件较好的可以单产 500~600 千克 / 亩。春季“二水一肥”模式是在浇水条件较好的地区，抽穗扬花期再浇第二水，不再追肥。但如果是强筋小麦品种追肥可以分 2 次施用，其中 80% 的追肥随浇春季第一水追施，其余随浇春季第二水追施。根据近年研究成果，适当控制氮磷肥的施用量，每亩施氮量从目前的 16~20 千克 / 亩减为 14~16 千克 / 亩，减少 2~3 千克 / 亩；每亩五氧化二磷施用量从目前的 9~11 千克 / 亩减为 7~9 千克 / 亩，减少 2 千克 / 亩。

3. 耕作技术方面

为了实施规范化的土壤耕作技术，要重视配套农机具的研发，保证高产高效农艺技术的高质量机械化实施。另外，要重视推广应用近年来研究确定的“不同生态类型区资源高效利用与协调运筹的小麦—玉米高产品种搭配模式”，重视推广小麦玉米接茬方式和品种搭配模式的技术成果。与此同时，对河北省棉花主产区研究采用的麦棉兼顾、河流故道等沙质土壤地区的麦油（花生）兼顾、城郊地区的麦菜兼顾等不同形式的以小麦为主体的作物栽培模式，也应进行总结和示范推广，以提高不同区域的资源利用效率。

4. 植保技术方面

在病虫草害防治上要预防和防治相结合，前期和中后期并重。在播种阶段，大力推广包衣种子，或做好播种前药剂拌种，以控制土传、种传病害和地下害虫。针对收割机跨区作业，麦田杂草种类增多，病虫草害发生范围扩大，种类变化复杂，潜在危害加重的情况，加强生育期间病虫草害的预测预报，及时防治各种病虫草害。重视小麦吸浆虫的蛹期毒土防治和成虫期防治，遏制小麦吸浆虫发生区域扩大的趋势。小麦生育中后期做好 2 次“一喷三防”，在防治病虫害的同时，预防小麦干热风的危害。加大机械化植保技术研发和应用，加强专业化的病虫害防控队伍建设，推进重大病虫害的统防统治。

5. 技术集成

加强包括小麦品种应用、栽培技术、耕作技术、植保技术及其他防灾减灾技术的集成应用，形成适宜不同生态类型区应用的集成技术规程或技术标准，由省级农业或标准质量部门发布和实施推广。

五、发展河北省小麦生产的政策建议

1. 完善用水制度，扩大保浇面积

河北省水资源十分匮乏，但是灌溉水的浪费却十分惊人。建议在增加水利建设投入，提高麦田抗旱能力的同时，要进一步完善用水计价制度，通过节约水资源，以有限的水资源扩大保浇面积，提高水资源利用效率。

2. 整合技术资源，增加科技含量

目前，由科技、农业等部门组织实施的促进小麦生产发展的科技项目较多，但都各行其是，造成科技力量分散。应在进一步增加小麦科技投入的同时，整合科技力量，对制约小麦生产发展的问题集中攻关研究，增加小麦生产技术的科技含量。

3. 强化技术培训，改变受训主体

面对农村青壮年劳动力向城市转移，农村留守劳动力接受新知识、新技术的能力偏弱的现状，以及由于小麦生产全面机械化，耕播等主要技术实施主体由农户向农机专业户、农机手转移的事实，要改变小麦生产技术培训形式，培训的技术内容要农艺农机结合，培训对象要由农户为主改变为农机手为主，这样才能保证机械化农艺技术的高质量实施。

第四章
山东省“十三五”小麦生产发展规划

小麦是山东省第一大粮食作物，种植面积占全国小麦面积的 15%，总产占全国总产的约 18%，搞好小麦生产，对于确保山东省乃至全国粮食安全具有非常重要的意义。

第一节　“十二五”山东省小麦生产总结

一、小麦产量特点

1. 小麦生产总体特点

近年来，山东省小麦面积为 5 500 万 ~5 600 万亩，其中 4 300 万亩为水浇地，1 300 万亩为无水浇条件的旱地，旱地主要分布在烟台、青岛、临沂等市。“十二五”，山东省小麦面积、单产、总产均呈增长趋势。其中，面积由 2011 年的 5 390.3 万亩增加到 2015 年的 5 699.8 万亩，增长 5.74%；总产由 2011 年的 2 103.9 万吨增加到 2015 年的 2 346.6 万吨，增长 11.54%；单产由 2011 年的 390.3 千克 / 亩增加到 2015 年的 411.7 千克 / 亩，增长 5.48%（表 4-1-1）。

“十二五”，山东省小麦生产的主要特点是面积、单产和总产均增加。2011—2015 年，小麦年均种植面积 5 530.17 万亩，较“十一五”的平均种植面积增加 277.82 万亩，增长 5.29%；平均单产 401.78 千克 / 亩，比“十一五”增加 20 千克 / 亩，增长 5.24%；年均小麦总产 2 222.6 万吨，比“十一五”增加 217.32 万吨，增长 10.84%。

表 4-1-1 “十二五”山东省小麦生产情况

项目	播种面积（万亩）	总产（万吨）	单产（千克 / 亩）
2011 年	5 390.3	2 103.9	390.3
2012 年	5 438.8	2 179.3	400.7
2013 年	5 509.9	2 218.8	402.7
2014 年	5 612.1	2 264.4	403.5
2015 年	5 699.8	2 346.6	411.7
“十二五”	5 530.2	2 222.6	401.8
比“十一五”增长量	277.8	217.3	20.0
增长率（%）	5.29	10.8	5.24

依据气候、地形地貌、土壤类型等生态条件，山东省可划分为 4 个生态区：鲁东生态区、鲁中生态区、鲁南生态区、鲁北生态区。各生态区的小麦生产特点和变化趋势不同。

鲁东生态区包括青岛、烟台、威海三市。此区土地面积小，海岸线长，区内地形复杂，山、丘、平、洼交错分布，山地丘陵面积大，多数为棕壤土，土层薄，土壤肥力低，保肥保水性能差。气温适中，雨量较多，秋季降温晚而慢，冬季低温时间长，春季气温回升慢。“十二五”，由于种植结构调整，果树蔬菜面积增大，小麦播种面积、总产下降，单产逐年增加。面积 2011 年为 781.49 万亩，2015 年为 658.12 万亩，减少 123.37 万亩，减少 15.79 %；单产 2011 年为 387.7 千克 / 亩，2015 年为 400.11 千克 / 亩，增加 3.20%；总产 2011 年为 302.98 万吨，2015 年为 263.32 万吨，减少 13.09%。

鲁中生态区包括潍坊、济南、淄博、泰安、日照、莱芜等 6 个市。区内潍坊、济南平原面积大，淄博、泰安、日照、莱芜平原与丘陵相间。区内山丘坡陡比降大，水土流失严重，土层浅薄，肥力低，小麦产量低而不稳；平原、谷地地势平缓，土层较深厚，土壤肥力高，水资源比较丰富，适宜小麦生长，山东省著名的“泰(安)、莱(芜)、肥（城)、宁(阳)平原”，以及桓台等小麦高产区均在此区内。“十二五”，该区小麦播种面积、总产呈下降趋势，单产逐年增加。面积 2011 年为 1 581.46 万亩，2015 年 1 390.25 万亩，减少 191.21 万亩，减少 12.09%；总产 2011 年为 655.65 万吨，2015 年 598.59 万吨，减少 57.06 万吨，减少 8.70%；单产 2011 年为 414.58 千克 / 亩，2015 年 430.56 千克 / 亩，增加 3.85%。

鲁南生态区包括临沂、枣庄、济宁、菏泽等市。临沂、枣庄山丘多，水资源缺乏；济宁、菏泽以平原为主，湖洼面积大，光、热资源充足，水资源较丰。冬季负积温在 4 个生态区中最少，干热风与雾日天数居中。“十二五”，该区小麦面积、总产下降，单产增加。面积 2011 年为 2 229.59 万亩，2015 年为 2 034.52 万亩，减少 195.07 万亩，减少 8.75%；总产 2011 年为 901.66 万吨，2015 年为 869.72 万吨，减少 195.07 万吨，减少 8.75%；单产 2011 年为 404.40 千克 / 亩，2015 年为 427.48 千克 / 亩，增加 5.71%。

鲁北生态区包括滨州、东营、德州、聊城等市。本区以大平原为主，间有岗、坡、洼相间的微地貌类型。区内潮土多，土层深厚，肥力中等，保肥保水性能好，唯盐碱、涝洼面积大。“十二五”，该区小麦面积增加，因单产下降，总产亦略下降。面积 2011 年为 1 704 万亩，2015 年为 1 723.63 万亩，增加 19.33 万亩，增加 1.13%；单产 2011 年为 474.8 千克 / 亩，2015 年为 460.87 千克 / 亩，减产 2.93%；总产 2011 年为 809.21 万吨，2015 年为 794.37 万吨，减少 14.84 万吨，减少 1.83%（表 4-1-2）。

表 4-1-2 “十二五”山东省主要生态区小麦生产情况

生态区	年份	播种面积（万亩）	总产（万吨）	单产（千克 / 亩）
鲁东生态区	2011	781.49	302.98	387.70
	2012	742.55	289.74	390.20
	2013	706.14	277.22	392.59
	2014	662.82	263.07	396.90
	2015	658.12	263.32	400.11
	平均	710.22	279.27	393.50
鲁中生态区	2011	1 581.46	655.65	414.58
	2012	1 540.81	639.17	414.83
	2013	1 464.20	605.75	413.71
	2014	1 420.28	595.58	419.34
	2015	1 390.25	598.59	430.56
	平均	1 479.40	618.95	418.60
鲁南生态区	2011	2 229.59	901.66	404.40
	2012	2 095.28	862.40	411.59
	2013	2 062.99	830.13	402.39
	2014	2 066.23	854.17	413.40
	2015	2 034.52	869.72	427.48
	平均	2 097.72	863.61	411.85
鲁北生态区	2011	1 704.30	809.21	474.80
	2012	1 602.42	741.61	462.80
	2013	1 603.78	726.97	453.29
	2014	1 672.06	778.36	465.51
	2015	1 723.63	794.37	460.87
	平均	1 661.24	770.10	463.45

2. 2011—2015年各年度小麦生产主要特点

2011—2015年山东省小麦生产面积、单产、总产“三增加”。其中2014年、2015年面积增长较大，分别增长102.2万亩和87.65万亩；2012年、2015年总产增长较多，分别增长75.4万吨和82.2万吨；单产为2012年、2015年增长较多，分别增长10.4千克/亩和8.22千克/亩。（表4-1-3）。

表4-1-3 “十二五”山东省小麦面积、单产、总产情况

年份	播种面积（万亩）	总产（万吨）	单产（千克/亩）
2011	47.5	45.3	5.0
2012	48.5	75.4	10.4
2013	71.1	39.5	2.0
2014	102.2	45.6	0.8
2015	87.7	82.2	8.2

“十二五”，山东省小麦产量结构如表4-1-4，全省平均穗数年变化0.18万~1.74万穗/亩，每穗结实粒数年变化0.29~1.03粒，千粒重年变化0.43~1.83克。表明小麦单产的提高在于产量构成因素的相互调节。

表4-1-4 “十二五”山东省小麦产量结构情况

年份	穗数（万/亩）	穗粒数	千粒重（克）	单产（千克/亩）	较上一年增减数			
					穗数（万/亩）	穗粒数	千粒重（克）	单产（千克/亩）
2010	34.8	34.7	41.7	385.6	/	/	/	/
2011	36.2	33.6	42.1	390.3	1.5	−1.0	0.4	4.7
2012	37.9	34.0	40.9	400.7	1.7	0.4	−1.2	10.4
2013	39.5	33.4	40.3	402.7	1.5	−0.6	−0.5	2.0
2014	39.7	33.0	42.2	403.5	0.2	−0.4	1.8	0.8
2015	40.7	33.3	41.3	411.7	1.1	0.3	−0.9	8.2

3. 小麦产量变化的主导因素

由表4-1-5可知，“十二五”山东省小麦面积、单产对总产的贡献率年份间不同，5年中有3年的单产贡献率大于面积贡献率；5年平均看，面积对总产的贡献率为54.7%，单产占45.3%，面积贡献率大于单产贡献率。

表 4-1-5 “十二五”山东省面积和单产对总产增长的贡献率

年份	面积贡献率（%）	单产贡献率（%）
2011	40.9	59.1
2012	25.8	74.2
2013	72.5	27.5
2014	90.4	9.6
2015	43.9	56.1
平均	54.7	45.3

二、主要气象特点及对小麦生产的影响

1. 2011—2015 年主要气象特点及对小麦生产的影响

2011 年：一是秋种墒情适宜，播种质量高，冬前群体足，奠定增加亩穗数的基础。2010 年 6—8 月，全省平均降水量 478.8 毫米，较常年偏多 18%。尤其是 8 月份平均降水量 256.1 毫米，较常年偏多 72%。秋种期间墒情适宜，小麦播期集中，播种质量高。二是秋冬春持续干旱，影响了旱地小麦的正常生长。自 2010 年 9 月 23 日至 2011 年 2 月 25 日，全省平均降水仅 18.5 毫米，较常年偏少 80%，全省连续 150 天无降水，受旱麦田达到 3 500 万亩，重旱 1 000 万亩。三是个别地区遭遇低温，部分麦田遭受不同程度冻害。2010 年 12 月下旬至 2011 年 2 月下旬，全省平均气温 -1.5℃，较常年偏低 0.8℃，几次寒流袭击，各地极端最低气温在 -17.0（肥城）~ -10.0℃（菏泽），小麦发生不同程度冻害。4 月中下旬，鲁南出现 0℃以下低温，部分拔节的小麦遭受冻害。四是春季气温回升慢，降水少，光照充足，小麦生育期推迟，株高降低。五是灌浆期气象条件较好，收获期推迟，粒重提高。六是产量构成因素为“二增一减”。全省平均亩穗数比上年增加 1.5 万，穗粒数减少 1 粒，千粒重增加 0.4 克。

2012 年：一是秋种墒情适宜，冬前群体足，有利于增加亩穗数；春季气温回升慢，小麦分蘖两极分化速度快，田间通风透光条件较好，水浇地粒重较高。二是气候条件利大于弊。不利因素是临沂、潍坊、烟台、菏泽、枣庄市小麦灌浆期间持续干旱，影响了旱地小麦的籽粒饱满度；部分地区小麦抽穗开花期间遭遇大雾天气，赤霉病发病较重；有的地区后期遇到大风天气，部分麦田出现不同程度倒伏。三是各类麦田均衡增产。全省平均亩穗数比上年增加 1.7 万，穗粒数增加 0.4 粒，千粒重减少 1.2 克。

2013 年：一是 10 月下旬至 11 月上旬，全省出现多次降水过程，大部麦田墒情适宜，小麦出苗整齐。二是小麦越冬期间降雪较多，利于麦苗安全越冬。2012 年 12 月 11 日至 2013 年 2 月 29 日，全省平均降水量 50.6 毫米，较常年偏多 108%。三是

春季几次关键降雨，满足了小麦生长需求，旱地小麦增产幅度较大。5月7—9日、17—19日、25—27日全省大范围降水，平均降水量103.6毫米，较常年偏多86%，有利于小麦灌浆。四是4月2日至7日全省出现两次“倒春寒”天气，极端最低气温在 -2.0（平度）~4.1℃（菏泽）。4月19日下午到20日6时，全省出现大面积雨雪降温天气，平均降水10.7毫米，4月20日晨，除枣庄、临沂的局部地区最低气温在2~4℃外，大部分地区在0~2℃，局部地块温度低至 -0.3℃。这两次降温天气，正值小麦拔节期，部分地块发生冻害。五是5月19—20日、5月25—27日，全省多地遭受暴雨大风袭击，倒伏麦田面积大，部分麦田早熟枯死。全省平均亩穗数增1.54万，穗粒数、千粒重分别减少0.59粒、0.54克。

2014年：一是2013年9月下旬，全省大范围降水，小麦播种进度快，适期播种面积占90.2%。二是冬春连旱，对旱地麦田影响较大。2013年10月，全省平均降水量8.0毫米，较常年偏少74.8%；2013年12月1日至2014年3月17日，全省平均降水量为17.7毫米，较常年偏少53%。返青期以后，全省降水持续偏少，2月下旬至3月中旬，全省平均降水量4.7毫米，较常年偏少70%，鲁中、胶东、鲁南等部分地区出现不同程度的干旱，影响小麦正常生长发育。三是小麦抽穗期提前7~10天，增加了灌浆时间，灌浆期间光照充足，昼夜温差大，小麦后期病虫害轻于往年，粒重为近几年最高水平。全省平均亩穗数比上年增加0.2万，穗粒数减少0.34粒，千粒重增加1.74克。

2015年：一是小麦播种期间墒情适宜，2014年9月中、下旬，出现3次较大范围降水，全省平均降水量74.8毫米，较常年偏多182%，小麦出苗整齐。二是10月6日—11月30日全省平均积温656.5℃，较常年偏多82.6℃，11月下旬，出现两次全省性降水过程，平均降水量27.9毫米，利于形成壮苗。三是小麦越冬期间，全省平均气温0.9℃，较常年偏高1.2℃，小麦安全越冬。四是2月14—16日、19—21日全省范围降水，平均降水量12.1毫米，改善了返青期的墒情。五是拔节期较常年偏早3~7天，同时3月31日—4月2日，全省平均降水量36.3毫米，大部分地区旱情解除。4月11—14日、18—20日全省范围降水，平均降水量20.2毫米，利于拔节期穗花发育。抽穗以后，大部分时段天气晴好，光温适宜。4月27—29日、5月1—2日，全省大部地区降雨，平均降水量10.7毫米，有利于开花灌浆。全省旱地麦田关键生育时期均有降水，增产10.3%。

2. 2011—2015年主要气象灾害对小麦生产的影响

2011—2015年，山东省每年都会发生倒伏、干热风、冰雹、冻害、干旱等自然灾害。据农技推广部门统计（表4-1-6），“十二五”，平均每年小麦倒伏面积180.23万亩，减产11.85%，其中，2012年和2013年倒伏280万亩。5年间干热风平均每年发生469.43万亩，减产3.42%，面积较大的年份是2014年和2015年，分别为993.13万亩、811.96万亩。5年间冰雹平均每年发生30.58万亩，减产10.41%，面积较大的是2012年、2015年和2011年，分别为52.59万亩、31.09万亩和30.39万亩。五年间冻害每年发生292.49万亩，减产7.34%，面积较大的年份是2011年和2013年，分别为569.51万亩和444.69万亩。5年间干旱平均每年发生1 012.57万亩，2011年发生面积最大，为3 500万亩。

表4-1-6　2011—2015年山东省小麦受灾情况

年份	倒伏情况		干热风为害		冰雹为害		冻害情况		干旱为害	
	面积（万亩）	减产幅度（%）	面积（万亩）	减产幅度（%）	面积（万亩）	减产幅度（%）	面积（万亩）	减产幅度（%）	面积（万亩）	减产幅度（%）
2011	35.2	8.5	104.1	6.3	30.4	9.2	569.5	8.8	3 500.0	—
2012	288.7	9.4	229.0	4.4	52.6	11.2	83.0	6.0	0.0	—
2013	337.5	16.3	209.0	3.2	20.2	6.5	444.7	5.8	0.0	—
2014	113.4	12.0	993.1	3.6	18.6	9.2	123.4	15.0	867.5	11.2
2015	131.4	6.6	812.0	2.7	31.1	13.6	241.8	3.4	695.3	7.3
平均	181.2	11.9	469.4	3.4	30.6	10.4	292.5	7.3	1 012.6	—

三、主要病虫害及对小麦生产的影响

山东省麦区每年均发生多种病虫危害。据山东省植保站统计（表4-1-7），2011—2014年，山东省平均每年发生病虫害16 792.38万亩次，防治面积18 049.79万亩次，实际损失55.30万吨。

表4-1-7　2011—2014年山东省小麦主要病虫害发生及防治情况

年份	发生面积（万亩次）	防治面积（万亩次）	挽回损失（万吨）	实际损失（万吨）
2011	16 395.0	16 988.7	—	55.7
2012	18 363.8	19 354.6	378.9	63.4
2013	16 185.5	17 530.9	324.2	50.6
2014	16 225.3	18 325.0	223.3	51.6
平均	16 792.4	18 049.8	308.8	55.3

四、耕地肥力评价及分析

随着农业生产条件的改善、化肥用量的不断提高，农作物秸秆还田、深耕深松、测土配方施肥、增施有机肥料等技术的推广，山东省耕地肥力水平逐年提高，表现在耕层养分含量有所提高，但是地市间仍有较大差异（表4-1-8）。

表 4-1-8　山东省各市耕层土壤有机质、氮磷钾养分含量

地区	有机质（克 / 千克）	全氮（克 / 千克）	碱解氮（毫克 / 千克）	有效磷（毫克 / 千克）	缓效钾（毫克 / 千克）	速效钾（毫克 / 千克）
济南	14.9	0.79	84	23.8	800	130
青岛	11.1	0.72	81	37	384	100
淄博	17.3	1.17	115	41	861	180
枣庄	16.9	1.08	106	27.9	736	127
东营	12.3	0.77	53	16.9	613	139
烟台	10.8	0.7	74	41.3	592	118
潍坊	13.7	0.97	95	41.2	705	151
济宁	13.8	0.91	84	26.6	696	116
泰安	14.5	0.81	79	29.6	793	109
威海	9.8	1.18	69	34.1	478	80
日照	11.4	0.77	114	36.4	496	78
莱芜	14.3	0.84	89	42.6	766	135
临沂	14.4	0.92	98	38.5	647	106
德州	13.4	0.73	88	25.9	851	132
聊城	14.5	0.98	81	35	813	150
滨州	13.9	0.91	88	28	854	152
菏泽	12.2	0.83	80	22.5	770	116

1. 土壤有机质

不同区域土壤有机质含量存在差异。鲁东低山丘陵区平均含量为 11.0 克 / 千克，鲁东北盐渍化区平均含量 12.7 克 / 千克。鲁西北平原区平均含量 13.4 克 / 千克，鲁中山地丘陵区平均含量 14.0 克 / 千克，鲁中北部平原区平均含量 14.8 克 / 千克，鲁中南部平原区平均含量 15.8 克 / 千克。

不同地貌类型土壤有机质含量有较大差异，黄泛平原耕层土壤平均含量为 13.2 克 / 千克，山前平原平均含量 14.6 克 / 千克，丘陵山地平均含量 12.0 克 / 千克。

淄博、枣庄两市耕层土壤有机质含量最高，平均值分别为 16.9 克 / 千克、17.3 克 / 千克，有机质高与两市煤矿分布广，土壤表层混有碳粉有关，因为有机质分析是测定土壤的碳含量。其次是济南、泰安、聊城和临沂，含量分别是 14.9 克 / 千克、14.5 克 / 千克、14.5 克 / 千克、14.4 克 / 千克，威海、烟台、青岛、日照四市含量最低，平均值分别为 9.8 克 / 千克、10.8 克 / 千克、11.1 克 / 千克、11.4 克 / 千克。

各土壤类型间有机质含量变化明显，其中，以质地黏重、通透性较差的水稻土、砂姜黑土含量最高，平均为 17.5 克 / 千克、16.2 克 / 千克。以砂质性、通透性较好的风沙土、粗骨土含量最低，平均为 10.78 克 / 千克、10.8 克 / 千克。其他土壤类型介于 11.5~15.2 克 / 千克。

表 4-1-9　山东省不同土壤类型耕层土壤有机质、氮磷钾养分含量

土类	有机质（克 / 千克）	全氮（克 / 千克）	碱解氮（毫克 / 千克）	有效磷（毫克 / 千克）	速效钾（毫克 / 千克）	缓效钾（毫克 / 千克）
潮土	13.2	0.83	83	29.8	132	771
棕壤	11.5	0.81	81	35	99	570
褐土	15	0.97	93	33.4	137	748
砂姜黑土	16.2	1.1	104	37.7	147	674
粗骨土	10.8	0.68	74	34	89	619
水稻土	17.5	1.11	117	42.8	109	670
滨海盐土	11.9	0.82	62	13.7	103	597
草甸盐土	13.9	0.67	89	23	133	881
风沙土	10.7	0.67	55	24.3	102	834
石质土	15.2	0.68	91	27.4	120	829

2. 全氮与碱解氮

不同区域耕层土壤全氮含量差异较大，蔬菜、瓜类种植面积较大的鲁中北部平原区、鲁中南部平原区平均含量为 1.03~1.10 克 / 千克。棉田面积较大的鲁东北盐渍化区平均含量不足 0.67 克 / 千克。其余区域平均含量为 0.81~0.87 克 / 千克。

不同地貌类型全氮含量差异不明显，黄泛平原、丘陵山地、山前平原平均含量分别为 0.81 克 / 千克、0.84 克 / 千克、0.96 克 / 千克。各市间差异较大，威海、淄博、枣庄含量较高，平均为 1.08~1.18 克 / 千克。烟台、青岛、德州含量较低，平均为 0.70~0.73 克 / 千克。

碱解氮是衡量土壤供氮强度的重要指标，耕层土壤碱解氮含量与全氮含量密切相关，全氮含量较低的黄泛平原平均含量为 78 毫克 / 千克，较高的山前平原平均含量 94 毫克 / 千克，其间的丘陵山地平均含量 84 毫克 / 千克。受种植制度、施肥习惯的影响，瓜菜相对集中的鲁中北部平原区、鲁中南部平原区含量较高，平均含量分别为 100 毫克 / 千克、97 毫克 / 千克。棉田相对集中的鲁东北盐渍化区平均含量不足 70 毫克 / 千克。以粮田为主的鲁东低山丘陵区、鲁西北平原区、鲁中山地丘陵区平均含量均在 80 毫克 / 千克。

各市间、不同土壤类型间碱解氮含量差异较大。淄博、日照含量最高，平均为 114~115 毫克 / 千克；东营、威海含量最低，平均为 53 毫克 / 千克、69 毫克 / 千克。水稻土含量最高，平均为 117 毫克 / 千克，风沙土、滨海盐土含量最低，平均分别为 55 毫克 / 千克、62 毫克 / 千克。

3. 有效磷

耕层土壤有效磷含量受土壤自身因素如成土母质、质地等影响，也与人工施肥有密切关系。不同区域间以瓜菜种植较多的鲁中北部平原区、经济作物种植较多的鲁东低山丘陵区含量较高，平均含量为 42.1 毫克 / 千克和 38.6 毫克 / 千克。鲁中山地丘

陵区、鲁中南部平原区居中，平均含量 32.1 毫克 / 千克和 33.9 毫克 / 千克。鲁西北平原区、鲁东北盐渍化区含量较低，平均含量 27.5 毫克 / 千克和 22.0 毫克 / 千克。

土壤有效磷是变化较大的养分指标之一。山前平原含量较高，平均为 38.4 毫克 / 千克；黄泛平原较低，平均为 25.6 毫克 / 千克；丘陵山地介于其间，平均为 33.0 毫克 / 千克。各市之间相差悬殊，含量最高的莱芜市，平均为 42.6 毫克 / 千克；含量最低的东营市为 16.9 毫克 / 千克。

4. 速效钾

（1）耕层土壤速效钾含量与分布　各地耕层土壤速效钾含量差异较大，鲁中北部平原区为 161 毫克 / 千克，鲁东北盐渍化区为 136 毫克 / 千克，鲁西北平原区 135 毫克 / 千克，鲁中山地丘陵区 121 毫克 / 千克，鲁中南部平原区 116 毫克 / 千克，胶东低山丘陵区最低，为 101 毫克 / 千克。

黄泛平原平均含量较高，为 135 毫克 / 千克，较平均含量较低的丘陵山地高 28 毫克 / 千克。各市间差异明显，含量最高的淄博市，平均为 180 毫克 / 千克；含量最低的日照市、威海市，平均仅为 78 克 / 千克、80 毫克 / 千克。

（2）不同土壤类型钾素含量　土壤速效钾含量受母质和质地的影响较大，不同土壤类型间差异明显。砂姜黑土、褐土、潮土土壤速效钾含量较高，平均值分别为 147 毫克 / 千克、137 毫克 / 千克、132 毫克 / 千克以上。滨海盐土和盐土由于受土壤盐分的影响速效钾含量也较高。粗骨土、棕壤、风沙土等土类含量较低，分别为 89 毫克/千克、99 毫克 / 千克、102 毫克 / 千克，是山东省的主要缺钾土壤。

五、农田基础设施建设

“十二五”，山东省大力实施了粮食高产创建、千亿斤粮食生产能力建设、农业综合开发、中低产田改造、土地综合整治等工程项目，粮食生产基础设施不断完善。据统计，“十二五”末，山东省共有水库 6 424 座，其中大型水库 37 座、中型水库 207 座、小型水库 6 180 座；山东省 1.1 亿亩耕地已发展灌溉面积 8 300 万亩，有效灌溉面积 7 600 万亩，“旱能浇、涝能排”高标准农田面积 6 390 万亩，农田灌溉水有效利用系数达到 0.626。山东省启动实施的国家千亿斤粮食产能建设项目，大幅提高了 73 个产能任务县的粮食增产能力。通过项目实施和各项措施的落实，山东省粮食生产基础设施不断改善，抗灾减灾能力不断增强，为小麦稳定增产提供了坚实保障。

六、小麦生产技术的发展情况

1. 品种方面

（1）审定品种　2011—2014 年山东省审定小麦品种 19 个，其中高产品种 13 个，优质品种 1 个，旱地品种 5 个（表 4-1-10）。新审定的高产小麦品种区域试验平均产量 571.54 千克 / 亩，分别较优质品种和旱地品种单产高 29.71 千克 / 亩和 113.34 千克 / 亩。

表 4-1-10　2011—2014 年山东省审定小麦品种

品种	亩穗数（万）	穗粒数（粒）	千粒重（g）	平均单产（千克 / 亩）	较对照 ±%	品种类型
山农 22 号	41.6	39	39.3	575.97	10.57	高产
泰农 19	47.6	35	38.2	568.09	8.4	
烟农 999	38.2	38.1	43.6	558.78	5.81	
汶农 17 号	41.7	36.4	39.5	566.72	4.13	
山农 23 号	29.5	64.6	44.4	551.56	5.18	
鲁原 502	40.6	38.6	43.8	575.34	4.99	
菏麦 18	35.6	39.1	46.5	574.83	5.26	
鑫麦 296	42	38.8	40.2	587.25	5.52	
山农 24 号	43.8	38.9	41.3	581.08	5.8	
泰山 28	42.7	37	42.7	576.24	4	
山农 28 号	46.3	32.7	43.9	577.95	6.07	
齐麦 2 号	39.9	37.1	42.1	577.28	6.59	
儒麦 1 号	34	40.9	41.5	558.89	3.5	
平均值	40.3	39.7	42.1	571.54	5.83	
泰山 27	34.2	39.8	41.5	542.83	-0.55	优质强筋
菏麦 17	35	35.1	42	447.13	6.03	旱地
垦星一号	34	37.4	39.1	420.99	5.51	
阳光 10	37.8	36.1	39.3	466.86	4.77	
山农 27 号	39.8	31.3	41.2	480.29	6.42	
山农 25	39.9	34.9	37.9	475.71	4.96	
平均值	37.3	35	39.9	458.2	5.54	

（2）*品种种植面积*　从品种的种植面积分析，2010—2014 年山东省年均种植小麦品种 63 个，年均种植面积超过百万亩的品种 16 个，均为高产类型品种，包括济麦 22、山农 20、鲁原 502、良星 99、泰农 18、良星 66、烟农 21 号、临麦 4 号、邯 6172、济南 17 号、烟农 24 号、青丰 1 号、山农 17、鲁麦 21 号、烟农 19 号和良星 77。其中，济麦 22 年均种植面积 2 456.42 万亩，其他品种年种植面积均在 1 000 万亩以下；近两年山农 20、鲁原 502 种植面积迅速扩大，2014 年种植面积分别为 896.5 万亩和 718.5 万亩；良星 77 近 3 年种植面积逐年上升，2014 年达到 208.9 万亩；良星 99、烟农 21、山农 17、鲁麦 21 和烟农 19 等品种的种植面积逐年减少。

2010—2014 年山东省种植的优质强筋品种 7 个，包括山东省育成的济南 17、济麦 20、洲元 9369、烟农 15、济宁 16 和河北省育成的师栾 02-1 和藁优 9415。其中，济南 17 年均种植面积 162.18 万亩，师栾 02-1 为 32.56 万亩，烟农 15、洲元 9369、济麦 20、济宁 16 分别为 28.98 万亩、28.3 万亩、22.18 万亩和 15.78 万亩。

近 5 年山东省新审定旱地品种仅垦星一号、菏麦 17、阳光 10 有小面积种植。

2013 年和 2014 年垦星一号种植面积分别为 21.3 万亩和 12.7 万亩，菏麦 17 为 8 万亩和 3.5 万亩，阳光 10 号仅在 2014 年种植 5.5 万亩。山东省 2010—2014 年种植的主要旱地小麦品种为鲁麦 21 号、烟农 19 和青麦 6 号，其种植面积分别占旱地小麦品种总种植面积的 31.49%~41.79%、27.23%~43.69% 和 10.09%~14.74%。

鲁麦 21 号和烟农 19 均为水浇地品种，分别于 1995 年和 2001 年通过山东省审定，由于其抗旱性较强，适应性广，一直是旱地小麦的主栽品种，属于水旱两用广适型品种。山东省有 4/5 以上的旱地小麦种植的是水浇地品种。分析其原因是年际间小麦生育期间降雨量差异较大，缺水年份旱地品种虽然抗旱性较强，与水浇地品种相比有一定的优势，但丰水年份水浇地品种产量较旱地品种显著提高，多年比较旱地品种的种植优势不强。

（3）品种产量　高产创建为品种产量潜力的发挥提供了优越条件。据 2012—2015 年全省高产创建攻关田测产结果（表 4-1-11），共计 919 点次 16 个品种测产平均产量 700.51 千克 / 亩，最高产量 790.85 千克 / 亩；据 2014 年、2015 年两年全省高产创建攻关田实打数据，共计 80 点次 15 个品种实打平均产量 720.52 千克 / 亩，最高产量达 817 千克 / 亩。表明目前山东省小麦品种产量潜力已稳定超过 700 千克 / 亩，在适宜气候年份可以超过 800 千克 / 亩。

表 4-1-11　2012—2015 年山东省高产创建攻关田测产数据

品种	点次	亩穗数（万 / 亩）	穗粒数（粒 / 穗）	千粒重（克）	平均单产（千克 / 亩）	最高单产（千克 / 亩）
济麦 22	562.0	52.3	36.0	43.5	696.4	776.2
鲁原 502	106.0	48.9	37.8	44.2	694.1	751.7
泰农 18	57.0	46.1	41.7	42.2	688.4	782.3
山农 20	39.0	54.2	36.0	42.5	705.3	783.1
临麦 4 号	25.0	42.7	42.8	45.1	700.8	721.1
良星 77	21.0	52.0	36.6	43.2	699.6	744.4
烟农 5158	17.0	53.0	37.5	41.9	707.9	742.2
烟农 24	17.0	49.8	38.7	43.2	706.8	721.7
郯麦 98	14.0	41.7	44.6	44.5	703.1	733.6
烟农 999	12.0	49.1	38.7	44.7	722.3	790.9
良星 99	10.0	45.7	37.0	48.0	690.2	718.6
良星 66	9.0	56.9	34.3	42.0	697.2	715.1
青丰 1 号	9.0	56.4	35.9	40.9	703.7	716.6
临麦 2 号	8.0	42.4	44.0	44.0	696.8	714.0
洲元 9369	7.0	36.8	54.0	40.9	689.6	705.5
汶农 14	6.0	54.6	36.5	41.7	706.0	710.6
合计 / 平均	919.0	48.9	39.5	43.3	700.5	790.9

从品种产量分析，济麦22测产562点次，其中371点次超700千克/亩，15个地市超700千克/亩；鲁原502测产106点次，超700千克/亩的点次60个，超700千克/亩的地市13个。新审定的烟农999测产12个点次，其中烟台8点次，济宁、聊城、潍坊、威海各1点次，超700千克/亩的点次10个，烟台、威海、聊城测产攻关田均超700千克/亩，并且2014年在鲁东招远市实打创出817千克/亩的高产纪录。

2. 栽培技术方面

山东省重点推广的主推技术有小麦精量、半精量播种高产栽培技术、氮肥后移高产栽培技术、宽幅精播高产栽培技术、规范化播种高产栽培技术、深耕深松综合高产技术等，在生产上发挥了显著的增产效果，为小麦持续增产发挥重要作用。

据山东省农技推广总站调查（表4-1-12、表4-1-13），2011—2015年，全省平均每年推广精量播种面积1 141.40万亩，平均单产514.29千克/亩，5年间全省农技部门统计平均每亩增产57.34千克/亩，增12.55%；每年推广半精量播种面积2 945.92万亩，平均单产475.47千克/亩，每亩增产18.52千克/亩，增4.05%；每年推广氮肥后移面积3 051.34万亩，平均单产494.85千克/亩，每亩增产37.90千克/亩，增8.29%；每年推广宽幅精播面积1 202.21万亩，平均单产518.54千克/亩，每亩增产61.59千克/亩，增产13.48%。

表4-1-12 2011—2015年山东省小麦主要技术推广情况（一）（面积：万亩，单产：千克/亩）

年份	收获面积	平均单产	精量播种		半精量播种		氮肥后移		宽幅精播	
			面积	单产	面积	单产	面积	单产	面积	单产
2011	6 435.7	436.7	1 039.6	506.0	2 569.3	457.9	2 247.2	470.7	533.3	509.5
2012	6 434.7	449.9	1 077.0	509.3	2 869.5	470.6	2 662.9	493.5	886.8	509.2
2013	6 386.4	453.7	1 168.1	505.5	3 197.0	468.6	3 382.1	489.0	1 205.4	503.4
2014	6 201.2	469.4	1 096.1	521.4	2 992.9	484.9	3 204.0	502.8	1 408.5	527.8
2015	6 276.9	476.0	1 326.4	526.7	3 101.0	492.5	3 760.5	508.7	1 977.1	527.8
平均	6 347.0	457.0	1 141.4	514.3	2 945.9	475.5	3 051.3	494.9	1 202.2	518.5
比全省平均产量增产数			—	57.3	—	18.5	—	37.9	—	61.6
比全省平均产量增产率（%）			—	12.6	—	4.1	—	8.3	—	13.5

从表4-1-13可以看出，2011—2015年，山东省每年推广规范化播种面积3 399.98万亩，平均单产475.47千克/亩，每亩增产18.52千克/亩，增4.05%；推广“一喷三防”面积5 651.81万亩，增4.67%。2014—2015年，全省平均推广深耕技术1261.77万亩，平均单产500.80千克/亩，每亩增产43.85千克/亩，增9.6%；推广深松技术747.77万亩，平均单产504.89千克/亩，增产47.94千克/亩，增10.49%。

表 4-1-13　2011—2015 年山东省小麦主要技术推广情况（二）（面积：万亩，单产：千克/亩）

年份	收获面积	平均单产	规范化播种		深耕		深松		一喷三防	
			面积	单产	面积	单产	面积	单产	面积	增产幅度（%）
2011	6 435.7	436.7	2 849.3	454.3	—	—	—	—	—	—
2012	6 434.7	449.9	3 106.2	480.5	—	—	—	—	5 216.2	4.7
2013	6 386.4	453.7	3 448.8	482.8	—	—	—	—	5 761.1	3.9
2014	6 201.2	469.4	3 507.6	454.5	988.8	492.5	657.3	496.5	5 552.9	4.8
2015	6 276.9	476.0	4 088.1	498.3	1534.7	506.2	838.2	511.5	6 077.0	5.3
平均	6 347.0	457.0	3 400.0	475.5	1261.8	500.8	747.8	504.9	5 651.8	4.7
比全省平均增产数			—	18.5	—	43.9	—	47.9	—	—
比全省平均增产率（%）			—	4.1	—	9.6	—	10.5	—	4.7

第二节　"十三五"山东省小麦生产发展规划

一、小麦生产面临的主要问题

1. 小麦种植面积稳定问题

山东省是土地资源相对贫乏的省份，人均耕地仅 1.16 亩，比全国平均水平低 0.36 亩，接近人均耕地 1 亩的红线。近年来，虽然全省粮食播种面积一直保持在 1 亿亩以上，小麦种植面积稳定在 5 500 万亩以上，由于种粮效益低于经济作物，农民种粮积极性不高，小麦种植面积难以增加。从推进土地规模经营的情况看，由于种粮效益低，部分流转后的粮田改种林木，对稳定小麦种植面积造成影响。

2. 农田基础设施条件改善问题

近年来，山东省气象灾害呈多发、重发趋势，加强农业防灾减灾能力、减少灾害损失，成为农业生产的重要任务。2003 年以来，各级财政加大农田水利基础设施建设投入，全省小麦生产条件得到很大改善，但总体看农业基础设施还比较薄弱，抵御旱灾的能力不强。据统计，全省小型农田水利设施老化失修的比重达到 40% 以上，特别是鲁西平原，部分河道泄洪能力下降 50%。部分农田水利设施建设标准不高、缺乏管护，水源不足和设施落后，使山东省小麦生产经常受到干旱的威胁。全省 1.1 亿亩耕地中，有 3 000 万亩在正常年份下达不到充足灌溉条件，其中有 2 500 万亩是无水浇条件的旱地，这部分地块基本上是靠天吃饭，遇旱则减产。

3. 耕地质量提高问题

山东省现有耕地土壤有机质含量为1.3%左右，而发达国家的农田土壤有机质含量在3%以上。由于长期对土地重用轻养，化肥、农药等粗放投入，深耕深松、有机肥施用、秸秆还田等推广力度不够，导致部分耕地质量下降，制约粮食生产能力的提升。山东省耕地仅占全国的1/18，但化肥施用量却占全国的1/10，化肥有效利用率仅为30%~40%，明显低于发达国家70%~80%的水平。

4. 农机农艺推广和农民种粮积极性调动问题

推广深耕深松新技术缺乏推广经费，推广面积有待扩大；异常气候对小麦生产的影响越来越大，科学防灾、主动避灾、有效减灾技术有待加强；劳动成本越来越高等，均对小麦生产稳定发展带来影响。

山东省小麦生产主要以家庭为单位种植，种植水平提高缓慢，生产效率低，随着农资价格、生产作业环节和人工费用等生产成本不断上涨，农民种粮效益呈下降趋势。据调查，2014年生产1亩小麦去除物质投入和人工费用后，纯收益仅有202元，而花生的亩纯收益为1 042.47元，苹果为9 592元。小麦收益与花生等相比差距很大，是农民种粮积极性不高的原因之一。

二、小麦生产发展的面积、单产和总产

根据“十二五”小麦生产发展状况，本着科学发展的理念，预期“十三五”山东省小麦播种面积稳定在5 700万亩及以上，到2020年，小麦面积为5 750万亩，比2015年增加50.25万亩，增加0.88%；平均单产430千克/亩，比2015年增加18.3千克/亩，增产4.44%；总产2 472.5万吨，比2015年增加129万吨，增加5.37%。表4-2-1列出了2016—2020年每年的山东省小麦面积、单产、总产的计划。主要依据如下。

表4-2-1 “十三五”山东省小麦生产面积、单产和总产计划

年份	播种面积（万亩）	总产（万吨）	单产（千克/亩）	比上年增加值			比上年增长率		
				面积（万亩）	总产（万吨）	单产（千克/亩）	面积（%）	总产（%）	单产（%）
2015	5 699.8	2 346.6	411.7						
2016	5 745.4	2 344.6	408.1	45.6	−2.0	−3.62	0.80	−0.09	−0.88
2017	5 760.0	2 396.2	416.0	14.7	51.6	7.92	0.25	2.20	1.94
2018	5 780.0	2 439.2	422.0	20.0	43.0	6.00	0.35	1.79	1.44
2019	5 800.0	2 470.8	426.0	20.0	31.6	4.00	0.35	1.30	0.95
2020	5 750.0	2 472.5	430.0	−50.0	1.7	4.00	−0.86	0.07	0.94

1. 播种面积

近几年山东省棉花生产受机械化水平低、田间管理繁琐、种植效益低等因素的影响，种植面积逐年下降，棉田改种小麦导致小麦种植面积逐年增加。考虑到国际市场棉花价格依然低迷，小麦面积仍可能保持增长趋势，但增长幅度将逐步减小，预计到2019年小麦种植面积将达到最大值5 800万亩。2019年以后，预计随着棉花价格回升、效益提高，以及耕地面积减少，小麦面积保持在5 750万亩。预计“十三五”小麦平均播种面积稳定在5 700万亩。

2. 单产水平

“十二五”山东省平均单产每年增加5.28千克/亩。综合考虑今后山东省综合生产能力和科技进步的提高以及节本增效、节水减肥减药等技术的推广，预计“十三五”期间山东省小麦平均每年增加4千克/亩。到2020年，山东省小麦平均单产达到430千克/亩，平均每年增长1%左右。

3. 总产量

根据“十三五”对小麦面积和单产的预计，到2020年，山东省小麦总产可到2 400万吨以上，平均每年增加1%左右。

三、小麦生产技术的创新

1. 品种选育创新

品种是提高单产、保证总产的基本因素。围绕制约小麦生产与产业发展的技术问题，应更加重视小麦遗传改良在提高单产中的重要作用。“十三五”要创新运行管理机制、优化资源配置，联合全省小麦育种研发力量，开展多专业、多领域的联合攻关，为实现山东省小麦稳步增产和农业生产“一控两减三基本”提供品种技术支撑。

（1）超高产小麦品种选育　建立并完善现代生物育种与常规育种相结合的超高产小麦育种理论和技术体系，突破小麦品种遗传基础狭窄、超高产小麦育种理论与技术滞后等难题，培育出单产水平高、品质优良、综合抗性强的突破性超高产小麦新品种（系），推动全省小麦持续增产。

（2）优质强筋小麦品种选育　在已有优质育种基础上，引进国内外优质品种资源，丰富山东省小麦优质育种基因库，加强品质育种基础理论和技术研究，培育强筋高产小麦新品种，支撑山东省优质小麦产业发展。

（3）节水广适型品种选育　以“水肥高效、抗逆广适”为核心开展育种理论和技术研究，在鲁麦21、烟农19的基础上力争实现育种新突破，进一步提高品种抗旱节水能力。

（4）旱地小麦品种选育　立足山东省鲁中、鲁南旱地小麦产量的稳定高产，以提高旱地小麦产量潜力和广适性为重点，开展抗旱小麦育种理论和技术研究，选育丰水年产量高、缺水年产量优势突出的旱地小麦品种。

2. 栽培技术创新

（1）促进耕层优化、地力提升的耕作技术创新和规范化播种技术的创新　山东省麦田因长期采取机械浅旋耕，造成耕层变浅、结构劣化，需要通过农机农艺相结合、秸秆还田与施肥、耕作技术创新，研发构建合理耕层结构、提升地力的关键技术；针对两熟制下小麦接茬紧张、玉米收后土壤墒情不确定、播种出苗质量差的问题，迫切需要创新基于定量化、指标化的规范化播种技术。

（2）提高肥料利用效率的技术创新和提高水分利用效率的技术创新　研究不同产量层级（高产纪录、高产片、大面积生产）养分需求特征，创新高产、高肥料利用效率和地力协同提升的施肥技术体系；研究不同产量层级水分需求规律，创新高产与水分高效利用的灌溉技术体系；研究水肥一体化的施肥灌溉技术。

（3）旱地小麦水肥高效利用简化栽培技术　针对无水浇条件的旱地麦田阶段性干旱对小麦生长的不利影响，进行适应旱地小麦节水稳产的耕作、秸秆还田、播种、栽培管理的系列研究；开展控释肥、保水剂在旱地麦田施用技术研究，在旱地小麦栽培肥料一次性底施的情况下，满足整个生育期的养分需求，增强小麦抵御季节性干旱的能力，达到水肥高效利用简化栽培的目的。

（4）强筋小麦优质高产高效栽培技术　山东省是我国主要的强筋小麦产区之一。随着人们生活水平的提高和种植效益的增加，山东省优质强筋小麦的面积逐年扩大，但是，生产的强筋小麦加工品质波动较大，其原因是没有标准化栽培技术。所以研究强筋小麦优质高产高效的规范化栽培技术，提高强筋专用小麦品质稳定性与单产水平，满足山东省和国内市场需求，减少进口，降低生产成本，增加农民收入，是“十三五”的研究课题之一。

（5）农机农艺融合技术　加强栽培、育种、植保、农机等学科的合作，以农机为载体，加强与小麦栽培相配套的农业机械的研发，农机农艺深度融合，实现高产高效的小麦生产全程机械化。要解决的主要问题是：耕作整地作业、秸秆还田高质量处理，播种机排种、施肥精量调控、小麦全生育期水肥一体化和植保机械化，提高小麦生产全程机械化的作业水平。

四、发展山东省小麦生产的政策建议

1. 实施耕地质量保护与提升行动，探索建立粮食生产功能区

落实好基本农田划定和年度核查制度，切实保护好基本农田。加快中低产田改造步伐，通过加强粮田基础设施建设、土地平整、土壤改良、土壤修复等措施，逐步把低产田改造为中产田，把中产田改造为旱涝保收的高产稳产田。

粮食生产功能区是以集中连片的标准农田为基础，以完善农田设施、提升农田质量、提高生产技术和健全服务体系为目标，按照建设良田、应用良种、推广良法、配套良机的要求，依靠科技、增加投入、完善设施、长久保护、强化管理，使之成为粮

食高产高效模式示范区、先进适用技术的推广区、统一服务的先行区。坚持以科学发展观为指导，围绕“稳能力、保总量、增效益”的粮食生产要求，以粮食功能区的规范建设为重点，以保护和管理为保障，以体制机制创新为突破口，切实做好粮食生产功能区建设和完善工作，加快推进粮食生产转型升级。

2. 着力加强基础设施建设

加强农田水利基础设施建设，加快大中型灌区、灌排泵站配套改造和田间水利工程建设，完善骨干、末端灌排渠系（管道），提高农田防汛抗旱能力。积极推广节水灌溉技术，大力发展管道灌溉、喷灌、微灌等高效节水灌溉，提升农田灌溉效率和农业生产效益。大力推进水源工程建设，加快山丘区小水利工程建设，提高自然降水积蓄利用能力，为山丘区农业生产提供水源保障，增加农田有效灌溉面积。加强田间基础设施建设，科学规划建设田间路网、农田电网和防护林网等，升级粮田生产功能，建设适应现代农业发展的高标准粮田。

3. 强化农机农艺相结合的技术推广，推动小麦生产高产高效

“全程机械化”应聚焦在用工量大，农时最紧迫，并能够量化考核的主要环节，即“耕作、播种、植保、收获、烘干、秸秆处理”6个主要环节，对于这6项环节，农艺和农机要有机结合，相互支持。要达到这个目标，应该在省、市、县各级农业技术培训中，农业局和农机局结合，研究统一的培训教材，对农业技术员、农民、农机手、种粮大户进行统一的技术培训，强化农机农艺相结合的技术推广，推动小麦生产高产高效。

第五章
江苏省“十三五”小麦生产发展规划

江苏省是全国小麦主产省之一，近年来小麦种植面积和总产均居全国第五位。在江苏省的粮食生产中，小麦种植面积占粮食作物的40%，总产占粮食作物的32%左右。“十二五”期间江苏省小麦年均总产为1 101.53万吨，比“十一五”小麦年均总产960万吨增加了141.53万吨，而“十二五”江苏省粮食年均总产为3 431.04万吨，比“十一五”年均总产3 163万吨增加了268.04万吨，小麦对粮食增产的贡献率达52.8%，在江苏省粮食总产增加中做出主要贡献。稳定发展江苏省小麦生产对确保全省粮食安全具有十分重要的意义。

第一节　“十二五”江苏省小麦生产总结

一、小麦产量特点

1. 小麦生产总体特点

（1）总产实现“十二连增”　2011—2015年，江苏省小麦年均种植面积3 219.2万亩，居全国第五位，较“十一五”平均种植面积增加214.2万亩，增长7.13%；平均单产342.03千克/亩，比“十一五”增加22.03千克/亩，增长6.88%；年均小麦总产1 101.53万吨，比“十一五”增加141.53万吨，增长14.72%（表5-1-1）。

总体而言，“十二五”江苏省小麦种植面积继续恢复性增加，单产持续增长，实现了总产“十二连增”。

表 5-1-1　江苏省“十二五”小麦生产基本情况

项目	面积（万亩）	单产（千克/亩）	总产（万吨）
“十一五”	3 005.0	320.0	960.0
“十二五”	3 219.2	342.0	1 101.5
比“十一五”增加量	214.2	22.0	141.5
增长率（%）	7.1	6.9	14.7

注：本表中 2006—2015 年数据来自国家统计局

（2）不同生态区面积、单产和总产发展不平衡　从不同区域看，“十二五”江苏省小麦面积、单产和总产发展不平衡。苏北麦区总产的增加主要依靠面积的增长，其中淮北区域面积增长了 9.54%，单产增长 2.79%，总产增长 12.59%；沿淮区域小麦种植面积增长了 15.72%，单产微减，总产增长 15.20%；苏中地区面积的增长率高于单产，而苏南地区单产的增长率略高于面积，面积和单产的双增实现了总产的显著增加，分别增长 14.05% 和 23.56%（表 5-1-2、表 5-1-3）。

表 5-1-2　“十二五”江苏省不同区域小麦生产情况

地区	项目	面积（万亩）	单产（千克/亩）	总产（万吨）
淮北	“十一五”	1 172.13	373.37	437.64
	“十二五”	1 283.94	383.78	492.76
	比“十一五”增减（±%）	9.54	2.79	12.59
沿淮	“十一五”	857.84	381.18	326.99
	“十二五”	992.68	379.47	376.69
	比十一五增减（±%）	15.72	-0.45	15.20
苏中	“十一五”	753.44	378.07	284.85
	“十二五”	815.29	398.48	324.88
	比“十一五”增减（±%）	8.21	5.40	14.05
苏南	“十一五”	402.37	310.12	124.79
	“十二五”	446.52	345.32	154.19
	比“十一五”增减（±%）	10.97	11.35	23.56

注：淮北包括徐州、宿迁、连云港三市，沿淮包括盐城、淮安两市，苏中包括扬州、泰州、南通三市，苏南包括苏州、无锡、常州、镇江、南京五市。本表根据各市统计局上报数据汇总

表 5-1-3 “十二五”江苏省各市小麦面积、单产和总产比“十一五”的增加量和增长率

地区	增加量			增长率（%）		
	面积（万亩）	单产（千克 / 亩）	总产（万吨）	面积	单产	总产
徐州市	52.72	3.43	21.92	11.27	0.90	12.27
连云港	33.95	14.02	17.69	10.71	3.73	14.84
宿迁市	25.15	15.59	15.51	6.49	4.32	11.09
盐城市	56.47	2.91	23.08	12.58	0.76	13.44
淮安市	77.17	–5.48	26.62	18.87	–1.44	17.16
扬州市	32.71	11.60	15.86	13.32	3.00	16.73
泰州市	23.12	13.38	12.82	8.95	3.42	12.68
南通市	6.02	35.99	11.35	2.41	10.11	12.76
南京市	8.00	27.50	4.40	12.82	8.92	22.89
镇江市	10.47	30.34	6.49	10.73	9.90	21.69
常州市	8.56	14.88	3.97	10.58	4.82	15.91
无锡市	8.10	52.70	6.49	12.03	17.03	31.11
苏州市	9.02	32.04	6.16	9.58	10.11	20.66

注：本表系根据各市统计局上报数据计算

（3）各地小麦高产潜力得到了发挥，均创造了不同地区的高产纪录　通过高产创建、新品种高产竞赛等方式，促进了各地小麦新品种、新技术的推广，提升了各地小麦高产水平，创造了多年多点的高产典型。具体体现在以下几个方面。

① 单产 400 千克 / 亩的县（市、区）数量增多，其中 2014 年达到了 15 个（表 5-1-4），尤其是泰州、扬州、徐州、连云港 4 个地级市在“十二五”均出现了平均单产超过 400 千克 / 亩的年份。② 高产典型数量增多。如 2014 年抽测 25 个万亩示范片 55 块田，平均单产为 561.9 千克 / 亩，比 2013 年全省 25 个万亩片 74 块田平均增 25.4 千克 / 亩（增 4.7%）。如淮北实测 9 个万亩片 21 块田，平均单产 617 千克 / 亩，比上年增 77.7 千克 / 亩（增 14.4%），其中 600 千克 / 亩以上的高产田块 15 个，出现频率达 71.4%；苏中实测 10 个万亩片 21 块田，平均单产 542.1 千克 / 亩，比上年增 10.9 千克 / 亩（增 2.1%），其中 550 千克 / 亩以上的高产田块 8 个，出现频率为 38.1%；苏南实测 5 个万亩片 14 块田，平均单产 495.4 千克 / 亩，比上年减 13.4 千克 / 亩（减 2.6%），其中 525 千克 / 亩以上的高产田块 5 个，出现频率为 35.7%。③ 高产典型十分突出，多次打破历史最高单产纪录。2011 年大中农场 3.33 亩高产田单产达 689.9 千克 / 亩，刷新了江苏省小麦单产历史纪录，也是江苏省淮南地区小麦最高单产纪录首次超过淮北地区小麦最高单产纪录；2012 年最高产量田块出现在方强农场，3.54 亩高产田单产达 659.2 千克 / 亩；2013 年最高产量田块出现在弶港农场，3.27 亩高产田单产达 643.6 千克 / 亩；2014 年最高产量田块出现在新洋农场，2.38 亩高产田单产达 695.8 千克 / 亩，是全省小麦新的高产纪录，高邮的 3.04 亩高产田单产

也达 693.2 千克 / 亩，是江苏省淮南地区小麦单产最高纪录；2015 年最高产量田块出现在弶港农场，3.28 亩高产田单产达 658.4 千克 / 亩。

表 5-1-4　江苏省单产 400 千克 / 亩高产县（市）数量

年份	数量（个）	名　称
2011	8	海安、宝应、高邮、兴化、泰兴、江都、沛县、姜堰
2012	13	海安、宿豫、铜山、沛县、沭阳、邳州、丰县、灌云、宝应、新沂、灌南、东海、高邮
2013	7	海安、宝应、高邮、兴化、泰兴、启东、姜堰
2014	15	海安、宝应、高邮、兴化、泰兴、姜堰、洪泽、东台、靖江、金湖、通州、铜山、启东、江都、宿豫
2015	11	海安、宝应、兴化、泰兴、高邮、姜堰、东台、靖江、启东、高港、洪泽

2. 2011—2015 年各年小麦生产主要特点

“十二五”江苏省小麦面积稳定略增，种植面积年增长率不足 1%（0.61%~0.95%）。单产水平因年型有所差异，但因应对得当，仍表现出丰产特征，呈持续增长态势，年增长率 0.3%~4.7%，2014 年江苏省小麦平均单产首次突破 350 千克 / 亩。总产因面积和单产的递增也呈增长态势，年增长率 1.2%~5.4%（表 5-1-5）。

表 5-1-5　江苏省不同年份产量表现

年份	面积（万亩）	亩产（千克 / 亩）	总产量（万吨）	比上年增加值			比上年增长率		
				面积（万亩）	亩产（千克 / 亩）	总产量（万吨）	面积（%）	亩产（%）	总产量（%）
2011	3 168.6	323.0	1 023.2	29.0	2.0	15.0	0.9	0.6	1.5
2012	3 198.8	328.0	1 048.8	30.2	5.0	25.6	1.0	1.6	2.5
2013	3 220.4	342.0	1 101.3	21.6	14.0	52.6	0.7	4.3	5.0
2014	3 239.9	358.2	1 160.4	19.5	16.2	59.1	0.6	4.7	5.4
2015	3 268.2	359.2	1 174.0	28.3	1.1	13.6	0.9	0.3	1.2

注：本表系根据国家统计局核定数据汇总

分区域看，淮北区域小麦生产总体表现为面积基本稳定，单产和总产因受不同年型气候条件的影响较大，呈波动性变化，单产变化在 370~400 千克 / 亩，总产变动在 460 万 ~515 万吨。沿淮区域表现为面积有所增长，由 953 万亩增长到 1 027 万亩，单产和总产稳中有升。苏中地区小麦种植面积稳中略增，由 801 万亩增长到 826 万亩，单产和总产稳定略增，是全省小麦平均单产最高的区域。苏南地区小麦种植面积基本稳定在 450 万亩左右，单产和总产呈增长态势，其中单产由 2011 年的

329.43 千克 / 亩增长到 2015 年的 353.21 千克 / 亩，总产由 148 万吨增长至 153 万吨（表 5–1–6）。

表 5–1–6　江苏省不同区域不同年份产量表现

	年份	面积（万亩）	单产（千克 / 亩）	总产量（万吨）
淮北	2011	1 257.84	370.26	465.73
	2012	1 283.14	401.46	515.12
	2013	1 285.31	372.81	479.18
	2014	1 295.59	389.73	504.93
	2015	1 297.82	384.36	498.82
沿淮	2011	953.45	380.79	363.07
	2012	988.32	355.80	351.64
	2013	985.82	378.70	373.33
	2014	1 008.92	392.90	396.40
	2015	1 026.87	388.58	399.02
苏中	2011	801.36	403.43	323.30
	2012	810.05	390.41	316.25
	2013	814.76	396.00	322.65
	2014	823.89	401.43	330.73
	2015	826.40	401.11	331.47
苏南	2011	448.91	329.43	147.89
	2012	458.32	342.63	157.03
	2013	448.49	348.66	156.37
	2014	441.71	354.30	156.50
	2015	435.18	353.21	153.17

注：本表系根据各市统计局上报数据汇总

3. 小麦产量变化的主导因素分析

从全省小麦种植面积、单产和总产变化趋势看，与“十一五”比，“十二五”面积和单产的增加对总产增长的贡献率基本相近（表 5–1–7）；“十二五”不同年份与“十一五”比，面积增加对总产增长的贡献率逐年下降，而单产增加对总产增长的贡献率逐年上升，近两年达到近 60%（表 5–1–8）。从不同区域看，淮北和沿淮区域小麦总产的增长主要依靠面积的增加；苏中地区小麦种植面积的增加对总产增长的贡献率略大于单产增加的贡献率；苏南地区面积和单产的增加对总产增长的贡献率基本相近（表 5–1–7）。

从小麦产量结构可以看出，“十二五”全省平均穗数年际间变化 1 万 ~3 万穗 / 亩，每穗结实粒数年际间变化 0.4~0.8 粒，千粒重年际间变化 0.0~1.1 克（表 5–1–9）。反映出小麦单产的提升在于产量构成因子的协同调节。

表 5-1-7 “十二五”江苏省全省及不同区域小麦面积和单产对总产增长的贡献率

地区	面积贡献率（%）	单产贡献率（%）
全省	50.9	49.1
淮北	76.8	23.2
沿淮	103.2	-3.2
苏中	60.0	40.0
苏南	49.2	50.8

表 5-1-8 “十二五”不同年份江苏省小麦面积和单产对总产增长的贡献率

年份	面积贡献率（%）	单产贡献率（%）
2011	85.0	15.0
2012	71.7	28.3
2013	51.0	49.0
2014	40.1	59.9
2015	42.1	57.9

表 5-1-9 江苏省不同年型产量结构表现

年份	穗数(万/亩)	粒数	千粒重（g）	单产（千克/亩）
2010	35.34	30.43	39.54	321.00
2011	34.72	30.99	39.62	323.00
2012	36.4	30.66	38.53	328.00
2013	36.6	30.73	38.64	341.98
2014	37.4	31.40	39.60	358.16
2015	37.5	30.86	39.18	359.23

二、气象条件变化及自然灾害对小麦生产的影响

1. 气象条件总体特点

“十二五”期间，每一年度江苏省小麦生长均会发生不同程度的气象灾害，如2011年春旱、2012年花期阴雨造成赤霉病大流行；2013年倒春寒、2014年5月底持续4天30~35℃的“高温逼熟”天气和2015年3月下旬及4月上中旬全省出现3次明显降温过程等，但总体上均属丰产气候年型，加上措施应对得当，对小麦生长发育和产量形成的影响尚处于可控的范围内，没有对江苏省小麦生产造成明显的影响（表5-1-10）。

表 5-1-10 “十二五”江苏省小麦生长季气象特点

年份	积温（℃）	日照（小时）	降水量（毫米）
2011	2 500.9（+118）	1 541.3（+204.6）	194.3（−226.1）
2012	3 095.7（+243.9）	1 325.5（−123.1）	374.3（−46.1）
2013	2 971.8（+120）	1 438.1（−10.5）	503.9（+0）
2014	3 239.4（+267.6）	1 502.3（+53.7）	510.2（+6.6）
2015	3 154.8（+303.0）	1 425.3（+23.4）	565.7（+62.1）

注：括号内数字为较常年比较增减数据

2. 年度气象和病虫灾害对产量和品质的影响

2011 年度小麦生长季的气象特点表现为“两多一少”，即积温正常偏多、降水特别少、光照正常偏多。秋冬连旱、冬季低温、寒潮频繁，导致小麦苗期长势不足、中期转化升级、后期有利有弊。

2012 年度小麦生长季的气象特点表现为利弊十分突出，总体上利多弊少。秋播期间雨水多，底墒足，有利于小麦一播全苗，也造成小麦播期拉长，迟播面积大，影响秋播质量；冬前气象条件匹配，温度高光照足，利于小麦冬季生长，成穗率提高；越冬期间气象条件适合小麦冬季生长和耐寒锻炼，早春低温阴雨多寡照，3 月中旬之后气温偏高光照足，利于淮北和沿淮小麦返青拔节，促进苗情转化和平衡生长，但不利于苏中苏南小麦根系发育和返青拔节的正常转化与穗分化进行；4 月下旬和 5 月初的多次过程性降雨，造成沿淮、苏中和苏南地区小麦赤霉病的大流行，使小麦粒重、产量和品质受到影响；灌浆结实期间多晴少雨，利于籽粒充实。

2013 年度小麦生长季的气象特点表现为秋播期间过程性降雨多、气温持续偏低，造成小麦晚播比例比较高（40% 左右）；冬前积温少，小麦生长进程慢；冬季积温增，苗情渐好转，弱苗转化升级快；春温波动大，接连发生 8 次倒春寒，局部地区小麦冻害重；后期温、光、水条件有利于高产。

2014 年度小麦生长季的气象特点表现为秋播期间多晴少雨，墒情适宜，小麦适播面积大（67%），苗情基础好；冬季积温正常偏高、墒情适中、光照充足，利于小麦生长和弱苗转化升级，苗情长势为近年最好水平；春季气温平稳，无明显倒春寒，积温偏高，生育期明显提早，小麦抽穗扬花期较常年提前 5~10 天；后期温、光、水适宜，利于籽粒灌浆和成熟期抢收抢晒，但 5 月底出现持续 4 天左右的“高温逼熟”天气，对粒重稍有影响，成熟期提前 3~5 天。

2015 年度小麦生长季的气象特点表现为秋播期间强降雨，导致土壤水分偏高，小麦播种进度严重滞缓，播期拉长，适期播种比例仅为 51.4%；冬前积温少，降水多、光照不足，生育进程偏慢；越冬期气温异常偏高，有利于晚播小麦转化升级；春季气温继续偏高，无明显倒春寒冻害，4 月上旬低温天气造成部分早发高产田块主茎冻死，小花结实率下降，灌浆期特别是 5 月上中旬全省雨水偏多，光照偏少，影响光合物质的积累，加之局部地区赤霉病较重，白粉病发生面积也较大，对粒重有一定影响。

三、小麦水土资源条件及变化

近年来江苏省小麦产区通过推广测土配方施肥技术、肥料合理配比与运筹技术、秸秆还田技术等，土壤肥力有了一定的提升（表 5–1–11、表 5–1–12）。

表 5–1–11　江苏省耕地土壤肥力变化情况

指标	年份	样本数(个)	平均值
有机质（克 / 千克）	2010	23 358	21.94
	2012	13 809	21.19
全氮（克 / 千克）	2010	20 441	1.412
	2012	10 356	1.296
pH 值	2010	22 293	7.2
	2012	12 349	7.4
有效磷（毫克 / 千克）	2010	23 567	14.5
	2012	13 015	16.0
速效钾（毫克 / 千克）	2010	24 529	110.2
	2012	13 571	126.1
耕层厚度（厘米）	2010	34 156	16.49
	2012	23 830	16.63

资料来源：扬州市土肥站，2012 年数据为最新的完整数据

表 5–1–12　宿迁市土壤肥力变化特征

年份	有机质（克 / 千克）	全氮（克 / 千克）	速效磷（毫克 / 千克）	速效钾（毫克 / 千克）	耕层深度（厘米）	容重（克 / 立方米）
1982	10.5	0.74	4.75	115	17.71	1.33
1997	19.95	1.08	13.86	86.83	16.97	1.34
2007	21.07	1.22	14.32	90.59	15.31	1.36
2010	20.26	1.40	14.34	87.93	—	—
2011	20.62	1.45	12.52	96.89	—	—
2012	20.82	1.43	11.70	103.10	15.19	1.38

资料来源：祁石刚（2013）

江苏省高标准农田逐年增加，2008 年为 2 467 万亩，2013 年达 3 168 万亩，2014 年新建了高标准粮田 35 万亩，稳步扩大高标准农田面积。一是稳步提升耕地质量。2014 年起在全省范围内开展了耕地质量提升行动，开展了耕地质量提升万亩示范区建设，按照“集中投入，连片推进”的思路，在全省 50 多个县各建立 1~3 个耕地质

量提升综合示范区，集成推广应用秸秆还田、增施有机肥、种植肥田作物、水肥一体化、应用土壤调理剂等措施，提高耕地质量、土壤肥力、肥料利用效率。二是继续大力建设高标准农田，按照国家对高标准农田建设的统一部署和建设要求，精心组织实施国家新增千亿斤粮食田间工程项目。三是深入推进测土配方施肥。近年来，通过实施测土配方施肥，江苏省建立了主要粮食作物施肥指标体系，制定了适宜本区域的主要粮食作物配方，2013 年，全省小麦测土配方施肥技术推广面积 3 000 万亩以上。

但是苏北地区旱茬小麦的遇旱及时灌溉问题尚未得到根本解决，稻茬小麦遇旱时常因水源限制难以及时灌溉，苏中、苏南地区小麦仍常受渍害困扰。

四、小麦生产发展的主要技术措施

1. 优良品种

“十二五”以来，江苏省各生态区根据各自特色将新近育成与引进的小麦品种推介给广大农民使用，实现了主体品种稳定，品种更新有序进行（表 5-1-13）。2015 年淮北地区小麦主体品种为烟农 19（446.3 万亩）、济麦 22（358 万亩）、淮麦 20（245.3 万亩）、矮抗 58（107.8 万亩）、徐麦 30（72.7 万亩）、淮麦 33（69.3 万亩）；沿淮地区主体品种为郑麦 9023（272.5 万亩）；淮南地区主体品种为扬麦 16（349.7 万亩）、宁麦 13（305.6 万亩）、扬辐麦 4 号（194.2 万亩）、扬麦 20（145.5 万亩）、扬麦 13（118 万亩）、宁麦 14（55.4 万亩）。上述 13 个品种面积达 2 740.4 万亩，占全省小麦面积的 76.0%。

但近年来在品种育成上尚缺乏突破性的品种，产量品质性状优良、抗病抗逆性强、年推广面积 100 万亩以上的小麦品种并不多，特别是育成的优质强筋和优质弱筋小麦品种存在着品质不稳的问题，中筋小麦也缺乏综合性状超过“扬麦 158”及“扬麦 11”的品种，新育成的品种多为修缮型的品种。品种“多、乱、杂”现象依然严重。据调查，江苏省近 3 年每年种植的小麦品种 80 个左右，种植面积 50 万亩以上的品种不到 15 个（表 5-1-14）；2015 年夏收小麦种植面积 10 万亩以下的品种多达 42 个，品种应用的分散与碎片化，既不利于栽培管理与生产指导，也不利于病虫害统防统治，更不利于标准化生产和产业化开发。

表 5-1-13 不同年份主要小麦品种面积统计表 （万亩）

类型	品种	2015	2014	2013	2012	2011	2010
弱筋	扬麦 13	118.0	179.8	196.4	254.8	235.2	276.4
	扬麦 15	24.5	26.2	58.2	50.2	54.55	70.54
	宁麦 13	305.6	276.2	256.6	139.5	135.1	102.35
偏强筋	烟农 19	446.3	381.4	498.2	580.7	563.8	634.5
	淮麦 20	245.3	250.4	285.0	221.8	241.9	233.4

（续表）

类型	品种	2015	2014	2013	2012	2011	2010
中筋	郑麦 9023	272.5	247.7	300.5	233.4	264.4	203.0
	济麦 22	358.0	214.3	307.0	218.4	180.3	15.8
	徐麦 30	72.7	69.0	68.0	68.9	39.6	1.5
	矮抗 58	107.8	135.2	155.0	211.7	252.1	354.1
	扬麦 16	349.6	448.8	529.6	523.4	489.6	507.3
	扬辐麦 4 号	194.2	116.9	97.4	61.8	27.1	30.8
	扬麦 20	145.5	91.0	9.3			
	扬麦 11	4.1	17.1	38.0	56.1	71.81	112.4
	扬麦 14	21.0	31.0	47.9	53.3	59.68	80.32
	宁麦 14	55.4	67.4	60.9	43.7	55.58	33.61

表 5-1-14　江苏省不同年份种植的小麦品种数量

年份	种植的品种数（个）	种植面积 50 万亩以上的品种数（个）
2010	60	10
2011	60	14
2012	81	13
2013	82	12
2014	76	10
2015	80	14

2. 栽培技术

“十二五”以来，江苏省在小麦生产过程中推广机械化播种技术、适时适量壮苗技术、科学施肥技术等多项主体技术，并确保主体栽培技术推介到位，应用普及率提升。随着规模经营方式转变，强化推广机械化播种技术，机条播、机匀播等机械化播种面积增大；但因小麦秋播气象条件和土壤墒情的变化，迟播面积扩大，播种量增加，造成了精播与半精播面积有所下降（表 5-1-15）。与“十一五”相比，施氮水平略有提升，磷、钾施用水平变化较小，但注重推广高产优质的拔节孕穗肥施用技术，拔节孕穗肥施氮水平和施用面积比例有所增加（表 5-1-16）。

目前，专用小麦优质高产高效栽培技术的集成化程度亟待进一步加强，如不同茬口下（播种期不同）播种方式、肥料运筹、病虫草防治等各单项技术如何统筹协调、集成应用，再如江苏省小麦生产期间旱、渍、冻害与高温逼熟频发，常导致产量不高、品质不优，逆境条件下如何综合运用各项措施实现稳产优质。此外，优质高产高效栽培技术常不能很好地落实到位，在产业化基地建设中并未实现良种良法。这一系列的配套技术不解决、不规范，就很难生产出品质稳定的优质专用小麦。

表 5-1-15 江苏省小麦播种壮苗技术应用情况

年份	机械匀播面积（万亩）	精量播种面积（万亩）	半精量播种面积（万亩）
2010	—	333.4	1 493.6
2011	1 200	291.6	1 442.6
2012	1 042	238	1 110
2013	1 766	180	1 110
2014	1 456	200	1 296
2015	1 523	135	1 194

表 5-1-16 江苏省小麦施肥情况

年份	N（千克 / 亩）	P_2O_5（千克 / 亩）	K_2O（千克 / 亩）	拔节孕穗肥施氮比例 (%)
“十一五”平均	16.68	5.99	5.53	—
2011	17.95	6.35	5.80	31.2
2012	17.65	6.16	5.78	34.7
2013	17.55	6.10	5.76	34.6
2014	18.1	5.90	5.60	34.0
2015	17.6	6.2	5.9	33.1

3. 耕作技术

“十二五”小麦生产过程中，江苏省大力推广秸秆机械化还田技术、机械轮耕技术等现代耕作技术，以促进土壤质量的提升和小麦播种质量的提高。大力推广秸秆还田，还田面积由“十一五”末 2010 年的 1 500 万亩提高到“十二五”末 2015 年的 2 500 万亩左右，少（免）耕面积相对压缩；通过大马力新型农机作业等措施的推广，2015 年稻茬麦深耕播种面积达 706 万亩，碎草匀铺、耕翻（深旋）埋草质量有所提高，特别是通过耕旋一体机械作业推广，有利于确保稻草还田后的小麦播种质量（表 5-1-17）。

表 5-1-17 江苏省小麦耕作技术应用情况

年份	少（免）耕面积（万亩）	秸秆还田面积（万亩）	稻茬麦深耕播种面积（万亩）
2010	2 700	1 500	—
2011	1 438	1 900	—
2012	3 100	2 021	—
2013	2 085	2 023	587
2014	1 989	2 340	690
2015	2 013	2 777	706

但大面积生产中秸秆全量还田与小麦播种质量和壮苗的矛盾依然突出，如何根据墒情和茬口选择适宜耕作播种方式、提高播种质量，特别是提高秸秆还田质量、提高播种的均匀度、控制好播种深度仍有待努力。

4. 植保技术

“十二五”江苏省小麦生产中，不同年度根据小麦生长季的病虫草害发生特点，预防与防治相结合，大力推广病虫草综合防治技术和突发病害统防统治技术，有效地控制了病虫害的发生面积和受损程度。如化学除草面积由 2010 年的 1 643 万亩次扩大到 2015 年的 4 000 万亩次左右；“一喷三防”面积达到 3 600 万亩次左右（表 5-1-18），特别是 2015 年，江苏省“一喷三防”措施实施到位，有效地控制了赤霉病的发生，在江淮区域赤霉病大范围发生的背景下，实现了有效控制。

但近年来江苏省麦区病虫草的发生呈加重趋势，麦田杂草要进一步提高“秋季化学除草为主、春季补除”的效果，对病虫防治要更好地及时用药、用对药剂、足量用药。针对白粉病、纹枯病主要是防止过迟防治，针对赤霉病主要是打药时间要科学。产量水平提高与气象条件改变后病虫草的发生规律与防治对策也有待进一步探索。

表 5-1-18　江苏省小麦植保技术应用情况　（万亩次）

年份	药剂拌种	化除	纹枯病	“一喷三防”（或防赤霉病）
2010	—	1 643	—	2 993
2011	—	1 715	1 517	2 212
2012	—	—	—	—
2013	—	3 373	—	3 474
2014	1 247	3 847.3	—	3 615
2015	1 205	3 804	2 052	3 905

5. 防灾减灾技术

“十二五”，针对不同年度气象灾害，江苏省小麦生产推广了冻害防御与补救技术、植株化控防倒技术、防渍应变技术等，应对措施基本得力，抗逆夺高产能力增强。通过推广机械开沟，实现了田间沟渠配套；春季注意麦田清沟理墒，有效地控制了渍害的发生；小麦生育期间根据发生的气象灾害特征，推广及时化控技术，提高植株抗逆能力，有效地控制了冻害、倒伏对小麦产量的影响，确保了小麦产量的提升（表 5-1-19）。如何针对近年来极端性天气频发、局部性与区域性灾害发生常态化的新特点，进一步提高应对能力，仍有待新的突破。

表 5-1-19　江苏省小麦抗逆技术应用情况

年份	三沟配套（万亩次）	机械开沟（万亩次）	清沟理墒（万亩次）	化控（万亩次）
2011	2 993	2 227	1 394	416
2014	2 953	2 401	2 108	—
2015	3 224	2 488	2 234	—

6. 技术集成

“十二五”期间，江苏省小麦教学、科研与推广单位注重相互协作及与其他单位的合作，将研发的先进技术集成为可推广的成果，获得了多项奖励，如“高产优质多抗小麦新品种扬麦 16 的选育与应用”获得江苏省科学技术进步二等奖，“小麦高产稳产优质抗逆栽培技术集成推广”和“粳稻—小麦周年协调高产高效生产模式创建与推广”均获得江苏省政府农业技术推广奖一等奖。但多年来，小麦栽培、植物保护和土壤肥料等与小麦生产技术最密切相关的领域，基本上还是各自独立地开展工作，仍缺乏综合协调。小麦生产是一个完整的系统，仅在某一个方面开展工作，效果受限，同步性也差。如近年来，小麦播种方式多样化，而配套的病虫草害防治与高效肥料技术研究相对滞后，集成化程度尚不能完全适应生产需要。

7. 其他技术措施和稳产增产策略

近年来，江苏省把推进适度规模经营作为转变粮食经营方式，促进农业增效农民增收的重要举措，除原有的江苏省农垦集团有限公司、江苏省方源集团有限公司等大型国有粮食生产企业外，家庭农场、农民专业合作社、农民合作组织及农业企业已达 2.8 万多家，全省农业适度规模经营率已达 53%。规模化种植的发展为小麦持续增产提供了有力的保证。

第二节　“十三五”江苏省小麦生产发展规划

一、小麦生产面临的主要问题

1. 制约面积稳定或扩大的问题

江苏省经济发达，城乡居民和外来的常住人口逾 1 亿，随着城镇化及工业用地的增加，耕地资源持续减少，人均耕地仅 0.87 亩，苏南已逼近或跌破 0.8 亩的警戒线；加之耕地后备资源缺乏，建设与种粮用地更加尖锐，同时土壤面临着污染等问题，耕地持续生产力存在隐患，“十三五”期间，扩大小麦种植面积难度极大，但由于油菜种植面积逐年下滑，大麦面积也有所下降，预计小麦种植面积有望基本稳定。

2. 制约单产提高的问题

江苏省现有耕地 6 900 万亩，包括年单产吨粮的高产田 2 700 万亩（占 39.1%），中低产田 4 200 万亩（占 60.9%），其中黄河故道带和沿江沿太湖带及丘陵地区是中低产田的集中区域，约占中低产田的 1/3。在现有生产基础上，通过改善土壤肥力水平和质量，提高单位土地产出率特别是中低产田的产出率，实现平衡增产和稳定增产，将是今后小麦提高单产的途径之一。

近年来，随着江苏省农村劳动力大量转移，劳动力素质下降，种粮效益相对偏低和人工、机械作业费用的逐年提高，生产上往往过多强调省工节本，造成了小麦生产过程中出现许多问题。在生产布局上，部分地区因种植方式、品种、播栽时间不同，不利于生产技术统一管理，田块间不平衡性明显；种植方式上，小麦迟播、晚播面积还有一定的比例，秸秆还田浅而不匀、整地质量不高、播种量偏大、镇压不到位等粗放种植现象较为普遍，不仅降低了全省单产水平而且增加了生产的风险。播栽质量上，与高产群体合理起点存在较大差距，易大起大落，成穗率较低，产量不高不稳；管理上，施肥重前轻后，重氮轻磷钾，抗逆措施应对不及时等现象依然存在。

目前江苏省粮食生产中肥料、农药利用效率仅为 35%~40%，水利用效率约为 45%，光温资源利用率为 80%~90%，人均生产效率也低，与高效生产的要求差距很大。目前高产栽培技术实施到位的攻关田，产量比大面积普通田块的平均产量高出 1/3 以上，提高单产的潜力还很大，通过超高产技术的突破与熟化应用，可引领单产水平的不断提高，是提高小麦单位面积生产率的潜力所在。

3. 制约土壤肥力提升的问题

长期的高投入高产出，致使部分耕地耕层变浅、土壤缓冲性能下降、酸性增加，土壤面临着严重的污染问题等，耕地的持续生产力存在隐患。

4. 水资源约束

江苏省水资源相对充裕，但水资源时空分布不均，淮北水少地多，苏南水多地少，水资源与人口、耕地、生产力布局不相匹配，小麦生育期间淮北干旱、苏中和苏南渍水的现象一直存在。随着淮北和沿淮小麦生产地位的提升，水资源空间布局不平衡问题的影响愈加突出。农业基础设施薄弱的局面没有根本改变，机械化作业水平不高，排灌设施陈旧老化，沟渠道路不配套，抗御自然灾害能力不强。

5. 气象变化

近年来江苏省极端性天气频发，导致局部性与区域性灾害的发生常态化，小麦生长季节干旱、湿害、冻害、后期高温逼熟、穗发芽等逆境几乎每年都不同程度发生，增加了小麦生产的不稳定性，严重威胁到小麦生产安全和可持续发展。需要进一步改善农田灌排等生产条件，提高抗灾能力；积极主动应对的能力有待进一步提升。产量水平提高与气象条件改变后病虫草的发生规律与防治对策也有待进一步探索。

6. 人工、规模化经营与社会化服务

当前小麦生产还是“一家一户”种植为主，种田主体大多年龄偏大、文化水平偏低，对新技术接受慢、掌握难，操作简单粗放，乡镇农技服务人员也存在“数量不足、身兼数职、年龄老化、后继无人”的问题，农技推广“最后一公里”的问题仍然突出。

近年来逐渐扩大的规模化经营也存在一些问题，主要是小麦生产技术与规模化经营不相适应，影响质量与效益。一方面不少现有生产技术家庭农场难以应用，另一方面有些经营户承包面积过大，生产环节组织管理程度低，顾此失彼，影响生产技术的落实和产量经济效益的提高。很多生产大户存在生产布局不合理、统筹安排不到位、时间衔接不紧凑、不合理的问题，影响平衡增产，另外由于存在机械配套性差、机械与农艺配套差等问题，大户的种植、管理与收获进度慢，影响规模化增产增效。

小麦生产的专业化社会服务水平也有待于进一步提高。大多数社会化服务组织只提供机耕、灌水等简单的、低水平的农业服务，对相关延伸服务开展较少；服务范围上仅局限于周边村庄，跨区服务的较少。主要是因为缺乏完善的、长期的、稳定的专业化服务队伍，雇员的农技农艺水平不高，相关的服务规章制度也不完善等，制约了农业全程机械化进程的推进和高产技术到位率的提高。

二、小麦生产发展的面积、单产、总产

根据江苏省目前生产实际，结合温光资源生态条件和技术发展水平，认为至“十三五”末，江苏省小麦种植面积稳定在 3 200 万亩左右，较 2015 年略减 2.09%，单产水平稳定在历史最高（2015 年）359.2 千克 / 亩的水平上，力争较 2015 年增长 1%，达到 363 千克 / 亩；总产 1 161.6 万吨，比 2015 年略减 0.71%（表 5-2-1）。其依据如下。

表 5-2-1 “十二五”期间江苏省小麦生产面积、单产和总产规划

年份	播种面积（万亩）	总产（万吨）	单产（千克 / 亩）	比上年增加值 面积（万亩）	比上年增加值 总产（万吨）	比上年增加值 单产（千克 / 亩）	比上年增长率 面积（%）	比上年增长率 总产（%）	比上年增长率 单产（%）
2015	3 268.2	1 174.0	359.2	28.3	13.6	1.00	0.87	1.18	0.28
2016	3 284.8	1 119.6	340.8	16.6	−54.4	−18.43	0.51	−4.64	−5.13
2017	3 250.0	1 137.5	350.0	−34.8	17.9	9.20	−1.06	1.6	2.70
2018	3 220.0	1 143.1	355.0	−30.0	5.6	5.00	−0.92	0.49	1.43
2019	3 210.0	1 155.6	360.0	−10.0	12.5	5.00	−0.31	1.09	1.41
2020	3 200.0	1 161.6	363.0	−10.0	6.0	5.00	−0.31	0.52	0.83

1. 从面积潜力看，江苏省小麦面积增无可增

江苏省 2013 年、2014 年、2015 年油菜面积比上年分别下降 11.2 万亩、20.7 万亩、39 万亩，与小麦面积的增加基本同步且逐年扩大，但由于部分群众有喜食浓香型菜籽油的习惯，预期近两年油菜面积将呈现跌无可跌或略有下跌的趋势。2016 年小麦减产降价，种植业结构调整力度加大，部分麦田可能冬闲或种植绿肥养地、部分发展设施大棚种植效益较高的蔬菜或经济作物等，“十三五”小麦面积将保持基本稳定、略有调整的态势。从不同地区看，苏北五市“十二五”小麦总产的增加主要是面积的作用，但徐州、宿迁、连云港、淮安面积扩大已十分有限，仅盐城南部是江苏省油菜与大麦主产区之一，小麦面积仍有一定的替代上升空间；苏中的南通、扬州、泰州也是江苏省油菜主产区之一，但小麦替代空间不大，增幅难以达到“十二五”的规模；苏南由于总体空间有限，小麦面积会略减。

2. 从单产潜力看，江苏省小麦上升空间还是较大的

① 2016 年江苏省全省平均单产水平只有单产 340 千克 / 亩，但 2015 年江苏省就已有 11 个县（市）平均单产过 400 千克 / 亩，其中海安县最高达到 459 千克 / 亩，可见江苏省进一步提升单产的空间很大，经过努力实现单产 363 千克 / 亩的可能性是很大的。

②江苏省自 2007 年起组织进行小麦高产竞赛和高产创建，苏北、苏中麦区每年均有 3~5 亩以上实收单产 600 千克 / 亩以上的高产攻关田典型，苏南麦区多年多点重演了单产 550 千克 / 亩以上的高产攻关田，最高单产纪录连续取得新突破，也说明大面积小麦单产水平上升的空间很大。

③从 2015 年小麦生产实绩看，江苏省 13 个省辖市中最高产的泰州市 285 万亩小麦平均单产达 410 千克 / 亩，最低的镇江市仅 341 千克 / 亩，低于全省小麦平均产量的市有 8 个，面积占全省的 51.2%, 通过抓好平衡增产来实现全省总体水平提升的空间也较大。

④在注重高产田的同时，对江苏省中低产田进行改造，提升其生产能力对促进全省小麦生产水平的提高潜力很大。

三、小麦生产发展的重点

1. 面积和布局角度

“十三五”，江苏省小麦种植面积趋于稳定，重点是调整作物布局和品种布局。一是结合本区域生态特点，做好小麦—水稻、小麦—玉米周年协调增产能力工作，充分发挥资源生产力；二是做好各区域的小麦品种布局和品种更新工作。按照区域化布局、规模化种植、标准化生产和周年粮食高产高效的要求，积极推介适合本地的优良品种，及时进行品种更新，加强宣传引导，切实落实好小麦品种布局。弱筋小麦种植面积计划发展到 500 万亩左右，中筋小麦计划发展到 1 800 万 ~2 000 万亩，强筋小麦计划发展到 800 万 ~1 000 万亩。淮北重点推广优质中、强筋小麦品种，沿淮重点推广优质中筋小麦品种，淮南重点推广优质中、弱筋小麦品种，其中沿江沿海弱筋小麦优势区重点推广优质弱筋小麦品种。

2. 单产角度

根据稳粮增收、提质增效、改善环境、创新驱动的要求，进行粮食产业链各个环节的优化配合，部署以良种、良法、良田、良机、良防、良贮、良加衔接配套的科技重点。加大小麦高产稳产栽培技术的推广应用力度，实现良种良法配套、农机农艺融合、防灾减损并举、产加销一体、科研与生产相结合的粮食产业体系，提高技术到位率，促进全省大面积平衡增产增收。至“十三五”末，力争良种覆盖率 98% 以上，优质高产栽培技术贡献率 50%，劳动生产效率提高 20%，综合生产能力提高 15%，最终实现产量年均增产 0.8%~1.0% 的目标。

3. 品质角度

江苏省是我国重要的弱筋小麦产区，有很强的市场竞争力，但近年来为了提高单产，弱筋小麦品质下降。为了保证年度间品质的稳定性，实现专用小麦生产的区域化、标准化、产业化生产，需做好专用小麦发展规划，力争专用小麦品质达到国标要求或企业加工需求。

4. 资源角度

提高农业投入物的利用效率和使用安全。至“十三五”末，小麦生长季农药、化肥、水等使用量“零增长”，大力推广新型肥料、新型高效农药，力争肥水利用效率提高 10%，秸秆还田与综合利用 90% 以上，耕地地力提高 0.5 个等级。

四、小麦生产技术储备

1. 优良品种

一是加强选育筛选适合不同农区机械化生产的优质高产抗逆的小麦新品种，提高小麦增产潜力。二是加大专用小麦新品种培育力度。弱筋小麦品种选育是将低蛋白和低筋力基因导入高产抗病的遗传背景中，以降低籽粒的蛋白质和面筋含量，提高面团的延展性，改善饼干、糕点的加工品质；中筋小麦品种选育是在抗病高产的遗传背景下，导入优质蛋白亚基，改良面团的弹性和延伸性；导入 Wx 基因和抗穗发芽基因，改良籽粒淀粉品质；导入低 PPO 酶活性、低 α－淀粉酶活性基因，改良面条的色泽和耐储性；强筋小麦品种选育是将优质麦谷蛋白亚基（5+10，1，7+8，7+9 等）导入高产抗病小麦品种，改良面包烘烤品质。预计“十三五”末选育出优质弱筋小麦新品种 2~3 个，中筋小麦新品种 5~8 个，强筋小麦新品种 3~5 个，每个品种示范种植面积在 5 万亩以上。三是加强选育适应气候变化的新品种，提高品种抗逆性，重点解决小麦品种抗赤霉病、抗寒性、抗倒性的问题。

2. 栽培技术

“十三五”，重点研发规模化种植条件下粮食作物品种、栽培方式及匹配模式与全省优化布局区划，规模化种植条件下稻麦、麦玉两熟新型农作制及其配套耕作栽培技术，稻茬小麦水稻秸秆机械化还田的农机农艺结合技术、中低产田小麦稳定高产高效栽培技术，小麦机械精准播种技术，精确施肥与养分高效利用技术，高效节水精确灌排技术，作物智能化生产技术等；加强研究强筋中筋小麦优质高产高效技术、弱筋小麦量质协调高效技术、品质产量遥感监测技术等；并强化各技术的集成应用，注重资源高效利用与环境友好。

3. 耕作技术

“十三五”，重点研发中低田综合改良技术、土壤清洁化生产关键技术、秸秆还田机降耗及多功能复式作业技术，进一步加强新型耕作种植技术的研究，如适应茬口与天气变化的机械匀播技术等，提高播种质量，为培育壮苗奠定基础。

4. 植保技术

“十三五”，研发肥、水、药高效减污减排技术与一体化施用技术、环境与产品等有害物质（农药、重金属、生物毒素）高效检测设备及技术、重大有害生物预警技术、重大有害生物绿色防控技术、新型高效农药与防治技术等。强化研究轻型栽培技术对小麦病虫草发生的影响、快速的病虫草抗药性检测技术及预警技术、能够有效防治病虫草害的新型生物农药和种子处理剂、小麦病虫草害减量用药技术规程、赤霉病菌潜伏侵染及其产生毒素的快速检测技术等。

5. 防灾减灾技术

“十三五”，重点研发抗倒、抗湿、抗旱、耐阴、耐热、防冻等抗逆抗灾关键技术、重大气候灾变与防御技术、高水分粮短期储藏技术、粮食品质安全快速无损监测技术等。

6. 技术集成

“十三五”，加强对多学科研究成果的综合应用，提高小麦生产各环节关键技术的集成化程度，集成可在生产中推广应用的成果 2~3 项，如稻茬中筋小麦高产高效优质安全生产技术体系、稻茬弱筋小麦优质高效安全生产技术体系、淮北旱茬中强筋小麦高产高效优质安全生产技术体系等。

五、发展江苏省小麦生产的政策建议

1. 加大技术研发投入，提高技术支撑能力

建议国家和省级科技计划项目重点支持突破性小麦品种培育、小麦耕作播种新技术及进一步提高肥料利用率与报酬率的肥料施用技术等关键性技术的研究，支持小麦逆境发生规律与应对策略的研究、小麦高产优质高效安全生态的生产技术体系集成创新等，还应注重支持超高产技术的研究，为小麦进一步高产提供有效的技术支撑与技

术储备。尤其是长江流域稻茬小麦的高产优质综合技术体系集成与示范应得到高度重视。

2. 加强中低产田改造，提高农田生产能力

要切实加强全省中低产田的改造，注重解决农田小水利长期投入不足、直接进入田间的沟渠年久失修亟需整治的问题，提高农田灌排系统对进一步提高产量的适应能力，提高农田整体生产能力，实现小麦生产可持续增长。

3. 进行体制机制创新，适应小麦生产新形势

建立规模经营有序推广机制，如种植规模的合理划定、经营主体的入行资质认证等，克服现阶段规模经营中出现的问题。建立小麦突出灾害预警与调控机制，将专家系统、信息技术等多手段结合，建立公益平台，适时预警，及时调控。

要适应农村农业生产从业人员的新特点和农事作业社会化的新形势，研究科技推广与培训的新方法，有效提高高产高效生态安全的生产技术的普及化程度。

第六章 安徽省“十三五”小麦生产发展规划

第一节 “十二五”安徽省小麦生产总结

一、小麦产量特点

1. 小麦生产总体特点

2011—2015 年安徽省小麦面积增加 111.0 万亩，增长率为 3.1%，小麦单产增加 42.8 千克 / 亩，增长率为 12.6%，总产增加 195.3 万吨，增长率为 16.1%（表 6-1-1）。

表 6-1-1　2011—2015 年安徽省小麦面积、单产、总产的变化

年份	面积（万亩）	单产（千克 / 亩）	总产（万吨）
2011	3 575	340.1	1 215.7
2012	3 623	357.1	1 294.0
2013	3 649	365.0	1 332.0
2014	3 652	381.6	1 393.6
2015	3 686	382.9	1 411.0

注：国家统计局安徽省调查总队数据

从表 6-1-2 可以看出，安徽省不同地区小麦面积、单产、总产变化的趋势不同。淮北地区面积持平，单产和总产均有显著增加；江淮地区面积有增加，单产和总产显著增加；沿江地区小麦面积增加，单产没有明显增加。

表 6-1-2　安徽省代表性县（市、区）小麦面积、单产、总产的变化

地区	县（市、区）	面积（万亩）			单产（千克/亩）			总产（万吨）		
		2012	2013	2014	2012	2013	2014	2012	2013	2014
淮北地区	濉溪县	131.3	128.1	129.3	490.2	500.4	502.9	64.3	64.1	65.0
	五河县	93.0	94.3	94.3	378.5	384.6	397.3	35.2	36.3	37.5
	涡阳县	163.1	162.9	164.5	502.9	504.0	506.7	82.0	82.1	83.4
	泗县	117.1	118.8	117.4	337.9	335.0	363.1	39.6	39.8	42.6
	谯城区	106.2	104.9	105.5	506.8	502.6	507.7	53.8	52.7	53.6
	蒙城县	121.0	123.7	124.9	504.5	503.3	508.1	61.1	62.3	63.4
	利辛县	140.3	139.3	140.7	501.5	504.5	506.3	70.4	70.3	71.3
	埇桥区	157.3	159.5	158.1	381.3	376.9	407.3	60.0	60.1	64.4
	萧县	98.1	98.1	98.1	384.9	366.8	388.4	37.8	36.0	38.1
	太和县	125.0	126.5	124.4	484.5	460.0	501.1	60.5	58.2	62.4
	灵璧县	144.8	145.0	142.3	345.7	344.3	375.0	50.1	49.9	53.4
	界首市	47.5	47.2	47.6	493.6	479.8	501.2	23.4	22.6	23.9
	颍州区	30.3	30.5	36.0	394.8	404.0	413.2	12.0	12.3	14.9
	颍上县	124.6	127.6	129.0	366.8	384.0	400.8	45.7	49.0	51.7
	颍泉区	45.0	44.3	44.5	394.9	407.4	425.9	17.8	18.1	19.0
	颍东区	49.7	50.1	42.0	394.8	406.6	416.7	19.6	20.4	17.5
	临泉县	148.1	147.0	148.8	399.7	401.6	418.8	59.2	59.1	62.3
	阜南县	123.8	123.5	119.0	355.0	380.9	398.7	44.0	47.0	47.5
	怀远县	160.1	161.3	160.4	370.7	381.8	400.8	59.4	61.6	64.3
	固镇县	74.0	74.3	73.7	393.8	389.4	406.6	29.2	28.9	30.0
	潘集区	36.9	36.9	36.4	383.8	392.7	400.7	14.2	14.5	14.6
	凤台县	54.4	55.1	55.2	418.3	432.9	437.6	22.8	23.8	24.2
	合计（平均）	2 291.6	2 298.9	2 292.1	417.5	420.2	435.7	961.7	969.0	1 004.7
江淮	天长市	68.8	69.5	69.0	346.1	366.3	373.1	23.8	25.5	25.8
	全椒县	25.5	26.3	26.5	320.0	331.6	343.0	8.2	8.7	9.1
	南谯区	20.2	20.3	20.3	334.5	349.9	356.4	6.8	7.1	7.3
	明光市	62.6	62.7	62.7	302.0	326.5	338.4	18.9	20.5	21.2
	来安县	32.8	33.2	33.3	324.5	328.8	340.7	10.6	10.9	11.3
	凤阳县	78.7	78.2	78.9	342.3	363.4	371.3	27.0	28.4	29.3
	定远县	116.6	118.6	118.8	328.3	356.8	365.9	38.3	42.3	43.5
	裕安区	24.5	24.6	24.4	284.1	283.9	290.6	7.0	7.0	7.1
	寿县	145.5	146.9	148.3	319.4	327.0	330.4	46.5	48.0	49.0
	居巢区	17.0	17.5	17.5	269.1	261.3	291.3	4.6	4.6	5.1
	金安区	21.3	21.6	21.7	275.0	278.2	288.6	5.9	6.0	6.3
	霍邱县	133.8	134.5	133.9	324.3	330.0	336.8	43.4	44.4	45.1
	长丰县	49.1	49.0	49.0	268.0	279.5	303.3	13.2	13.7	14.9
	庐江县	29.6	29.7	29.7	265.2	286.1	296.8	7.8	8.5	8.8

（续表）

地区	县（市、区）	面积（万亩）			单产（千克/亩）			总产（万吨）		
		2012	2013	2014	2012	2013	2014	2012	2013	2014
	肥西县	26.8	27.0	27.1	313.0	317.0	320.2	8.4	8.6	8.7
	肥东县	38.0	38.0	38.0	237.2	266.1	294.4	9.0	10.1	11.2
	合计（平均）	890.8	897.6	899.1	303.3	315.8	327.6	279.2	294.3	303.5
沿江江南	宿松县	9.8	8.9	8.9	245.3	186.6	194.4	2.4	1.7	1.7
	望江县	3.5	3.8	3.9	333.3	267.0	271.8	1.2	1.0	1.1
	桐城市	7.0	7.2	7.5	267.2	254.5	252.8	1.9	1.8	1.9
	舒城县	15.0	15.3	15.4	145.0	201.4	213.8	2.2	3.1	3.3
	怀宁县	4.9	5.2	5.2	223.4	225.5	229.2	1.1	1.2	1.2
	枞阳县	12.8	12.6	12.3	302.2	241.9	246.3	3.9	3.0	3.0
	芜湖县	6.9	7.1	7.4	300.4	315.1	313.6	2.1	2.3	2.3
	无为县	20.9	21.3	22.8	313.9	308.9	307.7	6.6	6.6	7.0
	南陵县	4.9	5.3	5.4	238.3	274.9	287.8	1.2	1.5	1.6
	郎溪县	30.9	30.8	32.0	279.3	293.3	304.1	8.6	9.0	9.7
	和县	20.7	21.4	22.7	327.1	321.1	323.2	6.8	6.9	7.3
	含山县	6.1	4.0	4.2	332.4	314.5	314.1	2.0	1.3	1.3
	贵池区	3.3	3.3	3.3	211.2	231.0	234.4	0.7	0.8	0.8
	东至县	2.3	2.2	2.2	222.7	224.5	237.1	0.5	0.5	0.5
	当涂县	23.8	20.1	21.2	300.0	316.4	315.2	7.2	6.4	6.7
	宣州区	29.0	28.9	28.8	281.1	311.3	311.1	8.1	9.0	9.0
	合计（平均）	201.8	197.4	203.2	270.2	268.0	272.3	56.3	55.9	58.4

注：国家统计局安徽省调查总队数据

2. 2011—2015 年各年小麦生产主要特点

安徽省小麦面积持续增加，平均年增长 27.2 万亩，年平均增长率 0.78%，其中 2012 年增加幅度较大，增加 48.0 万亩（1.34%），2014 年增幅最小，仅增加 3.0 万亩（0.11%）（表 6-1-3）。

安徽省小麦单产显著增加，平均年增长 8.56 千克/亩，年平均增长率 2.39%，其中 2012 年、2014 年增加幅度较大，分别增加 17.0 千克/亩（年增长率 4.99%）和 16.6 千克/亩（年增长率 4.55%），增幅最小的是 2011 年和 2015 年，仅分别增加 0 千克/亩（年增长率为 0%）和 1.3 千克/亩（年增长率 0.33%）。

安徽省小麦总产也持续增加，平均年增长 40.9 万吨，年平均增长率 3.20%，其中增加幅度较大的也是 2012 年和 2014 年，分别增加 78.3 万吨（年增长率 6.44%）和 61.6 万吨（年增长率 4.62%），增幅最小的是 2011 年和 2015 年，仅分别增加 9.0 万吨（年增长率 0.75%）和 17.4 万吨（年增长率 1.25%）。

从不同地区的变化看，面积增加主要是在江淮和沿江地区，而单产增加主要是在江淮、淮北地区，沿江地区单产水平则有一定的波动（表 6-1-2）。

表 6-1-3　2011—2015 年安徽省小麦面积、单产、总产的年度增长率

年份	面积（万亩）	亩产（千克 / 亩）	总产量（万吨）	比上年增加值			比上年增长率		
				面积（万亩）	亩产（千克 / 亩）	总产量（万吨）	面积（%）	亩产（%）	总产量（%）
2010	3 550	340.1	1 206.7						
2011	3 575	340.1	1 215.7	25	0	9	0.7	0	0.75
2012	3 623	357.1	1 294	48	17	78.3	1.34	4.99	6.44
2013	3 649	365	1 332	26	7.9	38	0.72	2.11	2.94
2014	3 652	381.6	1 393.6	3	16.6	61.6	0.22	4.55	4.62
2015	3 686	382.9	1 411	34	1.3	17.4	0.92	0.33	1.25

3. 小麦产量变化的主导因素

“十一五”，安徽省小麦面积和单产的增长率相当，但在“十二五”，全省小麦单产的增长率是小麦面积增长率的 3 倍，单产提高已成为总产增加的主要因素。

从不同的地区来看，江淮地区单产的增加对总产的贡献最大，其次是淮北地区；对于沿江地区，面积的扩大是主要的。

二、小麦生产存在的主要问题

1. 气象条件变化及对小麦生产的影响

（1）秋收作物收获期对小麦播种期的影响　安徽省小麦的前茬作物主要为玉米、大豆和水稻，正常年份前作收获后约半个月才开始播种小麦，但由于玉米晚收技术、晚熟粳稻的发展、台风引起的夏季低温等原因，秋收作物生育期明显推迟。2010 年以来，玉米收获期与小麦播种期接近或重叠，晚熟粳稻在部分地区经常影响小麦正常播种，因此，安徽省进入了即收即种和晚播风险持续加大的新时期。

（2）秋季降雨对小麦播种质量的影响　9 月底至 10 月上中旬的降雨量对小麦播种具有至关重要的作用。淮北地区这一时期如降雨充足、土壤墒情适宜，则播种期集中、出苗整齐，为来年夏季丰收奠定重要基础；淮南地区正好相反，降雨多的年份，往往是烂耕烂种的年份，播种迟、出苗差。“十二五”期间，淮北地区 2012 年秋种土壤墒情不足，播种出苗受到较大影响，而 2011 年、2013 年、2014 年秋种土壤墒情则较好，出苗整齐；淮南地区 2012 年秋种较适宜，2011 年、2014 年秋种土壤墒情过湿，影响了小麦的正常播种出苗，尤其是 2014 年秋种，小麦播期推迟了 15~20 天。

（3）越冬期气温、降雨对小麦安全越冬的影响　安徽省淮北地区冬季的气温适于半冬性或弱冬性品种安全越冬，淮南地区适于春性品种安全越冬。但个别年份，由于降雨量不足、播种过晚、播种偏深等原因，越冬期也会发生点片或较大范围的冻害。

（4）春季气温波动与倒春寒的发生　安徽省淮北地区春季气温波动很大，受西北寒流的影响，在2月底至4月中旬常出现大幅降温天气，连续几个小时的0~4℃低温可能造成小穗、小花不育或不实，表现为不抽穗、半截穗或白穗尖等。

（5）开花期阴雨与赤霉病的关系　近年，由于气候变化，3—5月田间湿度大，花期遇雨概率高，玉米面积扩大与秸秆还田等原因，小麦感染赤霉病的概率大大增加，发病区域不断北移，沿淮地区已成为安徽省小麦赤霉病重灾区。

（6）灌浆期高温逼熟、湿害与粒重的关系　安徽省5月的天气总体上有利于小麦的灌浆结实，但个别年份（如2013年）会出现后期高温逼熟现象，特别是雨后骤晴，叶片迅速早衰，影响粒重。江淮、沿江地区多数年份生育后期降雨多，土壤湿度大，影响小麦根系发育，也有利于纹枯病的发生，造成小麦倒伏和枯穗、白穗。

2. 气象和病虫灾害对产量和品质的影响

（1）小麦冬季冻害　2010—2011年秋冬季节，淮北小麦主产区长达5个月无有效降雨，小麦播种、出苗、越冬和返青期遭受秋冬春三季连旱。冬季干旱导致旱冻叠加，不少田块出现青枯和黄苗现象，黄苗面积达到60多万亩。

（2）倒春寒　2013年淮北倒春寒严重发生，4月经历两次大的降温过程。第1次在4月7—9日，最低温零下1~2℃，当时小麦正处挑旗期；第2次在4月20—21日，最低温3~5℃，正值小麦抽穗扬花期。两次降温均对小麦幼穗发育造成一定影响，但以第一次为重。小麦倒春寒危害主要表现为：淮北北部麦区分蘖穗不能抽穗，淮北南部到江淮北部出现半截穗。受害品种主要为郑麦366、皖麦50等。小麦倒春寒危害程度从南至北呈现加重趋势。2015年又有中等程度的倒春寒发生。

（3）赤霉病　2012年赤霉病大流行，2015年部分地区重发，对小麦产量和品质均造成较大影响。

（4）穗发芽　2015年5月底至6月初连续降雨，使得沿淮、淮北南部小麦大面积穗发芽，使得小麦不完善粒的比例大幅超标，影响了小麦收购，严重降低了小麦品质。

（5）穗蚜危害　淮北地区小麦蚜虫常年呈偏重发生趋势。

三、小麦水土资源条件及变化

2011年以来，安徽省分别以“农田水利建设推进年”“农田水利建设高潮年”和“农田水利建设提升与管理创新年”为主题，持续推进农田水利基本建设。各级财政建立农田水利建设专项资金用于农田水利建设补助奖励。全省99个县（区）设立农田水利规划委员会，对各部门支农涉水项目和资金统一按照农田水利规划实施。省财政安排专项资金，对万方以上塘坝扩挖、小型泵站更新改造等自建工程进行专项补助。在健全乡镇（流域）水管站、90%以上的行政村设立水管员的基础上，选择260个水利工程管护单位（组织）开展改革创新试点，采取考核奖补的方式，探索发展种粮大户、水利合作社等不同类型的管护主体，提升管理效益。为进一步加强农田水利建设，安徽省政府研究决定，将全省“八小水利”工程（小水库、小泵站、小水闸、中小灌区、塘坝、沟河、机电井、末级渠系）改造提升一遍，目标是到2017年全省农田有效灌溉面积达80%以上。

“十二五”，安徽省已建成2 000多万亩高标准基本农田，确保土地综合生产能力明显增强。省级财政拿出30多亿元采用“以奖代补”方式给予支持。根据《安徽省土地整治规划（2011—2015年）》，安徽省完成了2 600多万亩旱涝保收高标准基本农田的建设任务。

四、小麦生产发展的主要技术措施

1. 优良品种

“十二五”，安徽省通过实施良种补贴，实现了新一轮的小麦品种更换。除烟农19以外，济麦22、烟5158、淮麦22等成为淮北地区主要推广品种，同时期，推广面积上升较快的品种还有淮麦29、连麦2号、山农20、山农17、良星99、洛麦23等；淮南地区宁麦13、扬麦13、镇麦168、新麦21等增长也较快。一些老的品种，如皖麦52、周麦22、邯郸6172等面积持续下降。安徽省自育小麦品种面积比例下降到只有10%左右。决定品种更换方向的主要因素是产量水平、抗倒性、抗寒性以及耐赤霉病、抗穗发芽的能力。现行推广品种中，绝大多数为中筋品种。

从近五年的发展趋势看，抗倒春寒和抗赤霉病的能力成为刚性需求，抗穗发芽、抗倒伏成为选择品种的重要因素。从最为急迫的需求看，需要大力推广适于沿淮、淮北地区种植的半冬性、耐赤霉病的品种。

2. 栽培技术

（1）旋耕、镇压、适期、适墒播种技术　以播种质量为重点，坚持做到适期、适墒播种，旋耕后注意镇压耙实。这项技术的推广使用覆盖面积已达到70%左右。

（2）氮肥后移技术　拔节期遇雨撒施尿素7.5~10千克/亩，保证成穗数，增加穗粒数，防止早衰；避免一炮轰施肥，防止大群体和倒伏。这项技术的推广使用覆盖面积达到60%。

（3）复式作业播种技术　由于缺乏大马力拖拉机，皖北地区耕种作业仍以多次单项作业为主，单旋耕作业仍是主流，部分田块镇压力度不够，土壤喧松。旋耕镇压播种复式作业面积约占1/3。

3. 耕作技术

（1）深（松）耕　目的是为了打破由于长年旋耕形成的犁底层。这项技术主要应用于淮北旱茬麦区，推广使用覆盖面积约占70%。

（2）秸秆还田　由于大型机械少、农机不配套等原因，秸秆全量还田还在一定程度上影响小麦播种质量。主要措施是在玉米收割机上加装粉粹装置，二是采用玉米灭茬机，三是采用深埋、深翻的办法。这项技术主要应用于淮北旱茬麦区，推广使用覆盖面积约占 80%。稻茬麦地区，秸秆全量还田还存在较大问题，一般是部分还田。

（3）稻茬小麦机开沟少免耕播种技术　少免耕播种后，再用机开沟覆土，这项技术主要应用于淮河以南稻茬麦地区，推广使用覆盖面积约占 95%。

4. 植保技术

（1）病虫草综合防控技术　包括药剂拌种、三叶期化学除草、起身返青期化学防控、花期及灌浆期化学防治等，该项技术的推广使用范围 90% 以上。

（2）一喷三防技术　主要针对赤霉病、穗蚜及早衰，采用药肥混施的办法。该项技术的推广使用范围 80% 以上。

5. 防灾减灾技术

主要采取适期、适量播种，提高播种出苗质量，采取肥水调控技术，保持苗期群体稳健生长，达到抗寒、抗倒的目的。该项技术的推广使用范围 60% 以上。

6. 技术集成

分别制订了“淮北地区旱茬小麦栽培技术规程”“沿淮江淮地区稻茬小麦栽培技术规程”，包括小麦栽培的品种选用、耕作播种、施肥方法、病虫害防治等。该项技术的推广使用覆盖范围 80% 以上。

第二节　“十三五”安徽省小麦生产发展规划

一、小麦生产面临的主要问题

1. 制约面积扩大的问题

近年来，江淮、沿江地区小麦面积持续增加，油菜面积持续下滑，主要是因为油菜育苗移栽和收获需要大量的人工劳动。而沿江地区双季稻面积下降，单季稻机械直播也是增加小麦－水稻接茬的重要原因。

“十三五”，安徽省小麦面积处于稳定状态。一是因为油菜等经济作物已下降到低限。二是因为小麦生产比较效益下降，设施园艺作物或高效经济作物比例上升，可能进一步压缩小麦面积增长的空间。

2. 制约单产提高的问题

一是目前的产量水平已较高，处高位爬坡阶段，继续增加投入增加产量的效应会减少。二是生产目标的调整，高产兼顾优质、安全，同时还要考虑减少化肥、农药施用，节约成本。三是不同茬口作物间竞争性的加强。个别年份，由于玉米晚熟以及近年推广玉米晚收技术，小麦玉米接茬会变得较紧张，出现一边收割玉米、一边播种小麦的情况。如果玉米继续晚熟，小麦和玉米在季节上会出现部分竞争。在沿淮的某些县区，由于大面积发展晚熟的粳糯稻，小麦须推迟至 11 月底 12 月初才能播种，有的年份冬前不能出苗，严重影响了小麦产量。但农民出于全年收益的考虑，一般都把小麦放在次要地位。

3. 制约土壤肥力提升的问题

据统计，安徽省淮北地区砂姜黑土面积达到2 487万亩，占淮北地区耕地面积的76.7%。淮北小麦主产区砂姜黑土面积大，土壤质地黏重，适耕性差。失水干旱时，形成发僵土块，产生大量裂缝，造成小麦受旱严重；大量降水时，土壤膨胀堵塞孔隙，形成托水层，阻止水分下渗，造成严重涝渍。同时，有机质含量和土壤养分不高，多为中低产田，难以满足小麦高产对土壤供肥能力的要求。

与此同时，安徽省稻茬麦地区还广泛分布水稻土，其适耕期短，适耕性差，遇到秋旱秋涝，耕整地质量难以保证。

4. 水资源约束

（1）*农业灌溉水源减少*　从长期看，随着淮北地区城镇化及工业化进程加快，地下水位将有下降趋势。

（2）*农田基础设施薄弱*　安徽省小麦主产区旱涝保收面积仅占53%；小麦单产400千克/亩以下的中低产田面积占45%；高标准农田面积较小。淮北地区排灌沟渠常年失修，地表水灌溉面积减少，井灌能力严重不足。淮北地区存在一定比例的“龟背田”，淮南地区存在大量的“不规整田”。

（3）*灌溉方式落后*　安徽省小麦主产区降水充沛，属于雨养农业的生产方式，长期以来，麦田不平整、沟渠不配套，农田设施条件差，加之地处南北过渡地带，降水时空分布不均，易旱易涝。如秋种期间，年际间降水差异大，土壤墒情变化快，难以保证足墒播种，缺苗断垄现象较普遍。淮北地区小麦苗期遇旱，绝大部分农户采用“小白龙”抗旱，一次浇水量小，浇不透地，反复浇灌造成表土板结。小麦拔节以后，“小白龙”灌溉方式难以进行，应对小麦后期干旱则缺乏有效措施。

5. 气象变化因素

淮北地区光照条件优越，但也存在下列不利因素：一是冬春季节常有寒潮天气入侵南下，造成小麦冻害和寒害；二是小麦生长季节平均降雨量250~350毫米，秋季经常少雨干旱，影响播种出苗，冬春干旱及后期干热风天气也时有发生。

淮河以南地区小麦生长季节平均降雨量充足（450~750毫米），但光照条件不足，而降雨较多的3—5月还经常发生严重渍害。

6. 人工及投入因素

经营规模较小。安徽省小麦生产规模户均10亩左右，实际上作业田块只有2~3亩。小的作业田块导致难以使用大中型机械，不利于深耕、深松机械作业，秸秆不能有效粉碎还田，化肥不能深施而易于流失。小麦拔节肥基本靠人工撒施。

农机装备较差。一是淮北地区连续多年旋耕，土壤耕层变浅，需要2~3年深耕或深松1次，但能够完成这一田间作业的大型机械或作业数量不足；二是需要改进小麦播种机械，现在淮北地区还有部分小型播种机，其结构不合理（耩腿前三后四），覆种深度难以掌握，也缺乏配套镇压工具，播种质量较差，种子播得深，易造成出苗弱；三是麦田灌溉机械落后，多采用“小白龙”管喷灌，虽价格便宜，但灌溉质量较差，自动化程度低，劳动强度大。

收储装备较差。近年，农户经营规模不断扩大，但由于干燥储存装备较差，一般经营大户需要等小麦在田间完全干燥后才能统一收割，因此田间损失及穗发芽风险很大。

二、小麦生产发展的面积、单产和总产

2016—2020 年，安徽省小麦面积预计将保持在 3 700 万亩左右，单产和总产约以年均 1% 的速率递增，2020 年达到单产 400 千克 / 亩水平（表 6-2-1）。

表 6-2-1 “十三五”期间安徽省小麦生产面积、单产和总产规划

年份	播种面积（万亩）	总产（万吨）	单产（千克 / 亩）	比上年增加值			比上年增长率		
				面积（万亩）	总产（万吨）	单产（千克 / 亩）	面积（%）	总产（%）	单产（%）
2015	3 686.0	1 411.0	382.9	34.0	17.3	1.30	0.92	1.25	0.33
2016	3 689.0	1 387.0	376.0	3.0	–24.0	–6.90	0.08	–1.7	–1.8
2017	3 700.0	1 425.0	385.0	1.0	38.0	9.00	0.03	2.74	2.39
2018	3 700.0	1 443.0	390.0	0.0	18.0	5.00	0	1.26	1.29
2019	3 700.0	1 462.0	395.0	0.0	19.0	5.00	0	1.32	1.28
2020	3 700.0	1 480.0	400.0	0.0	18.0	5.00	0	1.23	1.27

2016—2020 年，淮北小麦发展的方向是提高效益、减少损失，实现平衡增产。大部分县市达到或超过 450 千克 / 亩产量水平。

江淮地区和沿江地区的主要方向是稳定提高产量水平。江淮地区各县达到 350 千克 / 亩左右，沿江地区达到或接近 300 千克 / 亩水平。

三、小麦生产发展的重点

1. 面积和布局角度

淮北地区由于经济作物发展，面积保持稳定或略减；淮南地区还可以增加部分冬闲田。因此，全省小麦面积总体上将保持稳定。

2. 单产角度

安徽省小麦单产水平还有较大的增长空间。淮北地区单产最高达到 750 千克 / 亩左右，淮北中北部地区大部分县（市、区）平均单产只有 450 千克 / 亩左右；高产县涡阳平均单产 508 千克 / 亩，比一般县高 50 千克 / 亩以上；沿淮、江淮稻茬麦，高

产县单产比一般县高 50~70 千克 / 亩。因此，通过平衡增产还可以进一步提升单产水平。到 2020 年，通过推广抗倒伏的品种，改善灌溉条件，提高播种质量，秸秆还田提高地力水平等措施，宿州、阜阳等也将有更多县市步入单产千斤行列。江淮稻茬麦区通过改善农田基本条件，使用优良品种，加强灾害防控，可以实现小麦从中产水平到中高产水平的转变。

3. 品质角度

赤霉病、穗发芽、黑胚、籽粒质地和容重是影响安徽省小麦品质的最重要因素。2015 年夏收期间，经对安徽省主产麦区抽取 93 份样品分析，来自淮北中北部（包括宿州市、淮北市、亳州市大部、阜阳和蚌埠部分地区）以及江淮红麦区（包括滁州、六安中部）的样品 54 个，其中不完善粒超标样品 4 个，未超标样品率 92.6%；来自六安、蚌埠、滁州等沿淮地区（包括霍邱北部、寿县北部、阜南、明光、五河南部）以及淮北中部（包括怀远、利辛、阜阳颍东区）的样品 39 个，其中不完善粒超标样品 19 个，未超标样品率 51.3%。安徽省主产区小麦不完善粒样品呈明显的区域性，不完善粒超标样品主要集中在沿淮白皮小麦产区以及淮北中部的部分地区，主要原因是收获期降雨引起的穗发芽，少部分原因是稻茬麦赤霉病，局部地区是因为收获籽粒水分含量高造成的籽粒破碎以及易感品种发生的黑胚。通过品种改良和栽培新技术的应用，可以在很大程度上改善小麦的品质。

4. 资源角度

“十三五”小麦生产将按照减少农药、化肥、种子用量的目标要求，节约资源使用量。土壤养分的平衡要更多地通过秸秆还田、施用有机肥、深施肥等来保障。同时，通过测土配方实现精准施肥，提高肥料利用率。

5. 其他

气候性灾害及影响包括：季节性干旱，主要是秋种季节少雨缺墒，中后期干旱；渍涝及烂场雨危害，主要是稻茬麦区烂耕烂种，中后期渍害；冬季冻害和倒春寒；高温逼熟。

2010 年和 2012 年安徽省麦区赤霉病流行，淮北穗蚜危害，江淮稻茬麦草害，品种、气候、栽培条件等因素的影响呈多元化和复杂化。

四、小麦生产技术储备

1. 优良品种

将更加注重选用抗（耐）赤霉病、耐穗发芽、抗倒春寒、优质、稳产性好、适应性强、抗倒伏的小麦新品种。

“十二五”，安徽省淮北地区主要从河南、山东引进品种。总体上看，河南品种抗寒性较弱，山东品种不耐赤霉病、熟期偏晚。未来，淮北地区需要加大品种培育筛选的力度，提高品种的产量水平，增强减灾抗灾能力。

沿淮地区处于南北品种的交界地带。北方半冬性品种成穗数多、产量高，但熟期晚，不抗赤霉病；南方品种熟期早、抗赤霉病、耐湿，但产量水平不高。两类品种竞争的结果是半冬性品种过淮河，生产水平提高，但赤霉病风险加大，植保界称之为“赤霉病北移”现象。“十三五”淮北地区应进一步加大产量潜力大、抗寒抗倒伏能力强的小麦优良品种的推广；沿淮地区筛选扩大丰产性好、综合抗病性较强的新品种；江淮地区稳步推广抗赤霉病、耐湿的高产品种。

2. 栽培技术

（1）规范化播种　秸秆还田条件下，改进机械旋耕、镇压、播种质量。播种质量不高是制约安徽省小麦单产继续提高的最主要因素。具体栽培技术措施包括：以提高播种质量为核心，坚持适墒、抢墒、造墒播种的原则，切实改变播种出苗不匀，播种过深的状况；采用三年旋一年深（松）耕措施，打破犁底层，提高土壤蓄水保墒能力；采用高质量旋耕、镇压、施肥机械，保证灭茬质量、施肥深度及镇压质量；以墒情确定播期，以播期、整地质量调整播量，在保障足够基本苗的情况下，切实解决播量偏大的问题。

（2）高效肥水管理　包括播种定位深施肥技术、控释肥技术、精准施肥技术、春季苗期机械施肥机械化技术、叶面高效施肥机械化技术。

（3）大力提高肥料利用率　在基肥中加大有机肥比重；使用先进农机具，实现化肥深施；试验示范控释肥；继续扩大氮肥后移、配方肥施技术覆盖面；采用先进水肥一体化机械，继续强化“一喷三防”技术的应用。

（3）推广节水灌溉技术　强化墒情监测，引进示范新型高效灌溉机械和装备。

3. 耕作技术

（1）深松耕机械　加大深松耕机械的社会化服务，降低作业成本。

（2）秸秆还田机械　大力发展玉米机收，全面实施灭茬及秸秆粉粹还田，增加秸秆的粉碎度和掩埋深度，尽量减少对小麦播种质量的影响。示范拥有新型水稻秸秆还田机械，改善水稻秸秆还田效果。

4. 植保技术

（1）新型机械　示范推广宽幅轨道作业机械化技术。同时发展无人机技术。

（2）高效农药　开发引进高效低残留农药。

（3）一喷三防　提高综合效果，节约成本，减少后期田间作业对小麦的伤害。

（4）综合防控　分区域、分时段进行小麦主要病虫草害的综合防控。淮北地区以穗蚜、纹枯病为主，兼顾白粉病、叶锈病、红蜘蛛、地下害虫的防治；沿淮以南地区以赤霉病、纹枯病为主，兼顾病毒病、白粉病的防治。综合防控要充分发挥监测、品种、农药、机械等技术的互补作用及协同效应。

5. 防灾减灾技术

（1）积极推广与灾害发生防控及减灾补偿相关的肥水管理技术　包括麦苗控旺、促弱栽培技术，受冻、受寒麦田恢复技术等。

防灾减灾应立足于保证播种质量。在高质量整地基础上，坚持适墒、适期播种，保证播量、播深适宜，促齐苗、匀苗，冬前形成壮苗，起到防倒伏、防冻害、防早衰的效果。

淮北地区应：

① 针对秋旱影响播种出苗问题，采取适墒、适期、适量、适法的规范化播种技术；

② 针对冬季冻害、倒春寒频发及倒伏问题，采取品种布局调整、壮苗培育、氮肥后移及化控技术。

淮河以南地区应推广稻茬麦少免耕、节种、晚播高产栽培技术。

（2）仓储、烘干设备　小麦收获期遇雨概率很大，大户和家庭农场经营，因为没有晒场，因此，烘干机成为必须的设备。

6. 技术集成

（1）良种良法配套　依据新时期品种的特点，扬长避短，发挥品种和栽培技术的优点，完善区域栽培规程，实现增产、节水、节肥、节药、高效的日标。

（2）农机农艺融合　应围绕“七分种，三分管”原则，重点体现在 3 个方面：一是旋耕与深翻（松）结合，即 2~3 年旋耕，1 年深松（耕）；二是旋耕与镇压结合；三是均匀、适量播种，淘汰小型老式播种机，推广宽幅播种机。

五、发展安徽省小麦生产的政策建议

1. 加强农田水利基础设施建设和耕地质量建设

抓住中央对水利建设增大投资的机遇，整合各方资源，以小麦主产县和核心示范区为核心，集中投放，分年度推进，切实加大以打井配套、桥涵建设、沟渠治理、“三沟”配套等主要内容的农田水利基础设施建设力度，尽快形成和提高小麦生产能力。

实行用养结合，以增施有机肥、秸秆还田为手段培肥地力。强化大型农机具的服务和作业补贴，定期采取深耕深松措施，提高耕地蓄水保墒能力。

2. 促进种业科技创新，加快良种推广步伐

以良种为载体，加强种子科研、生产、经营、推广等部门的协作和攻关，不断提升小麦种子研发的创新能力。建立健全小麦良种繁殖体系，保证商品种子质量。积极推进小麦育种科研平台及科研团队建设，专项支持高产、优质、抗倒伏、抗病新品种的选育、引进和推广工作。加强知识产权保护，完善品种区域试验测试鉴定体系。

3. 加强栽培技术的试验、示范和推广工作

大力推进小麦高产创建和绿色增产模式攻关活动。

完善以规范化播种为基础的配套集成技术。围绕实现一播全苗的目标，着力改进播种方法，提高播种质量。实行抢墒播种与造墒播种相结合，确保足墒播种。加强旋后镇压，切实扭转旋耕不实带来的播种过深、透气跑墒、易旱易冻等弊端。以墒情定播期，以播期、整地质量定播量，避免播量过大。稻茬麦地区大力推广秸秆还田机械化播种技术，改变用种量大、播种质量不高的现状。

以测土为基础，以配方肥施用为重点，实现精准施肥，节约肥料使用量。以化肥深施为重点，改进施肥方式，提高肥料利用率。以机械追施拔节肥和后期叶面喷肥为重点，不断优化氮肥的基追施比例，提高施肥效果，满足小麦高产的养分需求。

大力推广病虫草害综合防治技术。加大种子包衣和药剂拌种技术的推广力度，地下害虫重发区做好土壤处理。推广化除技术，突出抓好稻茬麦化学除草。以综合防治为手段，重点抓好纹枯病、赤霉病、穗蚜等病虫害防治，提高病虫害科学防治水平，努力减轻灾害损失。

4. 鼓励规模经营，逐步完善社会化服务体系

加快发展适度规模经营。以农民专业合作社、种植大户、家庭农场为重点，培育和扶持规模生产经营主体，提高生产的组织化程度。以示范区建设为抓手，强化技术集成和资源集聚，不断提升小麦生产的集约化水平。

建立健全基层农技推广体系，完善苗情、墒情、病虫情和灾情监测预警与分析，开展新品种对比展示、新技术试验示范和主推技术培训，建立技术人员包片驻点服务制度，提升基础服务能力。大力发展农民专业合作社和专业化服务队，培育和扶持农机、植保社会化服务组织，健全社会化服务体系。

支持优质小麦品牌粮食商品化生产。建立品牌粮食技术标准、产品分级及收储加工流水线建设，实现优质优价。有条件的地区鼓励一、二、三产融合发展。

5. 强化保障机制

加大农机具购置补贴力度，推广应用大型农机具，提高农机装备水平。重点支持补贴购置大中型拖拉机及其配套的深耕深松机、秸秆还田机、旋耕施肥播种镇压复式作业机械、牵引式灌溉机械及烘干设备。对核心示范区农民继续实施良种良法配套补贴，鼓励有条件的县开展物化补贴试点。

第七章
湖北省“十三五”小麦生产发展规划

第一节　“十二五”湖北省小麦生产总结

一、小麦生产特点

“十二五”，湖北省小麦种植面积稳步增加，种植区域扩大；平均单产逐年提高，突破了历史最高水平，在小麦万亩高产创建中，出现了单产 542.9 千克 / 亩的高产典型；小麦总产也得到快速增加，对全省粮食总产的提高发挥了重要作用。小麦生产机械化水平也得到较快提升，特别是稻茬小麦机械播种的快速发展，提高了湖北省中南部小麦的生产水平和技术水平。

1. 2011—2015 年小麦生产总体特点

（1）种植面积稳步增加，种植区域扩大　据国家统计局数据，“十二五”，湖北省小麦年种植面积为 1 520.4 万 ~1 642.2 万亩，年均 1 603.0 万亩，2012 年以来稳定在 1 600 万亩以上，年均种植面积比“十一五”增加 4.59%。

“十二五”，鄂北岗地和鄂中丘陵等小麦主产区小麦种植面积继续保持稳定增加，与此同时，江汉平原等其他非小麦主产区的小麦面积在“十二五”中后期快速增加，种植区域明显扩大，从而带动了全省小麦种植面积的大幅度增加。如江汉平原的天门、潜江、仙桃等市，冬季作物主要以油菜为主，自 2012 年秋播以来，小麦种植面积快速增加，占各市冬季作物种植面积的比例增加到 50% 左右。

（2）平均单产持续提高，突破历史最高水平　“十二五”，在种植面积扩大的同时，湖北省小麦平均单产也持续提高。据统计，2011—2015 年夏收，全省各年度小麦单产为 226.8~263.6 千克 / 亩，平均 246.5 千克 / 亩，比“十一五”增加 13.19%。2013 年，小麦单产再创历史最高纪录，达到 248.8 千克 / 亩，比 1997 年的历史最高水平 233.3 千克 / 亩高 15.5 千克 / 亩，此后两年，湖北省小麦单产均刷新历史新高。

“十二五”，湖北省小麦生产还出现了两个高产典型。2012 年，湖北省襄州区古驿镇小麦万亩高产创建示范片通过了由农业部种植业司组成的专家组实打测产验收，实打单产达到 530.53 千克 / 亩，超过了此前湖北省小麦高产纪录 513.07 千克 / 亩。2014 年夏收，经农业部组织的专家组验收，襄州区古驿镇建立的小麦万亩高产创建示范区实打平均单产 542.9 千克 / 亩，创造了湖北省新的小麦高产纪录。

（3）小麦总产快速增长，对全省粮食总产的增长发挥了重要作用 “十二五”，湖北省小麦总产为 344.8 万 ~424.9 万吨，年均产量 395.0 万吨，比“十一五”增加 18.38%，增长迅速。小麦总产的增加，为全省粮食总产的持续增长发挥了重要作用。据不完全统计，“十二五”小麦总产的增长量占全省粮食总产增长量的 40% 左右（表 7–1–1）。

表 7–1–1 “十二五”湖北省小麦生产情况

年份	面积（万亩）	单产（千克 / 亩）	总产（万吨）
2011	1 520	226.8	344.8
2012	1 598	232.0	370.8
2013	1 642	253.8	416.8
2014	1 612	261.6	421.6
2015	1 640	256.7	420.9
平均	1 603	246.5	395.0

注：表中数据来源于《湖北省农业统计年鉴》

（4）小麦生产机械化水平不断提高，稻茬麦机播技术大面积推广应用 “十二五”，湖北省小麦生产机械化水平得到了快速发展。据有关部门统计，2015 年，湖北省小麦完成机械耕整土地 1 621 万亩，机播 720 万亩，机收 1 556 万亩，机播率 43.9%，机收率达 94.9%，综合机械化水平达 79.2%。其中小麦生产大市襄阳市小麦生产机械化水平走在全省前列，该市小麦耕种收机械化水平从 2009 年的 70% 左右提高到 2013 年的 87.8%，平均每年提升 4.4 个百分点，特别是小麦机械播种率由不到 40% 提高到 65.4%，平均每年提高 6.4 个百分点。

此外，稻茬小麦机械播种从无到有，发展迅速，稻茬麦少免耕机械播种及配套栽培技术得到大面积推广应用。湖北省稻茬小麦面积占小麦总面积一半以上，约 900 万亩左右，主要集中在鄂中北、鄂中南及江汉平原地区。以往稻茬小麦播种以人工撒播为主，近年来，随着稻茬麦少免耕机播技术的完善和示范推广力度的加大，稻茬小麦机械播种从无到有，发展迅速。以京山县为例，2012 年秋播示范稻茬麦机械播种 8 000 亩，2013 年秋播发展到 14.5 万亩，2014 年全县小麦秋播面积 58 万亩，其中“稻茬麦”机条播达到 25 万亩。另一稻茬麦大县随县，2014 年秋播，全县小麦机械条播面积达到 35.2 万亩，占播种面积的 40.8%，同比增加 30% 以上。

（5）小麦品质得到提升，但仍存在一定制约因素 相对河南、山东等小麦生产优势区域，湖北省小麦生产生态条件差，小麦生育后期多雨，赤霉病、穗发芽、高温往往导致小麦质量差。近年来，随着品种改良和栽培技术的更新，小麦质量得到明显提升。据湖北省粮食局发布的调查报告，2013 年湖北省收获小麦整体质量上升，质量中等（3 等）以上的比例为 71.1%，比上年提高 18.1 个百分点，容重平均值 765.1 克 / 升，比上年提高 20.3 克 / 升。2014 年收获质量中等以上的比例为 86.1%，比上年高 15 个百分点，容重平均值 774.9 克 / 升，比上年高 9.8 克 / 升，不完善粒平均值 4.6%，比上年降低 0.9 个百分点。但受小麦病害和收获期气候条件的影响，“十二五”小麦品质指标年际间变化较大，是制约湖北省小麦品质稳定提高的重要因素。

2. 小麦产量变化的主导因素

（1）产量变化的主导因素分析 “十二五”，湖北省小麦总产为 344.8 万 ~421.6 万吨，平均 395.0 万吨，比“十一五”增加 18.38%。其中面积增加和单产提升均发挥了较大作用，但总体来看，单产提升发挥了更大的作用。“十二五”，小麦种植面积年均 1 603 万亩，比“十一五”增加 4.59%。单产为 246.5 千克 / 亩，比“十一五”增加 13.19%。

（2）旱地小麦和稻茬小麦对产量变化的影响分析 “十二五”，湖北省旱地小麦和稻茬小麦的面积都有较大幅度增长，其中稻茬小麦面积增长幅度较大（表 7-1-2）。2015 年湖北省稻茬麦面积 911 万亩，比 2011 年增加 91 万亩；旱地小麦 717 万亩，比 2011 年增加 17 万亩。2011—2015 年，湖北省稻茬麦年均 886 万亩，占湖北省小麦面积的 55.3%。

表 7-1-2 “十二五”湖北省旱地小麦与稻茬小麦面积变化 （万亩）

项目	2011	2012	2013	2014	2015	平均
夏收小麦面积	1 520	1 598	1 642	1 612	1 640	1 603
旱地面积	700	699	719	736	729	717
稻茬麦面积	820	899	923	876	911	886

注：表中数据为各县市（区）上报统计数据

（3）不同生态区的小麦产量在全省中地位分析 “十二五”，湖北省不同生态区中，鄂北岗地和鄂中丘陵仍然是湖北省最重要的小麦产区，鄂南地区江汉平原的小麦生产也得到了快速的发展，地位有所提升。分析 2015 年各地小麦生产数据（表 7-1-3）可以看出，总产占全省 10% 以上的地级市有襄阳、荆门和随州等 3 个，均属于鄂北岗地和鄂中丘陵地区，3 个市的小麦种植面积占全省面积的 52.3%，单产比全省平均单产高 18.2~143.0 千克 / 亩，总产占全省总产的 72.9%。位于鄂南江汉平原的荆州市小麦种植面积和总产分别占全省面积和总产的 11.2% 和 9.5%，但该市平均单产低于全省平均单产 37.5 千克 / 亩。

表 7-1-3　2015 年湖北省不同生态区的小麦单产、面积和总产

地区	面积		单产		总产	
	万亩	占比（%）	千克 / 亩	较全省平均单产	万吨	占比（%）
全省	1 640.1	—	256.7	—	420.9	—
襄阳	539.3	32.9	399.6	142.9	215.5	51.2
随州	143.3	8.7	300.8	44.1	43.1	10.2
孝感	153.9	9.4	205.0	−51.7	31.5	7.5
荆州	183.1	11.2	219.2	−37.5	40.1	9.5
荆门	174.8	10.7	274.8	18.1	48.0	11.4
黄冈	106.0	6.5	168.2	−88.5	17.8	4.2
潜江	43.6	2.7	227.5	−29.2	9.9	2.4

注：表中数据来源于《湖北省农业统计年鉴》

二、气象和病虫灾害对小麦产量和品质的影响

1. 2011 年小麦灾害的影响

本年度湖北省大部分地区降水量比常年同期偏少五成，北部地区偏少六到八成，发生了较严重的冬春连旱。据统计小麦受旱面积 900 万亩，比上年增加 780 万亩。受干旱影响，小麦冻害面积明显增加，达到 1 500 万亩，比 2010 年增加 700 万亩。

由于雨水较常年偏少，小麦病害发生情况较轻，虫害较上年重。据省植保部门 4 月底统计，2011 年小麦病虫害发生面积 680 万亩，比上年的 1195 万亩减少了 515 万亩，减幅达 43.1%，其中条锈病发生面积 423.5 万亩，蚜虫发生面积 232.6 万亩。

2. 2012 年小麦灾害的影响

本年度小麦分蘖期气温较常年略低，抑制了小麦年前生长速度，加之冬季没有出现极端低温天气，全省基本没有冻害发生。拔节孕穗期中北部出现了轻度的旱情，全省小麦受旱面积 334.2 万亩，但由于麦田底墒足，对小麦生长发育没有较大的不利影响。

由于冬季气温较低，病虫越冬基数较小，条锈病、白粉病、纹枯病等小麦病虫害发生情况较轻，小麦条锈病发生面积 100.64 万亩。蚜虫危害较重，发生面积 515.28 万亩，赤霉病发生较为严重，发生面积 1 002.97 万亩，给小麦生产造成了严重损失。

3. 2013 年小麦灾害的影响

本年度分蘖期小麦气温较常年略低，但冬季没有出现极端低温天气，全省基本没有冻害发生。小麦拔节孕穗期中北部出现了轻度的旱情，由于降雨及时，缓轻了对小麦生长发育的不利影响，全省小麦受旱面积 256 万亩，比上年减少 78.2 万亩。总体看，灾害性天气对该年度湖北省小麦生产影响不大。

由于本年度气温提早降低，病虫越冬基数较小，条锈病、白粉病、纹枯病和蚜虫

等小麦病虫害发生情况较轻，全省小麦病虫害发生面积 862.38 万亩，其中条锈病发生面积 426.87 万亩，比上年增加 326.2 万亩，赤霉病发生面积 270.8 万亩，比上年减少 732.17 万亩，蚜虫发生面积 154.71 万亩，比上年减少 360.57 万亩。

4. 2014 年小麦灾害的影响

2014 年 4 月 11—25 日，全省范围出现了 2~3 次连续较强的降水过程，部分稻茬麦因沟厢质量不高发生了不同程度的渍害。湖北省中南部安陆、大悟、钟祥、曾都、广水、随县等地 4 月的降水量达到 200 毫米以上，是常年平均降水量的两倍以上，渍害发生面积占小麦面积的 20%~50%，其中轻度渍害占 60% 左右，中度渍害占 30% 左右，重度渍害占 10% 左右。部分受渍严重田块减产幅度达到 62.5%。

由于扬花期遭遇连阴雨，小麦病害发生较为严重。全省小麦病虫害发生面积 1 890.54 万亩，比上年增加 555.16 万亩，其中条锈病发生面积 474.71 万亩，比上年增加 47.84 万亩，赤霉病发生面积 984.98 万亩，比上年增加 714.18 万亩。

5. 2015 年小麦灾害的影响

2015 年小麦中后期降水量较常年偏多，部分稻茬麦田受渍，导致后期发生早衰。受降雨量偏多影响，小麦条锈病等叶部病害发生较重，导致后期功能叶片的光合功能下降；中南部小麦赤霉病较重，空瘪率和病粒率较上年有所增加。据统计（表 7-1-4），全省小麦病虫害发生面积 2 257.71 万亩，其中条锈病发生面积 691.50 万亩，同比增加 216.79 万亩，加权平均病田率 72.3%、损失率 6.50%，是近十多年发生最重的一年。小麦赤霉病发生面积 629.10 万亩，同比减少 355.88 万亩，加权后平均病穗率 21.7%，病粒率 3.6%，损失率 4.4%。小麦蚜虫发生面积 386.49 万亩。

表 7-1-4　“十二五”湖北省小麦主要病虫害发生面积　（万亩）

年份	2011	2012	2013	2014	2015
病虫害面积	1 367.4	1 633.9	1 335.4	1 890.5	2 257.7
条锈病	423.5	100.6	426.9	474.7	691.5
赤霉病	24.0	1 003.0	270.8	985.0	629.1
蚜虫	232.6	515.3	154.7	280.5	386.5

三、灌溉排水条件建设情况

“十二五”，湖北省通过实施国家农业综合开发项目、水利建设项目、高标准农田建设等一系列项目，在一定程度上改善了小麦主产区的小麦生产条件，对稻茬麦地区麦田的排灌起到了一定的作用。但是湖北省最重要的小麦产区鄂中丘陵和鄂北岗地主要是旱地小麦，这一地区的麦田排灌条件在“十二五”期间没有得到明显改善，鄂中丘陵地区在“十二五”期间出现了历史上罕见的连年干旱的气候，对水稻、玉米等春播作物的生产造成了较大程度的不利影响，对小麦生产也有一定程度的不利影响。

四、小麦生产发展的主要技术措施

1. 优良品种

根据湖北省农业厅发布的秋播主要农作物主导品种公告，2010—2011 年度小麦主导品种为：鄂麦 18、鄂麦 23、华麦 13、襄麦 25、郑麦 9023 和鄂麦 352。2011—2012 年度为襄麦 25、鄂麦 23、鄂麦 18、鄂麦 352、华麦 13 和郑麦 9023 等 6 个品种。2012—2013 年度为襄麦 25、襄麦 55、鄂麦 596 和鄂麦 352。2013—2014 年度为襄麦 25、鄂麦 596、襄麦 55、郑麦 9023。2014-2015 年度为襄麦 25、鄂麦 596、襄麦 55、郑麦 9023。从上述公告的主导品种来看，“十二五”湖北省小麦主导品种主要是郑麦 9023、襄麦 25、鄂麦 596、襄麦 55、鄂麦 23 和鄂麦 18 等品种。

据《湖北农村统计年鉴》统计，2012 年，湖北省种植面积最大的 3 个品种依次为郑麦 9023、鄂麦 18 和鄂麦 23，分别占全省小麦面积的 51.53%、8.62% 和 6.73%，襄麦 25、鄂恩 5 号和鄂麦 596 分别居第 4~ 第 6 位。可见郑麦 9023 在湖北省小麦生产中处于主导地位，其种植面积占全省小麦面积的一半以上，主产区中，除鄂州、随州和恩施外，各地第一大品种均为郑麦 9023，详见表 7-1-5。

表 7-1-5　2012 年湖北省各地小麦品种种植面积　（万亩）

地区	面积	第一品种	面积	占比	第二品种	面积	占比	第三品种	面积	占比
全省	1 601	郑麦 9023	823.6	51.5	鄂麦 18	137.7	8.6	鄂麦 23	107.6	6.7
武汉	39.1	郑麦 9023	12.8	32.8	鄂麦 18	4.4	11.2	鄂麦 23	3.1	7.9
黄石	22.4	郑麦 9023	12.5	56.0	鄂麦 18	4.6	20.5	襄麦 25	1.5	6.7
十堰	112	郑麦 9023	55.3	49.3	鄂麦 18	14.3	12.7	鄂麦 23	10.1	9.1
宜昌	63.5	郑麦 9023	22.7	35.8	鄂麦 18	7.4	11.6	鄂麦 14	3.2	5.0
襄阳	533.3	郑麦 9023	295.4	55.4	襄麦 25	53.2	10.0	鄂麦 23	36.6	6.9
鄂州	10.6	鄂麦 18	2.3	21.2	鄂麦 23	1.5	14.1	华麦 13	1.5	14.1
荆门	174.3	郑麦 9023	90.1	51.7	鄂麦 23	18.8	10.8	鄂麦 18	17.1	9.8
孝感	157.1	郑麦 9023	41.9	26.7	鄂麦 596	29.1	18.5	鄂麦 23	16.7	10.6
荆州	179.7	郑麦 9023	108.8	60.5	鄂麦 18	21.5	12.0	鄂麦 23	12.2	6.8
黄冈	103.6	郑麦 9023	30.4	29.3	鄂麦 18	16.5	16.0	鄂麦 14	13.7	13.2
咸宁	14.4	郑麦 9023	10.7	74.3	鄂麦 18	1.1	7.6	鄂麦 24	0.8	5.5
随州	138.7	鄂恩 5 号	52.2	37.6	郑麦 9023	43.3	31.2	鄂麦 18	10.2	7.3
恩施	13.1	鄂麦 596	2.9	22.1	郑麦 9023	2.6	19.4	鄂恩 5 号	0.9	6.6
仙桃	34.9	郑麦 9023	27.6	79.1	鄂麦 23	3.6	10.3	鄂麦 18	1.7	4.7
潜江	42.8	郑麦 9023	25.5	59.6	襄麦 25	17.3	40.4			
天门	72.5	郑麦 9023	42.3	58.3	华麦 13	9.0	12.4	鄂麦 18	3.6	5.0
神农架	0.6	郑麦 9023	0.3	52.6	鄂麦 18	0.2	31.6			

2. 栽培技术

根据湖北省农业厅发布的农业主推技术，2010—2014 年秋播，湖北省小麦主推技术主要有小麦规范化播种技术、测土配方施肥技术、稻茬麦少（免）耕栽培技术等。

小麦规范化播种技术重点强调提高耕整质量，改人工整地为机械整地；提高种子质量，改白种为包衣种；提高播种适宜度，改早（晚）播为适期适墒播种；提高播种均匀度，改撒播为条播，确保一播全苗。

测土配方施肥技术根据作物需肥规律、土壤供肥性能，在以有机肥为基础，有机肥和无机肥相配合的条件下，提出氮、磷、钾和微量元素肥料的适宜用量、比例，以及相应的施肥技术，用以合理供应和调节作物必需的各种营养元素，来满足作物生长的需要，达到高产、优质、增收目的。

稻茬麦少（免）耕栽培技术针对稻茬麦生产中整地质量不高、播种量偏大、播种不及时等限制稻茬麦单产提高的问题，采用免（少）耕条播机，一次完成碎土、灭茬、开沟、播种、覆土、镇压等多项作业，从根本上解决了稻茬麦地区长期存在的耕种粗放的问题。该技术具有能抢墒播种、播种速度快、播种均匀、播种深度一致、出苗整齐、确保全苗等优点，在应用配套栽培技术的情况下，能显著提高稻茬麦单产。

3. 植保技术

“十二五”期间，湖北省推广应用的小麦植保技术主要为“一喷三防”技术，总应用面积为 6 493.45 万亩。

4. 防灾减灾技术

在小麦冬前出现旺长的年份，应用了冬前镇压技术，据统计，“十二五”湖北省应用冬前镇压技术总面积为 1 000 万亩。

第二节 “十三五”湖北省小麦生产发展规划

“十三五”，湖北省小麦生产发展总体思路是以保障粮食安全和增加农民收入为目标，以“一控、二减、三基本”和转变农业生产发展方式为方向，科学制定发展规划，加大政策和资金扶持力度，加强基础设施建设，依靠科技增加单产、提高品质，提高小麦生产的比较效益，扶持龙头加工企业，带动品种优化与区域布局，加快小麦生产的区域化、标准化、规模化，建立和完善小麦产业服务体系，促进湖北省小麦生产稳定和持续发展。

一、小麦生产面临的主要问题

1. 制约面积稳定或扩大的问题

湖北省冬季大田作物主要是小麦、油菜和马铃薯。近年来，由于国家出台了粮食保护价收购政策、种粮补贴、小麦良种补贴、农资综合补贴、农机购置补贴和农业防灾减灾稳产增产关键技术补助等惠农政策，农户种植小麦的积极性有所提高，小麦面积在“十二五”显著增加。“十三五”，由于油菜籽收购价格偏低和油菜生产的机械化程度低等原因，湖北省小麦种植面积预计能够保持稳定，但从长期来看，在马铃薯主粮化的发展背景下，湖北省越来越多的县域被纳入马铃薯主产区，如果马铃薯、油菜等冬季作物的市场价格显著提高，小麦生产的比较效益降低，小麦种植面积仍然有减少的可能。

2. 制约单产提高的问题

“十二五”，湖北小麦的单产水平已大幅度提高，在“十三五”，如何在实现“一控、二减、三基本”的前提下，继续提高小麦单产，需要重视以下几个方面的问题：

（1）*品种方面* 目前生产上应用的郑麦 9023、襄麦 25、鄂麦 596 和襄麦 55 等品种均为“十五”和“十一五”审定的小麦品种，在生产上已应用了多年。随着生产生态条件的变化和对生产方式进行改变的要求，需要选育和应用产量潜力高、综合抗性好的新品种，以实现品种的更新换代。此外，从粮食生产安全角度考虑，目前湖北省生产中还存在着主栽品种单一，品种抗病和抗逆能力不强等隐患。

（2）*栽培技术方面* 重视稻茬麦产量的提高。湖北省是水稻大省，稻 – 麦连作是湖北省粮食生产中的重要种植制度，常年湖北省小麦中有 50%~60% 为稻茬麦。湖北省小麦的单产 10 多年来一直徘徊在 250 千克 / 亩左右，稻茬麦产量不高是制约湖北省小麦提高单产、增加总产的一个重要原因。提高稻茬麦产量的关键技术是提高稻茬麦的播种质量，保证一播全苗；改撒播为条播，改善稻茬麦群体通风透光程度，减轻小麦病害。为此，需要研制稻茬麦条播农机具，并研究相关的农艺措施，形成稻茬麦机条播生产技术体系。

加强小麦高效施肥技术研究推广。调查表明湖北省小麦生产在肥料施用上存在以下问题：一是有机肥投入不足，秸秆还田率低；二是重视氮磷肥，轻视钾肥；三是肥料用量不足与过量的问题同时存在；四是施肥次数偏少，基追比例失调。通过研究和推广应用小麦高效施肥技术，如加大有机肥投入，扩大秸秆还田面积，重视钾肥和中微量元素肥料的施用，调整基追肥比例，减少前期氮肥用量，可以提高小麦产量水平及肥料利用效率，起到节支增效和保护环境的双重效果。

小麦病虫害监测预报防治体系需进一步完善。湖北省小麦生育期间降水量 500~900 毫米，麦田湿度大，小麦赤霉病、白粉病和纹枯病为常见主要病害。另外，条锈病也是本省频繁发生的小麦重要病害之一，由于湖北省小麦主产区鄂北岗地处于我国条锈病病源菌从西北向华北传播的过渡地带，因而条锈病在湖北的发生和流行，不仅对湖北省小麦生产造成重大损失，而且很容易蔓延到华北地区。

小麦机械化作业水平需要进一步提高。近年来湖北省小麦生产机械化作业水平不断提高，“十二五”末，麦田耕整和收获环节的机械化作业率均达到 90% 左右，机播率为 60% 左右，而施肥、除草等其他环节的机械化作业率仅 10% 左右，需要进一步提高小麦机械化作业特别是播种环节的机械化作业程度，完善和示范推广配套的栽培技术。

3. 制约土壤肥力提升的问题

湖北小麦施肥现状调查结果显示，农民重氮磷（尤其是氮）肥、轻钾肥，重化肥、轻有机肥，重用地、轻养地及忽视微量元素肥料施用的现象仍比较突出。钾或微量元素潜在缺乏，会影响湖北小麦生产的可持续发展。

此外，随着“有机质提升工程”的持续推进，秸秆还田的面积和数量有逐渐增加的趋势，有利于提高土壤肥力，维持生产力的可持续性。但是，由于稻草在淹水后能释放出大量有机酸，如乙酸、丁酸等，因此稻茬麦区稻草还田特别是在单施氮肥的基础上大量还田势必会加速土壤酸化。所以土壤酸化是长期秸秆还田后小麦生产中可能面临的问题。

长期以来，受传统农业耕作方式的影响和作业机具的局限，农民习惯于用小型拖拉机旋耕或浅翻作业，致使耕层变浅，土壤板结，土壤理化性状变差，保墒保肥抗旱防涝能力弱。传统耕作方式带来的耕层变浅、土壤板结等也将成为“十三五”制约湖北省土壤肥力提升的主要因子之一。

4. 气象变化

以北纬 31° 线为界，湖北省南北两侧 3—5 月间的降水量、光照有着极大的差别，存在着较为严重的“南渍北旱”的问题

湖北省北纬 31° 以北麦区，属中纬度亚热带气候，四季分明，年均气温 15.1~16.0℃，年总降水量 800~1 000 毫米，小麦全生育期降水量为 500 毫米左右，年平均日照时数 1 900~2 200 小时，气候资源优越，有利于小麦的生长发育。但这一地区在播种期间易发生秋旱或秋冬连旱，使小麦不能适时播种出苗，是小麦高产稳产的主要制约因素之一。

湖北省中南部小麦产区江汉平原是涝渍灾害频发且比较严重的地区，此区降水充沛，年降水量 1 100~1 200 毫米，在小麦生育期降水量达 800 毫米以上，在产量形成的 4、5 月份，降水尤其充沛，易形成涝渍灾害，限制小麦产量形成。

除“南渍北旱”外，冬前和冬季高温、倒春寒等灾害性气候也是限制湖北省小麦单产提高的制约因素。

5. 人工及投入

一是生产成本高。近年来，种子、农药、化肥等主要农业生产资料价格持续上涨，农业生产成本大幅增加。二是农业劳动力缺乏。由于农业比较效益低，大部分农村劳动力特别是有知识、有技能的青壮年劳动力外出务工。三是土地向大户集中难度大。村民一般仅愿提供条件差、零星分散的土地，这与种粮大户期望流转的集中成片、水源好、距离近、便于耕种的土地有差距。四是土地流转价格高，单纯种植粮食效益低，一些投资农业的龙头企业不再继续种植粮食作物而是改种了经济作物。

二、小麦生产发展的面积、单产、总产

1. 小麦面积、单产、总产规划

在转变农业生产发展方式、要求实现“一控、二减、三基本”的大背景下，湖北省种植业发展“十三五”规划提出，到2020年，全省小麦面积稳定在1 700万亩左右，单产达到280千克/亩，较全省2015年的平均单产增产23.3千克/亩，比“十二五”期间（2011—2015年）的平均单产提高33千克/亩；总产达到476万吨，较“十二五”年均总产增加81万吨；小麦机械化标准化生产水平达到70%，小麦-玉米、小麦-水稻吨粮田面积达到70%。表7-2-1、表7-2-2、表7-2-3列举了“十三五”全省及各主产地市小麦面积、单产和总产年度规划。

表7-2-1 “十三五”湖北省主产地市小麦面积年度规划

地区	指标	2015	2016	2017	2018	2019	2020
襄阳	收获面积（万亩）	539.3	541.0	544.0	546.0	548.0	550.0
	比上年增减（万亩）	—	1.7	3.0	2.0	2.0	2.0
	增减（%）	—	0.31	0.55	0.37	0.37	0.36
随州	收获面积（万亩）	143.3	145.0	147.0	149.0	150.0	151.0
	比上年增减（万亩）	—	1.7	2.0	2.0	1.0	1.0
	增减（%）	—	1.19	1.38	1.36	0.67	0.67
荆州	收获面积（万亩）	183.1	185.0	187.0	188.0	189.0	190.0
	比上年增减（万亩）	—	1.9	2.0	1.0	1.0	1.0
	增减（%）	—	1.03	1.08	0.53	0.53	0.53
荆门	收获面积（万亩）	174.8	176.0	177.0	178.0	179.0	180.0
	比上年增减（万亩）	—	1.2	1.0	1.0	1.0	1.0
	增减（%）	—	0.70	0.57	0.56	0.56	0.56
黄冈	收获面积（万亩）	106.0	108.0	110.0	112.0	113.0	114.0
	比上年增减（万亩）	—	2.0	2.0	2.0	1.0	1.0
	增减（%）	—	1.9	1.9	1.8	0.9	0.9
孝感	收获面积（万亩）	153.9	155.0	156.0	157.0	158.0	160.0
	比上年增减（万亩）	—	1.1	1.0	1.0	1.0	2.0
	增减（%）	—	0.74	0.65	0.64	0.64	1.27
潜江	收获面积（万亩）	43.6	44.0	45.0	45.0	45.0	45.0
	比上年增减（万亩）	—	0.4	1.0	0.0	0.0	0.0
	增减（%）	—	0.87	2.27	0.00	0.00	0.00
全省	收获面积（万亩）	1 640.1	1 662.4	1 670	1 680	1 690	1 700
	比上年增减（万亩）	—	22.3	7.6	10	10	10
	增减（%）	—	1.36	0.46	0.60	0.60	0.59

从上表可以看出，“十三五”期末，湖北省小麦规划种植面积将达到 1 700 万亩，比“十二五”期末的 1 640 万亩增加 60 万亩，增幅 3.7%。

表 7-2-2 “十三五”湖北省主产地市小麦单产年度规划

地区	指标	2015	2016	2017	2018	2019	2020
襄阳	单产（千克/亩）	399.6	401	408	414	419	424
	比上年增减（千克/亩）	—	1.4	7	6	5	5
	增减（%）	—	0.35	1.75	1.47	1.21	1.19
随州	单产（千克/亩）	300.8	302	309	315	320	325
	比上年增减（千克/亩）	—	1.2	7	6	5	5
	增减（%）	—	0.40	2.32	1.94	1.59	1.56
荆州	单产（千克/亩）	219.2	220	226	232	237	242
	比上年增减（千克/亩）	—	0.8	6	6	5	5
	增减（%）	—	0.36	2.73	2.65	2.16	2.11
荆门	单产（千克/亩）	274.8	275	281	287	292	297
	比上年增减（千克/亩）	—	0.2	6	6	5	5
	增减（%）	—	0.07	2.18	2.14	1.74	1.71
黄冈	单产（千克/亩）	168.2	170	176	182	187	192
	比上年增减（千克/亩）	—	1.8	6	6	5	5
	增减（%）	—	1.07	3.53	3.41	2.75	2.67
孝感	单产（千克/亩）	205	205	210	215	220	225
	比上年增减（千克/亩）	—	0	5	5	5	5
	增减（%）	—	0.00	2.44	2.38	2.33	2.27
潜江	单产（千克/亩）	227.5	230	236	242	247	252
	比上年增减（千克/亩）	—	2.5	6	6	5	5
	增减（%）	—	1.10	2.61	2.54	2.07	2.02
全省	单产（千克/亩）	256.7	257.5	264	270	275	280
	比上年增减（千克/亩）	—	0.82	6.5	6	5	5
	增减（%）	—	0.32	2.52	2.27	1.85	1.82

根据表 7-2-2 中的规划数据，“十三五”期末，湖北省小麦平均单产将达到 280 千克/亩，比“十二五”期末（2015 年）的单产增加 23.3 千克/亩，增幅 9.1%，平均年增长 1.8%。

表 7-2-3 “十三五”湖北省主产地市小麦总产年度规划

地区	指标	2015	2016	2017	2018	2019	2020
襄阳	总产（万吨）	215.5	216.9	222.0	226.0	229.6	233.2
	比上年增减（万吨）	—	1.4	5.0	4.1	3.6	3.6
	增减（%）	—	0.67	2.31	1.84	1.58	1.56
随州	总产（万吨）	43.1	43.8	45.4	46.9	48.0	49.1
	比上年增减（万吨）	—	0.7	1.6	1.5	1.1	1.1
	增减（%）	—	1.60	3.73	3.33	2.27	2.24
荆州	总产（万吨）	40.1	40.7	42.3	43.6	44.8	46.0
	比上年增减（万吨）	—	0.6	1.6	1.4	1.2	1.2
	增减（%）	—	1.50	3.84	3.20	2.70	2.65
荆门	总产（万吨）	48.0	48.4	49.7	51.1	52.3	53.5
	比上年增减（万吨）	—	0.4	1.3	1.3	1.2	1.2
	增减（%）	—	0.83	2.76	2.71	2.31	2.28
黄冈	总产（万吨）	17.8	18.4	19.4	20.4	21.1	21.9
	比上年增减（万吨）	—	0.6	1.0	1.0	0.7	0.8
	增减（%）	—	3.15	5.45	5.29	3.66	3.58
孝感	总产（万吨）	31.5	31.8	32.8	33.8	34.8	36.0
	比上年增减（万吨）	—	0.3	1.0	1.0	1.0	1.2
	增减（%）	—	0.87	3.10	3.04	2.98	3.57
潜江	总产（万吨）	9.9	10.1	10.6	10.9	11.1	11.3
	比上年增减（万吨）	—	0.2	0.5	0.3	0.2	0.2
	增减（%）	—	2.22	4.94	2.54	2.07	2.02
全省	总产（万吨）	420.9	428.2	440.9	453.6	464.8	476.0
	比上年增减（万吨）	—	7.29	12.7	12.7	11.2	11.3
	增减（%）	—	1.73	2.96	2.89	2.46	2.42

在小麦规划种植面积和单产均增加的情况下，“十三五”期末，湖北省小麦规划总产将达到 476 万吨，比“十二五”期末增加 55 万吨，增幅 13.1%，年增幅 2.6%。

2. 小麦面积、单产及各主要麦区均衡增产潜力分析

（1）面积扩大　一是农民种麦积极性增加。国家连续几年提高小麦最低收购价格，增强了农民扩大种植小麦的信心。“十二五”小麦普遍夺得高产丰收，鄂北岗地高产创建示范片单产过 550 千克 / 亩，江汉平原达 400 千克 / 亩，调动了农民种麦积极性。二是调结构扩大种植面积。湖北省按照“北麦南油”的优势区域布局，进一步调减鄂北地区的油菜面积，提高小麦、马铃薯等优势粮食作物比重。三是压减冬闲田扩大种植面积。随着国家对农田基本建设支持力度加大，冬闲田的数量有望减少，进而扩大小麦面积。四是相对于同季的油菜、蔬菜等作物，小麦生产机械化、简化水平高。

（2）单产提高　一是小麦播种质量不断提高。现阶段单产水平不高的主要原因之一是稻茬麦耕作栽培较为粗放，播种出苗质量差。随着稻茬麦机条播面积的不断增加，稻茬麦播种质量明显提高，对于提高湖北省小麦单产有重要意义。二是优质高产品种及其配套高产栽培技术的推广应用面积呈逐年扩大趋势。三是病虫害综合防控技术推广。随着“一喷三防”技术的推广应用，小麦赤霉病等病虫害的危害能够逐步减轻。

（3）主产区均衡增产潜力　根据对不同县市的单产水平分析，高产县市如襄阳、枣阳等县市单产已超过 400 千克 / 亩，但仍有县市小麦单产长期徘徊在 100 千克 / 亩左右。全省范围内，小麦单产水平低于全省水平的县市数量占 50% 左右，面积占 50% 左右，约 600 万亩，这些县市小麦单产有增加 100 千克 / 亩的潜力，可增加小麦产量 60 万吨。

就区域而言，湖北省小麦的种植区域划分为两大片共六大麦区。以北纬 31° 左右为界，分为鄂南片和鄂北片，鄂北片包括鄂中丘陵和鄂北岗地麦区、鄂东北丘陵低山麦区、鄂西北山地麦区；鄂南片包括江汉平原麦区、鄂东南丘陵低山麦区、鄂西南山地麦区。其中，鄂中丘陵和鄂北岗地麦区、江汉平原麦区、鄂西北山地麦区是较为重要的麦区，各区的小麦面积和总产均占全省小麦面积和总产的 15% 以上。现就各区域的增产潜力分析如下。

① 鄂中丘陵和鄂北岗地麦区。鄂中丘陵和鄂北岗地麦区是湖北省最重要的小麦产区，其小麦种植面积常年为 600 多万亩，占全省小麦面积的 46%，总产约占 58%。该区目前小麦产量水平 250~300 千克 / 亩，高产县市接近 400 千克 / 亩，仍然有较大的增产潜力。可通过改善品种布局、提高播种质量、氮肥后移、改善灌溉条件等提高单产。

② 江汉平原麦区。江汉平原麦区是湖北省第二大重要麦区，该麦区常年小麦种植面积 380 多万亩，占全省小麦面积的 30% 左右，总产占全省小麦总产的 23%。该区目前小麦单产水平为 150~180 千克 / 亩，提高小麦单产的潜力也很大。可通过沟厢升级、改善品种布局、稻茬麦机械条播、氮肥后移等提高单产。

③ 鄂西北山地麦区。鄂西北麦区在湖北省小麦生产中的地位也较为重要。该麦区常年小麦种植面积 170 万亩左右，占全省小麦面积的 15% 左右，总产占全省小麦总产的 10% 以上。该区目前小麦单产水平为 170~200 千克 / 亩，部分山地小麦单产不足 170 千克 / 亩，提高小麦单产也有一定的潜力。可通过沟厢升级、应用新品种、提高稻茬麦播种质量、提高旱地土壤肥力提高单产。

三、小麦生产发展的重点

1. 优化小麦生产区域布局

继续按照“北麦南油”的优势区域布局，合理调整，压缩冬闲田，推进小麦北移和油菜南移，缓解粮油争地矛盾，确保小麦、油菜双发展。在襄州、宜城、谷城、枣阳、老河口、南漳、随县、曾都和广水等鄂北岗地，丹江口、郧阳等鄂西山地和其他农业区纬度在31°以北的县（市、区）建设布局中筋小麦板块。在江汉平原及鄂东地区的天门、仙桃、潜江、江陵、松滋、公安、黄梅、麻城、大悟、红安、罗田等地，建设布局弱筋小麦板块。在襄阳、随州、孝感、荆门等地建设小麦种子生产基地。鄂中北地区要千方百计扩大小麦种植面积，确保种满种足。在北纬31°以南小麦生产次适宜地区要稳定小麦种植面积，适当发展部分大麦来代替小麦，减少赤霉病和穗发芽发生危害。

2. 改善品种布局

继续努力改变品种单一、北部春性品种比例过大、南部缺少抗穗发芽能力较强的红皮品种、潜在的风险大等不够合理的现状，引用推广生产上急需产量水平较高，稳产、适应性较广、抗倒性较强的小麦品种。

3. 以规范化播种技术为核心，示范推广轻简化和机械化生产技术

提高机械化作业率是适应当前农村劳动力短缺、农业技术推广普及难的一条重要途径。应继续加强小麦农机和农艺配套技术研究和轻简化栽培技术示范推广力度，重点是稻茬麦的机械少免耕播种技术和机械开沟技术，推广和应用农民强烈需求的机械化和轻简化栽培技术。

4. 支持建立小麦良种繁育体系，保证小麦生产安全

从政策和资金上支持科研单位和种子企业联合建立小麦良种繁育体系，逐步改变“湖北种麦，河南供种”的被动局面，保障小麦生产安全。

5. 扎实开展小麦高产创建工作，充分发挥高产麦区的增产作用

组织各方面力量，充分调动和发挥农、科、教等各方面技术人员的积极性，扎实开展小麦高产创建工作，充分发挥高产麦区的增产作用和技术示范推广效果。

6. 加强预测预报，防控小麦病虫害和重大自然灾害

进一步建立完善气象灾害预测预报体系，增强防灾减灾能力，开展气候变化对小麦生产的影响分析，应对气候变化对湖北省小麦生产的不利影响。

四、小麦生产技术储备

1. 优良品种

（1）*抗逆稳产高产品种的鉴定筛选与示范*　从本省和邻近生态区选育的小麦新品种中鉴定、筛选、示范优良品种，为大面积推广提供品种储备。

生育期间降雨较多是麦类气传真菌病害的重要诱因，湖北省小麦各种真菌病害，如赤霉病、条锈病、叶锈病、白粉病、叶枯病及纹枯病等发生较重，生产中应根据当地各种病害发生情况选择相应抗性的品种。特别是南部地区的稻茬麦，在小麦生长发育的中后期，雨量较多、湿度高，赤霉病较易流行，小麦易穗发芽，灌浆成熟期往往发生高温逼熟现象，应加大耐湿、抗赤霉病、抗穗发芽、熟期较早等综合抗逆抗病性较强的品种的选育推广。在稻茬麦产区特别是中南部地区应注意选择红粒小麦品种抵御穗发芽。

（2）品种布局及配套栽培技术　在湖北省主要小麦产区中，鄂南地区适宜春性小麦的生长，鄂中、鄂北地区适宜半冬性品种生长。但目前湖北省种植的小麦品种主要为春性品种，应注意在鄂中和鄂北地区适当加大半冬性品种的种植比例。

湖北省小麦产区划分为5个小麦品质区域，即：鄂北岗地和鄂西北山地优质中筋小麦区、鄂中丘陵中筋小麦区、江汉平原和鄂东中筋弱筋小麦混合区、鄂西南山地弱筋小麦区、鄂东南丘陵低山弱筋小麦区。根据小麦产业的需求，不同区域适宜种植的品种品质类型有所不同。总体来说，鄂北地区适宜中筋小麦生产，鄂南地区适宜种植弱筋小麦。

2. 栽培技术

（1）规范化播种技术　重点在于提高小麦的播种质量。通过示范和推广应用规范化播种技术，确定小麦适宜的播期，在生产上做到适期播种，主要目的就是使小麦的各个生育阶段都处于相对适宜的环境条件下，避开或减轻不利环境因素如低温或干旱的危害；根据播种时土壤墒情、整地质量、土壤质地和种子发芽率等情况适当增减播种量，建立合理健康的基础群体基础，减少小麦病害和倒伏的发生，节本增效增产。

（2）稻茬麦少免耕栽培技术　研究稻茬小麦的水稻秸秆还田和机械条播技术及相应的新型机械。该技术能显著提高稻茬小麦播种质量，改善稻茬小麦的群体质量，减轻病虫害，减少农药的使用量；使化肥由撒施、面施改为机械施肥，提高肥效，减少化肥的施用量，有明显的增产节本增效作用。

（3）麦稻和麦玉周年高产优质高效栽培技术　通过周年统一筹划前后两季作物的播种和收获期、肥料运筹、耕作技术、秸秆还田等环节，充分利用光热资源，提高土壤和肥料的利用率，改善土壤结构，提高地力。

（4）合理高效施肥技术　现有施肥技术存在基肥比重偏大，前期重施苗肥，偏施氮肥、肥料效益低等问题，因此需要优化肥料运筹技术，增施有机肥，实施秸秆还田，有机无机相结合，实行测土配方施肥，示范推广氮肥后移技术，提高肥效。

3. 耕作技术

（1）深松耕技术　在旱地小麦与玉米连作地区，由于小麦和玉米均为机械旋耕播种，形成了犁底层，影响根系的发育和水分养分的吸收，因此，每间隔2~3年，在小麦播种前，应使用深松耕机械进行一次深松耕，有利于提高水分和养分的利用效率，增产效果明显。

（2）稻茬麦田机械开沟技术　目前湖北省稻茬麦田沟厢质量差、没有实现沟厢配套，导致渍害发生，小麦根系活力降低，后期早衰；田间湿度大，小麦病害重。要在加强基本农田建设，实现麦田周围沟渠配套的基础上，推广应用机械开沟技术，及时清沟排渍，确保春季麦田排水通畅，降低地下水位，减轻稻茬麦田的渍害。

4. 植保技术

一是拌种技术，选用抗病良种的同时，应用药剂拌种技术，防治苗期病虫害。二是麦田杂草防除技术，选择气温和墒情合适的时机，在小麦4叶期后，进行化学除草。三是“一喷三防”技术，在小麦抽穗扬花期至灌浆期，采用防治病虫和磷酸二氢钾混合药剂喷施，防治小麦病虫害，提高灌浆速率，增加粒重。

5. 防灾减灾技术

（1）*农田水利工程建设和土地治理*　农田水利工程建设规划包括大型灌区、中型灌区、小型灌区及排涝工程体系建设。通过农田水利工程建设，保证麦田具备抗旱排涝的条件，摆脱“靠天吃饭”的局面。湖北省小麦主产区鄂北岗地，地势起伏，麦田不具备灌溉条件，水土流失严重，通过土地治理，合理布局机井，能够保证小麦适期播种出苗，增加土壤肥力，提高小麦单产。

（2）*合理调节播期*　在冬季变暖的情况下，要适当推迟冬小麦播期，主要防止“冬旺”及提前拔节，避免冻害的发生以及群体过大引起的病害滋生和后期倒伏。具体播种时间要以壮苗（叶龄为5叶1心至6叶1心）越冬为目标，结合各地的气候特点进行合理确定。另外，也可根据气温指标确定播期，一般情况下，半冬性品种16~14℃，春性品种14~12℃时播种有利于形成壮苗。通过多年的试验示范，已基本明确了小麦主导品种在不同生态区的安全播期。

（3）*品种布局*　北部麦区播种期间常遇秋旱，为抢墒播种，播期往往偏早，暖冬年份易在年前拔节，应推广耐寒性较强的半冬性品种；南部麦区灌浆成熟期常出现高温逼熟现象或连阴雨天气，因此应推广灌浆速率快、熟期较早、抗穗发芽的品种。目前湖北省小麦品种以郑麦9023为主，种植面积占50%以上，对于小麦安全生产不利。

6. 技术集成

近年来，在试验示范的基础上，已制订了《湖北省旱地小麦高产高效栽培技术规程》《湖北省稻茬小麦高产高效栽培技术规程》《湖北省小麦单产500千克/亩高产模式图》《湖北省小麦全程机械化生产技术规程》，这些标准和规程集成了选用优良品种、规范化播种技术、肥药一体化施用、测土配方施肥、病虫草害综合防治、科学化学调控、“一喷三防”等关键技术，适合在湖北省小麦产区推广应用。

五、发展湖北省小麦生产的政策建议

1. 实行最严格的耕地保护制度

采取最严格的耕地保护措施，确保全省耕地保有量到2020年不低于6 947万亩，基本农田保有量不低于5 980万亩，其中46个粮食主产县（市、区）耕地保有量不低于3 386万亩。对确定的耕地和基本农田保护区实行特别保护，严格控制非农建设占用耕地；全面落实基本农田保护制度；积极开展土地整理复垦，推进村庄集并和迁村腾地。稳定提高耕地基础地力，大力开展中低产田改造、标准农田和高产农田建设，以及低产林地改造工程，继续实施沃土工程、测土配方施肥工程，着力提高和改善耕地质量和农业生产条件。

2. 落实粮食省长负责制

落实粮食省长负责制，是粮食发展战略的重要措施。通过落实粮食省长负责制，切实落实各项支农惠农政策，加大种粮补贴力度，充分运用价格的杠杆作用，保护农民的种粮积极性；加强农业科技研发和推广，发挥农业科技的支撑作用，确保粮食种植面积和粮食总产的稳步增加，不断提高单产水平和粮食品质。继续加大投入，完善储备设施，提升储备功能，深化储备粮管理体制及其运行机制改革，完善粮食轮换吞吐机制，改革调控方式，以保证政府对粮食的调控能力。

3. 建立政策支持保护体系

建立粮食补贴稳定增长机制，根据政府财力增长和粮食生产成本的增加，逐步追加粮食生产补贴，继续对重点地区、重点粮食品种实行最低收购价政策，适时适度提高最低收购价水平，以增加农民收入。提高农民的信用额度，对农资贷款进行补贴和担保，为农业投资提供优惠待遇，促进外部资金向农业流入，缓解农业发展中的资金紧张问题。

4. 提升科技支撑能力

加大对小麦产业的科技投入力度，充分发挥省地级科研和教学单位的科技优势，组织小麦科技人员联合攻关，力争在良种选育、高效栽培模式和资源高效利用等方面取得新突破，加快培育一批高产、优质和抗性强的小麦品种。完善和配套新品种选育基地、中试示范基地，加快新品种的选育进度，加快优质高产小麦品种繁育基地和优质高产小麦新品种、先进农业技术展示区建设，加快推广科技成果。

第八章 四川省“十三五”小麦生产发展规划

小麦是四川省最主要的小春粮食作物，也是继水稻之后的第二大口粮作物。“十二五”期间年均种植面积 1 800.0 万亩、单产 238.2 千克 / 亩、总产 428.8 万吨，相比“十一五”面积减少 6.75%、单产提高 5.80%、总产减少 1.35%。“十三五”总体目标是小幅调减面积、大力提升单产、改善品质，确保总产稳定、效益显著改善。

第一节 “十二五”四川省小麦生产总结

一、产量特点

1. 2011—2015 年小麦生产总体特点

一是面积持续调减。四川省小麦种植面积连续十年逐步调减，“十二五”年均播种面积 1 800.0 万亩，较“十一五”减少 6.75%（表 8-1-1），2015 年较 2010 年减少 11.13%，年均减 2.23%。分区域看（表 8-1-2），川南地区减幅最大，自贡市、泸州市、宜宾市三市“十二五”较“十一五”减少 24.0%；川中地区，遂宁市、内江市、南充市、眉山市、资阳市同比减少 9.2%；川西地区（德阳市、成都市、广元市）减少 12.5%。“十二五”期间，川南地区持续大幅减少，川中地区减速放缓，川西地区出现恢复性增长。区域性调整明显。

二是单产稳步提升。“十二五”年均单产 238.2 千克 / 亩，较“十一五”增长 5.80%；2015 年单产 254.0 千克 / 亩，比 2010 年增长 12.54%，年均增长 2.25%（表 8-1-1）。2013 年因干旱影响，旱地小麦减产显著，导致全省单产出现下滑波动。区域之间绝对单产和增产幅度差异较大。2015 年成都市、德阳市、甘孜州平均单产超过 300 千克 / 亩，而内江市、自贡市、泸州市、宜宾市、雅安市不到 200 千克 / 亩；

2015 年较之 2010 年，成都市、凉山州单产提高超过 20%，德阳市、广元市、达州市、资阳市超过 10%，而泸州市、宜宾市不到 1%。

三是总产基本稳定。由于面积持续减少、单产缓慢增加，使总产保持平衡状态，没有大的起伏。“十二五”年均总产 428.8 万吨，比“十一五”的 433.4 万吨减少 1.35%（表 8-1-1）。

表 8-1-1　2006—2015 年四川省小麦生产情况

“十一五”				“十二五”			
年份	面积（万亩）	单产（千克 / 亩）	总产（万吨）	年份	面积（万亩）	单产（千克 / 亩）	总产（万吨）
2006	1 930.8	229.7	443.6	2011	1 889.0	230.8	436.0
2007	1 975.2	228.7	451.7	2012	1 851.0	236.1	437.0
2008	1 916.0	221.7	424.8	2013	1 824.0	231.0	421.3
2009	1 902.6	221.6	421.6	2014	1 756.0	241.0	423.2
2010	1 884.8	225.7	425.4	2015	1 679.0	254.0	426.3
平均	1 921.9	225.5	433.4	平均	1 800.0	238.2	428.8

注：数据引自农业部《中国农业统计资料》

表 8-1-2　2011—2015 年四川省小麦分区域种植面积　（万亩）

年份	川南地区			川中地区				川西地区		
	自贡市	泸州市	宜宾市	遂宁市	内江市	南充市	眉山市	资阳市	德阳市	成都市	广元市
2011	72.3	79.5	95.3	125.7	108.1	231.7	114.9	169.6	133.0	108.3	115.6
2012	63.4	70.6	74.1	113.9	94.8	215.5	105.5	158.7	122.5	118.3	102.9
2013	62.4	67.6	67.2	114.9	94.2	211.4	104.8	159.8	122.7	114.3	103.2
2014	59.8	65.7	63.3	112.8	92.1	210.4	101.9	153.4	122.4	101.3	103.2
2015	54.5	62.1	62.1	113.3	92.5	210.8	102.3	153.7	129.9	117.4	116.7
年均	62.5	69.1	72.4	116.1	96.3	216.0	105.9	159.0	126.1	111.9	108.3
“十二五”较“十一五”（±%）	−12.4	−19.7	−34.6	−6.4	−11.0	−5.8	−11.6	−12.7	−5.2	−22.9	−7.8
2015 年较 2011 年（±%）	−24.6	−10.6	−34.8	−9.9	−14.4	−4.9	−2.5	−3.7	3.9	8.4	10.5

注：数据引自四川省农业厅《四川省农业统计年鉴》。所列市均为地级市

2. 2011—2015 年各年小麦生产主要特点

“十二五”期间经历了 3 种年型，2011 年春季低温，开花成熟推迟；2012 年、2014 年属正常年份，生育进程与常年相近；2013 年、2015 年属暖冬年份，开花成熟期显著提前。年型变化带来产量结构的明显差异（表 8-1-3）。

2011 年：低温湿润年，冬春雨水较多、温度低，开花成熟期推迟，产量结构呈现“穗数较多、粒数偏少、粒重较高”的特点。多雨利于旱地小麦生长，穗数较多，而稻茬小麦穗粒数减少明显，产量受到一定程度影响。

2012 年：属正常年型，雨水充沛、分布均衡，冬季偏暖，各地小麦长势茂盛，生育进程与常年相当。尽管也有一定程度的倒春寒危害，少数品种结实不好，但总体上全省属丰收年份，产量结构呈现“穗数充足、粒数较多、粒重中等”的特点，平均单产比 2011 年提高 2.3%。

2013 年：属干旱年型，冬春高温少雨，开花成熟较常年提早 7~10 天。广大丘陵旱地小麦受影响较大，穗少、穗小（粒少），产量显著降低；稻茬小麦因干湿适宜，穗多、穗大，增产明显。全省平均单产是“十二五”期间最低的一年。

2014 年：属正常年型，苗期和后期多雨，冬春温差较大，分蘖多，成穗数是 5 年中最高的一年。产量结构呈现“穗足、粒多、粒重较高”特点。全省总体较均衡，平均单产较 2013 年增长 3.5%，旱地小麦较稻茬小麦增产幅度大。

2015 年：与 2013 年相似，属暖冬年型，开花成熟期较常年提早 7~10 天。虽属暖冬，但雨水较好，大部分旱地小麦单产稳定、部分增产明显，而稻茬小麦增产显著。如广汉市近 10 亩小麦实打产量超过 634.9 千克 / 亩，首次突破 600 千克 / 亩大关。全省小麦单产是“十二五”最高的一年。

表 8-1-3　2011—2015 年四川省小麦产量三要素统计表

年份	穗数		粒数		千粒重	
	万 / 亩	比上年（±%）	粒 / 穗	比上年（±%）	克	比上年（±%）
2011	16.0	1.9	41.1	0.2	42.8	0.2
2012	19.3	20.6	41.1	0.0	43.0	0.5
2013	16.2	−16.1	38.7	−5.8	43.3	0.7
2014	16.4	1.2	39.6	2.3	43.5	0.5
2015	17.5	6.7	40.6	2.5	44.3	1.8
平均	17.1	—	40.2	—	43.4	—

注：数据引自四川省农业厅小麦年度产量调查资料

3. 2011—2015 年小麦产量变化的主导因素分析

农业生产尤其是小麦等粮食生产同时受环境、技术、政策等多种因素的交织影响。

政策因素。为了确保粮食安全，各级政府在“十二五”期间出台和实施了一系列的惠农助农政策和措施。如国家实施的良种补贴、高产创建、粮食规模化生产补贴；四川省实施的省级小麦高产创建、新增百亿斤粮食等项目。此外，经济条件较好、粮食规模化生产推进较快的地市，还出台了一些促进粮食（水稻、小麦）生产的扶持措施。这些政策措施促进了成都平原和广大浅丘地区小麦面积的稳定，一定程度上抵消了川南、川东地区大幅调减小麦面积带来的对全省的冲击。

技术因素。“十二五”期间四川省小麦高产理论与技术取得显著进步，通过高产攻关田和高产片的示范引领，结合部省高产创建项目的实施，实现技术的传递、推广。先后有 6 个地市、16 个县（区）的高产田实产验收单产达到 600 千克 / 亩以上；江油市同一地点连续 7 年高产验收单产达到 600~700 千克 / 亩水平。通过针对性的机具研制和技术集成示范，显著提高了小麦的机械化水平，2015 年全省小麦机播率较 2011 年提高了 19 个百分点，机收率提高了 34 个百分点（表 8-1-4）。机械化水平的显著提升，使小麦生产更加便捷高效，大部分种植大户放弃油菜转而种植小麦。四川省农业厅还专门出台政策，开展农机作业补贴，以提升小麦小型农机具的转化应用速度。

环境因素。包括气候变化、种植制度、生产方式等方面。四川省小麦基本为雨养，每年降水多少直接关系到最终产量高低。多雨年份对旱地小麦有利，干旱年份对稻茬小麦有利。“十二五”期间产量的年际波动与降水状况关系密切。随着粮食规模化生产的推进，丘陵旱地逐步由“间套”种植向“净作”转变，利于浅丘小麦的稳定；平原区则放弃油菜转而种植小麦，促进了小麦的恢复性发展。

表 8-1-4　2011—2015 年四川省小麦农机化水平

指标	年份					综合水平（%）
	2011	2012	2013	2014	2015	
机耕率 %	50.22	64.88	73.53	84.55	86.02	
机播率 %	8.18	14.30	19.03	17.88	27.01	59.20
机收率 %	21.95	26.87	35.26	51.88	55.57	

注：数据由四川省农业厅农机化发展处提供

二、存在的主要问题

1. 2011—2015 年主要气象特点及对小麦生产的影响

短短五年内四川省小麦生产即出现 3 种年型（表 8-1-5、表 8-1-6），气候变化对小麦生产带来深刻影响。

2011 年抽穗开花阶段的低温对小花结实造成显著影响，穗粒数下降，成熟期推迟与多雨环境重叠，穗发芽较重。2013 年暖冬、干旱，旱地小麦群体小、穗粒数低，减产较重；2015 年虽然温度高，但降水比较充沛，对全省小麦生产影响较小。

表 8-1-5　四川省川中地区（简阳市）小麦生育期间旬均气温和降水

	年度	11 月	12 月	1 月	2 月	3 月	4 月	5 月
平均气温（℃）	2011	14.0	8.2	3.5	8.9	10.9	19.0	22.5
	2012	15.2	8.0	5.9	7.1	13.1	19.9	22.5
	2013	12.1	7.8	7.0	11.2	18.1	20.0	22.3
	2014	13.3	8.0	7.9	7.9	13.6	19.5	22.0
	2015	13.0	8.0	8.3	10.6	15.6	20.1	23.8
累计降水（毫米）	2011	5.0	9.3	27.7	21.6	29.4	19.0	85.8
	2012	9.7	14.9	14.3	17.3	29.4	13.3	103.6
	2013	5.3	4.2	4.0	3.8	0.6	47.0	172.6
	2014	28.2	2.7	0.2	16.4	27.6	43.2	59.4
	2015	18.2	2.8	7.9	4.9	7.1	46.3	54.9

表 8-1-6　2011—2015 年小麦生育期比较（广汉市，8 个品种，年际栽培措施一致）

播种期（月 / 日）	开花期（月 / 日）	成熟期（月 / 日）	全生育期（天）
10/30	4/14~4/16	5/18~5/22	200~204
10/26	4/1~4/5	5/9~5/14	196~200
10/28	3/22~3/24	5/6~5/7	190~191
10/29	4/1~4/5	5/12~5/17	195~200
10/29	3/23~3/26	5/6~5/9	189~192

据农业厅 2011 年抽样调查，四川省稻茬小麦面积占全省总面积的比例为 36.58%，主要分布于川西平原和部分丘陵的槽沟地带，旱地小麦主要分布于广大川中丘陵区。气候条件的变化对两类小麦的影响不完全一样。稻茬小麦生产受降水的影响相对较小，除了播种前后多雨会导致播种质量下降、后期多雨可能导致倒伏和穗发芽之外，产量相对稳定；而旱地小麦主要受降水多少的制约。如 2013 年冬春温度高，雨水少，对旱地尤其是老旱区的小麦生产造成极大影响，但稻茬小麦依然取得了丰收。

2. 2011—2015 年小麦主要气象灾害、病虫害发生情况及对产量和品质的影响

（1）对产量的影响　2011—2015 年四川省麦区出现了两次比较大的气象灾害，包括 2011 年的低温和 2013 年冬春干旱，以及一次比较严重的条锈病危害。

2011 年冬季气温较常年显著偏低，生育进程推迟，开花期延迟至 4 月中旬（较常年推迟 10 天左右），而抽穗 ~ 花后一段时间低温、多雨，导致小麦受精结实不良，小花结实率显著下降。每穗粒数较常年减少 5~10 粒不等。同一品种（川麦 42）长期定位试验结果，2011 年每穗粒数仅 30.7 粒，较 2005—2015 年的平均值低 20.9%，单位面积小麦粒数也较平均值低 13.1%（表 8-1-7）。

2013 年冬春干旱对旱地小麦生产造成显著影响。由于冬季干旱少雨，冬至前后耕层质量含水量降至 15% 左右，孕穗、开花阶段降至 10%~15%，旱地小麦群体不足、个体发育不良，使得穗少（比常年低 15%~20%）、穗小（穗粒数较常年减 10% 左右），单产较常年降低 20%~30%。但是，稻茬麦田干湿适宜，单产比常年高 5%~8%。2015 年虽然也是暖冬年，开花成熟提早，但因雨水较充沛，对旱地小麦产量影响不大。

2014 年中后期条锈病暴发对全省小麦生产造成较大影响。四川省常年发生的病虫害主要是条锈病、白粉病、赤霉病和蚜虫，2011—2015 年年均发生面积依次为 332.2 万亩、198.2 万亩、65.3 万亩、510.9 万亩和 1 076 万亩。总体上这五年白粉病、赤霉病对小麦生产的影响较小，而条锈病威胁依然很大，尤其是 2014 年对产量造成了较大影响。一些抗性较差品种出现成片枯死，籽粒皱瘪，粒重显著下降，减产严重。2014 年、2015 年条锈病危害特点是前期不重，但生育后期即灌浆中后期突然暴发，使技术人员和广大农民措手不及。

表 8-1-7　长期耕作试验小麦产量结构的年际变化（四川省广汉市，川麦 42）

产量结构	年份											年均
	2005	2006	2007	2008	2009	2010	2011	2012	2013	2014	2015	
产量（千克 / 亩）	498.7	474.2	487.1	446.2	477.2	515.1	431.3	500.7	538.1	531.0	517.8	492.5
穗数（万 / 亩）	27.7	29.7	28.0	28.4	30.3	23.4	32.0	28.7	30.4	34.4	29.1	29.3
穗粒数（粒）	36.5	44.1	38.9	40.3	31.2	42.3	30.7	41.1	42.5	37.0	42.2	38.8
粒数 / 平方米	15 091	19 632	16 316	17 114	14 155	14 835	14 727	17 693	19 380	19 056	18 472	16 952
千粒重（克）	48.6	44.0	51.8	42.4	53.1	59.5	52.6	46.4	48.8	47.3	50.7	49.5

（2）对品质的影响　近 5 年气象灾害和病虫害对小麦的品质也产生了较大影响。同一品种长期定位试验和多品种多环境试验结果表明，主要品质性状均存在显著的年份效应。

根据 2011—2013 年 10 个品种多点试验数据，年际变化最大的是湿面筋含量、面筋指数、降落值，其年际最大差异超过 20%，出粉率、直链淀粉含量变化相对较小；

年际间变异程度也因地点而异，相同品质参数江油市的年际变化更大，如降落值最大年际差异达 50%（表 8–1–8）。2011 年因为开花灌浆推迟，成熟后期又遭遇较多雨水，使得小麦淀粉品质显著下降，体现在降落值低（有些品种不足 200 秒），RVA 参数（峰值黏度、低谷黏度、最终黏度）较其他年份下降 30%~60%。

表 8–1–8　四川省盆地不同地点小麦品质性状的最大年际差异　（%）

地点	籽粒蛋白质含量	出粉率	湿面筋含量	面筋指数	沉降值	灰分含量	降落值
广汉市	10.1	5.8	14.7	28.2	8.6	6.6	14.8
江油市	24.6	10.9	33.1	26.0	27.1	13.9	51.6
简阳市	12.4	12.0	16.3	16.5	11.2	8.0	18.8
地点均值	15.8	9.6	21.6	23.5	16.0	9.6	25.4

三、小麦水土资源条件及变化

1. 灌排条件建设

最近 30 年四川省没有大型水利工程建设，所以全省的灌排条件未得到大的改观，靠天吃饭的基本特点依然存在。据 2013 年省农业厅数据，全省耕地旱涝保收面积 2 599 万亩、有效灌溉面积 3 760 万亩。

依据《全国耕地类型区耕地地力等级划分》标准，以耕地详查面积 8 925 万亩为基数，2011 年全省高产田、中产田、低产田面积分别为 3 055 万亩、3 244 万亩和 2 626 万亩，2013 年全省高产田、中产田、低产田面积分别为 3 483 万亩、2 989 万亩和 2 453 万亩。耕地质量有所改善，但中低产田比例依然很大。

2011—2013 年，全省新建成高标准农田 649 万亩。到 2013 年底，全省高标准农田总面积达到 3 483 万亩，占耕地详查面积 8 925 万亩的 39.02%，占耕地二调面积 10 080 万亩的 34.55%。农田排灌能力、农机作业能力和耕地生产能力得到较大提升，建设区主要农作物耕播收机械化水平达到 55%、灌溉保证率达到 75% 以上。

2. 土壤肥力情况

目前四川省耕地土壤肥力状况为：稻茬麦田肥力相对较高，耕层有机质含量 2%~4%，碱解氮、有效磷、有效钾分别在 100~150 毫克 / 千克、5~15 毫克 / 千克、100~200 毫克 / 千克；旱地麦田耕层土壤有机质含量 1%~2%，碱解氮、有效磷、有效钾分别在 80~120 毫克 / 千克、10~15 毫克 / 千克、50~100 毫克 / 千克。全省约 40% 的耕地土壤有效磷含量在 5 毫克 / 千克以下，约 80% 的土壤有效钾含量低于 100 毫克 / 千克，速效磷和速效钾含量普遍较缺。中微量元素有效铜、有效铁、有效锌、有效锰含量较高。

根据全国长期定位监测试验点和四川省配方施肥 18 个县市抽测数据，与第二次土壤普查结果相比，近期土壤养分指标中，有机质含量呈水田（水旱轮作田）稳中有升、旱地基本稳定的态势；碱解氮水田和旱地均呈上升趋势，且旱地的氮素盈余水平高于水田；有效磷含量水田和旱地均呈上升趋势，但水田上升幅度明显低于旱地；速效钾含量基本稳定，但水田和旱地均处于亏缺状态，仍需注意补充钾素。

四、小麦生产发展的主要技术措施

1. 优良品种

四川省2005年以来审定小麦品种95个，其中，被农业部列为全国主导品种有5个（川麦42、内麦836、内麦11、绵麦367、川麦104），四川省主导品种16个（川麦42、内麦836、内麦11、绵麦367、川麦104、川麦60、川麦62、川麦43、绵麦51、川农23、川农25、川育20、蓉麦2号、西科麦4号、蜀麦969、绵杂麦168）。这些品种的区试产量变化在339.4~420.0千克/亩，平均385.0千克/亩，单产达到400千克/亩以上的有川麦42、川麦104、川麦62和绵杂麦168。2011—2014年，推广面积较大的品种包括川麦42、川麦47、内麦836、内麦11、川麦104、内麦8号、绵麦367，这些品种的播种面积占总面积约40%。

川麦42是西南冬麦区第一个区试平均单产超过400千克/亩的小麦新品种，2003年通过国审，高产、稳产、抗病，连续多年被列为全国主导品种，应用面积大、持续时间长，近年因混杂、退化，面积大幅下滑。继川麦42之后综合性状表现最好的品种当属川麦104，2013年通过国审，不仅产量高，且同时抗条锈、白粉和穗发芽，处于快速推广阶段，2015年应用面积已达200多万亩。绵麦367也是一个高产国审品种，尤其套作种植麦穗较大，但抗倒性、籽粒饱满度和品质欠佳。川麦62的产量潜力高，但白粉病严重，抗倒性差，推广前景不明朗。绵杂麦168是杂交种，2007年通过国审，产量潜力高、抗病性好，但因种子成本高、籽粒均匀度和饱满度不太理想，推广速度慢，面积很小。

四川省小麦新品种推广存在两个主要问题：一是真正好的品种所占面积不够大。一个新品种一般是某家种子企业独家经营，受经营能力和价格保护等因素影响，每年销售规模不是很大。目前区试单产达到400千克/亩以上的品种合计占总播面的比例不到30%。二是国家实施的种子补贴以现金方式发放到农户手中，真正用于购买新品种的比例不到20%，实物补贴（种子）的取消不利于提高新品种的覆盖度和种子纯度。

2. 栽培技术

（1）套作小麦带式机播技术　针对南方丘陵特定生产条件和套作种植制度研发而成，其核心内容包括规范化套作模式和小型机械化技术，要求以2米为一复合单元，1米种植小麦、1米预留行（春季接种玉米），这种规格便于微耕机和2B-4、2B-5小型播种机作业。该技术具有多方面的优势：保障套作条件下小麦有效播种面积，1

米带宽上种植行数从农民的 2~3 行增加至 4~5 行；机具替代人工耕整和播种作业，显著提高生产效率，显著增产、节本、增效。自 2011 年起，连续 5 年被农业部列为主推技术，在西南麦区各省市均有广泛应用。每亩增产 30~60 千克，节本 50~80 元，亩节支增收 120 元以上。

该技术主要依赖于农机大户或农机专业合作社通过社会化服务的形式推广，因小型机具的作业效率不及大型机具，其收费自然较高，反过来影响到农户购买农机服务的积极性。四川省提出了农机作业补贴政策，利于提高农机专业合作社的服务积极性，降低农户购买服务的资费负担。

（2）稻茬小麦半旋机播立苗技术　水稻多采用大型收割机收获，对土壤破坏较大，不利于下茬小麦播种立苗。为此，以播种机具研制改良为基础，创新集成了“稻茬小麦半旋机播立苗技术”，其核心内容包括免耕栽培、稻草粉碎还田、2BMFDC-6 型播种机施肥播种。所用机具较轻，仅对播种带实施浅旋耕，动力消耗少，对粘湿稻茬田适应性较强，可实现一播全苗，产量高。自 2009 年起，连续 7 年被四川省列为主推技术，2014 年起被农业部列为主推技术，西南各省市已累计推广 200 余万亩。根据对比试验和示范调查，新技术使生产效率提高 30%~40%，增产 10%~15%，综合效益提高 25%~50%。

该技术进一步扩大应用面临的困难：一是四川省盆地秋季多雨，部分排水不畅的田块含水量过高，机器难以下田作业；二是机插秧使水稻成熟期推迟，土壤碾压破坏呈加剧之势；三是跨区作业的收割机已从“半喂入式”全面转为“全喂入式”，秸秆粉碎不好，影响播种机作业效果。针对生产条件的变化，应加强周年作物的统筹管理，改善小麦播种条件；改进播种机构造，特别是播种带秸秆清理装置，使其能够适应更加复杂的稻田生产环境。

（3）减氮增磷高效施肥技术　四川省盆地土壤有效磷普遍缺乏，大面积抽样均值仅 10~15 毫克 / 千克，近 50% 的样点在 5 毫克 / 千克以下。农民施肥时较少考虑土壤肥力和作物的需肥特性，过度依赖氮肥，磷钾肥投入较少；为了方便，常采用“一炮轰”施肥方式。在小麦营养生理与科学施肥研究基础上，四川省提出了“减氮增磷高效施肥技术”，即，亩施纯氮 10~12 千克 / 亩，P_2O_5 5~8 千克 / 亩，K_2O 4~6 千克 / 亩；氮肥 60% 作底肥，40% 作拔节追肥；底肥选用 NPK 配比适宜的复合肥，配合机播施用。该技术利于小麦养分平衡供给，提高肥料利用效率和降低倒伏风险，被作为综合集成技术的核心内容在各地高产创建中广泛应用。和农民施肥技术相比，纯氮投入减少 2~3 千克 / 亩，产量增加 5%~10%，后期倒伏风险降低，利于机械收获。

该技术存在的问题是，市场上复合肥种类繁多，养分配比多样，质量良莠不齐，如选用不当难以满足小麦全生育期的养分需求。由于四川省土壤类型较多，基础肥力千差万别，应准确把握特定区域的肥力状况，制定更加细化的施肥方案，以进一步提高肥料利用效率，降低生产成本，改善生态环境。

（4）秋季秸秆就地覆盖保墒增产技术　西南丘陵小麦主要分布在坡台地上，多与玉米、烤烟等作物套作种植。套作玉米一般于7月下旬至8月上旬收获，收后农民随即将玉米秆砍倒移至田外堆放，或自然立在田间，待到小麦播前再将其移走，这种方式往往费工费力。另一方面，小麦在播种阶段和冬春时节常遭遇干旱，严重影响播种立苗和苗期生长。对此，四川省农业科学院研究集成了“秋季秸秆就地覆盖保墒增产技术”，其基本内涵是，玉米收后将其秸秆就地覆盖在玉米种植带上，10月底将腐烂未尽部分移开，随即耕整机播小麦，播后再将残留秸秆覆盖于小麦行间。该技术不仅简化秸秆还田程序，利于培肥，且能有效抑制秋季杂草滋生（降低80%以上）、纳雨造墒（播种时耕层土壤质量含水量增加6.0%~21.3%）、提高小麦立苗质量（出苗率提高2.0%~8.9%）和产量（5%~10%），在西南旱地有很好的适应性，已在川中丘陵的简阳、乐至等县市广泛应用。

该技术面临的问题：受生产条件所限，玉米秸秆覆盖仍然靠人工完成；玉米秸秆量大，加之冬春少雨，整秆覆盖往往不能完全腐解，影响整地播种。今后，应加强中小型玉米收割机的研制，实现玉米收获与秸秆粉碎还田的一体化，进一步提高生产效率，促进秸秆腐解。

3. 耕作技术

免耕技术已占四川省稻茬麦的70%以上，抗湿播种效果良好。当前存在的问题主要是上茬水稻生产带来较大的负面影响，因为追求水稻高产而选择生育期长的品种，因为机插秧加上猛施化肥造成晚熟，以及生长后期放松水分管理，最终导致迟收、湿田甚至立水收稻，土壤往往遭严重破坏，坑洼不平，秸秆杂乱无章，这些都影响免耕技术的发挥。旱地小麦播种机动力小，在播种前一般采用微耕机旋耕或者人工翻挖，以利于小麦机播，而旋后容易失墒，不利小麦抗旱立苗。

未来应加强两个方面的工作，一是立足周年技术统筹，加强技术研究；二是加大培训力度，提高种粮大户或一般农户周年管理水平，进而促进小麦生产。同时，随着旱地从原有的间套三熟改为小麦－玉米两熟，利于机械化作业的同时，也带来了旱地耕作技术革新问题，应加强旱地免少耕技术的研发应用。

4. 植保技术

（1）药剂拌种技术　四川省药剂拌种的主要目的在于预防小麦苗期锈病和防治地下害虫，杀菌拌种剂常选用“立克秀”或“粉锈宁”，杀虫拌种剂常选用“甲基异硫磷”。通常做法是先拌杀虫剂、再拌杀菌剂，拌种后摊开晾干。据调查，四川省小麦每年药剂拌种面积占总播面的20%左右。药剂拌种技术在苗期易发锈病、白粉病以及地下害虫危害严重的区域起到了良好的防控作用。

药剂拌种对技术要求较高，操作不当会降低出苗率。同时，杀菌剂在植物体内的持效期较短，对后期发生的病害防治效果有限，对比试验研究发现，“立克秀”拌种处理小麦的成株期白粉病感染率和对照处理无显著差异。四川省已选育出多个兼抗白粉病、条锈病的高产品种，应充分发挥品种在病害防控中的作用，并加大对抗虫拌种技术的研究与应用。

（2）一喷多防技术　西南小麦病虫种类较多，若一一进行多次防治，势必成本高、生态安全风险大。为提高病虫防控效率和防控质量，在病虫流行规律研究和药剂筛选基础上，集成了适于西南麦区的“一喷多防技术”，即在病虫发生相对集中的抽穗~开花初期，将防治蚜虫、白粉病、锈病、赤霉病的药剂进行复配，一次喷施防治多种病虫害，如果有脱肥症状，还可加入磷酸二氢钾。多年试验结果表明，一喷多防与病虫分次防治处理在病虫危害参数和千粒重方面均没有显著差异。在财政专项资金支持下，植保部门在小麦抽穗前及时下发一喷多防的药剂，该技术每年的应用面积占播种面积的 50% 以上。

在“一喷多防技术”的实际应用中，农民对用药时期往往把握不准，常常延时喷施，效果大打折扣；另外病虫害对部分药剂已经产生抗性，防控效果不理想。下一步应强化操作培训与指导，并研究病虫害对常用药剂的抗性，筛选低毒高效农药，完善“一喷多防技术”。

（3）统防统治技术　四川省小麦病虫害防控仍然以分散防治方式为主，往往效率低、效果差。农作物病虫害专业化统防统治是指具备植物保护专业技术和设备的组织，开展社会化防治服务的行为。统防统治对于提高病虫害防控效率、防治效果、支撑规模化生产有重要意义。目前，四川省各个县市均有植保专业合作社，政府每年从农资综合补贴资金中安排专项资金，扶持合作社开展社会化服务。

统防统治对操作人员的体力、技术均有较高要求，能从事这项工作的人越来越少，且每年服务次数有限，效益不高。对此，应该对这些服务组织进行政策、资金、培训等扶持，开展机械作业、农资销售、统防统治等，稳定队伍、提高收益。

5. 防灾减灾技术

（1）低温冻害防控技术　四川省小麦低温冻害发生频率虽然不高，但一旦发生危害极为严重。2008 年冻害造成罗江县早播小麦大面积死亡，2011 年早春低温造成部分品种结实粒数大幅下降，春性较强的川麦 56 的低位小花数结实率仅 60%。低温冻害的有效防控手段首推抗性品种，当前第一大主推品种“川麦 104”较上一代主推品种“川麦 42”的抗冻性有了明显增强，其大面积推广对于防控低温冻害起到了重要作用；其次是适期播种，特别是春性较强的品种应适当迟播；三是冻害发生后及时补充叶面肥，使其快速恢复，并加强中后期田间管理，提高粒重，弥补损失。过去 5 年仅 2011 年出现了早春低温天气，低温冻害对四川省小麦生产的影响相对较小。

（2）倒伏控制技术　倒伏主要发生在水肥条件较好的稻茬麦田。四川省小麦植株较高，穗子较重，抗倒力相对较差。如果密度过大，施肥不当，灌浆中后期很容易出现大面积倒伏，不但影响粒重和产量，也容易发生穗发芽。因此，倒伏控制技术一直是综合集成技术的重点内容之一。倒伏控制技术的核心内容包括抗倒品种、精量播种、科学施肥、喷施生长延缓剂和生育后期排水降湿害。该技术已在全省广泛应用，特别是喷施生长延缓剂，农民对旺苗田已做到自觉喷施，“十二五”期间大部分县市未出现大面积倒伏。

（3）穗发芽综合防控技术　四川省盆地小麦收获阶段多雨，加上倒伏、晾晒不及时等因素影响，易造成穗发芽，农业部近年的抽样结果也表明四川省小麦降落值较低（仅 200 秒左右）。通过近几年努力，初步集成了穗发芽综合防控技术，在一些主产县（市）建立了技术示范区。穗发芽防控的核心是选用抗穗发芽品种，控制倒伏，适时收获并及时脱水干燥。川麦 104 具有较强的穗发芽抗性，淋雨后的降落值仍保持在 300 秒以上，在近几年小麦穗发芽防控上发挥了积极作用，今后应进一步加大其覆盖面。粮食部门研制了多种类型、适于不同用户的产后脱水干燥设备设施，在政府部门相关政策和资金支持下，得到了不同程度的转化应用，尤其是降低了种粮大户穗发芽的发生概率，质量和品质有明显提升。

穗发芽防控面临的问题主要有，多数品种的丰产性与抗逆性得不到统一，如农业部主导品种绵麦 367 产量潜力高，但降落值很低、品质差；大型干燥设备单价较高，安装数量少，运行成本高，无法满足生产需求；迄今未筛选到效果好、适应性广的穗发芽抑制剂。下一步将继续优化抗性品种布局，发挥品种在穗发芽防控上的作用；将穗发芽防控技术与其他高产栽培技术进行融合集成；落实专项资金支持种粮大户、专业合作社粮食烘干设施建设，提高穗发芽防控水平。

6. 技术集成

在关键技术研究基础上，针对区域特点和种植制度，四川省分别集成了《稻茬小麦高产高效栽培技术》和《丘陵旱地套作小麦抗逆丰产栽培技术》，编入农业部小麦专家指导组编写的《全国小麦高产创建技术读本》《小麦高产优质高效栽培技术规程》等技术著作，或作为培训材料，指导西南各地小麦生产。

《稻茬小麦高产高效栽培技术》的主要内容包括水稻生育后期水分管理、水稻秸秆粉碎，高产抗逆品种配置，播前拌种、免耕栽培、适期安全播种、半旋机播，减氮增磷，中期调控与管理、一喷多防、适时收获、及时脱水干燥等。该技术适应于西南稻茬麦区。

《丘陵旱地套作小麦抗逆丰产栽培技术》的主要内容包括规范套作模式，秋季玉米秸秆就地覆盖，抗病抗旱品种布局，播前拌种，2B-4 或 2B-5 型播种机带式播种，减氮增磷，一喷多防，适时收获与脱水干燥等。该技术适应于西南丘陵套作麦区。

四川省充分利用农业部小麦专家指导组、国家小麦产业技术体系、新型农村科技服务体系、产学研协作创新平台和粮食产业基地建设等平台条件，强化新技术的示范推广。“十二五”期间，单项技术及集成技术在各地市得到广泛应用，极大地促进了区域小麦生产水平的提升，支撑了四川省夏粮连续 8 年增产增收。江油市大堰乡连续 6 年验收单产超 600 千克 / 亩（633.3~710.7 千克 / 亩），2010 年以来多地示范（江油、苍溪、绵竹、彭州、中江）单产超 600 千克 / 亩。套作小麦连续创造单产 400~470 千克 / 亩的高产典型，比过去提高了 150 千克 / 亩 以上。据农技部门统计，“十二五”期间，四川省小麦高产高效抗逆集成技术累计应用 1600 余万亩，占全省小麦面积的比例从 2011 年的 20% 上升至 2014 年的 33.8%。

7. 其他技术措施或稳产增产策略

（1）耕作制度改革　旱地小麦是四川省小麦生产的主体，小麦 / 玉米 / 红薯（大豆）为主导模式。间套复种涉及作物种类多、技术要求高、劳动投入大，影响农民种麦积极性和机械化水平提升。四川省农业科学院近年提出改革耕作制度，变套作三熟为小麦 – 玉米净作两熟，促进周年增产，大幅降低成本，提高生产效率和种植收益。该技术已得到各级主管部门和农民的认可，正扩大示范。如三台县建设镇某种粮大户，2014 年承包土地 380 亩，雨养小麦单产 300~320 千克 / 亩，玉米单产 300~350 千克 / 亩，周年产值 1 400~1 500 元，扣除土地租金及其他投入，每年纯收益约 14 万元。

套作三熟变净作两熟后，需要着力解决周年品种配置、秸秆利用、养分平衡管理、适宜作业机具等问题，集成适于旱地两熟制条件下的周年丰产高效抗逆栽培技术。

（2）规模化生产　规模化经营对四川省小麦生产起到了重要促进作用。截至 2014 年，四川省经营规模在 30 亩以上的种粮大户、合作社已有 13 000 多家，总面积 135 万余亩。小麦具有易于机械化、管理简便、价格稳定等优势，多数经营大户小春作物都选择种植小麦。四川省政府针对种粮大户制定了系列奖励政策，科研部门也针对规模化生产开展了系列技术培训，进一步提高了农民流转土地、种植小麦的积极性。如广汉市连山镇某种粮大户 2014 年种植小麦 1 120 亩，平均单产 474 千克 / 亩，比全市平均水平高 15%，种麦收入达 19.5 万元。

当然，规模化生产也存在一些突出问题，既有政策上的，也有技术上的。部分农民盲目扩大规模，经验不足，能力有限，反而造成减产和利润下滑。土地租期较短（一般 3~5 年），大户不愿开展培肥和相关投资，不利可持续发展。因此，需要进一步完善土地流转政策，创新集成规模化生产技术，为粮食规模经营提供支撑。

（3）农机作业补贴　经过多年努力，四川省已成功研发了多种适宜不同生产条件的播种、收获机具。但机具普遍较小，作业效率较低，收费较高，影响了农户购买服务的积极性。如旱地小麦整地价格 70~80 元 / 亩，播种 40~50 元 / 亩，收获 120~150 元 / 亩，扣除机械作业费和其他投入，小麦种植收益甚微。四川省各级政府部门出台了农机作业补贴政策，降低收费标准，提高了农机从业人员和广大农户购买农机服务的积极性，促进了小麦生产。

第二节　“十三五”四川省小麦生产发展规划

一、小麦生产面临的主要问题

1. 制约面积稳定或扩大的问题

四川冬季热量丰富，作物多元化格局基本成型。四川省盆地最冷月（1月）平均温度5~8℃，冬春季（10月至翌年3月）平均温度8.6~11.8℃，无霜期300天以上。小春作物种类繁多，种植面积上千万亩的就有小麦、油菜、马铃薯、蔬菜、药材等。热量资源丰富，经济作物优势明显，小春作物已经形成多元化发展格局。因此，“十三五”期间进一步扩大小麦种植面积的可能性较小，稳定难度也较大。

侧重做大油菜、马铃薯和果蔬产业。四川省农作物总面积很大，但作物多元化特点突出，单个作物的种植面积都很难达到其他一些省份的规模。领导抓住相对有优势的油菜、马铃薯、蔬菜等作物，做大做强，以争取更大支持，相应制定了有利于这些作物发展的政策措施，小麦关注度减弱。

农村劳动力和粮食效益的双重约束。四川省是劳动力输出大省，每年出省务工农民高达1 000万人，留守农村的人口比例在10%~15%；从事农业生产的人员占劳动年龄总人口不足5%。同时，受种植面积制约，小农户种粮收益占家庭总收入的比例很小。具有较高务农积极性、愿意抓粮食生产的中青年很少，制约粮食作物种植面积的稳定。

规模化推进和种植制度改革利于小麦发展。小麦生产也有一些发展机遇。一系列旨在促进粮食规模化发展的政策措施，极大调动了农户、企业种植小麦的积极性。国家和省市（县）都制定了规模化种粮的激励政策，成都市对规模化种粮的补贴每亩每年已超过500元，经济稍差的县市也有100~300元，过去几年冬季种油菜的大户这几年也转而种植小麦。商业企业纷纷投资农业，投资规模化种粮，2015年小麦种植规模上1 000亩的企业就有30多家。由于小麦种植流程简单，单位成本明显低于水稻、玉米，种植大户从只重视水稻、油菜转而重视周年粮食生产。

2. 制约单产提高的问题

气候年际波动大。极端气候增多、波动频繁，严重制约小麦单产提升。一是秋季多雨给播种立苗带来困难，粗耕烂种比例较高；二是冬春干旱频繁，旱地小麦生产年际波动很大，影响全省单产的稳定和提升；三是倒春寒影响，结实率不高，穗粒数波动大；四是病虫害优势种类和流行规律因气候波动而产生变化，给防治工作造成困难。

高产技术到位率较低。高产技术诸如高质量播种立苗技术、关键时期田间管理技术、灾害应变管理技术等，因农户种植积极性、技术推广服务等因素，往往得不到严格贯彻，技术效果大打折扣，从而影响单产的稳定提升。

周年统筹兼顾不够。因项目设置、专业分工等原因，使得生产技术研发一般围绕某个作物展开，对周年协同高产技术的关注和研究不够；农户因对各种作物繁多的品种、技术了解不够，周年生产的安排统筹也比较忽视，品种搭配不科学，茬口衔接不协调，往往影响各季稳产高产。

高产品种占比偏低。小麦品种审定数量多，但产量潜力差距很大。品种之间区试单产差距 50~80 千克 / 亩，高产展示单产差距达 100~150 千克 / 亩。如果高产品种推广面积提高一成，则全省平均单产即可提高 5%。

病虫害发生流行预测难度增加。四川省过去以条锈病危害为主，现在白粉病、赤霉病、蚜虫和地下害虫的危害日趋严重，因技术储备有限，往往防控效果不佳。另一方面，因气候、耕作制度、种植模式等因素变化导致病虫害发生机制与规律产生变化，技术人员和农户按已有经验进行处置和防控方案制定，往往效果不佳。预测、防控难度上升，影响单产。

3. 制约土壤肥力提升的问题

科学施肥技术不到位。研究和实践表明，有机肥与化肥配施、NPK 平衡施用、适度投入中微量元素，都利于土壤结构稳定和肥力提升。但是，现实的情况是有机肥投入极少，偏施氮肥，NPK 不平衡，忽视中微量元素施用。其根源在于认识、责任、利益等诸多因素。一般小户的养分管理往往简单到只知道撒肥；种粮大户租用他人土地，并不关心耕地的健康与可持续问题，偏施氮肥现象严重，因为可以最大限度节约肥料成本。

旱地秸秆还田技术推进困难。平原地区因为长期以来推行秸秆覆盖栽培，加之近年严厉的禁烧政策，秸秆还田覆盖面较高。根据大面积抽测和定位试验结果，当前稻茬麦田耕层有机质含量普遍在 2.5%~4.0%，有效 N、P、K 分别在 100~200 毫克 / 千克、10~15 毫克 / 千克、80~120 毫克 / 千克。但是，丘陵旱地因为种植制度复杂、机械化程度较低、作业困难等因素，秸秆还田推进难度较大。既没有秸秆还田，又没有有机肥投入，必然影响土壤肥力提升。

合理轮作、培肥地力的格局尚未形成。由于过度强调产量，小农户往往是在同一块土地上一成不变地种植“小麦（小春）– 玉米（大春）”或“小麦 – 水稻”，极不利于耕地健康培肥。如果以一定土地规模和家庭农场为基础，按一定年限轮换种植小春作物（小麦、油菜、蔬菜、马铃薯等）和大春作物（玉米、甘薯、水稻等），则利于耕地培肥和可持续发展。

4. 水资源约束

2013 年底四川省耕地总面积 10 111.8 万亩，其中旱地 5 779.1 万亩，占 57.2%。小麦 70% 分布在丘陵旱地，缺乏有效灌溉条件，从播种到成熟阶段降水量多数年份 100~200 毫米，干旱年份和部分干旱区域常不足 100 毫米，冬春干旱频发，直接威胁小麦苗期生长和群体构建。四川省小麦产量稳定与否跟旱地小麦产量稳定与否相一致，而旱地小麦产量高低主要取决于冬春降水条件。

5. 气象变化因素

全球气候变化直接影响区域性气候变化，对小麦生产的影响集中反映在以下 4 个方面：一是气候变化给生产计划和管理带来困难。播期、播量的确定，病虫发生规律与准确用药时间，标准化技术体系的贯彻落实，都要受到影响。二是 9~11 月秋绵雨的发生频率呈上升趋势，给整地播种尤其是机械化作业带来困难，立苗质量和前期生长受到影响，并导致后续管理被动。三是倒春寒不定期发生给冷（冻）害防控技术的研究与应用造成困难，影响开花结实，如 2011 年每穗粒数较正常年份减少 5~10 粒。四是后期高温影响灌浆，导致籽粒饱满度和粒重下降，影响产量和品质。

二、小麦生产发展的面积、单产、总产

根据过去五年小麦生产特点和主要市县未来五年小麦生产调查，汇总形成四川省 2016—2020 年小麦生产规划（表 8-2-1）。规划要点如下。

1. 面积规划

“十三五”期间，四川省小麦年种植面积力争稳定在 1 600 万亩左右，预计 2016 年、2017 年面积还有一定幅度调减，到 2018 年将稳定在 1 600 万亩上下。25 个调查样本有 12 个县报减或稳定，13 个县报增，加权后前两年略减、后三年稳定（表 8-2-2），其变化趋势与全省一致。

2. 单产规划

全省平均单产将从 2015 年的 254 千克 / 亩提升到 2020 年的 280 千克 / 亩，年均增长 2% 左右，总体呈“持续、稳定增长”态势。从 25 个小麦主产县和部分地市的预测数据，单产均有不同程度的增长（表 8-2-2）。

分区域规划：生产条件良好、稻茬小麦比例较高的川西地区，面积约 500 万亩，平均单产由目前的 310 千克 / 亩提高到 2020 年的 350 千克 / 亩；以旱地小麦和套作小麦为主的川中地区，面积约 800 万亩，平均单产由目前的 230 千克 / 亩提高到 2020 年的 250 千克 / 亩；川南、川东、攀西地区，面积约 400 万亩，多种类型并存，条件较差，平均单产由目前的 200 千克 / 亩提高到 2020 年的 220 千克 / 亩。

3. 总产规划

依据“十三五”种植面积和单产规划，四川省到 2020 年小麦总产预计达到 448 万吨，比 2015 年增加 21.7 万吨，增幅 5.09%。分年度看，前期因面积调减而呈现稳定态势，后期随单产持续增加而增加，2018—2020 年年增长率预计达到 2%~3%。

表 8-2-1 “十三五”期间四川小麦生产面积、单产和总产规划

年份	播种面积（万亩）	总产（万吨）	单产（千克 / 亩）	比上年增加值			比上年增长率		
				面积（万亩）	总产（万吨）	单产（千克 / 亩）	面积（%）	总产（%）	单产（%）
2015	1 679.0	426.3	254.0	−77.6	3.1	13.00	−4.42	0.73	5.39
2016	1 632.0	413.4	253.3	−47.0	−12.9	−0.70	−2.8	−3.03	−0.28
2017	1 607.0	417.8	260.0	−25.0	4.4	6.70	−1.53	1.06	2.65
2018	1 600.0	427.2	267.0	−7.0	9.4	7.00	−0.44	2.25	2.69
2019	1 600.0	440.0	275.0	0.0	12.8	8.00	0	3.00	3.00
2020	1 600.0	448.0	280.0	0.0	8.0	5.00	0	1.82	1.82

表 8-2-2 四川省 25 个小麦生产县 2016—2020 年计划情况统计

科目	预计	县数	预计增减（%）				
			2016 年	2017 年	2018 年	2019 年	2020 年
面积	增长	13	0.12~9.41	0.00~4.17	0.00~4.00	0.00~5.56	0.00~5.56
	减少	12	−0.11~−3.28	0.00~−3.70	0.00~−2.56	0.00~−1.99	0.00~−2.00
	加权	25	−0.36	−0.21	−0.04	0.11	0.01
单产	增长	25	0.27~8.31	0.58~7.95	0.58~7.87	0.29~8.00	0.57~3.49
	减少	0	—	—	—	—	—
	加权	25	1.76	2.16	2.09	2.32	2.20
总产	增长	21	0.84~14.65	0.93~7.95	0.94~7.87	0.95~8.00	0.43~5.90
	减少	4	−0.54~−3.66	0.00~−1.21	0.00~−0.79	0.00~−1.19	0.00~−1.31
	加权	25	1.39	1.94	2.04	2.43	2.19

三、小麦生产发展的重点

1. 科学布局，分区推进

小麦在四川省 21 个地市州均有分布，但地区差异极大，川南地区冬季温度高、生产条件差，“十二五”期间种植面积调减幅度最大；稻茬小麦比较集中的川西地区，最近几年出现恢复性增长。应根据不同区域存在的生产和技术问题，开展技术攻关。稻茬小麦倒伏、穗发芽、秸秆还田等问题突出，应着力解决高质量播种和全程机械化；旱地小麦种植制度复杂、机械化程度低、土壤保水保肥力差，需要加快耕制改革，提高生产效率和种麦积极性。

2. 加快技术转化，促进大面积增产

随着高产理论和技术进步，“十二五”期间各地都涌现了高产田、高产片，但大面积单产总体依然较低，核心的问题是技术在不同层级之间的传递和转化不畅。“十三五”期间，需要研究“从点到片”、“由片到面”的技术转化路径和切实可行的行动方案。

3. 以市场为导向，促进小麦产业发展

四川省小麦以加工面条为主。大型面条加工企业多数采取“掺和”方式生产优质面条，即当地小麦和北方小麦各占50%。北方小麦“筋力”较好，而南方小麦出粉率高、白度好、灰分含量低。“十三五”期间，需要着力解决面条小麦筋力偏弱、降落值偏低的问题，促进面条企业做大做强，进而带动小麦生产发展。同时，四川省具有生产优质弱筋小麦的生态优势，需要继续强化弱筋小麦产业发展。

4. 坚持“一控两减”，着力提高效益

经过十多年的持续发展，我国小麦供给充足，当前正是开展供给侧改革、着力提升效益和可持续能力建设的关键时期。通过生产效率提升、成本控制、地力培育等途径，提高生产效益。对此，需要大力推进机械化技术、秸秆还田技术、水肥药高效利用技术的研究与应用。

四、小麦生产技术储备

坚持“数量与质量并重、增产与节本增效并重、增粮与改善环境并重”原则，着重开展中低产田培肥增产技术、周年水肥平衡高效利用技术、秸秆综合利用技术和规模化生产技术研究，开展利于“节水、减肥、减药”目标的新品种筛选及潜力挖掘工作，开展“一控两减三基本”技术的培训和示范转化工作。

1. 旱地培肥增产技术

旱地小麦是四川省小麦生产的主体。制约旱地小麦单产提升的核心因素有两点：地力基础较差，受气候变化影响较大。应从三个层面着手开展工作：充分利用秸秆资源，以覆盖还田、堆沤还田和过腹还田方式资源化利用秸秆；充分利用冬季预留行，种植蔬菜、豆科绿肥等，培肥地力；构建科学的轮作系统，实现用养结合。围绕这三个方面进行耕作技术和种植模式设计，开展攻关研究和技术示范。

2. 稻茬小麦减肥减药技术

稻茬麦小麦生产条件较好，具备在“一控两减”前提下进一步稳产高产的土壤基础。核心工作是要改进创新施肥技术、提高肥料利用效率，从而达到减肥不减产，简化施药程序，减少用药次数，提高药效。对此，需要深入研究控释肥、缓释肥的施用技术，“一喷多防”技术的关键节点和高效配方，必须同气候变化、病虫测控紧密结合。

3. 周年平衡增产增效技术

站在农户尤其是种粮大户的角度，不仅要考虑某一季某一作物的生产与技术问题，更要考虑周年效益最大化问题。因此，需要跨作物研究利于全年节本增产增效的综合性技术。需要特别关注不同熟期品种搭配与茬口衔接，需要考虑周年养分平衡与管理，秸秆处理方式等，进而达到适时播种、高质量立苗、秸秆有效利用、节水节肥节药、增产与增收、当前与长远、生产与生态的结合。

4.“一控两减”目标品种布局

品种始终是促进控水、减肥、减药的基础。同等目标产量，不同品种所需要的肥料、农药量显著不同。在不同区域、不同地力水平上开展品种试验，筛选和布局水肥高效利用新品种，针对不同抗性品种开展减药高效试验，示范推广节本高效用药技术。

5. 品质改良提升技术

按“市场需求→企业需求→技术研发”的路径逆向思考，着力研究能生产满足企业和市场需求的优质原料，能为农民增加收入的技术，进而促进小麦产业良性发展。未来几年必须加强品质特性研究，实现产量与品质并重发展。品质方面尤其需要关注提高降落值、改善面筋质量等。

6. 农户综合管理技术

粮食生产主体正经历深刻变化，除了传统的小农户（户均耕地 3~5 亩）外，种粮大户（100~2 000 亩）、粮食专业合作社、家庭农场等新型经营主体不断涌现。粮食生产技术的研发、技术传递方式、咨询服务、市场营销等都应充分考虑新型经营主体的基本现实和条件，开展紧密合作，提高技术的可用性、即时性和到位率，提高经营主体的综合管理技术，变潜在生产力为现实生产力。

第九章
山西省“十三五”小麦生产发展规划

第一节　“十二五”山西省小麦生产总结

一、小麦产量特点

1. 小麦生产总体特点

（1）面积减，单产增，总产增　“十二五”山西省小麦年均播种面积1 028万亩，较“十一五”减少29.1万亩，减少2.83%；平均单产245.4千克/亩，比“十一五”增加29.1千克/亩，增长13.45%；年均小麦总产252.1万吨，比“十一五”增加23.4万吨，增长10.24%（表9-1-1）。“十二五”，山西省小麦生产呈现“面积减、单产增、总产增”的特点。

表9-1-1　山西省“十二五”小麦面积、单产和总产

项目	播种面积（万亩）	单产（千克/亩）	总产（万吨）
“十二五”	1 028	245.4	252.1
“十一五”	1 057	216.3	228.7
比“十一五”增加量	-29.1	29.1	23.4
比“十一五”增加率（%）	-2.83	13.45	10.24

（2）旱地小麦产量提升幅度大，单产水平创新高　山西省旱地小麦的面积比例大，旱地小麦产量高低受降水量的制约，丰水年产量高，枯水年产量低，影响着山西省小麦的总产量水平。“十二五”山西省小麦面积下降的主要是旱地小麦，减少了55.95万亩，旱地小麦在全省小麦面积中的占比由“十一五”的59%降低为55%（表9-1-2）。“十二五”山西省水地、旱地小麦的单产和总产均提高；旱地小麦提高

幅度较大，单产提高25%，总产提高14%。旱地小麦主产县创单产最高纪录，2014年洪洞县旱地小麦千亩示范田实收测产，10.73亩示范田平均单产达539.5千克/亩，创山西省干旱半干旱区旱地小麦大面积连片单产最高纪录；2015年，垣曲县皋落乡武家沟村农民王刘群3亩旱地小麦，实测单产达540千克/亩，再创新高。

表9-1-2　山西省“十二五”水地、旱地小麦生产基本情况

项目	播种面积（万亩）		单产（千克/亩）		总产（万吨）	
	水地	旱地	水地	旱地	水地	旱地
“十二五”	457.5	570.1	323.2	183.0	147.8	104.3
“十一五”	431.0	626.0	317.4	146.9	136.8	91.9
比“十一五”增加量	26.5	−55.95	5.80	36.16	11.00	12.41
比“十一五”增加率（%）	6.15	−9.8	1.83	24.63	8.04	13.50

（3）各区域发展不平衡，几个主产市占主导地位　山西省小麦种植分布在运城、临汾、晋城、长治、晋中、吕梁、太原7个地市，其中，运城、临汾和晋城3个地市是山西省的小麦主产区。“十二五”，运城市小麦面积达519万亩，占山西省的51%；临汾市小麦面积362万亩，占35%；晋城市95万亩，占9%；其他4个地市长治、晋中、吕梁和太原仅占不足10%。“十二五”，运城市小麦面积较“十一五”增加了24万亩，总产增加33万吨，增长33%。而其他市小麦面积均减少，由于单产提高，临汾小麦总产增加10万吨，增长12%；晋城小麦总产增加2万吨，增长9%；其他市小麦总产有不同程度的下降，尤其是吕梁市（图9-1-1）。

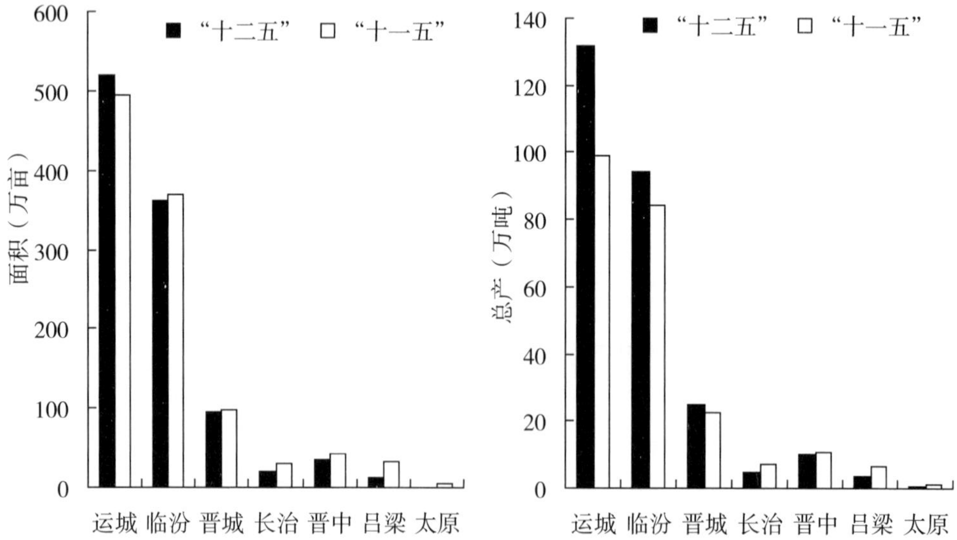

图9-1-1　山西省“十二五”小麦主产市的生产基本情况

2. 小麦生产主要特点

（1）单产、总产创新高　“十二五”，山西省小麦面积减少，但总产和单产年度间变化幅度较大，单产变动在 226~268 千克 / 亩，总产变动在 231 万 ~271 万吨。“十二五”山西省小麦单产和总产的趋势是增加的，尤其 2012 年、2014 年、2015 年 3 年的总产都超过 250 万吨。2012 年、2014 年、2015 年 3 次刷新单产历史纪录，2012 年跨过 250 千克 / 亩大关以后，2014 年单产达到 256.3 千克 / 亩，2015 年山西省小麦产量再创历史新高，单产达到 268.1 千克 / 亩，总产达到 271.4 万吨（表 9-1-3）。

表 9-1-3　山西省 2011—2015 年小麦面积、单产、总产情况

年份	播种面积（万亩）	单产（千克 / 亩）	总产（万吨）
2011	1 065	225.6	240.3
2012	1 034	250.8	259.2
2013	1 016	227.0	230.7
2014	1 011	256.3	259.1
2015	1 013	268.1	271.4
“十二五”	1 028	245.4	252.1
“十一五”	1 057	216.3	228.7

（2）受气候影响，旱地小麦产量波动大　“十二五”，山西省小麦面积减少主要是由于旱地小麦面积波动造成，受年际间降雨波动的影响出现大起大落的产量波动。2011 年、2013 年均出现严重旱情，小麦单产与总产都较低，总产不足 250 万吨。2015 年山西省水地和旱地小麦的单产、总产均最高（表 9-1-4）。

表 9-1-4　山西省“十二五”水、旱地小麦生产基本情况

年份	播种面积（万亩）			单产（千克 / 亩）			总产（万吨）		
	水地	旱地	总计	水地	旱地	平均	水地	旱地	合计
2011	452	613.2	1 065	341.5	140.1	225.6	154.4	85.9	240.3
2012	453.8	579.8	1 034	313.9	201.3	250.8	142.5	116.7	259.2
2013	454.2	561.3	1 016	331.2	143.1	227.0	150.4	80.3	230.7
2014	467.0	543.9	1 011	311.7	208.6	256.3	145.6	113.5	259.1
2015	460.5	552.2	1 013	317.7	226.5	268.1	146.3	125.1	271.4
“十二五”	457.5	570.1	1 028	323.2	183.0	245.4	147.8	104.3	252.1
“十一五”	431.0	626.0	1 057	317.4	146.9	216.3	136.8	91.9	228.7

2011 年是“十二五”开局之年，接受 2010 年严重冻害的教训，主产区普遍选择了抗寒性较好的品种，加之伏天降水较多，整地质量高，播种基础好。但不利因素是

遭遇了冬季严重的干旱，从 2010 年 10 月到 2011 年 2 月 100 多天没有有效降水，气候严重干旱，返青以后又遭受严重干旱，再加上干旱引起的麦蜘蛛、蚜虫偏重发生，使旱地小麦产量受到影响，庆幸的是 5 月 8—10 日山西省大部分县市普降喜雨，缓减了旱情，提高了穗粒数与千粒重。

2012 年遇到了小麦生产上多年不遇的有利条件：一是休闲期降雨多，底墒充足；二是播期、分蘖期土壤墒情好，温度高，利于小麦生长；三是春季起身拔节期土壤墒情适宜，利于巩固穗数形成大穗；四是地膜覆盖面积大，省政府安排 3 600 万元，推广 56 万亩旱地小麦地膜覆盖。4 个方面的有利因素稳定提高了 55% 以上的旱地小麦产量，该年度小麦单产创历史最高水平，达到 251 千克 / 亩（表 9-1-5）。

表 9-1-5　2012 年山西省各市小麦生产情况

地区	播种面积（万亩）			单产（千克 / 亩）			总产（万吨）		
	水地	旱地	总计	水地	旱地	总计	水地	旱地	总计
运城	273.2	241.3	514.5	313.8	189.3	255.4	85.7	45.7	131.4
临汾	133.2	229.4	362.6	298.6	185.8	227.2	39.8	42.6	82.4
晋城	9.1	83.4	92.5	373.2	283.9	292.7	3.4	23.7	27.1
晋中	25.1	8.7	33.7	356.4	160.0	306.0	8.9	1.4	10.3
长治	8.6	11.0	19.6	337.6	205.6	263.3	2.9	2.3	5.2
吕梁	3.3	5.9	9.3	370.0	224.0	276.4	1.2	1.3	2.6
太原	1.3	0.0	1.3	378.0	0.0	378.0	0.5	0.0	0.5
合计	453.8	579.8	1 034	313.9	201.7	250.8	142.5	117.0	259.2

2013 年是"十二五"气象条件与产量水平最差的一年，小麦生产遭遇了秋、冬、春、夏四季连旱，生长发育严重受到影响，与 2012 年相比，穗数、粒数、千粒重都减少。从运城、临汾、晋城三大麦区分析，晋城由于旱地面积比例大，减产最严重，运城次之，主要表现在底墒水不足，临汾麦区较晋城、运城旱灾较轻。造成减产的直接原因，一是底墒差，二是春季返青以后持续干旱，受旱面积较大。

2014 年情况比较复杂，各地市差异较大。占全省面积 40% 左右的临汾市、长治市、晋中市、吕梁市增产幅度大，而运城、晋城两市小麦产区的底墒与播种期墒情较差，增产幅度小于临汾等市。2014 年最有利的条件是 4 月、5 月降水次数多，降水量大，为冬小麦拔节孕穗提供了充足水分，对冬小麦营养生长向生殖生长过渡和提高小麦分蘖成穗率以及小麦灌浆都非常有利，小麦单产达到 256.3 千克 / 亩，是"十二五"期间又一次刷新了高产纪录。

2015 年与 2014 年小麦生产的气候条件相似，播前雨水充沛，底墒表墒均好，虽然秋冬雨雪偏少，但对小麦生长没有较大的负面影响，反而对旱播旺苗起到了一定的控制作用。立春后，雨水及时补充，直至小麦生育后期雨水条件仍然很好，全省4月、5月降水次数多，降水量大，使得山西省小麦单产在“十二五”第三次打破历史纪录，达到268.1千克/亩。

3. 小麦产量变化的主导因素分析

“十二五”，山西省小麦面积稳定在1 028万亩左右，除严重干旱的2013年外，单产和总产总体呈增加趋势。

根据年度产量构成因素与产量情况分析（表9-1-6），山西省小麦产量构成三要素在“十二五”普遍增加，而穗粒数与千粒重增加的幅度较小，穗数是产量增加的主要因素，说明影响山西省产量变化的主要因素是穗数，增加穗数是山西省提高产量的主要途径。

表9-1-6　2011—2015年山西省小麦产量构成要素与产量情况

年度	穗数（万/亩）	每穗粒数（粒/穗）	千粒重（克）	估计产量（千克/亩）	统计产量（千克/亩）
2011	27.90	25.30	38.30	229.80	225.6
2012	30.70	25.30	38.00	251.00	250.8
2013	28.20	24.30	38.00	226.00	227.0
2014	29.80	25.90	39.00	256.00	256.3
2015	30.00	26.00	39.00	258.40	268.1

政策、气象条件和技术是影响山西省小麦产量变化的重要因素。

（1）*政策方面*　“十二五”，政府部门十分重视小麦生产，拿出大量资金补贴小麦生产，设立了旱地小麦高产创建项目，推动旱地稳产技术的推广到位，2012年省政府安排3 600万元推广地膜覆盖技术，“一喷三防”政策落实到位，政策落实保证了“十二五”小麦产量的稳定提高。

（2）*降水方面*　山西省旱地小麦占到总小麦面积的55%以上，自然降水的多少与时空分布在很大程度上左右着山西省的小麦产量。2012年、2014年、2015年3个年度降水量和降水时间，都有利于小麦的生长发育与产量形成，因此，3年3次刷新历史纪录。

（3）*技术方面*　“十二五”山西省加大了新品种和新技术引进推广的力度。从山东引进了“良星66”和“良星99”等高产水地品种，大力推广了规范化播种技术、地膜覆盖技术、旱地小麦休闲期蓄水保墒技术，水地小麦主要提高了秸秆还田的质量，保证了播种质量的稳步提高。通过高产创建项目的技术示范，高产稳产技术应用面积的扩大和各项技术应用水平的不断提高，高产典型不断出现，使“十二五”山西省小麦生产水平得到提高，小麦单产稳定提高。

“十二五”山西省小麦产量增加主要是单产增加的结果，产量的波动主要受到旱地小麦产量波动的影响。由于不同生态区旱地小麦的面积比例不一样，所以受天然降水影响的程度不同。晋城市 90% 以上是旱地小麦，受自然降水影响最大；运城市小麦面积占到山西省小麦面积的一半，其旱地比例也大，所以山西省小麦产量受到运城市小麦产量高低的影响较大。

二、气象条件变化及自然灾害对小麦生产的影响

1. 气象灾害及对小麦生产的影响

“十二五”，除 2013 年遭遇了秋冬春夏连续严重干旱和 2011 年冬春连旱外，2012 年、2014 年、2015 年基本上风调雨顺，气象灾害少。其间虽 2014 年发生春季低温，2015 年运城闻喜县出现小面积冰雹灾害，均未对最终产量造成显著影响。

（1）季节性干旱　山西省 55% 以上的旱地小麦生产受到降雨及其时空分布的影响，2012 年、2014 年、2015 年山西省小麦产量刷新历史纪录的主要原因是休闲期充沛的降水、良好的底墒与春季起身拔节期及时的降雨。2013 年全省小麦面积 1 016 万亩，包括水地 454.2 万亩、旱地 561.3 万亩，其中受旱面积 425.5 万亩，严重受旱面积 82 万亩，同时受冻面积 196.5 万亩，冻害成灾面积 23 万亩，导致产量偏低。2011 年播期墒情较好，但冬春连旱，春季雨水推迟到 5 月上旬，产量也偏低，但高于 2013 年。分析“十二五”气候与产量的关系，春季降雨多少与降水时机对产量形成起到关键性的作用。其次是底墒情况，若休闲期降雨多，播前墒情好，利于培育冬前壮苗，打下丰产基础，若遭遇春季大旱，产量水平降低甚至绝产。

（2）倒春寒　倒春寒也在一定程度上影响山西省小麦产量，但往往是旱寒共存的情况下受灾严重。2013 年受冻面积大，同时旱灾严重，对小麦产量影响大；2014 年小麦拔节期同样遭受了低温冻害，但低温在降雨之后发生，据观测，冻害发生很轻或没有。

（3）越冬期干旱　越冬期干旱在底墒好的情况下有抑制旺长的作用，只要春季雨水能及时得到补充，一般不会对产量形成较大的影响。“十二五”几乎每年都发生冬季干旱，但是由于小麦处在越冬期，地上部分已经停止生长，所以对小麦生长发育造成的伤害小，对产量影响不大，只有当干旱持续到春季，影响到小麦返青起身时，才影响产量。另外，在品种选择不合理的情况下，也会发生冬季冻害影响产量。

2. 病虫害对产量和品质的影响

2011 年，受异常气候影响，山西省小麦病虫总体中等发生，发生程度与上年持平。其中虫害中等至偏重发生，病害偏轻至中等发生。据统计，全省小麦病虫发生面积 3 008.1 万亩次，较上年增加 27.6 万亩次，累计防治面积 2 630.2 万亩次，较上年减少 161 万亩次，其中植保专业化防治面积 1 045.3 万亩次，占到麦田病虫防控面积

的 39.7%，全省因病虫为害共造成小麦实际损失 11.59 万吨，经防治后共挽回小麦损失 22.57 万吨。麦田虫害以麦蜘蛛、麦蚜为主，病害以白粉病、纹枯病为主。病虫发生有 3 个突出特点：一是始见偏早、基数偏高；二是前期虫口密度波动较大，后期突增明显；三是虫害重于常年，病害与常年持平。

2012 年，山西省小麦病虫总体偏重发生，发生程度重于上年。据统计，全省小麦病虫发生面积 3 468.0 万亩次，较上年增加 459.9 万亩次，累计防治面积 3 752.1 万亩次，较上年增加 1 121.9 万亩次，其中植保专业化防治面积 1 820.4 万亩次，占到麦田病虫防控面积的 48.5%，全省因病虫为害共造成实际损失 13.19 万吨，经防治后共挽回小麦损失 23.09 万吨。病虫发生特点：前期轻后期重、中部轻南部重，除麦蜘蛛、吸浆虫发生轻于常年外，其他大部分病虫均重于常年，喜湿性病虫表现尤为突出。发生较重的病虫有小麦条锈病、叶锈病、白粉病、纹枯病、赤霉病、穗蚜、黏虫等。

2013 年，受严重干旱天气影响，山西省小麦病虫总体偏轻发生，程度轻于上年。全省小麦病虫发生面积 2 610.8 万亩次，较上年减少 857.2 万亩次，累计防治小麦重大病虫害 2 638.7 万亩，其中防治麦蜘蛛 560 万亩，防治麦蚜 850 万亩，白粉病 248.5 万亩。专业防治组织统防统治面积达到 1 458.78 万亩次，占到麦田病虫防控面积的 55.3%。全省因病虫为害共造成小麦实际损失 6.90 万吨，经防治后共挽回小麦损失 25.4 万吨。

2014 年，山西省小麦病虫总体中等、局部偏重发生，程度明显重于上年。其中发生范围广、局部危害较重的病虫主要有麦蚜、麦蜘蛛、一代黏虫、白粉病、纹枯病等。全年小麦病虫累计发生 2 825.8 万亩次，较上年同期增加 215 万亩次；全省累计防治 3 160.2 万亩次，较上年同期增加 521.5 万亩次，其中麦蚜防治面积 769 万亩，麦蜘蛛 521 万亩，一代粘虫 82 万亩，白粉病 376 万亩，预防赤霉病 125 万亩。专业化统防统治面积 1 125.3 万亩次，占麦田病虫防治总面积的 35.61%。全省因病虫为害共造成实际损失 7.17 万吨，经防治后共挽回小麦损失 23.05 万吨。

2015 年，山西省气象生态条件在有利于小麦生长的同时，也非常利于麦田主要病虫的发生，加之全省小麦主栽品种对穗期病虫（吸浆虫、穗蚜、纹枯病、白粉病、锈病等）抗性中等或较差，导致全省小麦病虫发生重于上年，程度为总体中等、局部偏重，病虫种类以麦蜘蛛、麦蚜、麦叶蜂、白粉病、锈病、纹枯病、赤霉病为主。发生特点：病害重于虫害，后期重于前期，南部重于中部。全年小麦病虫累计发生 3 015.8 万亩次，较上年同期增加 189.2 万亩次（表 9-1-7）。

表 9-1-7 “十二五”山西省小麦病虫发生与防治情况

年份	病虫名称	发生程度	发生面积（万亩）	防治面积（万亩）	实际损失（吨）	挽回损失（吨）
2011	病害合计	2~3	873.1	764.2	31 550.0	65 657.0
	病虫合计	3	3 008.1	2 630.2	115 890.0	225 711.0
2012	病害合计	3	1 358.8	1 534.1	46 553.0	86 315.0
	病虫合计	3	3 468.0	3 752.1	131 942.0	230 976.0
2013	病害合计	—	456.0	470.0	23 805.0	100 300.0
	病虫合计	—	2 610.8	2 638.7	69 000.0	254 000.0
2014	病害合计	3	650.1	776.0	32 030.2	105 254.6
	病虫合计	3	2 825.8	3 160.2	71 709.0	230 491.0
2015	病害合计	3	875.8	1 090.0	21 128.3	74 764.0
	病虫合计	3	3 015.8	3 419.0	72 755.0	223 462.0

总之，“十二五”，山西省病虫害发生情况出现新的特点，一是旱地小麦白粉病发生有加重的趋势，二是原来只在南方麦区发生的赤霉病、纹枯病近年来在山西省麦田出现，如 2015 年永济县、芮城县和河津市的水地小麦上发生较重的赤霉病，影响小麦的产量和品质。

三、小麦水土资源条件及变化

从 2006—2013 年连续 8 年的监测结果可以看出，山西省耕地土壤中有机质、全氮、碱解氮、速效钾总体表现为上升趋势，而速效磷略有下降（表 9-1-8）。养分含量上升的主要原因有两个方面，其一是前些年化肥的增施导致养分累积，其二是秸秆还田面积增大，以及土壤有机质项目的实施，使土壤有机质、全氮、碱解氮、速效钾含量提高。

表 9-1-8 2006—2013 年山西省土壤养分

名称	2006	2007	2008	2009	2010	2011	2012	2013
有机质（克 / 千克）	13.3	13.4	14.2	15.2	15.4	15.6	15.9	15.7
全氮（克 / 千克）	0.83	0.85	0.86	0.88	0.94	0.97	0.97	0.96
碱解氮（毫克 / 千克）	75	65	83.63	83.75	83.75	84.75	90.5	76.8
速效磷（毫克 / 千克）	12.5	11.65	11.43	10.53	10.6	10.73	10.65	11.29
速效钾（毫克 / 千克）	142	137.9	148.8	142.3	144.2	145.4	150.9	154.3

四、小麦生产发展的主要技术措施

1. 优良品种

“十二五”，山西省不断有大批高产优质抗逆的小麦品种在生产上应用，如晋麦

84、山农 22、良星 66 等水地品种和临旱 6、长 6135、长 6359、晋麦 76 等旱地品种，保证了山西省小麦生产的高产优质。

表 9-1-9 “十二五”山西省水地小麦品种应用面积 （万亩）

品种	2011	2012	2013	2014	2015
济麦 22	118.9	88.4	87.7	86.8	94.4
临汾 8050	67.0	57.6	25.6		
舜麦 1718	53.7	63.7	79.6	53.1	27.7
烟农 19	37.9	43.3	14.9	13.7	
良星 99	29.0	64.8	94.4	62.9	74.8
京 9428	17.0	7.0	1.5	1.5	
长 4738	8.0	9.5	4.7	4.5	2.1
京 9843	2.0	1.0	2.0		0.4
泽优 2 号		4.2			
石麦 15		2.0	4.7	3.5	
中麦 175		2.0	1.0	1.0	0.8
京冬 8 号		1.5	1.0		
晋太 9923		1.0			
临旱 536		4.2			
长 6452		2.5		0.6	
长 6359		1.2	5.5	8.2	1.4
山农 20			6.0		
晋麦 84			19.6	14.3	23.7
晋麦 76			3.3		
山农 22				24.7	26.2
良星 66				26.8	25.4
汶农 14				9.5	
鲁原 502				7.5	10.0
轮选 987				1.2	1.5
京冬 22				1.5	1.2
临旱 6 号				2.0	
晋城 76				1.0	
长 6738				0.2	0.2

水地小麦济麦 22、舜麦 1718、良星 99 是连续 5 年种植面积较大的品种，2013 年晋麦 84、2014 年山农 22 和良星 66 也开始有较大的应用面积，但应用面积都未超

越济麦 22、舜麦 1718 和良星 99。旱地小麦临丰 3 号、运旱 20410、运旱 21-30、晋麦 47 是连续 5 年种植面积较大的品种，尤其是临丰 3 号，其他新品种均未有较大的应用面积（表 9-1-9、表 9-1-10）。可见，“十二五”，虽有新品种的出现，但未有较大应用推广，主要是由于这些品种突破性不强或推广力度不够。

表 9-1-10 “十二五”山西省旱地小麦品种应用面积 （万亩）

品种	2011	2012	2013	2014	2015
临丰 3 号	275.2	237.7	186.8	187.0	135.4
运旱 20410	63.7	81.5	89.3	87.2	50.4
运旱 21-30	58.6	50.1	46.0	39.2	34.1
晋麦 47	46.8	22.5	31.1	24.1	29.8
临旱 536	27.7	29.6			17.4
晋麦 79	13.0	15.3	13.3	21.2	9.9
长 6878	9.2	7.3	9.1	12.3	8.6
晋麦 68	2.2	1.8	6.8		
泽优 2 号		22.7			7.6
晋麦 44		1.8	1.4	1.3	
临旱 6		0.5	6.0	7.0	12.3
长 6135		1.6			
长 6359			4.9	2.4	0.8
晋麦 76			3.3	7.0	
长 6452			1.1		0.7
长 6738			0.4		
晋麦 92				1.5	
泽优 1 号				4.0	4.5
烟农 21				1.0	1.0
晋太 170			0.53	0.3	
晋麦 91				3.8	
泽 227				3.0	
泽优 3 号					3.0
晋麦 69					4.1

2. 栽培技术

（1）旱地小麦“三提前”蓄水保墒增产技术　山西省地处黄土高原，干旱少雨，全年降雨量 60%~70% 集中在 7 月、8 月、9 月 3 个月的小麦生产休闲期，如何充分利用有限的降雨，做到“伏雨冬春用”，是山西省小麦生产最关键的问题。

技术概述：“三提前”技术是指旱地小麦休闲期通过提前耕作（深翻与深松）、提前施肥、提前秸秆还田或覆盖，最大限度蓄纳 7 月、8 月、9 月自然降水的蓄水保墒技术，可提高小麦产量 10%~30%，如能与地膜覆盖技术结合使用效果更优。具体技术措施为：前茬小麦收获时留高茬，收获后 10~15 天遇雨后，利用大马力拖拉机将麦田深翻 30 厘米或深松 35~40 厘米，在深翻前撒施农家肥 2 000~3 000 千克 / 亩或生物有机肥 80~100 千克 / 亩，将有机肥和秸秆全部翻入土中；在深松的同时，采用深松施肥机械在进行深松的同时施入生物有机肥 80~100 千克 / 亩，小麦秸秆覆盖于地表，立秋后及时进行耙耱保墒等技术环节。

以“三提前”技术为主推技术，闻喜试验示范基地旱地万亩高产创建片，在 2013 年极度干旱年份，经省高产创建测产领导组测产，550 亩示范田平均单产量达到 252.9 千克 / 亩，比对照田单产量 167.5 千克 / 亩增加 85.4 千克 / 亩，亩增产幅度达到 51.0 %。

（2）水地小麦“两增一减”高产高效栽培技术　在山西省水地麦区，小麦 - 玉米一年两熟双季高产光热资源不足，玉米秸秆还田后旋耕播种，存在苗弱、冬春冻害频发、单产波动、品质不稳等问题，针对这些问题，集成并推广了“两增一减”高产高效栽培技术。

3. 耕作技术

“十二五”，山西省小麦主要采取的耕作技术有深耕、深松、播后镇压等，2011 年和 2015 年有一定面积的少免耕，深耕技术的应用面积缩小，深松的面积增加（表 9-1-11），深松蓄水的耕作模式逐步被接受。

表 9-1-11　“十二五”山西省秋播小麦耕作技术应用面积　　（万亩）

耕作技术	2011	2012	2013	2014	2015
深耕	280.89	295.50	266.86	246.36	161.74
深松	122.25	131.15	121.41	145.84	126.59
少免耕	83.90	—	—	—	43.30
播前耙压	379.80	—	—	—	—
播后镇压（播种机带镇压轮）	597.93	404.85	690.07	670.77	581.00

4. 植保技术

（1）小麦条锈病“带药侦察，早春预防”技术　实施“带药侦查、早春防治”，采取“发现一点、控制一片，发现一片、控制全田”的技术措施，严格控制病情，防止扩散蔓延。

（2）小麦赤霉病预防技术　晋南麦区，密切关注抽穗扬花期天气预报，遇有阴雨、露水和多雾天气且持续 2 天以上，应于小麦扬花初期组织开展统一防治，主动喷药预防。

（3）“一喷三防”技术　小麦抽穗至灌浆期是赤霉病、条锈病、白粉病、叶锈病、麦蚜、吸浆虫等多种病虫同时发生危害的关键期，可选用合适的杀菌剂、杀虫剂和植物生长调节剂或叶面肥等合理混用，防病治虫，防早衰，抵御“干热风”，达到一喷三防、省工节本和增产保产的目的。吸浆虫重发区，充分利用药剂持效期，适当前移防治时间，在成虫发生始盛期用药。

此外，“十二五”植保技术的重大进展是无人机喷药，这一技术解决了防治病虫害关键时期农村劳动力不足的问题，而且有利于规模化种植、规模化管理，与小麦生产发展的方向一致，“十三五”预计这项技术可以得到大面积推广应用。

5. 防灾减灾技术

“十二五”，山西省采用的小麦药剂拌种和种子包衣等防灾减灾技术，其中药剂拌种的面积逐年下降，取而代之的是种子包衣（表 9-1-12），说明种子包衣逐渐实现商品化，而且效果良好。

表 9-1-12 “十二五”山西省秋播小麦防灾减灾技术应用面积 （万亩）

防灾减灾技术	2011	2012	2013	2014	2015
药剂拌种	595.60	559.46	483.35	426.71	373.61
种子包衣		469.97	422.55	408.12	447.81
土壤处理					66.42

此外，在 2013 年小麦播种期，晋城市麦区 10 厘米以上全为干土层，由于干旱严重无法播种，为解决这一问题，从洛阳引进大型免耕沟播机械，完成了小麦探墒沟播的任务。2014 年大面积推广该技术，也获得成功。通过这一尝试，免耕沟播技术将成为山西省解决冬小麦干旱无法播种的重要防灾减灾技术。

第二节 “十三五”山西省小麦生产发展规划

山西省 1 000 万亩小麦中，80% 以上分布于山西省的南部，属于黄淮流域西部的黄淮冬麦区，其自然气候条件与河南、山东、河北麦区接近，但是产量水平差距很大。水地小麦面积占全省小麦面积的一半，产量占全省的 2/3，但“十二五”山西省水地小麦平均单产只有 323 千克 / 亩，未来还有很大的增产空间。“十三五”山西省小麦生产发展规划的重点是扭转过去只重视旱地忽视水地的思路，大力抓好水地小麦高产高效栽培技术的创新，以及通过技术创新减少旱地小麦丰水年与缺水年的产量差。

一、小麦生产面临的主要问题

1. 制约面积稳定的问题

山西省小麦面积持续增加的可能性不大，由于小麦种植规模小，比较效益低，面积稳定在 1 000 万亩也是一个艰巨的任务。运城、临汾南部麦区小麦玉米一年两作或小麦一年一作的面积变化不大，晋城市旱地面积多年来变化不大，所以山西省南部麦区面积基本稳定。中部麦区小麦面积曾经达到 120 万亩，10 年间由 2000 年的 90 万亩降到目前的 34.5 万亩，而玉米种植面积大幅度增加，由 2000 年的 90 万亩增加到目前的 285 万亩，由于玉米效益高于小麦，所以小麦面积仍然有下降的可能。预计“十三五”果树、玉米效益不低于小麦的效益，但小麦生产的机械化程度最高，通过小麦种植大户、合作社和家庭农场提高规模化生产水平，有利于稳定全省的小麦种植面积。

2. 制约单产提高的问题

山西省水地小麦面积约占全省小麦面积的 50%，产量占全省产量的 2/3，“十三五”山西省小麦单产提高应该在水地小麦单产上寻求突破。“十二五”，山西省水地小麦平均单产只有 323 千克 / 亩，比河南省低 100 千克 / 亩，比河北、山东少 90 千克 / 亩。“十二五”，山西省高产创建也在小面积上获得了不少高产典型，如 2011 年洪洞县小麦高产创建示范区曲亭镇 4.8 亩高产地块实收测产平均单产达 705.9 千克/ 亩；2013 年大旱之年洪洞县辛村南片 13 132 亩水地小麦高产创建万亩示范片，平均单产量为 508.7 千克 / 亩；尧都区乔李镇 10 996 亩高产创建万亩示范片，平均单产量为 513.0 千克 / 亩。高产典型、高产创建片与大面积生产的产量水平的差异，说明了山西省水浇地小麦栽培技术大有改进的潜力，小麦单产有大幅度增高的潜力。山西省中南部也属于黄淮冬麦区，气候条件与河南、山东、河北相近，但单产差距较大，最大限度提升山西省水地小麦高产栽培技术水平，准确把握从品种选择到播前耕作、规范化播种、灌水施肥及其精细的后期管理技术的提升是“十三五”制约单产提高的主要问题。加强水浇地生产技术的创新，是提高山西省小麦平均单产和总产的主要方向之一。

十年九旱的气候条件决定了旱地小麦生产很不稳产。山西省旱地小麦生产存在的主要问题一是缺少抗旱品种，尤其是突破性的高产品种少，而且良种与良法不配套，品种特性得不到发挥，因此，培育高产旱地品种是迫切需要解决的问题；二是干旱缺水，地膜覆盖技术的应用面积萎缩，大力推广旱作蓄水保墒等技术可以有效地提高旱地小麦产量；三是土壤贫瘠，培肥地力，通过增施有机肥或秸秆还田、秸秆覆盖的方式可提高土壤有机质含量；四是旱地小麦效益低，农村劳动力短缺，迫切需要集成旱地小麦轻减化技术，有效提高效率。

3. 制约土壤肥力提升的问题

“十二五”，有机肥的施用面积、秸秆还田的面积总体呈现增加趋势，特别是 2013 年大幅增加（图 9-2-1）。但仍存在只用地不养地的问题，传统的用地养地措施得不到应用，养殖业的粪便不能得到完全利用，制约着土壤肥力的提升。

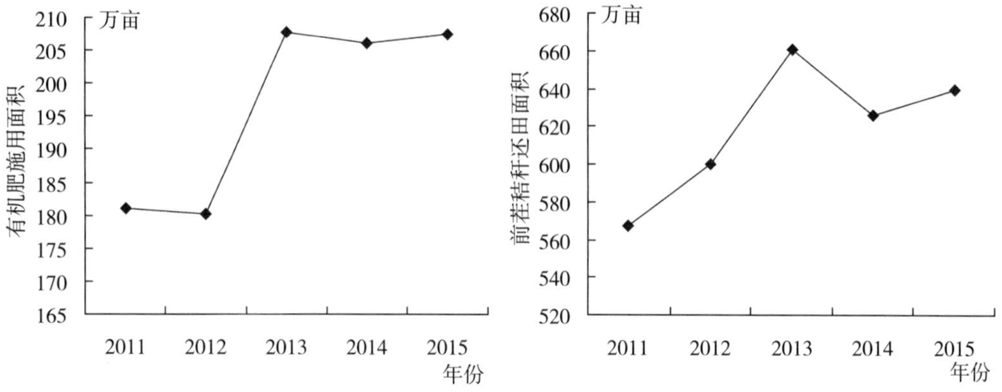

图 9-2-1 “十二五”山西省有机肥、秸秆还田面积的变化

4. 水资源约束

山西省降水量不足，季节性干旱频发，导致旱地小麦产量波动较大，影响全省小麦产量水平。水地小麦由于引黄供水时间与小麦需水时间不吻合，也不能满足整个生育期的灌溉需求。此外，节水灌溉设施不完备，地下水位下降引起供水量不足，单个水泵的供水面积过大，不能满足灌溉需要。

5. 气象变化

山西省小麦生产受降雨量的影响较大，干旱是小麦生产的主要限制因子。冬季高温易引起旺苗，春季低温冻害、后期干热风等灾害，以及由气候变化引起的病虫草害的发生都直接影响小麦生产。

6. 人工及投入

随着农业劳动力向城市转移，农村劳动力成本逐步增加，麦农为了降低成本，人工投入在“十三五”将逐步减少。因此，需要小麦轻简化高产优质高效技术的进一步研发与应用。

二、小麦生产发展的面积、单产和总产

根据“十二五”小麦生产发展的状况和“十三五”面临的问题分析，“十三五”山西省小麦面积没有增加的可能，主要目标是把小麦面积稳定在“十二五”的水平上，政府要下大力气出台小麦生产的优惠政策。因此，“十三五”小麦面积规划为 1 010 万亩，略低于“十二五”的平均面积。关于单产，由于山西省旱地面积占到总面积的 50% 以上，小麦单产年度间变异较大，但总的趋势是单产增加。考虑到“十三五”国家农业生产将围绕“一控两减三基本”目标，实施化肥零增长和农药零增长行动，以提质增效为指导方针，“十三五”根据“十二五”单产年均增加 2 千克 / 亩的增长速度，到 2020 年预计突破 278 千克 / 亩，“十三五”平均单产达到 274.9 千克 / 亩，比“十二五”增加 12%。2020 年小麦总产预计达到 281.7 万吨，“十三五”

年均总产达到 277.6 万吨，比“十二五”增加 10.1%（表 9-2-1）。

表 9-2-1 “十三五”期间山西小麦生产面积、单产和总产规划

年份	播种面积（万亩）	总产（万吨）	单产（千克 / 亩）	比上年增加值			比上年增长率		
				面积（万亩）	总产（万吨）	单产（千克 / 亩）	面积（%）	总产（%）	单产（%）
2015	1 013.0	271.4	268.1	1.8	12.3	11.77	0.18	4.76	4.59
2016	1 009.0	273.4	270.9	-3.2	2.0	2.83	-0.32	0.74	1.06
2017	1 010.0	275.6	272.9	0.6	2.2	2.00	0.06	0.81	0.74
2018	1 010.0	277.6	274.9	0.0	2.0	2.00	0	0.73	0.73
2019	1 010.0	279.7	276.9	0.0	2.0	2.00	0	0.73	0.73
2020	1 010.0	281.7	278.9	0.0	2.0	2.00	0	0.72	0.72

三、小麦生产发展的重点

“十三五”山西省小麦生产发展的重点是以提质增效为指导方针，稳定面积，主攻单产，高产优质并重，高产高效并重，实现小麦生产的高产、优质、高效、生态、安全。必须严格控制乱占耕地，在稳定山西省小麦面积的前提下，建设高标准粮田，同时充分发挥光热资源等生态环境利于强筋小麦生产的优势，实施多种形式的优质小麦规模化生产。主攻单产应立足水地，实施有机培肥沃土工程，逐步提高耕地质量。水地上要积极推广水地小麦高产、高效、优质耕作栽培技术，产量、效益、品质同步提高的栽培技术以及水地小麦节水栽培技术，旱地上推广三提前蓄水保墒技术、探墒沟播技术、秸秆覆盖等节水抗旱保墒技术，保证山西省小麦实现高产高效持续稳定增长，走出小麦生产发展的新路子。

1. 面积和布局角度

“十三五”，山西省小麦面积要稳定在 1 010 万亩，其中运城要达到 510 万亩，临汾 360 万亩，晋城 90 万亩，其他地市合计达到 50 万亩。

2. 单产角度

以“十二五”小麦的平均面积和单产增加的幅度为依据，规划“十三五”山西省小麦生产的单产水平，2020 年达到 278.9 千克 / 亩，五年平均达到 274.9 千克 / 亩，比“十二五”的 245.4 千克 / 亩，增加 29.5 千克 / 亩。

3. 品质角度

山西省的气候特点对生产优质强筋、中强筋小麦非常有利，就强筋小麦而言，山西省小麦品种的蛋白质含量和湿面筋含量较高，或不低于省外小麦品种的水平，但山西省小麦面粉的面筋质量较低，面团稳定时间短、耐揉性差、软化度高、拉伸阻力弱、拉伸面积小，面团烘烤体积小、弹性差、质地较差，很难加工出高质量的面粉，生产高档专用粉一般都要添加一定比例的进口小麦。因此，今后的主攻方向应更加重视加工品质的提高，在高产的前提下，改善优质，如果优质而不高产，在生产上也难以推广。山西省是面食之乡，优良的面条小麦、馒头专用小麦也应当是今后品种改良的方向。

4. 资源角度

从降水资源短缺与季节性分布不匀的角度，应培育并大力推广高产节水抗旱品种；从温光资源充足有利于生产优质小麦的资源角度，应积极培育与引进优质小麦品种，结合优质栽培技术的大面积推广，生产优质小麦。

5. 其他

（1）积极引导土地流转，扶持新型经营主体促进小麦规模化种植　对于粮食种植面积在200亩以上的种粮大户和家庭农场、500~1 000亩以上的专业合作社要给予政策和资金上的支持以鼓励种植小麦。同时，可通过项目倾斜、以奖代补等手段引导流转方的生产经营活动，给予更多的扶持措施，支持粮食生产，保障粮食安全。

（2）实施粮田生产全程机械化　粮食生产区全部采取机耕、机播、机收方式，形成规模化的机械化生产协作示范区，机械化率达到95%以上；同时引进推广优良品种，合理增加种植密度，实施精量播种，测土配方施肥，保护性耕作，提高复播指数，推进水肥一体化项目、病虫可视化预报与专业化统防统治。尤其对科技示范户、种粮大户、机械服务专业户予以重点扶持，从根本上实现农业生产方式的转变。

四、小麦生产技术储备

1. 小麦品种

大力引进推广高产优质品种，从近年生产经验看，在水地小麦高产创建过程中，山东引进的品种在生产上发挥了重要作用，如济麦22、良星99、良星66等面积很大，因此“十三五”将加大对山东品种的引进力度，加大品种筛选试验示范。目前生产上推广面积较大的品种，南部水地麦区主要有舜麦1718、临汾8050、济麦22、烟农19、良星99、良星66等；南部旱地麦区主要有临旱536、运旱20410、运旱21–30、晋麦79、长6359等。中部水地麦区主要有长4738、中麦175、太13606等；中部旱地麦区主要有长6878、晋太170、长麦6135、晋麦76号等。同时，加强对供种企业和种子市场的监督检查，确保所供小麦种子质量高、数量足，坚决杜绝假冒伪劣种子坑农害农事件的发生。

2. 栽培技术

（1）研究与推广水地小麦高产、高效、优质耕作栽培技术　一是研究与推广水浇地深松深耕和麦秋两作秸秆还田技术，实现用养结合，持续提高土地生产力。实践证明，加深耕作层、麦秋两作秸秆还田、提高土壤肥力是小麦高产稳产的基础。二是研究与推广产量、效益、品质同步提高的栽培技术。立足于山西省南部、国家黄淮强筋小麦优势产业带的生产优势，针对全球气候变化背景下灾害气候加剧、小麦 / 玉米一年两熟种植制度已成为主体栽培模式的现状，创新集成高产、高效的产量效益同步提高的栽培体系。包括，选用氮高效型综合抗逆性好的小麦品种，充分发挥优异种质资源的节本增效作用；适期播种，采用合理的种植密度，构建合理个体和群体，提高抗逆性；氮肥 70% 基肥 +30% 拔节期追施，实现苗期不缺肥、后期不脱肥，促进秸秆腐熟，培肥土壤，提高肥料利用效率；确保底墒水，冬前限量灌水、拔节期增量灌水，既塌实土壤、增加分蘖、促进次生根喷发，又可抵御后期晚霜冻害或低温冷害，满足中后期生长发育需要，提高灌水利用率；孕穗灌浆期选用高效安全“一喷三防”药剂，预防病虫害和干热风危害。三是研究与推广水地小麦节水栽培技术，提高水分利用效率。山西省是我国缺水严重的省份之一，将河北省、山东省研制成熟的水浇地小麦节水栽培技术引进消化，根据山西省的小麦生产特点进行改进，形成适合山西省特点的节水栽培技术。

（2）旱地狠抓有机培肥沃土工程　建立小麦—豌豆、小麦—苜蓿、小麦—油菜、小麦—薯类的轮作系统，重视与家庭养殖业的结合，建立与完善农牧食物链，增加有机肥投入，降水较多的晋东南地区可实施压条肥的办法，提高土壤有机肥力。实践证明，大量低产田主要减产在地力上，丰水年不增产，旱年大减产，培肥和以肥促水是旱地小麦增产的基础。建议加大旱地有机培肥的支持力度，广辟肥源，发展有机肥生产，培肥旱地土壤肥力，解决种植养殖脱节、生态链断裂、牲畜粪不能归还农田的问题，量化旱地小麦有机肥补贴，确实提高旱地土壤肥力。

（3）大力推广“三提前一覆膜蓄水保墒技术与探墒沟播技术”　“三提前一覆膜蓄水保墒技术”是将休闲期“三提前”蓄水保墒技术与生育期地膜覆盖播种技术相结合的一套周年蓄水保墒增产技术，可协调旱地小麦土、肥、水、根、苗五大关系，实现降水资源的周年调控与土壤水分的跨季节利用，兼具抗逆御旱、简便高效、增产增收的可操作性技术。探墒沟播技术是采用从洛阳引进的 2BMFD-7/14 全还田防缠绕免耕施肥播种机，可解决旱地播种困难的问题，具有镇压、抗旱、节水、保墒的功能。

3. 耕作技术

继续推行传统纳雨蓄墒耕作法与现代机械化保护性免耕、深耕松覆盖技术，包括麦收后采取免耕覆盖留高茬麦草，或隔年深松犁深松打破犁底层，不翻土，播前圆盘耙或旋耕机整地播种。通过农机农艺融合、秸秆还田与施肥，创建合理耕层结构，促进耕层优化，提升地力，解决长期以来采用机械浅旋耕作业，造成耕层变浅、结构劣化的问题。

4. 植保技术

重视种子包衣、药剂拌种，加强病虫害防控。近年来全省小麦锈病、白粉病、纹枯病、红蜘蛛、穗蚜、地下害虫以及恶性杂草有逐年加重趋势，要大力推广抗（耐）病虫优良品种，积极推广种子包衣、药剂拌种和土壤处理，控制源头，压低基数。

5. 防灾减灾技术

强化防灾减灾救灾，尤其重视对旱灾、冻害、干热风的预警。建立完善的病虫草害、墒情、苗期、干旱、冻害、洪涝、冰雹、干热风、倒伏等的监测预报、防灾减灾应急技术体系和管理制度；加强与气象、水利等部门的协调，共同制定对策措施；扩大小麦政策性农业保险实施范围，建立完善的抗灾救灾资金、物资与技术保障体系。

6. 技术集成

当前，小麦生产的机械化程度很高，创新的栽培技术必须与配套农业机械集成才能在生产上得到应用和推广，而且要十分重视农业机械的创新。立足“十三五”“一控两减三基本”的发展目标，以水肥高效利用为重点，从节水省肥减药与降雨资源跨季节利用、农机农艺融合方面进行技术的高度集成。

第十章
陕西省“十三五”小麦生产发展规划

陕西省是我国小麦主产区，也是优质小麦优势产区。陕西省小麦种植面积占全国小麦种植面积的4.9%，总产占全国小麦总产的3.4%。“十三五”陕西省小麦生产以提高关中平原小麦中低产田生产水平为突破口，确保种植面积与“十二五”持平，较大幅度提高单产，稳定并提高小麦总产，改善品质，提高陕西省小麦自给率。

第一节　“十二五”陕西省小麦生产总结

一、小麦产量特点

1. 小麦生产总体特点

近10年陕西省小麦面积持续下降，单产持续提高，总产相对稳定，并有小幅度提高（表10-1-1）。小麦种植面积由“十一五”的1 735.3万亩减少到“十二五”的1 663.2万亩，减幅4.3%，平均年减少近0.9%；单产由“十一五”的225.2千克/亩提高到“十二五”的276.9千克/亩，增加11.2%，年均提高2.6%；总产由“十一五”的390.3万吨增加到“十二五”的420.8万吨，提高7.3%，年均提高近1.5%。

表10-1-1　2006—2015年 陕西省小麦生产情况

年份	面积（万亩）	面积占全国面积（%）	单产（千克/亩）	总产量（万吨）	总产占全国总产（%）
2006	1 806.8	5.1	230.1	415.7	5.1
2007	1 716.9	4.8	209.2	359.1	5.0

（续表）

年份	面积（万亩）	面积占全国面积（%）	单产（千克 / 亩）	总产量（万吨）	总产占全国总产（%）
2008	1 710.0	4.8	228.9	391.5	4.9
2009	1 719.0	5.1	223.4	384.0	4.8
2010	1 724.0	5.1	234.3	401.0	4.5
“十一五”平均	1 735.3	5.0	225.2	390.3	4.9
2011	1 720.0	5.1	240.9	410.7	3.7
2012	1 691.4	5.0	257.6	435.5	3.8
2013	1 642.2	4.9	237.4	389.8	2.7
2014	1 634.0	4.8	255.3	417.2	3.5
2015	1 628.4	4.5	276.9	450.9	3.5
“十二五”平均	1 663.2	4.9	253.6	420.8	3.4
±	−72.1	−0.1	28.4	30.6	−1.5
± %	−4.3		11.2	7.3	

“十二五”陕西省小麦生产的特点之一是借助国家千亿斤粮食增产工程、陕西省防虫保粮行动、吨粮田、双千田、旱作农业等重大粮食增产项目，结合国家各项种粮补贴政策及本省对区域重大病、虫、草、冻害进行单项补贴政策；建设了 528 万亩高标准农田，为单产较大幅度提高、总产稳定增加奠定了坚实的基础。特点之二是高产攻关的示范引领效果十分显著（表 10-1-2），单产大幅度提高。高产创建的百亩攻关田较对照单产增幅超过三成，万亩示范方单产较对照提高两成以上。关中灌区高产创建始于 2007 年，从开始的 2 个县发展到目前的 28 个县区，覆盖了关中小麦主要生产县区。小面积高产纪录不断提高，小麦百亩攻关田单产由开始 524.7 千克 / 亩（2008 年扶风县）到目前稳定超过 600 千克 / 亩。如 2011 年泾阳县百亩攻关田平均 660.4 千克 / 亩；陈仓区百亩攻关田平均超过 650 千克 / 亩（西农 223 为 657.4 千克 / 亩；豫麦 49-198 为 658.1 千克 / 亩）。2012—2014 年三原县西毛村连续 3 年同一品种 (中麦 895) 小面积平均单产达到 703.1 千克 / 亩，其中 2012 年 3.4 亩单产达到 704.2 千克 / 亩，2013 年 1.9 亩单产达到 672.4 千克 / 亩，2014 年 2.6 亩单产达到 724.2 千克 / 亩，创造并刷新了陕西省水地小麦小面积高产纪录。

表 10-1-2 2010—2015 年陕西省灌区重点县高产创建百亩攻关田产量及结构比较

地区	县	年份	成穗数（万 / 亩）	穗粒数（粒 / 穗）	千粒重（克）	产量（千克 / 亩）	CK*（千克 / 亩）	± %
渭南	富平县	2010—2011	45.6	37.1	40.0	575.2	129.5	29.0
		2011—2012	46.6	35.1	42.0	580.5	122.3	26.7
		2012—2013	43.7	35.9	41.0	559.6	154.7	38.2
		2013—2014	45.0	36.0	43.0	578.3	117.2	25.4
		2014—2015	33.0	36.4	45.0	602.0	163.5	37.3
西安	临潼区	2010—2011	52.1	33.1	38.0	586.3	139.6	31.3
		2011—2012	51.6	33.5	41.0	587.7	125.1	27.0
		2012—2013	43.3	38.7	43.0	569.7	138.5	32.1
		2013—2014	40.2	36.9	45.0	567.4	148.6	35.5
		2014—2015	42.0	35.8	45.0	575.1	154.0	36.6
咸阳	三原县	2010—2011	46.9	35.0	43.2	603.0	196.3	48.3
		2011—2012	47.2	34.6	43.8	607.9	191.9	46.1
		2012—2013	47.5	33.1	43.7	583.1	195.4	50.4
		2013—2014	45.5	35.8	43.8	605.8	209.5	52.9
		2014—2015	43.3	35.9	45.3	598.1	188.2	45.9
宝鸡	陈仓区	2010—2011	41.3	41.5	40.0	586.6	250.4	42.7
		2011—2012	40.0	41.2	43.0	602.0	359.1	59.7
		2012—2013	36.5	47.0	45.0	581.7	371.9	63.9
		2013—2014	43.9	35.8	45.0	599.4	375.0	62.6

* 注：CK（对照）为当地全县平均单产水平

陕西省旱地小麦高产创建开始于 2009 年，涉及 12 个县区。从多年实收高产典型看，小面积单产不断提高，2010 年咸阳市长武县实收 1.7 亩，单产 507.3 千克 / 亩，2015 年铜川市印台区 2.01 亩，单产达到 667.1 千克 / 亩。旱地百亩攻关田单产水平稳步提高，较对照田增产 4.3%–119.0%（表 10-1-3）。如 2011 年永寿县（长旱 58）平均 450.7 千克 / 亩，2012 年长武县（长旱 58）平均 602.8 千克 / 亩，彬县（西农 928）平均 576.9 千克 / 亩，2014 年永寿县（长旱 58）平均 507.1 千克 / 亩，2015 年彬县（铜麦 6 号）平均 564.6 千克 / 亩。

表 10-1-3 2009—2014 年陕西省重点县旱地高产创建百亩攻关田产量及结构

地区	县	年份	成穗数（万 / 亩）	穗粒数（粒 / 穗）	千粒重（克）	产量（千克 / 亩）	± CK*（千克 / 亩）	± %
渭南	合阳县	2009—2010	30.2	29.5	42.0	314.3	37.4	23.5
		2010—2011	29.8	28.6	42.0	304.3	54.3	27.7
		2011—2012	33.6	27.6	40.0	315.3	65.3	26.2
		2012—2013	24.1	23.9	40.0	195.8	45.8	30.5
		2013—2014	29.0	29.5	42.0	304.9	104.9	52.5
西安	蓝田县	2009—2010	41.2	40.6	39.0	554.5	269.6	94.6
		2010—2011	42.0	39.2	40.0	559.1	262.4	88.4
		2011—2012	40.2	41.9	39.0	558.0	252.4	82.6
		2012—2013	41.6	40.6	39.0	560.0	305.0	119.6
		2013—2014	43.2	38.0	40.0	558.1	249.8	81.0
咸阳	永寿县	2009—2010	31.9	33.0	40.0	358.2	66.6	23.0
		2010—2011	34.3	34.0	45.0	450.7	139.5	45.0
		2011—2012	39.8	33.0	46.0	513.5	157.1	44.0
		2012—2013	33.2	29.0	46.0	376.8	193.8	106.0
		2013—2014	40.4	37.2	46.0	587.5	214.3	87.0
宝鸡	千阳县	2010—2011	39.1	32.6	38.0	411.7	53.4	24.9
		2011—2012	44.3	31.7	40.0	477.5	47.0	28.4
		2012—2013	38.5	28.1	40.0	367.8	41.6	22.8
		2013—2014	36.1	35.6	40.0	437.0	48.1	34.3

* 注：CK（对照）为当地全县平均单产水平

2. 2011—2015 年各年小麦生产主要特点

陕西省小麦生产主要集中在我国黄淮麦区西部的关中平原和渭北南部。从 2006—2015 年小麦生产统计情况看，陕西省的渭南市、咸阳市、宝鸡市、西安市、汉中市、安康市、商洛市、铜川市、延安市、榆林市和杨凌区 10 个地市及 1 个区均有小麦种植，其中渭南市、咸阳市、宝鸡市和西安市的小麦面积占全省小麦面积的 80% 以上（表 10-1-4），这 4 个地市总面积均呈减少趋势，但占全省小麦面积比重变化不大，“十二五”较“十一五”仅提高了 0.3 个百分点。在 4 个主产地市中，西安市面积下降幅度最大，“十二五”比“十一五”减少了 7 个百分点，其他 3 个地市减少 3 个百分点。

表 10-1-4 2006—2015 年陕西省关中各地市小麦面积比较 （万亩）

年份	咸阳市	渭南市	宝鸡市	西安市	铜川市	合计	占全省的比例（%）
2006	364.2	464.4	298.4	320.1	50.9	1 498.0	82.9
2007	361.4	472.5	292.7	320.9	48.0	1 495.5	87.1
2008	356.7	450.1	296.3	319.4	47.5	1 470.0	86.0
2009	334.1	462.7	291.3	318.4	48.1	1 454.6	84.6
2010	335.8	470.1	289.2	317.2	47.0	1 459.3	84.6
“十一五”平均	350.4	464.0	293.6	319.2	48.3	1 475.5	85.0
2011	345.4	470.9	279.1	306.4	38.3	1 440.1	83.7
2012	340.0	445.3	283.8	305.3	38.2	1 412.6	83.5
2013	341.9	438.6	281.3	298.9	38.1	1 398.8	85.2
2014	335.8	437.7	280.9	290.5	37.0	1 381.9	84.6
2015	335.0	454.6	298.4	290.2	36.1	1 414.3	86.9
“十二五”平均	339.6	449.4	284.7	298.3	37.5	1 409.5	84.7
±	-10.8	-14.5	-8.9	-20.9	-10.8	-66.0	-0.3
±%	-3.2	-3.2	-3.1	-7.0	-28.7	-4.7	-0.3

陕南的汉中市、安康市和商洛市的小麦总面积一直维持在 210 万亩（表 10-1-5）。汉中市“十二五”小麦面积较“十一五”减少了 11.8%，商洛市减少了 27.2%，安康市减少了 12.2%。渭北南部的铜川市则减少了 28.7%。陕北的榆林和延安市面积不足 10 万亩（表 10-1-5），对全省影响不大。

表 10-1-5 2006—2015 年陕西省陕南及陕北小麦面积变化 （万亩）

年份	汉中市	安康市	商洛市	延安市	榆林市	合计	占全省的比例 (%)
2006	66.3	94.4	118.8	14.9	14.4	308.8	17.1
2007	69.4	93.7	112.9	14.4	9.8	300.1	17.5
2008	69.3	77.3	120.7	12.1	8.4	287.8	16.8
2009	70.3	76.7	121.7	11.0	5.4	285.1	16.6
2010	69.7	79.9	119.3	10.3	5.5	284.6	16.5
“十一五”平均	69.7	81.9	118.7	11.9	7.3	289.4	16.9
2011	66.7	76.7	108.6	9.7	7.0	268.7	15.6

（续表）

年份	汉中市	安康市	商洛市	延安市	榆林市	合计	占全省的比例 (%)
2012	66.7	75.0	102.6	7.2	6.1	257.6	15.2
2013	66.1	72.8	98.9	6.9	4.9	249.7	15.2
2014	66.0	71.9	89.3	6.1	4.2	237.5	14.5
2015	50.4	72.1	82.3	5.3	4.0	214.1	13.1
“十二五”平均	62.3	73.0	93.3	6.4	4.8	239.7	14.5
±	−7.4	−8.9	−25.4	−5.6	−2.5	−49.7	−2.3
± %	−11.8	−12.2	−27.2	−87.3	−51.1	−20.7	−16.0

从近 10 年全省平均单产看，由“十一五”的 225.2 千克 / 亩提高到“十二五”的 276.9 千克 / 亩，增加 11.2%，年均提高 2.6 个百分点。

从近 10 年关中各地市总产看 (表 10-1-6)，由“十一五”的 418.2 万吨减少到“十二五”的 392.8 万吨，减少 6.5%，年均减少 1.5 个百分点。其中渭南市减幅最大，“十二五”总产比“十一五”减少了 9.7 个百分点，宝鸡市减少 5.2 个百分点，咸阳市减少了 4.4 个百分点，西安市减少了 4.6 个百分点。其他地市总产变化见表 10-1-7，对全省整体影响不大。

表 10-1-6　2006—2015 年陕西省关中各地市小麦面积变化　（万吨）

年份	咸阳市	渭南市	宝鸡市	西安市	铜川市	合计
2006	103.7	114.7	70.0	95.7	9.0	393.1
2007	106.8	108.2	84.1	95.3	7.2	401.6
2008	101.4	120.2	88.9	108.6	9.3	428.4
2009	100.4	116.6	89.7	110.5	9.1	426.3
2010	100.4	126.0	92.7	113.2	9.4	441.7
“十一五”平均	102.5	117.1	85.1	104.7	8.8	418.2
2011	109.5	103.6	95.5	97.4	6.6	412.6
2012	94.5	112.2	82.5	102.6	7.5	399.3
2013	102.6	96.5	72.8	96.2	6.5	374.6
2014	88.7	103.7	83.4	92.4	6.9	375.1
2015	95.8	117.7	70.0	111.7	7.4	402.6
“十二五”平均	98.2	106.7	80.8	100.1	7.0	392.8
±	−4.3	−10.4	−4.2	−4.6	−1.8	−25.4
± %	−4.4	−9.7	−5.2	−4.6	−26.1	−6.5

表 10-1-7 2006—2015 年陕西省陕南及陕北各地市小麦面积变化 （万吨）

年份	汉中市	安康市	商洛市	延安市	榆林市
2006	12.7	16.6	17.2	2.8	0.8
2007	12.2	16.9	10.3	2.7	0.5
2008	12.7	13.1	18.3	2.5	0.4
2009	13.7	13.0	18.4	2.2	0.2
2010	14.6	14.2	20.1	2.1	0.3
“十一五”平均	13.2	14.3	16.8	2.4	0.4
2011	11.7	11.3	15.2	1.6	0.4
2012	12.7	12.3	15.4	1.6	0.8
2013	12.7	11.9	14.6	1.4	0.6
2014	13.1	12.1	13.6	1.4	0.5
2015	13.1	12.3	14.4	1.3	0.5
“十二五”平均	12.7	12.1	14.5	1.5	0.6
±	-0.5	-2.3	-2.3	-0.9	0.2
±%	-4.1	-16.1	-13.7	-37.5	50.0

二、气象条件变化及自然灾害对小麦生产的影响

陕西省小麦生产中存在的主要问题集中于耕地质量不高、水资源严重不足、人工成本高、生产规模小、异常气候等。

1. 主要气象特点

陕西省属大陆季风性气候，小麦生产受气候因素影响很大。主产区关中和渭北南部为暖温带半干旱或半湿润气候，属于黄淮麦区，其中，关中为小麦生产适宜区，渭北旱原为次适宜区；陕南盆地为北亚热带湿润气候、山地大部为暖温带湿润气候区，属于长江上游小麦产区，为小麦次适宜区。

陕西省气温分布基本上是由南向北逐渐降低，各地的年平均气温在 7~16℃。其中，陕北 7~11℃，关中 11~13℃，陕南的浅山河谷为全省最暖地区，多在 14~15℃。由于受季风影响，冬冷夏热、四季分明。最冷月 1 月平均气温，陕北 -10~-4℃，关中 -3~1℃，陕南 0~3℃。最热月 7 月平均气温，陕北 21~25℃，关中 23~27℃，陕南 24~27.5℃。春、秋温度升降快，夏季南北温差小，冬季南北温差大。

年降水量的分布是南多北少，由南向北递减，受山地地形影响比较显著。年降水量陕北 400~600 毫米，关中 500~700 毫米，陕南 700~900 毫米。陕西省各地降水量的季节性变化明显，夏季降水最多，占全年的 39%~64%。秋季次之，占全年的

20%~34%。春季少于秋季，春季降水量占全年的13%~24%。冬季降水稀少，只占全年的1%~4%。关中、陕南春季第一场透雨的降水过程一般出现在4月上旬末到中旬。初夏汛雨出现在6月下旬后期到7月上旬前期，此期间，暴雨相对集中，关中、陕南出现洪涝较多。秋季，关中、陕南为相对多雨时段，称为“秋淋”，一般出现在9月上旬末至中旬初。

2. 小麦生产中主要气象灾害

陕西省小麦灾害常见的有旱、涝、霜、风、雹，其中干旱占46%，雨涝占32%，霜冻占10%，冰雹占7%，风灾占2%，旱涝灾害为主要灾种。自然灾害区域性和季节性强，旱灾以陕北、关中为主，遍布全省；洪涝灾害以陕南汉江流域和关中渭河流域为主。灾害发生频率高，具有持续性、群发性、突发性、频发性的特点，特别是局部山洪灾害每年发生10次以上。

“十二五”，陕西省小麦生产遇到了较多的异常气候影响，突出表现在干旱和冻害，是影响稳产的重要因素。干旱发生频率高，例如关中地区最近5年中有2个丰水年（2011—2012年、2014—2015年）、2个大旱年（2010—2011年、2012—2013年），和一个平年。2010—2011年份，小麦播种后关中灌区持续100天、渭北旱地持续130天没有有效降水，为历史上50年一遇；2012—2013年，小麦播种后关中灌区持续150天、渭北旱地持续180天没有有效降水，为历史上64年一遇。表10-1-8列出了不同年份4个地市年降水量及小麦生育期降雨量的显著差异。

表10-1-8　2010—2015陕西省关中小麦生育期降水与常年降水比较

年份	生育期（毫米）	年（毫米）	常年（毫米）	生育期降水占年降水量百分比（%）	生育期降水占年降水量百分比（%）
2010—2011	198.6	649.8	297.2	30.6	66.8
2011—2012	232.3	935.1	297.2	24.8	78.2
2012—2013	253.5	563.1	297.2	45.0	85.3
2013—2014	304	481.1	297.2	63.2	102.3
2014—2015	341	675.7	297.2	50.5	114.7

注：小麦生育期为上年度10月到次年6月上旬（陕西省杨凌气象局提供）

冻害已经成为影响陕西省小麦生产的主要气象灾害之一。常见冻害有两种，一种是越冬期间冻害及春季倒春寒，目前生产中主栽和主推品种，只要播期适时，越冬期冻害发生较少。另一种为春季低温冻害即倒春寒，其发生频率非常高，最近5年均连续遭遇倒春寒的影响，特别是清明节前后低温影响最大。以小麦主产区关中为例（表10-1-9），近5年4月上旬平均气温仅2012年和2014年高于常年，其他均低于常年同期平均温度。4月上旬最低气温与常年比较，5年均低于常年，2013年最低，仅是常年的 16%，2014 年最高，也只有常年的 88.9%，其他 3 年也只有常年的一半左右。倒春寒主要影响结实性，对旱地小麦生产影响尤为严重，是旱地小麦生产的最大气象灾害因素。2012 年 4 月上旬出现低温后在长武县进行的生产调查结果表明（表 10-1-10），在品种展示试验中，6 个品种主茎穗均有冻死，主茎冻死率在 17.0%~62.5%。对 2 个乡镇大田主栽品种长旱 58 和西农 928 进行抽样调查，西农 928 的冻害最为严重，大田主茎穗冻死率在 68.5%~86.0%，长旱 58 冻死率在 12.8%~28.4%。倒春寒对产量影响很大，当年平均减产在三成以上，部分田块绝收。

表 10-1-9　2010—2015 年陕西省关中小麦产区 4 月上旬温度与常年比较

年份	平均温度（℃）	常年平均 *（℃）	最低温度（℃）	常年最低（℃）	最低温度为常年最低温度百分比（%）
2011	10.8	12.2	4	8.1	49.4
2012	14.6	12.2	3.9	8.1	48.1
2013	11.7	12.2	1.3	8.1	16.0
2014	14.5	12.2	7.2	8.1	88.9
2015	11.2	12.2	4.3	8.1	53.1

注：常年值是指 1981—2010 年平均值（杨凌气象局提供）

表 10-1-10　陕西省长武县 2012 年 4 月 4—6 日低温冻害调查结果

乡镇	村	品种	总茎数	冻死茎数	冻死率（%）
巨家镇	辛家坡村	长 6359	169	55	32.5
		长 8744	277	89	32.1
		中麦 175	194	33	17.0
		长旱 58	127	55	43.3
		西农 928	312	195	62.5
		西农 822	174	52	29.9
枣园镇	上成村	长旱 58	164	21	12.8
	牛王村	西农 928	178	122	68.5
	武家村	西农 928	107	92	86.0
		西农 928	116	86	74.1
	寨子村	长旱 58	72	21	28.4
		长旱 58	118	28	23.7
	造园村	西农 928	241	178	73.9
		西农 928	164	124	75.6

极端异常气候是影响小麦生产的又一隐患。2009 年和 2014 年的 4 月中旬均出

现降雪天气，导致大面积倒伏和结实性变差。2015 年 5 月 12—13 日出现 1.3℃低温，渭北旱地小麦正处在开花期，花粉受冻影响了结实，如彬县的香庙镇、太峪镇、岩店镇等 10 多个村的小麦结实穗（5 粒以上）仅占总穗数的 2.1%~14.2%，导致 4 500 亩小麦绝收。2015 年 6 月 22—29 日，关中出现持续、强降水天气过程，降水量 70~150 毫米，较常年同期偏多 10%~100%，导致渭北南部的千阳县、陇县、麟游县、长武县、彬县、旬邑县、淳化县和耀州区等县区 44.9 万亩小麦穗发芽。

3. 小麦主要病虫害发生情况

“十二五”，陕西省小麦病虫总体属中等发生，其中小麦条锈病呈逐年加重趋势，面积逐年扩大，2011 年发生面积 126 万亩，2015 年达 532 万亩；小麦白粉病、红蜘蛛的发生程度、面积、区域基本稳定，白粉病常年发生面积 700 万亩，红蜘蛛常年发生面积 1 100 万亩；小麦赤霉病在局部地区间隙性偏重发生，常年发生面积 300 万亩左右，2012 年和 2015 年是近年来发生危害较重年份。小麦蚜虫是常发性害虫，常年发生面积 1 200 万亩，2015 年发生面积最大、程度最重。小麦吸浆虫 2011 年以来在陕西省进入建国后第三次爆发周期，2012 年、2013 年偏重发生、面积 830 万亩，2014 年、2015 年发生程度减轻、面积减小。常年各类小麦病虫累计发生面积 4 500 万亩。

三、小麦水土资源条件及变化

1. 水利设施建设方面

“十二五”，陕西省加强农村水利基础设施建设，以增强粮食安全保障能力。新修基本农田 260 万亩，改造提高基本农田 530 万亩，新增节水灌溉面积 330 万亩。全省节水灌溉面积达到 1 600 万亩，有效灌溉面积达到 2 000 万亩，初步建立了保障粮食安全的农村水利保障体系。

2. 土壤资源方面

“十二五”期间围绕小麦产区土壤资源方面，主要开展了以下几个方面的工作。

第一，施肥基本状况调查，提出指导施肥的建议。调研发现，陕西省小麦生产中的养分资源投入普遍存在氮肥过量、磷钾肥不足，化肥偏多、有机肥偏少，基肥偏多、追肥偏少等问题，由于农田长期大量施用氮肥，土壤有酸化的趋势。因此，提出陕西省冬小麦施肥应遵循的原则是减少氮肥用量，适当增加磷钾肥用量；减少化肥用量，增加有机肥施用量；调整基追比例，适当的氮肥后移。建议小麦大面积生产氮肥用量不超过 12 千克 / 亩，基追比 7∶3；磷肥（P_2O_5）用量 7~10 千克 / 亩，高产田块补充钾肥，K_2O 用量不超过 6.5 千克 / 亩，在关中灌区春季氮肥随降水或灌溉水追施，而在渭北则随降水追施或顶凌追施，磷钾全部作基肥，缺素地区增施微量元素肥料。

第二，提升麦田土壤肥力的技术措施研究和应用。“十二五”广泛开展了麦田增施有机肥、夏闲期种植播前翻压绿肥、秸秆覆盖和粉碎还田等提升麦田土壤肥力的相关技术措施的研究和推广应用工作。以增施有机肥、种植和翻压绿肥、秸秆覆盖和粉碎还田为主要内容的麦田土壤肥力提升技术在全省小麦生产中逐步受到重视。

第三，小麦科学施肥技术研究。在国家测土配方施肥项目的资助下，各市县土肥部门开展了大面积多点测土配方施肥技术研究、示范及配方肥的生产和应用。从施肥的环境效应方面考虑，经过多年研究，提出了 1 米土层硝态氮监控施肥技术，并在全省进行示范。测土配方施肥技术在陕西省小麦生产中得到广泛应用。全省小麦主产区各市县建立了麦田土壤养分丰缺指标及施肥指标体系，提出合理化小麦施肥建议，并与企业联合生产适合各地条件的小麦配方肥，极大地提高了陕西省小麦科学施肥水平。

第四，小麦水肥耦合效应研究。长期以来，影响陕西省小麦生产的主要因素是水分胁迫和养分亏缺。围绕“水”和“肥”两大限制因素，开展了小麦水肥耦合效应研究。在关中灌区主要研究有限灌溉条件下的合理施肥技术，而在渭北旱塬主要研究蓄水保墒条件下的合理施肥技术，以便达到以水促肥、以肥调水，充分发挥水肥耦合效应。以垄沟集雨和地膜秸秆覆盖为主要蓄水保墒措施下的合理施肥技术体系初步建立，在以水促肥、以肥调水、充分发挥水肥耦合效应方面发挥积极作用。

3. 高标准农田建设

“十二五”，陕西省以增强粮食安全保障能力为目标，加强农村水利基础设施建设，建成基本具备高标准条件的基本农田面积达到 528 万亩。一方面，农田灌溉排水条件明显改善，农田水利建设不断增强，用水效率效益持续提高，抗旱减灾成效显著。包括更新改造了 12 处大型灌区、7 处中型灌区续建配套与节水改造以及 8 处大型灌排泵站，启动实施了 66 个小型农田水利重点县建设，新建了一批灌区，新增节水灌溉工程面积 100 万亩。共建成大中型灌区、泵站、机井、塘坝等各类农田水利工程 61.4 万处，有效灌溉面积、节水灌溉工程面积分别达到 1 916 万亩和 1 322 万亩。另一方面，土地整治及配套基础设施建设稳步推进。农田基本建设力度持续加大，农田基础设施条件不断改善，农田结构与布局得到优化，耕地质量及地力水平明显提升，农机作业条件显著改善。全省累计改造中低产田 283 万亩。

四、小麦生产发展的主要技术措施

1. 推广主推品种，并进行新品种示范与推广

陕西省近 5 年小麦生产中主推品种没有大的变化，关中灌区依然以小偃 22（1998 年省审，2002 年国审）为主，渭北旱塬以长旱 58（2004 年国审），晋麦 47（1998 年通过陕西省审定）和西农 928（2008 年国审）为主，陕南汉中以汉麦 5 号和 6 号为主。

小偃 22 和西农 979 依然是关中灌区两个主栽品种。据统计小偃 22 的种植面积

占总面积四成以上，该品种稳产性、适应性突出，在高水肥条件下一般产量水平在450~550千克/亩，在中肥水平下350千克/亩。小偃22属中筋小麦，品质中等，是老百姓的主要口粮，缺点是口松，易穗发芽。西农979，产量水平中等，品质优于小偃22，但稳产性、丰产性和广适性较小偃22差。

旱地主栽品种为长旱58（旱肥地）和晋麦47（旱薄地）。旱肥地以长旱58为主，丰产性、抗病性、稳产性比较突出，缺点成熟期偏晚，抗冻性和耐瘠薄性能不如晋麦47。晋麦47稳产性、耐寒性、耐旱性非常突出，丰产性较差，不抗白粉病和叶锈病，易倒伏。

近期关中灌区主推稳产性、丰产性、综合抗性比较突出的中麦895、登峰168，渭北旱地主推长航1号、中麦175、铜麦6号等品种。

2. 借助高产创建进行技术集成与推广，大幅度提高单产水平

近年来，陕西省小麦生产以省和农业部小麦高产创建活动为平台，以推广宽幅播种技术为突破口，以高产节水节肥高效为目标，以新品种比较、主推品种的适宜播期播量试验及集成技术研究、宽幅播种的深度、行距和播量等技术完善、高效平衡施肥技术、节水灌溉技术、高效化学除草技术、冻害预防技术、“一喷三防”技术、吸浆虫防治技术的最佳时期和方法等技术研究为主要内容，开展了相关技术研究、多点示范和大面积推广。

以各项栽培技术集成示范为主要内容的高产创建活动，取得了显著成绩。2008年水地小麦百亩攻关田单产为524.7千克/亩，到2012年超过600千克/亩；小面积单产超过700千克/亩。旱地小麦高产百亩攻关田单产超过350千克/亩，万亩示范方单产超过300千克/亩。针对旱地，重点集成和示范了以“选用抗旱高产品种+配方施肥+宽幅（免耕）带状条播+抗旱剂+镇压划锄+合理深翻+一喷三防”为主要内容的“省、提、节、蓄、调、控、保”小麦旱作节水集成技术，在永寿县等地进行示范，取得了显著效果。在蓝田县等地进行了“省、提、节、蓄、调、控、保”+补灌的试验及技术集成示范，取得了显著的增产效果。

3. 以深松或深耕为主要内容，推广保护性耕作技术

在耕作方面，陕西省以提高整地和播种质量为突破口，主要推广2~3年深翻或深松一次与播种前旋耕相结合的精细整地，在一定程度上提高了整地质量。

4. 以“三虫三病”为核心，突出吸浆虫防治，取得显著成效

开展小麦病虫综合防治技术、药剂拌种技术，推广抗病良种，合理布局，适期晚播降低越冬菌源，年药剂拌种面积1 200万亩。冬前和早春开展“打点保面”，带药侦查进行挑治条锈病；冬前麦田杂草防除技术，早春开展补防，年开展杂草化除面积800万亩。小麦中后期主推小麦“一喷三防”、吸浆虫分级化防技术及预防赤霉病技术。在全省开展了“防虫保粮”行动，组织各地全面开展小麦吸浆虫防控，有效遏制了本周期吸浆虫发生危害。

5. 防灾减灾技术

一是建设和完善了气象监测预警与减灾救灾工程。建立主要气象灾害风险区划评估数据库，建成应对气候变化决策支撑系统。二是建设和完善了主要江河防洪工程。继续实施渭河、洛河治理工程、渭河中游防洪、汉江汉中平川段及安康段、丹江等主要江河防洪治理工程。同时，开工建设延河、无定河、泾河、洛河等省内主要江河防洪工程建设。三是建设了抗旱水源工程。

6. 分区域试验示范，集成多项技术

“十二五”，陕西省先后集成了关中灌区小麦高产高效栽培技术、渭北旱地小麦高产高效栽培技术、旱地小麦旱作节水集成技术、小麦节水补灌高效栽培技术、灌区小麦玉米周年高效栽培技术、灌区小麦玉米双千高产高效栽培技术等。

7. 针对生产难题，研发改进农机装备

首先是小麦免耕播种机的研制。针对保护性耕作条件下小麦播种作业过程中存在草土混杂、干湿土混杂、作业堵塞、单式作业造成土壤过度压实等问题开展技术攻关，研发了一种小麦免耕播种机。该机具采用新型梯形驱动型组合刀盘，实现了草土分离和干湿土分离，解决了开沟器堵塞的问题；采用高度无级可调的限深、仿形轮，确保播种深度的一致性；采用单体仿形镇压、超越离合器三轮联动传递技术，保证了动力传递可靠；采用单行镇压，镇压强度可调，避免了地表不平整对镇压效果的影响。其次是深松技术及机具研发。自 2002 年以来先后在杨凌农业机械化新技术新机具试验示范园等试验站进行了不同区域保护性耕作条件下深松技术效应研究，同时对深松方法、深松年限、深松间隔、深松深度、以松带耕等技术进行了专项试验研究，探索了陕西省不同区域深松作业技术要求。最后是研发了施药机械，并在陕西省杨凌、岐山、黄陵、渭南等地进行试验示范。

第二节　“十三五”陕西省小麦生产发展规划

一、小麦生产面临的主要问题

1. 制约面积稳定或扩大的问题

陕西省“十三五”小麦种植面积将呈持续下降趋势，但下降幅度预计不超过 2%。关中小麦面积下降，主要受城镇建设用地、西咸新区建设、交通基础设施建设等重大工程建设，及农业产业结构调整等多种因素影响，面积下降幅度控制在 1.5%；旱地小麦面积受苹果产区果园改造及品种更新换代需要倒茬、压夏扩秋等因素作用，预计也将小幅减少。

2. 制约单产提高的问题

第一，耕地质量较差，基础地力不高，中低产田面积比重较大，基本生产设施不完善，提高单产的基础不牢。第二，群众生产整体投入水平受到比较效益影响而下降，尽管国家有种粮、农资等多项鼓励粮食生产的政策，但补贴实效较差；提高单产缺乏投入保障。第三，主推技术虽然成熟，但目前粮食生产主体的年龄偏大、部分新型生产主体缺乏生产经验和技术，推广难度日趋增大。第四，缺乏综合性状突出、稳产性和适应性较好的主推品种，主栽品种短时间难以更换。第五，土地流转成本过高，规模化生产发展速度缓慢。土地一旦流转，多数进行非粮生产，改变了种植内容。

3. 制约土壤肥力提升的问题

第一，群众传统施肥方式及施肥数量改变缓慢。小麦施肥实践中仍然存在重化肥、轻有机肥、大中微量元素比例不协调，施肥数量、时期和方法不尽合理等问题。第二，以增施有机肥、种植和翻压绿肥、秸秆覆盖和粉碎还田为主要内容的麦田土壤肥力提升技术，与以垄沟集雨和地膜秸秆覆盖为主要蓄水保墒措施的合理施肥技术，由于受到经济发展水平和农民传统观念的影响，大面积推广应用还需要不断努力。第三，目前单一种植模式改变难度较大，传统轮作倒茬对地力的恢复难以持续，间作套种一定程度上能弥补轮作的不足，但受到大田作业成本高、机械化程度低等因素影响，推广速度慢。

4. 水资源约束

一是，水资源总量不足。陕西省水资源人均占有量 1 290 立方米、亩均 784 立方米，仅是全国水平的 48% 和 42%。作为陕西省粮仓的关中地区，人均占有水资源仅 285 立方米，亩耕地平均占有水资源量为 215 立方米，分别是全国水平的 1/6 和 1/8。二是水资源时空分布失衡。陕西省有限的水资源在时空、地域的分布上极不均衡，与耕地、农业布局极不匹配。秦岭以南的长江流域，土地面积占全省的 35%，水资源量为全省 71%；而秦岭以北的黄河流域，土地面积占全省面积的 65%，水资源量仅占全省的 29%。全省降水分布南多北少，全省多年平均降水量为 676 毫米，其中黄河流域 543 毫米，长江流域 923 毫米。从空间上 70% 的降水集中在陕南，从时间上 70% 的降水集中在汛期。三是耕地有效灌溉面积小，有 2/3 左右的耕地是靠天吃饭。全省常用农业耕地面积 4 291 万亩，其中，旱地 2 673 万亩，占 62.3%，较全国高 13 个百分点；农田有效灌溉面积 1 619 万亩，旱涝保收面积 1 402 万亩，分别占耕地面积的 37.7% 和 32.7%，较全国低 13 个百分点和 2.9 个百分点，且绝对量和占比逐年下降。四是灌溉条件仍较落后。

5. 人工及投入因素

陕西省小麦生产成本较高。根据 2015 年 7—8 月对咸阳市的三原县、渭南市的富平县和宝鸡市的凤翔县 9 个乡镇、27 个村、1971 农户抽样调查，小麦生产成本中，种子投入 45~65 元 / 亩，化肥投入 97~165 元 / 亩（包括追肥成本），除草剂 6~12 元 / 亩，深翻 50~55 元 / 亩，深松 45~50 元 / 亩，旋地 30~35 元 / 亩，播种 25~30 元 / 亩，

“一喷三防”25 元 / 亩次，收获 70~100 元 / 亩。从播种到收获平均用工 1.5~2.5 个 / 亩，工价 50~80 元 / 亩。水地灌水 30~120 元 / 亩次。水地小麦生产成本 643~821 元 / 亩，旱地小麦生产成本 483~661 元 / 亩。当前，陕西省从事小麦生产的主要劳动力多以 60 岁的农民为主，主要还是以户为生产单元，规模化生产不足两成，在这种生产格局下，生产成本的持续上升和比较效益的持续降低，短期内不会对小麦生产造成显著影响，长期来看将不利于小麦生产发展。

6. 高标准农田建设

首先，农田灌排基础设施依然薄弱。现有灌溉面积中灌排设施配套差、标准低、效益衰减等问题依然突出，40% 的大型灌区骨干工程、49% 的中小型灌区及小型农田水利工程设施不配套和老化失修，大多灌排泵站带病运行、效率低下，农田水利“最后一公里”问题仍很突出。还有近半数的耕地没有灌溉水源或缺少基本灌排条件。其次，耕地等级低、质量不高。水土流失严重，土壤有机质呈下降趋势，化肥增产效益下降，土壤蓄水保墒能力低。耕地细碎化、一户多田块情况比较普遍。农田基础设施占地率偏高，现有耕地中，田坎、沟渠、田间道路等设施的占地面积比例高达 9.8%。

7. 农机装备及作业质量需要提高

第一，小麦播前整地作业技术落后。小麦免耕播种作业面积 450 万亩，占整个小麦生产播种面积的 27%，传统耕后播种方式仍为陕西省小麦生产的主流方式。传统的耕后播种多为耕翻、旋耕作业后播种，传统耕整作业方式存在作业工序多、土壤压实严重、生产效率低、作业成本高等问题。发达国家已将传统的耕整后播种变为免（少）耕播种，推广应用免（少）耕播种技术则需要进行深松整地作业作为技术支撑。第二，小麦免（少）耕播种技术及装备研究滞后。现有小麦免耕播种实际作业易堵塞，通过性不好；草土混杂、干湿土混杂，不利于种子萌发；排种排肥不可靠，易出现断条现象，影响产量；作业后镇压不实、出苗率较差等作业质量问题；小麦免耕播种机尚需要进一步优化。第三，田间管理装备落后。现在小麦生产上施药，还是以手动背负式喷雾器械、背负式机动喷雾器为主，缺少车载式宽幅高地隙、高性能的施药机械。

二、小麦生产发展的面积、单产、总产

结合陕西省小麦生产的基础条件、环境条件、科技条件、政策及经济条件等综合分析，2016—2020 年陕西省小麦面积、单产、总产规划见表 10-2-1。“十三五”小麦面积平均较“十二五”减少 2.4%，单产较“十二五”提高 13.7%，总产提高 11.6% 是可行的。

表 10-2-1 “十三五”期间陕西小麦生产面积、单产和总产规划

年份	播种面积（万亩）	总产（万吨）	单产（千克 / 亩）	比上年增加值 面积（万亩）	比上年增加值 总产（万吨）	比上年增加值 单产（千克 / 亩）	比上年增长率 面积（%）	比上年增长率 总产（%）	比上年增长率 单产（%）
2015	1 628.4	458.1	281.3	4.1	40.9	24.43	0.25	9.80	9.51
2016	1 623.9	445.1	274.1	−4.5	−13.0	−7.20	−2.76	−2.84	−2.56
2017	1 630.0	462.9	284.0	6.1	17.8	9.90	3.76	4.00	3.61
2018	1 620.0	473.0	292.0	−10.0	10.1	8.00	−0.61	2.19	2.82
2019	1 620.0	494.1	305.0	0.0	21.1	13.00	0	4.45	4.45
2020	1 620.0	502.2	310.0	0.0	8.1	5.00	0	1.64	1.64

为了确保全省小麦生产总体目标，基于主要产区各种条件的分析，对关中各地市的面积、单产、总产计划见表 10-2-2，其中，渭南面积维持目前现有水平困难不大，咸阳面积年减少控制在 0.6 个百分点，宝鸡面积年减少控制在 0.5 个百分点。从单产看，关中各主要地市单产提高空间较大，如果没有特大自然灾害影响，完成计划目标没有太大困难。全省计划目标基本就能实现。

表 10-2-2 2016—2020 年陕西省关中小麦生产面积计划 （万亩）

年份	咸阳市	渭南市	宝鸡市	西安市	铜川市	合计
2016	335	455	280	290	36	1 396
2017	330	450	280	290	36	1 386
2018	330	450	280	290	36	1 386
2019	325	450	275	290	36	1 376
2020	325	440	275	290	36	1 366
十三五平均	329.0	449.0	278.0	290.0	36.0	1 382.0
较十二五（±）	−10.6	−0.4	−6.7	−8.3	−1.5	−27.5
±%	−3.2	−0.1	−2.4	−2.8	−4.3	−2.0

三、小麦生产发展的重点

1. 确保面积与“十二五”持平或略减

陕西省小麦主要集中在关中 5 个地市，其面积占全省小麦面积的八成，总产占全省总产的九成以上。因此确保关中小麦面积是关键，规划中“十三五”关中面积减少 27.5 万亩，占全省总规划中减少面积的 70.1%（表 10-2-3）。

表 10-2-3 2006—2015 年陕西省关中各地市小麦生产面积计划 （万亩）

年份	咸阳市	渭南市	宝鸡市	西安市	铜川市
2016	335	455	280	290	36
2017	330	450	280	290	36
2018	330	450	280	290	36
2019	325	450	275	290	36
2020	325	440	275	290	36
“十三五”平均	329.0	449.0	278.0	290.0	36.0
较“十二五”（±）	-10.6	-0.4	-6.7	-8.3	-1.5
±%	-3.2	-0.1	-2.4	-2.8	-4.3

2. 推广集成技术和模式攻关，大幅度提高小麦单产

陕西省小麦单产地区间变化较大，全省平均水平较低。近年高产创建实践，2012 年后灌区各地市百亩攻关田单产均超过 600 千克 / 亩，万亩示范方单产均超过 550 千克 / 亩，小面积最高单产超过 700 千克 / 亩；旱地高产创建百亩攻关田连续 5 年单产超过 450 千克 / 亩，万亩示范方单产超过 350 千克 / 亩。综合来看，努力提高灌区小麦单产是提高全省小麦平均单产的主攻方向（表 10-2-4）。

表 10-2-4 陕西省“十三五”关中各地市小麦单产计划 （万亩）

年份	咸阳市	渭南市	宝鸡市	西安市	铜川市
2016	300	270	270	380	220
2017	320	284	282	400	240
2018	334	298	294	408	245
2019	350	305	306	420	250
2020	364	320	320	430	260
“十三五”平均	333.6	295.4	294.4	407.6	243.0
较“十二五”（±）	44.6	57.8	27.1	71.8	57.2
±%	13.4	19.6	9.2	17.6	23.5

3. 大力推广小麦调优技术，持续提高籽粒品质

作为陕西省小麦主要产区的关中地区是我国传统的优质中强筋小麦产区，依据特殊的生态条件和区位优势，近年来陕西省新选育的小麦品种品质较以往品种也有较大的提高。在大面积生产中，以西农 979 等为代表的一批优质品种的种植面积逐步扩大，新审定的西农 509、陕农 33 等多个优质品种，综合性状较好。这些品种如能大面积推广，结合调优配套技术的推广，将有助于陕西省小麦整体品质水平的提高。

4. 较大幅度提高资源利用效率

重点是统筹全省水资源，优化配置，全局调水。一是着眼于全省经济社会发展的总体布局，立足省内水资源分布严重失衡的实际，统筹关中、陕北、陕南三大区域和城市与农村水利协调发展，实施大范围跨区域调水工程，在实施南水北调西线工程的同时，积极实施引汉济渭工程，计划年调水 15 亿立方米，建设东庄等大型水库，实现省域内水资源的均衡配置。二是采取多项措施，广开水源进行蓄水。建设了榆林王圪堵、延安南沟门、泾河东庄水库等一批重点水源工程。先后建成池塘 2.7 万处，水窖 62 万口，利用这些小型设施增强蓄水能力。三是兴修水利节水。实施了 12 座大型灌区续建配套及节水改造工程，共衬砌渠道 1 595 千米，持续开展大中型灌区末级渠系改造、节水增效示范县等项目建设。实施 34 个小型农田水利重点县建设，启动实施关中 16 个产粮大县的农田水利设施建设和田间配套设施改造。四是优化作物结构，种植节水作物。因地制宜，扩大抗旱耐旱、高产高效、适应性强、市场潜力大的优势作物面积，确立作物生育阶段需水与降水季节分配相吻合的种植结构。五是推广农艺节水技术措施，高效用水。

5. 高标准农田建设

加大高标准农田建设质量和速度。"十三五"计划建成集中连片、旱涝保收的高标准农田 1 966 万亩，亩均粮食综合生产能力提高 100 千克 / 亩以上。第一，新增粮食生产能力建设。以关中地区 16 个产粮大县为重点，推进水利骨干工程、田间工程和农业环保工程建设，完善农技服务体系、良种繁育和技术推广体系基础设施，提高粮食综合生产能力。第二，大中小型灌区续建配套及节水改造。在宝鸡峡、泾惠渠、交口、石头河、桃曲坡、冯家山、羊毛湾、洛惠渠、石堡川、东雷一期抽黄、东雷二期抽黄、石门等 12 处大型灌区和港口抽黄灌区实施节水改造，主要建设内容包括衬砌干支渠 3 037.81 千米，改造建筑物 17 041 座（含泵站 141 座），干支沟排水改造 1 243.26 千米。中型设施：在 15 个县区的中型灌区新增灌溉面积 17.77 万亩，改善 44.22 万亩，渠道长度 405.78 千米，主要建筑物 1 677 座。小型农田水利设施建设：在全省 102 个涉农县（市、区）改造塘坝 18 322 座，堰闸 9 435 处，小型泵站 9 764 处，机井 89 648 眼，集雨窖池 510 084 处，衬砌小型渠道 94 516 千米，发展高效节水面积 730 万亩。第三，大型灌排泵站更新改造。对宝鸡峡、泾惠渠灌区等 8 处大型灌排泵站灌区的 111 座泵站进行更新改造。第四，农业灌溉设施建设。在全省 1 万亩以上的 164 个大中型灌区恢复灌溉面积 546.6 万亩，扩灌面积 57.27 万亩。第五，整镇推进现代粮食基地建设。在 32 个粮食主产县区建设农业综合开发整镇推进现代粮食基地，每年建设高标准农田 30 万亩。第六，渭北台塬土地综合整治。在长武、彬县、旬邑、宜君、白水、合阳、澄城、韩城等县（市）进行土地综合整治高标准农田建设 94.1 万亩。第七，保护性耕作技术示范。在 72 个县建设保护性耕作示范田 216 万亩，其中建设机耕道、生产路 1 440 千米；实施保护性耕作技术推广服务能力建设，更新购置保护性耕作专用机具 4 320 台，配套建设机具停放场、配件库、维修车间、库棚等附属设施 43 200 平方米等。

四、小麦生产技术储备

1. 优良品种

“十二五”新选育的一批小麦品种，在丰产性、品质和抗病性等方面有了较大提高。当前关中灌区主推稳产性、丰产性、综合抗性比较突出的中麦 895、登峰 168，渭北旱地主推长航 1 号、中麦 175、铜麦 6 号等品种，陕南麦区以引进绵阳系列和小偃系列品种为主。“十二五”以来，陕西省先后培育出适宜灌区种植的强筋品种西农 509 和适宜旱地种植的中筋品种西农 219 等 2 个国审品种，通过省审品种 62 个（水地品种 54 个，旱地品种 8 个），同时一批新的品系参加了省级及国家区域试验。这为“十三五”生产中品种更新换代创造了条件，同时也为进一步筛选主推品种奠定了基础。

2. 栽培技术

以宽幅播种为突破口，辅助相关集成技术推广及完善，是实现“十三五”目标的技术支撑。继续借助高产创建和模式攻关等活动平台，不断完善新品种与良法结合技术、减氮增磷施钾补微平衡施肥技术、病虫草害高效防治技术、节水高效生产技术、晚春冻害预防技术、一喷多防技术等集成技术，进行多点示范和推广，不断进行完善，为实现“十三五”生产目标提供技术支撑。

基于以平衡施肥关键技术为主要内容的高效施肥和土壤培肥研究成果，以作物水分生产潜力为依据，把肥料和水分管理结合起来，确定合理的肥料用量，并根据不同区域土壤类型及作物需肥规律，优化肥料投入种类、数量、比例和时间，研究集成“以水定肥、测土配肥、因作调肥”，为“十三五”实现小麦生产化肥零增长提供了技术保障。

3. 耕作技术

以深松深耕为突破口，大力推广保护性耕作技术，逐步并进一步改善小麦生产的土壤条件。借助国家和陕西省实施的深翻深松等重大工程，以深耕与深松结合，轮作倒茬、间作套种等为主要内容，丰富和完善现代化耕作技术，逐步改善优化现有耕作制度。

4. 农机和植保技术

以小麦生产全程机械化模式和生产配套机具的优化升级等为主要内容的农机装备研究成果，以及农机社会化服务体系建设，为“十三五”小麦高效生产及规模化生产创造了条件。初步建设高效社会化服务体系和网络，借助这些体系和网络，推广应用主要病虫害高效防控技术的相关研究成果，为“十三五”小麦发展提供了保障。

第十一章
甘肃省“十三五”小麦生产发展规划

第一节 “十二五”甘肃省小麦生产总结

一、小麦产量特点

1. 2011—2015 年甘肃省小麦生产总体特点

“十二五”，在面积不断减少情况下，主要依靠单产水平的提高，甘肃省小麦总产基本稳定。冬小麦面积缩减的主要原因是压减了浅山易旱低产区和南部条锈病核心越夏区种植面积，扩大了地膜玉米和马铃薯面积；春小麦播种面积缩减主要是河西走廊扩大了比较效益较高的制种作物和高效节水农业的面积，中部地区也扩大了地膜玉米和马铃薯面积。“十二五”小麦占全省粮食作物的面积比例平均为 29%，总产比例平均为 24%。与“十一五”相比，平均面积减少 12.7%，总产减少 2.8%，单产提高 17.7%。

“十二五”，甘肃省小麦单产表现为“四年增、一年减”，减产年份是 2013 年，较 2012 年减产 28.8 千克 / 亩（表 11-1-1）。甘肃省小麦 75% 分布在旱地，年际间单产的波动起伏首先与降水密切相关，其次与年际间气温、病虫发生情况和技术因素有关。

2015 年是五年内降水最多年份，单产和总产达到“十二五”最高水平。甘肃省小麦面积、单产、总产 5 年平均分别为 1 228.4 万亩、214.4 千克 / 亩、262.9 万吨。面积、单产、总产在年份间最大差异幅度分别为：103 万亩、44.2 千克 / 亩、45.1 万吨。其中，面积以 2011 年最大（1 292 万亩），2014 年最小（1 189 万亩），面积最大缩减幅度 8.0%；单产以 2011 年最低（191.5 千克 / 亩）、以 2015 年最高（235.7

千克/亩），最大增幅23.1%；总产以2013年最低（235.9万吨），以2015年最高（281.0万吨），总产最大增幅为19.1%。

表11-1-1 2011—2015年甘肃省小麦生产情况

年份	面积（万亩）	总产（万吨）	单产（千克/亩）
2011	1 292	247.5	191.5
2012	1 251	278.5	222.6
2013	1 218	235.9	193.8
2014	1 189	271.6	228.5
2015	1 192	281.0	235.7
平均	1 228.4	262.9	214.4
最大差值	103	45.1	44.2
变异系数（%）	3.5	7.6	9.5
最大差异率（%）	8.7	19.1	23.1

从产量三因素较上年增减情况来看，5年中，亩穗数和穗粒数“三增两减”，粒重“两增三减”，其中，2013年产量三要素“三减少”，2015年则“三提高”。5年中，各年份与上年相比，亩穗数增加幅度为0.3万~1.5万穗，减少幅度为0.6万~0.7万穗；穗粒数增加幅度0.1~0.3粒，减少幅度为0.4~1.0粒；千粒重增加幅度为0.2~0.3克，减少幅度为0.4~0.5克。

甘肃省小麦可进一步划分为陇东麦区、陇南麦区、中部麦区、河西麦区共4大麦区。陇东麦区包括：庆阳市、平凉市；陇南麦区包括：天水市、陇南市；中部麦区包括：定西市、白银市、兰州市、临夏州、甘南州；河西麦区包括：武威市、张掖市、酒泉市、金昌市、嘉峪关市。比较各麦区2011—2015年平均单产水平，以河西麦区最高（403千克/亩），陇南麦区（191千克/亩）和陇东麦区（189千克/亩）次之，中部麦区最低（185千克/亩）。四大麦区单产在年际间的波动幅度以中部麦区最大、陇南和陇东次之、河西麦区最稳定。

2. 2011—2015年各年小麦生产情况

甘肃省各年度小麦面积、单产、总产情况详见表11-1-1。2011年度是“十二五”单产最低的一年，主要是受冬季干旱和低温冻害的影响。与2010年相比，小麦生产表现为“一增两减”，即单产增加，面积减少，总产减少。产量三因素与2010年比，也表现为“一增两减”，即穗粒数增加0.2粒，但亩穗数和千粒重分别减少0.6万穗和0.4克。

2012年度风调雨顺，单产水平较高。虽然面积较2011年减少，但单产和总产都超过上年，其中单产比上年提高31.1千克/亩，总产比上年增加31万吨。与上年相比，产量三要素表现为“两增一减”，即亩穗数增加1.1万、穗粒数增加0.1粒、千粒重减少 0.4 克。受早春低温寡照影响，冬小麦生育期普遍推迟，使灌浆期缩短，后期遭遇高温逼熟，造成千粒重下降。

2013 年度甘肃省小麦面积、单产、总产较上年“三减少”，其中面积减少 33 万亩，总产减少 42.6 万吨，单产减少 28.8 千克 / 亩。产量三要素与上年相比也呈现“三减少”，其中，亩穗数、穗粒数、千粒重分别较上年减少 0.7 万穗、0.4 粒、0.5 克。产量下降主要是受冬春连旱、暖冬和春季气温持续偏高的不利影响。

2014 年度也是风调雨顺的丰收年。自秋播至 5 月上旬，大部分地方降水较往年同期偏多三至八成，全省小麦一类苗和二类苗比例达 92%，冬、春小麦均群体充足、长势旺盛。小麦面积减少 29 万亩，总产增加 35.7 万吨，单产增加 34.7 千克 / 亩。与上年相比，产量三要素表现为“两增一减”，其中亩穗数增加 1.5 万穗、千粒重增加 0.3 克，但穗粒数减少 1.0 粒。

2015 年度是“十二五”雨水最多的年份，也是 5 年中单产水平最高的年份。与上年比较，小麦生产呈现面积、总产、单产三增。面积较上年增加 3 万亩，总产增加 9.4 万吨，单产增加 7.2 千克 / 亩。产量三要素较上年“三提高”，其中亩穗数增加 0.3 万，穗粒数增加 0.3 粒；千粒重增加 0.2 克。

3. 2011—2015 年小麦产量变化的主导因素分析

2011—2015 年甘肃省小麦面积、总产、单产的变异系数分别为 0.46%、7.4%、11.2%，单产是影响全省小麦总产的主导因素。

甘肃省年小麦需求量约 450 万吨，小麦自给率只有 60%。“十二五”，在技术不断进步的前提下，丰雨年和干旱年单产差距缩减至 23.6 千克 / 亩。

比较各生态区单产和面积对总产的贡献，陇东、陇南、中部、河西 4 大麦区面积占全省小麦面积比例分别为 32.4%、28.7%、24.3%、14.6%；总产占全省的比例分别为 27.8%、24.7%、20.5%、27.0%；平均单产水平分别为 189 千克 / 亩、191 千克 / 亩、185 千克 / 亩、403 千克 / 亩。陇东、陇南、中部、河西 4 大麦区小麦面积占粮食作物总面积比例分别为 33.2%、37.1%、21.0%、28.9%。各麦区中，陇东麦区和陇南麦区以 61.1% 的面积贡献了 52.5% 的总产，河西灌溉麦区虽然面积最小，由于单产水平最高，以 14.6% 的面积贡献了 27% 的总产。

二、气象条件对小麦生产的影响

甘肃省地理环境复杂，气候类型多样。在我国小麦区划上，陇东冬麦区属于北部冬麦区，陇南区属于黄淮冬麦区，春麦区大部分属于西北春麦区，西南部的甘南州等麦区属于青藏春冬麦区。

1. 干旱与季节性干旱

甘肃省小麦大部分面积分布在旱作雨养区，干旱是常态，降水多寡是影响产量丰歉的主导因素，气温以及由水热等气候因素引起的病虫害、倒伏、穗发芽等，是影响产量的叠加因素。不同麦区水热资源条件相比较，陇南麦区最好，陇东麦区次之，中西部最差。常年旱情均以中部麦区最重、陇南较轻、陇东居中。河西麦区和中部少数沿黄灌区主要依靠灌溉，只要灌溉配水及时，常年不会形成旱情。陇东麦区和陇南麦区以旱地冬小麦为主，也是甘肃省冬小麦主产区。

甘肃省干旱占气象灾害的70%以上。大部分地区以春旱及冬春夏连旱为主，主要集中在3—6月。大旱情况通常是冬春夏三季连旱，通常是从上年的11月开始，一直持续到次年春末或夏初。大部分旱作麦区，常年春季第一场20毫米以上的有效降雨往往出现在4月中下旬至5月初，5月中旬如果仍未出现有效降水，将造成大幅度减产。

2. 干热风

干热风以河西麦区和中部麦区毗邻沙漠戈壁地带最重，轻度干热风一般减产5%左右，重度减产10%以上；高温热害在中部麦区更普遍，亦即虽然高温低湿但不一定有风，一般发生在7月10日以后，持续一周，造成减产10%以上，尤其前期生长旺盛麦田，更易遭受高温热害，千粒重损失一般5克左右，甚至更大，形成“草包庄稼”。高温热害一般旱地重于水浇地、中部重于西部。

3. 低温危害

甘肃省麦区包括0℃以下的冻害和0℃以上的低温冷害皆有发生。冻害和倒春寒主要发生在冬小麦区域，对春小麦影响不大。但在拔节至开花期，高海拔二阴区的春小麦有时也遭遇0℃以上低温冷害，延缓生长、影响授粉灌浆。

4. 其他灾害

甘肃省小麦收获前后，冰雹发生频率较高。一般海拔高、气候冷湿的地方更容易发生；高寒二阴区播种和收获迟，常因连阴雨天气出现寡照危害，减产幅度3%~8%。

三、小麦水土资源条件及变化

1. 水土资源及产区生态生产条件变化

陇东麦区属黄土高原一部分，陇东麦区年降水量大多在500~550毫米，年均气温8.5℃，≥10℃活动积温2 600~3 300℃，土层深厚、土壤较肥沃疏松、蓄水保墒性能好，地势较平坦，小麦机械化作业水平较高；小麦返青至抽穗需水最多的3—5月则降雨较少，越冬死苗较普遍。冬小麦返青至拔节期气温多变，晚春霜冻危害几率大；在条锈病流行年份可减产20%~30%，红矮病、黄矮病、暴雨、冰雹也时有发生。

陇南麦区年降水量大多在550~650毫米，年均气温8.9~11.7℃，降水和热量条件都高于陇东麦区，但地块小而不平坦，山坡地比例大，土质疏松，水土流失严重，土壤瘠薄。机械化作业水平低。冬春低温冻害虽比陇东麦区轻，但个别年份也能使小麦严重受冻。锈病和冬旱、春旱是主要产量限制因素，常年红矮病、黄矮病为害也较重。陇南嘉陵江上游水热条件好，土地较肥沃，但光照不足，小麦植株高大繁茂易倒伏。尤其值得强调的是，陇南麦区的特殊气候条件极有利于小麦条锈病和白粉病发生，是我国著名的条锈病的策源地和重发区。陇南麦区条锈病既能越夏又能越冬，陇南特殊的地理位置又使之成为向全国扩展并导致流行的最重要区域。陇东麦区在条锈病传播上起桥梁作用，经常可传播到我国北方和黄淮麦区，因此陇南的条锈菌源头控制对保证我国麦区安全具有战略意义。

中部麦区冬、春小麦兼种，面积约各占一半，年降水仅有400毫米，年均气温7.3℃，旱情严酷，旱薄相连，旱寒同驻，山地比例也较大，机械化作业程度低，1/3的小麦可以利用黄河水、洮河水、井水灌溉，但旱地麦田产量低而不稳，一般年份旱地小麦单产只有120千克/亩。中部旱作麦区主要灾害是干旱、干热风和蚜虫危害。

河西麦区降水仅有36~200毫米，没有灌溉就没有农业，主要依靠祁连山雪水灌溉，属于绿洲灌溉农业区。并且河西麦区光照资源丰富、昼夜温差大，机械化程度高，技术集成和规范化种植水平较高，因此河西走廊历来是我国小麦高产地带，属于高产稳产区。河西麦区主要灾害是干热风和蚜虫危害。

2. 土壤肥力状况及变化

甘肃省耕地面积仅占总土地面积的14%，耕地中78%为旱地，农田肥力低下。据多点测定，甘肃省麦田平均养分含量为：有机质1.20%，全氮0.09%，全磷0.07%，全钾1.77%，速效磷7.64毫克/千克，速效钾173.7毫克/千克。各冬麦区比较，有机质和全氮以陇南麦区最高、陇东麦区最低；全磷、速效磷、速效钾含量以中部麦区最高、陇南麦区最低。全省土壤碳酸盐含量较高，属碱性土壤，磷素大部分以钙、镁磷酸盐固定于土壤中，难被植物利用，属于缓效态磷。因此，甘肃省境内大部分土壤属于贫磷土壤。

甘肃省境内土壤质地差别较大，不同地区0~20厘米土层的机械组成呈规律性变化，即由东南向西北逐渐由细变粗。南部地区各土类黏粒含量在30%以上，以黏壤土为主；中东部各土类黏粒含量在20%~30%，以黏壤土和壤土类为主；而中西部地区各土类黏粒含量低于20%，土壤质地较轻，以壤土和沙土类型为主。从土壤发育类型来讲，冬小麦产区主要土壤类型是黄绵土和黑垆土。黄绵土广泛分布于黄土丘陵、塬区和沟坡，土壤侵蚀较严重，养分含量较低。黄绵土平均有机质含量0.093%、全氮0.066%、速效磷6.6毫克/千克、速效钾158毫克/千克；黑垆土地区地势较平坦，土层深厚，母质疏松，结构良好，适耕性强，肥力也相对较高。黑垆土平均有机质含量1.37%、全氮0.089%，全磷0.068%，全钾1.92%、速效氮47.5毫克/千克，速效磷8.6毫克/千克，速效钾186.9毫克/千克。

3. 灌溉排水条件和高标准农田建设情况

“十二五”甘肃省实施了几个大型水利工程的实施和改造，这些水利工程正在按计划顺利进行，预计完全竣工后可增加小麦种植面积近33万亩，同时改善原有灌溉条件。其中，白银工农渠泵站等4处大型泵站更新改造工程，完全竣工后可增加近20万亩小麦种植面积，同时改善灌溉面积160万亩；引洮工程一期工程已经部分地区通水，完全竣工后预计旱地变水浇地小麦面积近6万亩；正在进行的甘肃省白银市大型提灌泵站更新改造项目，将可增加4万亩小麦种植面积，改善灌溉面积52万亩；陆续竣工的引大入秦工程，可新增小麦种植面积3万亩。

“十二五”结束时，甘肃省按规划完成高标准农田建设面积588万亩，高标准农田建设将明显改善农业生产条件，预计高标准农田建设面积将有约200万亩用于小麦种植。

三、小麦生产发展的主要技术措施

1. 优良品种

“十二五”，全省共审定新品种20多个，还有一些外引品种。结合国家良种补贴工程，全省筛选推荐了一批适应不同类型区种植的品种。目前，生产上正在种植的品种数目高达120多个，品种多但各品种应用面积小，年种植面积超过10万亩的品种只有8个。品种数目以旱地冬小麦最多。其中，陇南麦区种植的品种主要有兰天系列、中梁系列、天选系列、川麦系列；陇东麦区种植的品种主要有陇鉴系列、陇育系列、平凉系列、西峰系列；中部麦区种植的品种主要有西旱系列、定西系列、永良系列、临麦系列、银春系列；河西麦区种植的品种主要有永良系列、甘春系列、武春系列、陇春系列。上述品种系列中，在不同麦区也有交叉分布。冬小麦品种中，分布范围相对较大的是以兰天19、26、30为代表的兰天系列；春小麦品种中，分布范围相对较大的是以永良4号、15号、39号为代表的永良系列灌区品种（又称宁春系列），以西旱1号、2号为代表的西旱系列旱地品种。

在优质品种方面，“十二五”重点推广应用了以下主导品种：冬小麦品种有陇原034、陇原031、长旱58、苏引10号、陇鉴301，兰天10号、兰天16号、晋太170、长6878等；春小麦品种有宁春4号、宁春15号、宁春18号、宁春39号、武春3号、陇辐2号、西旱1号、西旱2号等。对天水、陇南两市小麦条锈病核心越夏区，实施多抗源品种布局。近年冬麦区推广的主导品种有陇原034、陇原031、陇鉴301、陇鉴386、兰天16号、兰天19号、兰天21号、长旱58、中梁25等。

甘肃省地理环境复杂，气候类型丰富，因此需要适应性多样化的品种支持。小麦品种的选择除考虑品种的阶段发育特性外，还应考虑品种抗旱性、丰产性、品质、抗条锈病和白粉病。由于省内大部分小麦产区是雨养农业区，选择和当地水肥条件相适应的适度抗旱性品种，对提高当地有限水分资源利用效率至关重要。

2. 栽培技术

（1）抗旱节水栽培技术　“十二五”甘肃省在小麦抗旱防旱技术上，主要推广了各种覆盖技术和耕作纳雨蓄墒技术。

① 地膜覆盖栽培技术。“十二五”全省在旱地主要应用推广了全膜覆土穴播技术、全膜双垄沟玉米二茬旧膜种植小麦技术、膜侧沟播技术。同时，研发了微垄黑膜全地面覆盖技术。每年地膜小麦种植面积约 300 万亩，其中全膜覆土穴播小麦约 200 万亩，膜侧沟播小麦 50 万亩，全膜双垄沟玉米二茬旧膜种植小麦面积 50 万亩。一般全膜覆土穴播栽培可较常规露地栽培增产 30% 以上，膜侧沟播和二茬旧膜种植较常规露地栽培增产 20% 以上。但地膜覆盖也存在一些问题，首先是机械化作业普及率低，大部分仍人工作业，较费时费工、作业质量也不达标；二是残膜回收率仍然不高，存在程度不同的土壤污染。膜侧沟播方式虽然比条播方便，地膜用量少，但增加密度困难，半覆盖的保墒和增产效果往往不如全膜覆土穴播技术，一次覆膜一般也只能用一茬。膜侧种植更适合在水肥条件较差、对群体要求较小的条件下使用。② 秸秆带状覆盖栽培技术。2013 年由甘肃省农业大学研究提出了一种“秸秆带状覆盖”小麦种植新技术，该技术利用玉米整秆、采取“种的地方不覆、覆的地方不种”，种植带和覆盖带相间排列，不减少播种量、局部密植，因此该技术又称为“旱地秸秆带状覆盖密植早播技术”，适用于年降水 250~550 毫米、一年一熟广大旱作区的小麦和马铃薯种植。根据多点实产测定，小麦“旱地秸秆带状覆盖”较无覆盖露地平均增产 30%，产量与地膜覆盖相近。③ 其他秸秆覆盖栽培技术。各地还先后提出并推广应用了其他一些秸秆覆盖技术模式，主要包括休闲期阶段性覆盖和全程覆盖，即在小麦连作前提下，利用前茬麦秆全地面均匀覆盖。休闲期覆盖有先盖后翻和先翻后盖两种方式，全程覆盖技术主要采取留茬、深松、秸秆全程覆盖。休闲期阶段性覆盖和全程覆盖两种技术，都适合于地块宽广平坦、可用大型机械作业的平原和川塬地带，在山旱地的应用受到地形和机械的限制。④ 草肥覆盖技术，是一种休闲期局部覆盖技术，在耕地面积大、土壤瘠薄的山旱丘陵区，采用等高线小麦与绿肥牧草带状种植，麦、草面积比为 1∶1 或 2∶1，一般小麦带宽 3~4 米，牧草 2 米。应用中存在的问题是割草、移草、切割碎草等作业环节多，作业时间不同，并且圆盘耙切割碎草需要的机械动力大，加上山旱区坡度较大，机械通过性差，应用限制因素较多。⑤ 工程抗旱技术。在旱地主要推广应用“梯田 + 水窖集雨 + 地膜 + 结构调整”的工程制旱技术，通过拦水、蓄水、保水、用水四大技术环节，形成了雨水拦蓄入渗、覆盖抑蒸、雨水富集叠加利用等一套比较完整的旱作技术路线，增加了应对干旱的主动性。全省工程抗旱技术面积约 200 万亩，但投资费用较高，近年通过国土改造工程项目带动，发展较快。⑥ 灌区节水灌溉技术。在灌区小麦节水灌溉技术上，主要推广了免冬灌免耕覆盖节水灌溉、垄种沟灌、微垄沟灌、隔沟交替灌溉四种节灌技术。灌区春小麦产区传统的以冬灌保证春播墒情，免冬灌免耕覆盖栽培技术在头水适当提前的情况下，产量与传统冬灌技术无差别，但可节水 1/3，节水约 120 立方米 / 亩；垄种沟灌采取垄膜种植作物，沟内进行灌溉，与传统平作大水漫灌技术相比可节水 20%，节水约 70 立方米 / 亩；微垄沟灌提高了农田过水速度、灌溉均匀，可减少灌溉量 30%

以上，同时小麦较平作灌溉增产 7%；在同等产量下，春小麦垄作交替隔沟灌溉较逐沟灌溉节水 1/3~1/2。同时，还研究示范了其他节水灌溉技术，包括隔沟交替灌溉、“U”形渠输水 + 沟灌（侧渗灌、波涌灌、隔沟灌、调亏灌）、低压管道 + 滴灌技术。“十二五”，通过农田水利工程建设，灌区渠系水利用率由 55.4% 提高到 61.6%，灌溉水利用率由 48.2% 提高到 53.6%，灌溉定额约降低 40 立方米 / 亩，产品产值提高 15.9%。

（2）播种技术　广泛宣传“七分种、三分管”理念，提高播种质量。重点推广了精量半精量条播技术、宽幅精播技术、适期晚播技术、抗旱播种技术、穴播技术，一、二类壮苗比例明显提高。精量播种技术、宽幅精播技术主要在适合水肥条件较高、群体较大、个体和群体矛盾较突出的高产麦区采用。在水地、塬地和梯田全面实行机械化精量播种和宽幅精播，常年面积达到 400 万亩；半精量播种技术主要在气候不稳定、土壤水肥和耕作整地质量较差的旱地麦田采用；宽幅精播技术较传统条播技术普遍增产 8% 以上。穴播主要用于全地面覆膜种植，在山旱地用穴播代替条播和撒播，可抢时播种、提高出苗率，同样密度下往往较条播和撒播产量高 5%~10%。适期晚播有利于减轻小麦条锈病秋苗发病和培育越冬壮苗，冬小麦播种期一般推迟 6 天左右。

（3）科学施肥技术　围绕“测土、配方、配肥、供肥、施肥”等重点环节，做到了测土到田、配方到厂、供肥到点、指导到户，提高了肥料利用率，测土配方施肥面积达到 700 万亩，氮肥后移面积达到 270 万亩，同时，通过种植绿肥、秸秆还田、高温堆肥等方法，努力增施有机肥。在旱地小麦，推广适当增施磷钾肥技术，在促根系、提高抗旱和抗干热风能力、促粒重的作用效果明显，要求旱地小麦氮：磷以 1∶0.8 为宜，增施磷肥的增产 8% 以上。同时，推广了弱苗田趁墒追肥、春季沟追化肥、秸秆还田、缓释肥、生物菌肥、生物精制肥等。

（4）田间管理技术　重点包括春季顶凌耙耱、喷施矮壮素预防旺苗倒伏和减轻冻害、冻害后补追氮肥挽救、培育壮苗和苗情促控技术、冬季防止家畜啃食、保护地膜等。

3. 耕作技术

重点推广少免耕、深耕和深松耕等保护性耕作技术，提高土壤蓄水保墒能力，保护性耕作面积每年达到 100 万亩，深翻耕和深松耕面积达到 500 万亩以上。秸秆还田加旋耕地区，播后土壤虚松易吊根受旱，推广播后镇压。同时因地制宜的推广冬、春季镇压的保墒、提墒促返青措施，年小麦镇压作业面积达 700 万亩以上。水地深松耕有明显的增产作用，可增产 5%~8%。旱地深松耕则是有利有弊，在没有春旱的情况下可增产 5%~10%，在有较严重春旱的情况下可造成缺苗、减产。免耕可以节省耕作成本，减少水土流失，由于存在施肥、播种、耕作机械不配套等问题，要通过免耕实现小麦增产，必须强化技术措施配套，否则增产比较困难。

4. 植保技术

针对甘肃省主要病虫害，推广了病虫害的综合防控技术。对小麦主要病害条锈病和白粉病，进行综合防控和源头控制。对天水、陇南两市小麦条锈病核心越夏区，有计划地实施了药剂拌种全覆盖、退麦改种、播前铲除自生麦苗等措施。建立了监测预报、带药侦查、打点保面、化学除草的综合防控技术体系。同时全面实施小麦“一喷三防”，有效控制锈病、白粉病、蚜虫、干热风。

5. 防灾减灾技术

全省研究建立了小麦苗情监测体系，选择了区域特征明显、代表性强的 17 个县区建立监测点，配备自动化检测设备，提高了苗情监测的科学性、指导性和时效性。同时，加强了同气象、水利等部门的协调会商，及时发布相关信息，共同制定对策措施。

同时，加强对干旱、洪涝、冰雹等自然灾害监测预警和防灾减灾，及时发布预警信息，适时启动应急响应，提早做好抗灾救灾的资金、物资和技术准备。全省扩大了政策性农业保险实施范围，将小麦、马铃薯、玉米等主要作物纳入保险范围，创新完善农业保险制度，提高防范自然风险的能力。

6. 技术集成

重点结合高产创建活动，推行高产高效、节本、省工、省肥、节水技术的高效集成应用，带动大面积均衡增产。“十二五”，每年落实小麦高产创建万亩示范片 40 个左右，其中，每年冬小麦 22 个、春小麦 18 个。小麦高产创建专家组专家分片包干，为指导小麦生产发挥了重要作用。小麦高产创建起到了良好的示范带动作用。根据 2012—2014 年甘肃省旱地小麦高产创建结果，高产创建田 3 年平均产量为 298.9 千克 / 亩，较一般田增产 30.9%。

第二节 “十三五”甘肃省小麦生产发展规划

一、小麦生产面临的主要问题

1. 制约面积稳定或扩大的问题

甘肃省小麦自给率低，但稳定面积难度较大，主要是小麦种植比较效益低。近几年，甘肃省小麦亩纯收益 100 多元，比玉米低 150 元以上。

2. 制约单产提高的问题

（1）干旱范围广、程度重　水分亏缺是甘肃省小麦生产的首要约束因素。甘肃省小麦 75% 分布在旱地，年降水大部分在 400~600 毫米，不仅降水稀少，而且时空分布不匀，小麦生长季节与降水季节错位严重，季节性干旱突出，在小麦主要耗水阶段的 3—6 月，降水只占年降水量的 20%~40%，其中，5 毫米以上有效降水只占该阶段总降水的60%左右，小麦生育期降水量不能满足小麦生长所需。降水少而不匀，加上蒸发量大、气候干燥，小麦受旱是常态，常出现春夏连旱甚至三季或四季连旱，年际间降水变幅也大，后期常伴有干热风危害。

（2）肥力低下　甘肃省麦区土壤肥力的基本特点是小麦产区丘陵山地比例大，水土流失情况严重，平均年侵蚀表土0.9毫米，严重者达1.3毫米，既流失了水，也带走了肥。土壤突出表现为旱地易薄、薄地易旱、旱薄相连、水肥俱缺，肥力不足限制有限降水的利用；甘肃省大部分麦区土壤富钾、贫氮、急缺磷，0~30厘米耕层土壤有机质多在1.2%以下。

（3）品种产量水平有待提高，良种良法配套程度较低　甘肃省近年选育出的小麦新品种产量水平较目前主推品种平均增产7.5%左右。其中，旱地冬小麦和春小麦品种较对照平均增产9.0%，水浇地春小麦增产率4.1%左右。当前旱地小麦优良品种主要是旱肥型品种，但生产上乱引乱种现象突出，有些地方将灌区品种引种到旱地种植，风险很大，干旱年常造成绝收。经济条件差的山旱地区优良品种青黄不接，多年未更新换代。

（4）干热风和病虫危害较重　干热风在甘肃省麦区普遍发生，且严重程度重于其他省份，严重年份导致粒重大幅度下降。甘肃省气候干燥、内陆性气候强烈，有利于小麦蚜虫、红蜘蛛的发生。尤其陇南麦区的天水、陇南两市是我国条锈病的主要策源地，若品种不抗病，每年都有不同程度的发生，一般减产15%。现有的小麦品种大多不具备全面抗性，抗病性丧失也较快。

（5）生产生态条件差、抗旱栽培技术缺乏　甘肃省旱地小麦产区在山塬分布比例大，6°以上坡耕地约占总耕地的70%，25°以上陡坡耕地约占40%，机械化作业条件差。物化投入水平低，80%的耕地分布于水土流失和生态环境脆弱区，土层浅薄，土壤保水保肥力差。受生产条件差和自然资源限制，产量低而不稳。并且长期以来对旱地小麦生产新技术研发与推广重视不够，技术覆盖度低。

3. 制约土壤肥力提升的问题

（1）秸秆还田尚未大面积应用　甘肃省受当地水热条件、种植制度限制，基本没有秸秆还田。甘肃省小麦秸秆大多用于饲草，主要是玉米秸秆还田困难，其原因一是玉米大部分采取地膜覆盖种植，若用机械边收获、边粉碎覆盖秸秆，则秸秆压膜、残膜清除更困难；二是大部分玉米产区地块小而不规则，大动力玉米联合收割机难以施展作业，仍主要采取人工收获和砍秆；三是水热条件差，秸秆在土壤中腐解慢，影响下茬作物播种出苗。

（2）有机肥投入下降　近20年来随着农业生产形势转变，小麦种植区逐渐边缘化，普遍化肥当家，长期得不到有机碳源补充，导致土壤碳氮比下降、碳氮库变小、土壤结构和性质变劣、水肥气热失调，对短期干旱或养分缺乏的缓冲能力变弱。

（3）轮作养地面积下降　轮作体系中豆科等养地作物种植面积不断减少，高耗肥耗水的地膜玉米种植面积扩大迅速，且连作普遍。玉米秸秆生长量大，从土壤带走的养分也多，玉米长期连作必然造成养分和水分的过度耗竭，影响可持续生产。

（4）旋耕比例过大，深耕、深松耕比例小，影响土壤结构改良　深耕和深松耕不仅可增加土壤蓄水能力，而且可改良土壤结构，生产上应提倡旋耕与深耕、深松耕轮换使用、深浅耕搭配。但由于深耕和深松耕动力消耗大、麦田地块普遍小而不规则，大动力深松耕作业受到限制，深耕和深松耕在甘肃省面积比例逐年下降。

（5）地膜污染土壤严重　甘肃省地膜覆盖种植面积达到70%，由于残膜回收技术不过关，加上对土壤地膜污染认识不到位，为了降低成本，长期使用了超薄地膜，捡拾非常的难，残膜回收率普遍较低，严重地块长期累积残留量达到9~10千克/亩。光照缺乏情况下，土壤中的地膜很难分解，影响耕作和作物的水肥吸收，带来多方面的危害。

4.水资源约束

甘肃省主要经营雨养农业，灌区小麦面积只占25%，降水不足是旱作区的刚性约束。甘肃省地表水资源较少，分布也不平衡。甘肃省境内自产水资源多年平均径流量299亿立方米，入境河川径流量304亿立方米，自产加入境的总水量仅为603亿立方米。

二、小麦生产发展的面积、单产、总产

在稳定面积的基础上，进一步提高单产和总产是“十三五”甘肃省小麦发展的基本思路。“十三五”，规划小麦面积维持在1 150万亩不下滑，单产在保证“十二五”平均单产基础上，年递增1.5千克/亩以上，单产年递增率0.6%以上。总产维持在277万吨，较“十二五”平均总产增加约14万吨（表11-2-1）。甘肃省年小麦消费量450万吨，2020年小麦自给率将达到62%。

表11-2-1　“十三五”期间甘肃小麦生产面积、单产和总产规划

年份	播种面积（万亩）	总产（万吨）	单产（千克/亩）	比上年增加值 面积（万亩）	比上年增加值 总产（万吨）	比上年增加值 单产（千克/亩）	比上年增长率 面积（%）	比上年增长率 总产（%）	比上年增长率 单产（%）
2015	1 192.2	281.0	235.7	3.4	9.4	7.17	0.29	3.46	3.14
2016	1 158.0	275.0	237.5	−34.2	−6.0	1.80	−2.87	−2.14	0.76
2017	1 150.0	274.9	239.0	−8.0	−0.2	1.50	−0.69	−0.05	0.63
2018	1 150.0	276.6	240.5	0.0	1.7	1.50	0	0.63	0.63
2019	1 150.0	278.3	242.0	0.0	1.7	1.50	0	0.62	0.62
2020	1 150.0	280.0	243.5	0.0	1.7	1.50	0	0.62	0.62

三、小麦生产发展的重点

1. 面积和布局角度

由于种植小麦的比较经济效益较低，加上甘肃省加大“压夏扩秋”的结构调整力度，“十三五”增加小麦种植面积的可能性不大。所以宏观决策上，规划“十三五”的小麦面积维持在 1 150 万亩不下滑，但不同产区间种植面积将适当增减调整。具体来讲，在陇南麦区，计划将继续压缩高海拔条锈病越夏区的小麦面积 30 万亩，但在中部麦区，将扩展旱地小麦面积 20 万亩。

“十三五”，甘肃省计划将小麦生产重点放在 11 个市州的 42 个县（区），总面积达到 1 058.5 万亩，占“十三五”总规划面积的 90% 以上（表 11-2-2）。

这 42 个重点县（区）的生态生产条件相对较好，增产潜力较大，小麦面积都在 10 万亩以上，其中有 15 个县（区）的小麦面积在 30 万亩以上。按产区来分，陇东、陇南、中部、河西四大麦区在重点发展区域所占比重分别为 27.7%、34.1%、26.6%、11.6%。约 100 万亩的小麦非重点区属于低产不稳产区，主要集中在山旱地。

需要指出的是，“十二五”甘肃省实施的几个大型水利工程的改造项目和高标准农田建设，将在“十三五”陆续竣工和投入使用，届时将可使 33 万亩旱地改为水浇地，且约有 200 万亩高标准农田用于小麦种植，这将大幅度提高小麦产量。

表 11-2-2 甘肃省“十三五”小麦重点生产区及面积规划

产区类型	面积（万亩）	种植区域（万亩）	县区（万亩）
陇南麦区	360.7	渭河上游黄土高原冬麦区（287.8）	甘谷（34.2）、武山（20.6）、秦安（35.0）、秦州（34.4）、麦积（29.1）、张家川（18.6）、清水（25.2）、礼县（37.0）、西和（19.5）、庄浪（34.2）
		嘉陵江上游冬麦区（72.9）	徽县（17.7）、成县（20.1）、康县（16.1）、武都（19.0）
陇东麦区	293.5	陇东黄土高原冬麦区（293.5）	崇信（11.0）、崆峒（36.1）、泾川（34.4）、灵台（32.0）、华亭（12.7）、宁县（45.0）、镇原（40.0）、西峰（24.4）、庆城（31.8）、合水（10.1）、环县（16.0）
中部麦区	281.7	中部黄土高原春麦区（180.0）	靖远（31.5）、景泰（17.2）、会宁（45.3）、永登（35.6）、榆中（19.5）、安定（15.3）、临洮（15.6）
		中部冬春麦兼种区（101.7）	静宁（45.0）、通渭（27.8）、陇西（15.0）、临夏（13.9）
河西麦区	122.6	河西内陆河灌春麦区（122.6）	民乐（29.1）、山丹（20.8）、高台（10.2）、永昌（28.6）、古浪（19.5）、凉州（14.4）

2. 单产角度

在发展战略上，单产提高重点在旱地小麦，区域在陇东、陇南和中部三大麦区。中部旱作麦区将全面由低产向中产发展，单产年递增率达到 2%；陇东和陇南旱作麦区将从中产向中高产发展，单产年递增率平均达到 1.5%；灌溉麦区将在稳定现有单产的基础上，由点到面，逐步由高产向 600 千克 / 亩的超高产发展，单产年递增率平均达到 0.7%。旱地小麦提高单产主要依靠中低产田改造、覆盖保墒栽培、良种良法结合、病虫防控等综合途径。灌区提高单产主要依靠高产理想株型品种、土壤地力提升、病虫防控减灾、高产高效集约栽培技术。根据 2012—2014 年甘肃省主产麦区 19 个县（区）高产创建结果，采用综合技术集成，旱地小麦高产创建田较一般田可增产 20% 以上，灌区可增产 5% 以上。

3. 品质角度

“十三五”，全省小麦生产主要面向自给消费，在持续高产基础上强化优质生产，因地制宜的规划优质小麦产区。“十三五”，在甘肃省约 880 万亩旱地小麦中，规划 70% 旱地小麦面积主要面向大众主流食品消费（面条、馒头、大饼），以生产中筋类小麦为主，并作为高蛋白、高面筋专用粉配料。约 30% 的旱地小麦面积以生产强筋面包、弱筋饼干和糕点专用小麦为主。在约 300 万亩灌区小麦中，60% 面积用于生产优质专用粉原料（面包粉、饺子粉、方便面粉等），10% 面积用于生产弱筋专用粉，30% 面积用于生产满足自给消费的中筋类小麦。

4. 资源角度

“十三五”，重点突出节水省肥节药，实现“一控两减三基本”发展目标；提高光能、降水和土地资源利用效率；种养结合，发展秸秆覆盖、秸秆还田培肥的资源高效循环利用技术，推进畜禽粪的入土沃田；保护耕地安全生产环境，严格控制耕地资源的地膜污染和重金属污染；改变生产方式，提质增效、节本降耗、农机农艺结合，提高劳动生产率和规模化生产水平。

四、小麦生产技术储备

1. 优良品种

“十二五”，全省已确定了适应不同区域种植的主栽优良新品种 20 多个，这些优良品种为“十三五”全省各产区生产需求奠定了坚实可靠的基础。

甘肃省适应性品种的选用，主要应从品种的抗旱性、丰产性、稳产性、抗病性、熟性、越冬和抗寒能力、抗倒伏能力、品质状况、适应性等指标考虑选择。品种选择要求生态区域与品种类型相匹配，地力水平与品种产量水平相匹配，品种熟性与当地热量条件、前后茬接茬种植的需求相匹配，品种抗旱性与干旱状况相匹配，高产优质品种与高产优质栽培方法相匹配。具体来讲，降水 400 毫米以下旱作区应选育抗旱性较强、耐青干、中高秆（90 厘米）品种；降水 400 毫米以上旱作区注重选用对条锈病、白粉病抗（耐）性较强、抗旱性适度、丰产性较突出、抗倒伏的品种；河西走廊灌区春小麦应注意选择中早熟、抗干热风、抗倒伏品种；沿黄灌区春小麦应注意选择抗锈、抗白粉病、抗倒伏、耐盐碱的品种；陇东和陇南冬小麦灌区应注意选择抗锈、抗白粉病、抗倒伏、越冬安全品种。灌区小麦要求株型较紧凑、在河西走廊灌区株高不宜超过 85 厘米、其他灌区不宜超过 90 厘米。适合陇南麦区的主要是兰天和中梁系列品种；适合陇东麦区种植的主要是陇育和陇鉴系列品种；适合中部麦区的主要是永良、西旱、定西、银春系列品种；适合河西走廊灌区的主要是甘春、宁春系列品种。

2. 栽培技术

（1）旱地秸秆覆盖栽培技术　在旱地麦区，重点推广利用玉米整秆做覆盖材料的“秸秆带状覆盖”技术，实行一次覆秆，2~3 茬利用。利用方式主要为：多茬带状覆盖种植小麦和马铃薯，秸秆可以异地搬运，也可以利用前茬双垄沟玉米秸秆就地覆盖。秸秆覆盖结束后，可旋耕粉碎还田，实现玉米—小麦—马铃薯三大作物合理轮作，用地养地结合；在陇东等适合联合收割机作业地区，搭配示范推广“小麦秸秆全地面覆盖穴播免耕种植技术”。

（2）旱地地膜覆盖栽培技术　在旱地麦区，重点继续推广种植“全膜覆土穴播”、“一膜两用、多茬种植”、“黑膜微垄穴播”等三种地膜覆盖栽培技术。要求地膜厚度达到 0.01 毫米，残膜回收率达到 90% 以上，严格控制地膜污染。“一膜两用、多茬种植”主要采用全膜双垄沟玉米的旧膜，接茬种植小麦，地膜多茬利用年限不超过两茬，以便田间残膜地清除。

（3）播种技术　种好小麦是丰产稳产的关键和成功经验。要牢固树立“七分种、三分管”的理念，提高播种质量。重点推广应用以下播种技术：

抗旱播种技术。立足常年抗旱，推广抗旱播种技术，主要推广找墒播种技术（即深种浅盖技术）、镇压提墒播种技术、等墒播种技术、造墒播种技术。

精量半精量机械条播技术。在水肥条件和机械作业条件较好的陇东、陇南、中部旱作麦区，重点推广半精量机械条播技术；在灌溉麦区和年降水 600~650 毫米、水肥条件较好的旱作川塬区，重点推广以宽幅精播技术为主的精量机械条播技术；在陇南山旱地撒播种植地带，逐步示范推广穴播技术。

适期播种技术。在冬小麦产区，继续推广适期播种技术。避免过早播种或越播越晚。适期、适墒播种是培育壮苗的关键。争取一播全苗、提高播种质量，实现冬前苗全、苗匀、苗壮，减少生长冗余和生长过弱，搭好丰产架子。

（4）土壤培肥和合理施肥技术　以秸秆还田、增施有机肥、轮作倒茬、科学配方为重点，实现用养结合、持续提高土地生产力。在旱地突出以肥调水、在灌区突出节肥不减产。全省旱地和水浇地小麦全面推行化肥零增长、加大用秸秆还田和畜禽粪便替代化肥力度，改变当前化肥当家局面。

（5）良种良法结合技术　针对不同品种特性，在优良品种推广应用中，配套推广该品种适宜的密度、播期、高产优质高效水肥使用方案、适宜范围、田间管理注意事项等，做到良种良法配套齐推，充分发挥优良品种应有的增产潜力。

（6）灌区节水省肥技术　在节水灌区，推广节水70立方米/亩、不增施化肥前提下的不减产技术，重点从节水型品种选用、节水灌溉技术（免冬灌免耕覆盖节水灌溉、垄种沟灌、微垄沟灌、隔沟交替灌溉、滴灌、管灌、渗灌等）、氮肥后移、防止养分淋溶损失等方面，集成组装高产高效、节水省肥技术，在产量不降低前提下，水肥利用效率均提高10%以上、单位面积纯收入提高8%以上。

3. 耕作技术

在旱作麦区，因地制宜推广深耕浅耕结合技术、深松蓄墒技术、“三提前”技术等耕作纳雨蓄墒技术。通过耕作纳雨蓄墒，充分利用夏闲期降水，做到伏雨春用或伏雨、秋雨春夏使用。深耕浅耕结合主要采取隔年深耕、轮换旋耕的技术。“三提前”技术为耕作、培肥、深施肥、秸秆还田多功能一体作业技术，可实现休闲期的伏雨深蓄和跨季节利用，技术要点包括：前茬小麦收获时留高茬，在麦收后10~15天，提前深耕（25~30厘米）或深松（30~40厘米）；提前深施有机肥、保水剂以及生物菌肥（即改土保水肥）；提前秸秆还田或覆盖。

在灌溉麦区，重点推广旋耕加秸秆还田、播后镇压技术，深松、深耕与浅耕结合技术。

4. 植保技术

（1）药剂拌种技术　在锈病和白粉病易发重发区、条锈病越夏区，继续实行药剂拌种全覆盖。

（2）“一喷三防”技术　在“十二五”冬小麦全面推行“一喷三防”基础上，积极争取国家补贴，实现冬、春小麦“一喷三防”全面覆盖。

（3）抗性品种的利用　在陇南条锈病策源地，实行抗性基因合理布局，将高抗品种和慢（耐）锈性品种、成株抗性与全程抗病品种搭配种植，减缓抗性丧失速度。

（4）继续压缩条锈病核心越夏区面积，改种其他作物　同时继续推广播前自生麦苗清除技术。

（5）推广预防为主的综合防治技术　重点做好适期晚播、病虫草监测预报、带药侦查、打点保面、建立专业机防队伍，统防统治、防止除草剂等农药使用不当的危害等技术的推广应用。

5. 防灾减灾技术

继续建立完善病虫草害、墒情、苗期、干旱、冻害、洪涝、冰雹、干热风、倒伏等灾害的监测预报、防灾减灾应急技术体系和管理制度；进一步加强同气象、水利等部门的协调会商，及时发布相关信息，共同制定对策措施；进一步扩大小麦政策性农业保险实施范围，建立完善的抗灾救灾资金、物资与技术保障体系。

6. 技术集成

在“十二五”高产创建活动基础上，重点结合农业部“绿色增产模式”攻关活动，立足保护农业环境、资源高效永续利用和“一控两减三基本”发展目标，以水肥高效利用为主线，重点从节水省肥减药、蓄水保墒、水分资源跨季节调配利用、水肥互调耦合、秸秆覆盖还田资源化利用、低产变中产、中产变高产、农机农艺结合、规模化生产方面进行技术的高效集成。

7. 其他技术措施或稳产增产策略

在总结“十二五”甘肃省小麦生产经验基础上，“十三五”甘肃省将组织实施发展小麦产业的“622”工程。即：因地制宜，分类指导，稳定种植面积，优化区域布局，引导规模经营，建立六大小麦高产优势基地；整合项目资源，统筹投入资金，支持小麦科研、推广两大环节；加快品种更新，加强技术研发，培育小麦产业发展两大体系。

五、发展甘肃省小麦生产的政策建议

1. 加强组织领导，形成工作合力

各级政府要从口粮安全、经济发展、社会稳定的高度，充分认识小麦产业发展的重要性，切实加强对小麦生产的组织领导，建立小麦生产行政首长负责制和目标责任制；完善考核机制，制定科学的考评办法，把小麦生产纳入各级政府考核范畴，调动地方各级政府抓好小麦生产的积极性。同时，积极协调发改、财政、农牧、水利、国土、扶贫等有关部门，进一步整合项目资金、协作配合，形成齐抓共建的良好工作机制。

2. 落实惠农政策，确保农户受益

各级农业部门要广泛宣传国家和省发展粮食生产的强农惠农政策，确保各项政策不折不扣宣传到户、落实到位，使有限的资金发挥聚集效应，调动和保护农民种粮的积极性。同时，实行严格的耕地保护政策，确保基本农田数量不减少、质量不下降，用途不改变。

3. 科学制定规划，统筹协调发展

各县（区）要严格按照全省小麦产业发展意见，制定适宜本地区的小麦发展规划，确定适宜种植区域，明确主推品种和配套栽培管理技术，对先进实用技术进行组装配套，走良种良法配套，农艺与农机结合之路，特别要把节水省肥减药、绿色安全生产、覆盖栽培、秸秆还田、氮肥后移、机械化作业、良种繁育、统防统治等技术组装配套，集成应用。同时，要尊重自然规律，协调好夏秋作物比例，推进科学合理的结构调整，实现优化的结构布局。

4. 开展宣传培训，强化技术指导

小麦主产区要围绕小麦核心技术，切实加大宣传、指导和技术培训力度，积极开展全程技术指导。要积极引导、培育和扶持小麦种植大户和家庭农场等新型主体，探索构建围绕新型主体的“品种统一、物资统供、病害统防”的社会化服务体系。省、市、县、乡技术部门要积极开展不同层次、不同重点、不同形式的技术培训，确保先进实用技术进入千家万户，深入田间地头，为小麦产业发展提供技术保障。

第十二章
新疆维吾尔自治区“十三五”小麦生产发展规划

小麦作为新疆第一大“细粮”作物，面积占粮食作物总面积的 50% 以上，是新疆人民口粮供应的主要品种，是保障新疆粮食安全的关键和基础。新疆属于冬、春麦兼种区，“十二五”，全疆小麦种植面积 1 700 万亩，其中：冬小麦种植面积 1 110 万亩，占全疆小麦种植面积的 65.3%；春小麦种植面积 590 万亩，占 34.7%。平均单产 367 千克 / 亩，其中：冬小麦单产 370 千克 / 亩，春小麦单产 359 千克 / 亩。总产 623 万吨，其中：冬小麦总产 411 万吨，占全区小麦总产的 66.0%；春小麦总产 212 万吨，占 34%。新疆小麦以天山为界划分为南疆（喀什、阿克苏、和田、克孜勒苏柯尔克孜自治州和巴音郭楞蒙古自治州）和北疆（伊犁州直、昌吉、塔城、阿勒泰和博尔塔拉蒙古自治州）两大麦区，其中：南疆麦区除巴音郭楞蒙古自治州的焉耆盆地为春小麦种植区外，其余为冬小麦种植区；北疆麦区除阿勒泰为春小麦种植区外，其余为冬、春小麦兼种区。南疆麦区小麦种植面积 751.7 万亩，占全疆小麦总播面积的 44.2%；平均单产 406.4 千克 / 亩，总产 305.5 万吨，占全区小麦总产的 49%。北疆麦区小麦种植面积 809.7 万亩，占全区小麦总播面积的 47.6%；平均单产 364.4 千克 / 亩，总产 295.1 万吨，占全区小麦总产的 47.4%。

第一节　“十二五”新疆小麦生产总结

一、小麦生产的特点

1. 面积、单产和总产“三增”

“十二五”，全疆小麦种植面积持续增加，2015 年种植面积达到 1 859 万亩。年均种植面积比“十一五”增加了 25.11%。平均单产 366.9 千克 / 亩，比“十一五”提高了3.35%。年均总产623.2万吨，比“十一五”提高了29.3%。呈现种植面积、单产和总产“三增”的特点（表12-1-1）。

表12-1-1 “十二五”新疆维吾尔自治区小麦面积、单产、总产（万亩、千克/亩、万吨、%）

年份	面积及其比例		单产及其比例		总产及其比例	
	面积	比例	单产	比例	总产	比例
“十一五”平均	1 358	—	355	—	482	—
2011	1 617	—	356.6	—	576.6	—
2012	1 621.6	0.28	355.5	-0.31	576.5	-0.02
2013	1 681.5	3.69	370	4.08	622.1	7.91
2014	1 713.5	1.90	374.8	1.30	642.3	3.25
2015	1 859	8.49	375.6	0.21	698.3	8.72
“十二五”平均	1 699	25.11	366.9	3.35	623.2	29.3

注：1. 数据来源于历年《新疆统计年鉴》。2. 2012—2015年比例是与前一年比较。“十二五”比例是与“十一五”比较

2. 主产区种植面积、总产稳定增长

“十二五”，南疆麦区年均面积比“十一五”增加25.9%，总产增加25.1%。北疆麦区年均面积比“十一五”增加43.4%，总产增加53.1%。（表12-1-2）。

表12-1-2 新疆南、北疆主要产区小麦种植面积、单产、总产（万亩、千克/亩、万吨、%）

年份	南疆						北疆					
	面积及其比例		单产及其比例		总产及其比例		面积及其比例		单产及其比例		总产及其比例	
	面积	比例	单产	比例	总产	比例	面积	比例	单产	比例	总产	比例
“十一五”平均	597.0	—	408.9	—	244.1	—	564.8	—	341.2	—	192.7	—
2011	700.5	—	400.6	—	280.6	—	774.0	—	371.5	—	287.5	—
2012	714.3	2.0	406.9	1.6	290.7	3.6	774.5	0.1	337.8	-9.1	261.7	-9.0
2013	739.2	3.5	408.3	0.3	301.8	3.8	795.0	2.6	379.0	12.2	301.3	15.1
2014	756.7	2.4	409.1	0.2	309.6	2.6	835.2	5.1	359.6	-5.1	300.3	-0.3
2015	848.0	12.1	406.5	-0.6	344.8	11.4	869.8	4.1	373.2	3.8	324.6	8.1
“十二五”平均	751.1	25.9	406.4	-0.6	305.5	25.1	809.7	43.4	364.4	6.8	295.1	53.1

注：1. 数据来源于历年《新疆统计年鉴》。2. 2012—2015年比例是与前一年比较，“十二五”比例是与“十一五”比较

“十二五”，南疆麦区和北疆麦区小麦单产的总体情况与“十一五”相同，呈现南高北低。南疆麦区小麦平均单产 406.4 千克 / 亩，比北疆麦区平均单产高 42 千克 / 亩。与“十一五”平均单产相比较，南疆麦区平均单产降低了 0.6%，北疆麦区提高了 6.8%。南疆麦区单产降低的主要原因是小麦与果树间作，果树遮阴对小麦的影响逐年增大，导致小麦减产。通过品种和技术的改进，扭转了小麦单产急剧降低的趋势，但是仍然低于“十一五”单产水平。北疆麦区单产提高主要与农田基础设施改善、中低产田改良、滴灌节水高产技术应用等因素有关（表 12-1-2）。

3. 春小麦面积、单产和总产上升，对稳定全区小麦生产发挥重要作用

春小麦主要分布在北疆北部、准噶尔西部山地等地。在北疆麦区中，春小麦种植面积占 53%，总产占 50%，决定着北疆麦区的产量水平。按照“冬麦不足，春麦补”的原则，春小麦生产在全区小麦生产中发挥着重要作用。

“十二五”春小麦面积、单产和总产均呈增加的趋势。春小麦年均面积、单产和总产与“十一五”春小麦年均相比，分别增加 27.8%、7.2% 和 41.5%。2011 年秋播期间由于降水多、气温低等原因，造成冬小麦种植面积减少 84 万亩。2012 年春小麦播种面积增加 88.59 万亩，使自治区小麦种植面积比 2011 年增加 4.59 万亩，总产与上年持平。“十二五”，全区小麦播种面积、单产和总产的增加主要是春小麦的贡献（图 12-1-1）。

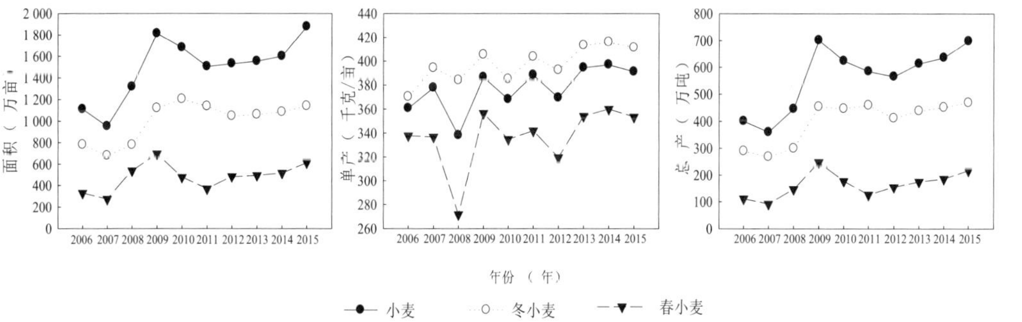

图 12-1-1　新疆“十二五”冬、春小麦面积、单产和总产

二、气象条件变化及自然灾害对小麦生产的影响

1. 2011—2015 年主要气象特点

2011—2015 年新疆气象的主要特点是年平均温度呈现升高、降水呈现增加趋势，极端天气气候事件频发。

（1）气温　2011—2015 年，新疆南北疆小麦产区的年平均气温呈现上升趋势。年际间增温幅度存在一定差异，呈现高—低—高—低—高趋势。

2011 年，新疆大部地区平均气温较常年略偏高。北疆地区年平均气温为 6.9℃，偏高 0.3℃；南疆地区年平均气温为 11.6℃，偏高 0.9℃；2012 年，新疆大部地区平均气温较常年略偏低。北疆地区年平均气温为 6.6℃，偏低 0.3℃；南疆地区年平均气温为 10.9℃，偏低 0.3℃；2013 年，新疆大部地区平均气温较常年偏高。北疆地区年平均气温为 8.0℃，偏高 1.1℃；南疆地区年平均气温为 12.1℃，偏高 0.9℃；2014 年，北疆地区年平均气温较常年略偏低，南疆略偏高。北疆地区年平均气温为 6.8℃，偏低 0.1℃；南疆地区年平均气温为 11.3℃，偏高 0.1℃。2015 年，全疆气温异常偏高，共有 45 县市年平均气温居历史同期第一位。北疆和南疆年平均气温偏高幅度均突破历史极值。北疆地区年平均气温 9℃，南疆地区年平均气温为 13.6℃。

（2）降水　2011—2015 年全区降水量平均为 182.3 毫米，比前 5 年平均降水量 153.3 毫米增加了 28.9 毫米。全区绝大部分地区均呈现增多趋势。降水时空分布不均匀，北多南少。夏季降水量增多趋势最明显，冬季和春季相当，秋季最弱。

2. 小麦病虫害发生情况

2011—2015 年新疆小麦病虫害总体偏轻发生，由于重视麦田主要病虫害监测和预警，及时、科学指导农民做好防治工作，未对小麦产量和品质造成大面积影响。但是气候和病害叠加效应对小麦产量造成较大面积影响。如 2011 年，北疆受冬季降雪多、春季持续低温天气影响，小麦返青期推迟、苗情弱、抗病性降低，小麦雪腐、雪霉病、根腐病在冬麦区普遍流行发生，发生面积 89.9 万亩。塔城偏重发生，局部大流行，发病面积占播种面积的 60%。枯叶率 5%~90%，死苗率为 3%~58%，造成产量损失 2%~30%，毁种田 4.5 万亩。

三、小麦水土资源条件及变化

1. 农田水利设施

新疆是内陆干旱区，也是灌溉农业地区，没有水就没有农业。“十二五”以来，新疆的水利工程建设取得了很大进展。

（1）引提水工程　截至 2013 年年底，全区共建成各类水闸 24 082 座，过闸流量 168 651 立方米 / 秒。已建各类泵站 429 座，装机流量 285.50 立方米 / 秒，装机功率 119 583.8 千瓦。

（2）蓄水工程　截至 2013 年年底，新疆修建各类水库 511 座，总库容 162.85 亿立方米，设计年供水量 69.81 亿立方米。

（3）提水工程　截至 2013 年年底，全区共有机电井 214 970 眼，机电井提水能力 99.87 亿立方米。

（4）灌溉输水工程　截至 2013 年年底，全区渠道总长 177 305.38 千米，其中，防渗衬砌渠道总长达 68 982.25 千米。

（5）灌区排水工程　新疆各级排水渠道共计 75 404 千米，其中，干排达到 10 599 千米，支排 17 642 千米，斗排 16 473 千米，农排 30 690 千米。全区“供水到户”面积占农田灌溉面积的85%，亩均节水30立方米以上。

（6）高效节水工程　在政策扶持下，全区农业高效节水灌溉呈现跨越发展态势。2014年，新疆农业高效节水灌溉面积已经达到2 770万亩，较2010年增加了近1倍，占全区农业灌溉面积6 621万亩的42%，其中，标准化、规范化建设面积达到800万亩，信息化建设面积达到17万亩。

2. 土壤肥力

（1）喀什、和田、克州等极干旱区　小麦耕地土壤有机质平均含量为12.4~19.8克/千克，碱解氮含量为55.2~69.3毫克/千克，有效磷含量为11.1~20.3毫克/千克，速效钾含量为118~164毫克/千克，pH值为8.0~8.5。

（2）昌吉、塔城、博州、巴州等干旱区　小麦耕地土壤有机质平均含量为19.2~20.8克/千克，碱解氮含量为56.8~89.8毫克/千克，有效磷含量为12.7~30.5毫克/千克，速效钾含量为183.2~287.3毫克/千克，pH值为7.9~8.2。

（3）昌吉、伊犁、阿勒泰、哈密等半干旱区　小麦耕地土壤有机质平均含量为8.1~19.8克/千克，碱解氮含量为72.4~88.3毫克/千克，有效磷含量为11.4~17.8毫克/千克，速效钾含量为169.5~277.9毫克/千克，pH值为7.8~8.2。

总体上看，不同生态区小麦土壤有机质平均含量接近；干旱区和半干旱区碱解氮、速效钾平均含量高于极干旱区，但有效磷含量低于极干旱区；pH值接近。不同生态区小麦耕地的土壤氮素、磷素处于中等水平，土壤钾素含量较丰富。与新疆第二次土壤普查相比较，土壤有机质在10~20克/千克的面积有较大幅度上升，主要是低产田改良、秸秆还田培肥的成效。土壤磷素含量有所升高。

3. 高标准农田建设

通过国家和地方财政支持的土地整治、农业综合开发、农田水利建设、高产创建和现代农业示范区建设等项目的实施，积极建设小麦高产田。2013年，全区已经建设高标准农田接近1000万亩，为提高小麦单产水平提供了有力保障。

四、小麦生产发展的主要技术措施

1. 优良品种方面

（1）主要小麦品种推广区域、面积　新疆属冬、春麦兼种区，由于生态类型多样，推广的品种存在差异。目前在生产上推广的冬小麦品种有22个，春小麦品种20个。南疆麦区种植面积在20万亩以上的冬小麦品种有新冬20号、新冬22号和邯郸5316。北疆麦区种植面积在20万亩以上的冬小麦品种有新冬22号、新冬18号、新冬17号、伊农18号；种植面积在20万亩以上的春小麦品种有新春6号、新春8号、新春11号、新春14号、新春17号、新春29号、宁春16号和宁春17号（表12-1-3）。

南疆麦区：为配套小麦—玉米一年两熟种植制度，种植早熟、高产优质中筋，弱冬性品种。喀什地区冬麦区：新冬20号，推广面积337.9万亩。和田地区冬麦区：

新冬 20 号、冀审石 4185。克孜勒苏柯尔克孜自治州冬麦区：新冬 20 号、新冬 22 号。阿克苏地区冬、春麦兼种区：新冬 22 号、邯 5316、新春 6 号。巴音郭楞蒙古自治州春麦区：种植早熟、高产优质中筋春小麦品种新春 6 号等。

北疆麦区：伊犁州直属县（市）冬、春麦兼种区：冬小麦推广抗锈病、早熟、高产优质中筋，冬性或半冬性品种，如：伊农 18 号、伊农 20 号等；春小麦推广早熟、高产优质中筋品种，如宁春 4 号、宁春 16 号、宁春 17 号等。塔城地区冬、春麦兼种区：冬小麦推广早熟、高产优质中筋、中强筋，冬性或半冬性品种。如新冬 18 号等；春小麦推广新春 11 号、新春 17 号、新春 27 号、新春 29 号等。昌吉州冬春、麦兼种区：冬小麦推广种植早熟、高产优质中筋、中强筋，冬性或半冬性品种。如：新冬 22 号、新冬 17 号、新冬 18 号等；春小麦推广新春 11 号、新春 26 号等。阿勒泰地区春麦区：推广种植早熟、高产优质中筋春小麦品种，如：新春 30 号、新春 31 号、新春 35 号等。博尔塔拉蒙古自治州冬春麦兼种区：冬小麦推广种植早熟、高产优质中强筋品种新冬 18 号等；春小麦推广新春 11 号、新春 14 号等。

表 12-1-3 2015 年冬、春小麦品种推广统计表

	品种名称	推广面积（万亩）	主要分布地区及面积（万亩）
冬小麦	新冬 17 号	44.5	塔城 5；昌吉 39.5
	新冬 18 号	59.18	博州 4；塔城 25.45；昌吉 28.73
	新冬 20 号	437.06	阿克苏 1.5；喀什 337.69；克州 23；和田 76.37
	新冬 22 号	211.21	克州 36；阿克苏 118.49；昌吉 42.1；巴州 13.62
	新冬 29 号	10.85	伊犁 10.85
	新冬 33 号	11.43	巴州 1.36；昌吉 2.8；塔城 6.1
	邯郸 5316 号	60	阿克苏 60
	石冬 8 号	21.51	巴州 1.36；塔城 3.5；昌吉 11.95；和田 3.7
	伊农 18 号	83.82	伊犁 83.82
	伊农 20 号	18.2	伊犁 18.2
	伊农 21 号	11.95	伊犁 11.95
	冀审石 4185	16.7	和田 16.7
	其他	36.42	
	小计	1 022.83	

（续表）

	品种名称	推广面积（万亩）	主要分布地区及面积（万亩）
春小麦	新春 6 号	168.67	喀什 4.4；和田 2.9；阿克苏 40.54；巴州 65.52；塔城 17.26；昌吉 37.5
	新春 8 号	20	哈密 20
	新春 11 号	52.96	昌吉 24.16；塔城 13.8；博州 5；哈密 10
	新春 14 号	26	塔城 6；博州 20
	新春 17 号	31.18	塔城 24.58；昌吉 6.6
	新春 26 号	14.33	巴州 1.99；昌吉 12.34
	新春 27 号	14.52	巴州 0.5；塔城 14.02
	新春 29 号	31.06	昌吉 0.1；塔城 21.02；阿勒泰 9.44
	新春 30 号	11	阿勒泰 11
	新春 31 号	14.91	巴州 1.51；昌吉 3.4；阿勒泰 10
	新春 35 号	19	阿勒泰 15；塔城 4
	宁春 4 号	12	伊犁 12
	宁春 16 号	20.7	伊犁 20.7
	宁春 17 号	34.07	塔城 1.02；伊犁 30.95
	其他	34.03	
	小计	504.43	
合计		1 527.26	

（2）存在的问题

① 缺乏节水抗旱高产品种。新疆是我国最大的干旱、半干旱区。新疆降水量的年际变化及河流水量的季节性变化都很大，干旱灾害时有发生。目前，生产中推广的冬、春小麦品种突出高产、优质，生产上急需高产节水抗旱的品种。② 缺乏适宜果麦间作的耐阴冬小麦品种。南疆麦区 80% 以上的冬小麦与果树间作。在果麦间作模式中，果树占地面积在 30%，由于果树遮阴影响小麦的正常生长发育，收获穗数、穗粒重降低，造成减产。随着树龄增大，对冬小麦的影响将更加严重。但生产缺乏耐荫、早熟的高产小麦品种。

2. 栽培技术

（1）滴灌水肥一体化技术　由于新疆独特的地理环境及气候因素，农业用水量占总用水量的 94%，灌溉面积占耕地面积的 90% 以上。由于灌溉方式落后，灌溉水的有效利用率只有 44%，水的粮食生产能力仅有 0.7 千克 / 立方米。小麦中后期追肥多为撒施，肥料利用率为 30%~40%。如何提高灌溉水和化肥利用率，实现小麦高产高效和可持续性发展，是新疆小麦生产最关键的问题。

① 冬小麦滴灌水肥一体化技术要点：生育期间滴灌量 260~300 立方米 / 亩，每次滴水量 35~45 立方米 / 亩。随水滴施尿素 25~30 千克 / 亩，钾肥（硫酸钾、磷酸二氢钾）3~4 千克 / 亩。滴水做到前中期滴水量大，后期滴水量小。在冬小麦返青期、拔节期、孕期、抽穗扬花期、灌浆期滴水 6~7 次。春季第一次滴水应根据小麦苗情灵活掌握。土壤肥力高，适期播种的中高产麦田，春四叶展开，春五叶露尖是滴头水的最佳时期。中低产田或播期过晚，冬前分蘖少的麦田，需在春三叶期滴水，促进年后分蘖成穗。对生长发育快的中早熟品种，应早滴水。拔节 ~ 抽穗期滴水 2 次，每次随水滴施尿素 3~5 千克 / 亩，磷酸二氢钾 1~2 千克 / 亩。对于群体过大、旺苗麦田可推迟二水时间。抽穗期成熟期滴水 3 次，6 月下旬最后一次滴水，每次随水滴施尿素 3~5 千克 / 亩，灌浆水滴施磷酸二氢钾 2 千克 / 亩。② 春小麦滴灌水肥一体化技术要点：生育期滴水 9 次，灌水周期为 8~10 天，滴水总量每亩 230~300 立方米 / 亩，每次滴水量 25~35 立方米 / 亩。随水滴施尿素 27~29 千克 / 亩，60% 含量磷酸二氢钾 7~8 千克 / 亩。二叶一心期：滴水 1 次，滴施尿素 3 千克 / 亩。拔节 ~ 孕穗：滴水 4 次，共滴施尿素 12~14 千克 / 亩、磷酸二氢钾 2~3 千克 / 亩。抽穗 ~ 扬花：滴水 2 次，共滴施尿素 6 千克 / 亩、磷酸二氢钾 2~3 千克 / 亩。灌浆期：滴水 2 次，共滴施尿素 6 千克 / 亩、磷酸二氢钾 2 千克 / 亩。

（2）果麦间作冬小麦缩行适密种植技术　针对和解决南疆麦区冬小麦与果树（红枣、核桃、杏等）间作时，果树占地 30% 左右，树冠遮阴易造成小麦收获穗数、穗粒数和千粒重降低，易导致倒伏的问题。

技术要点：

① 改变小麦种植行距 15 厘米方式，将种植行距缩小为 11~13 厘米。② 枣麦间作田冬小麦播种密度与平播密度相同；核麦、杏麦间作田根据果树定植时间或栽植密度调整冬小麦播种密度，原则上随着果树树龄、栽植密度的增大，降低冬小麦种植密度。

（3）规范化播种技术　包括耕作整地，耕翻或旋耕后耙压，适宜墒情；选用良种，适期适量播种，保证播种质量，播后镇压等。培育壮苗，提高小麦抗旱、抗寒能力。在南北疆应用面积 70% 左右。

3. 耕作技术

整地以铧式犁翻耕整地的传统耕作技术为主，示范推广保护性耕作技术、深松、旋耕、动力耙等新技术。

（1）保护性耕作　新疆研究制定了《保护性耕作机械化技术操作规程》(0865/72737-2007)、保护性耕作技术规程等 5 项技术规程；研制出符合新疆特点的新型免耕播种和松土机械。

在南北疆 10 个地（州）30 多个县（市）示范推广面积 100 万亩。该项技术可减轻耕作强度、防止水土流失等，亩降低成本 30 元，节水率为 16.2%，增产 5% 左右。

（2）机械深松　深松机械的类型有凿铲式深松机、翼铲式深松机和全方位深松机，常用机型有 IMC-185 灭茬深松机、ISN-70 型深松机等，在旱田示范面积 100 万亩。试验示范结果表明，可使土壤含水率平均增加 9.3%~25%，土壤有机质含量增加 0.3~0.94 克 / 千克，减少农田大风扬尘 35.9%~58.8%，作物一般增产 2.3%~12%，节省作业成本，亩节支 9~23 元。

（3）动力耙　有往复式动力耙、水平旋转动力耙和垂直旋转动力耙等。作业最大深度可达 25~29cm。已在塔城、昌吉、伊犁和阿勒泰等地示范推广 600 万亩。

4. 植保技术

（1）拌种和包衣　种子包衣防治黑穗病，拌种防治锈病等。

（2）主要病虫草害防治　根据预测预报，在小麦锈病、白粉病等病害发病初期，用药剂及时防治。春麦区早春重点防治野燕麦等恶性杂草。

5. 防灾减灾技术

（1）高温防御技术　新疆是干热风（高温）多发区，冬、春小麦均选用早熟丰产品种，利用小麦品种的熟期，避开干热风（高温）的危害。干热风高发春麦区选用高抗干旱、干热风的品种。合理水肥调控，增加土壤和大气中的湿度，使小麦健壮生长，增强抗逆能力；进行“一喷三防”，以及灾后灌水、喷肥等补救措施。

（2）冻害防御技术　合理品种布局，南疆喀什、和田冬麦区选用半冬性品种；北疆冬麦区选用冬性、抗寒性强的品种。适期适量播种，提高播种质量，配方施肥等培育壮苗。加强田间管理，及时控旺苗促弱苗，培育壮苗，保苗安全越冬；及时划锄、提高地温，促进麦苗返青，破雪追施氮素化肥，促进麦苗迅速生长。主茎和大蘖冻死的麦田，灌返青水、两次追肥。

（3）“一喷三防”技术　在小麦扬花期至灌浆期期使用杀虫剂、杀菌剂、植物生长调节剂、微肥等混合喷施，达到防病虫（锈病、白粉病、蚜虫等）、防干热风、防早衰、增粒重。目前已经覆盖全部产区。

6. 技术集成

（1）小麦标准化栽培技术规程　针对南北疆各区域生态条件、生产水平和冬小麦、春小麦主栽品种，制定《冬小麦、春小麦单产 400~450 千克 / 亩栽培技术 (无公害) 规程》《冬小麦、春小麦单产 450~500 千克 / 亩栽培技术 (无公害) 规程》，经各地州质量监督局发布实施。

（2）冬、春小麦滴灌节水高产高效栽培技术　针对新疆灌溉区水肥利用效率低，节水、节肥高产的技术需求，集成：

① 播种、滴灌带铺设、固定一次性作业技术；② 水肥一体化技术，即改漫灌为滴灌，改撒施和条施化肥为随水滴施追肥。冬小麦返青期至灌浆期滴水 6~7 次，滴量 35~40 立方米 / 次。每次滴水追施尿素 3~5 千克 / 亩，拔节期重施。拔节、灌浆期

滴施钾肥。春小麦小麦分蘖期至灌浆期滴水 9 次，滴量 25~35 立方米 / 次。每次滴水追施尿素 3~5 千克 / 亩，拔节期重施。拔节、灌浆期滴施钾肥。③ 化控防倒伏技术、病虫草害综合防治技术。实现水、肥、药一体化和可控化，提高了水肥的利用率。亩节水 100 立方米，化肥料利用率提高到 50%~60%，增产 15% 以上。应用面积 200 万亩。

近几年，小麦高产典型不断涌现，2013 年，奇台县老奇台镇百亩强筋小麦品种“新春 26 号”滴灌田实测单产 664.4 千克 / 亩。2015 年，奇台县西地镇西地村 150 亩小麦“新冬 22 号”滴灌田实测单产 605.52 千克 / 亩。2015 年，军户农场百亩强筋小麦品种“新春 40 号”滴灌田实测单产 664.4 千克 / 亩，其中 5.8 亩单产达到 706 千克/ 亩。

（3）果麦间作一体化冬小麦高产栽培技术　针对塔里木盆地西南缘绿洲果麦复合种植模式。集成：

① 小冠形、高干开心果树树形优化技术；② 冬小麦缩行适密种植技术，即改小麦播种行距 15 厘米为 11~13 厘米。枣麦间作田中冬小麦播种密度达到平播的密度，核麦、杏麦间作田中根据果树定植时间和栽植密度适当降低播种密度。该技术可弥补果树占地和遮阴对小麦穗数和穗粒数的不利影响。③ 氮肥运筹技术，氮素 20~22 千克 / 亩，基肥 30%、返青肥 20%，拔节 50%。④ 化控防倒伏技术、环境友好型病虫草害综合防治技术。累计实施 835.2 万亩，一定程度上缓解和扭转了南疆三地州果麦间作模式下小麦单产下降的趋势，呈回升态势。

第二节　“十三五”新疆小麦生产发展规划

一、小麦生产面临的主要问题

1. 制约面积稳定或扩大的主要问题

（1）耕地　根据新疆国土资源厅 2004 年土地资源实地调查，确定新疆 2030 年以前有水资源保证可开发的耕地后备资源总量为 4 978.59 万亩。全区还可通过耕地整理复垦增加一定的耕地。通过伊犁河和额尔齐斯河流域的开发和种植结构调整，新疆小麦生产的土地保障将更加充分。

（2）水资源　2013 年新疆农业供水量 557.71 亿立方米，为历年来农业最大供水量。国务院已经批复新疆经济社会用水各项指标，2020 年经济社会用水总量为 515 亿立方米，农业灌溉水利用系数达到 0.52。

（3）生产成本和比较效益　新疆小麦仍然普遍处于低水平、小规模、粗放式生产经营模式。主产区农民因种植小麦效益低，收入提高缓慢，影响种植的积极性。

2. 制约单产提高的主要问题

（1）部分小麦新育成品种在产量水平、适应性方面突破性不够，后续发展动力

不足　“十二五”，全区育成冬、春小麦新品种共计 21 个，育成品种在品质方面取得了较大成果，但新育成品种增产幅度不高。生产中主栽的冬、春小麦品种仍然是“九五”和“十五”育成的。需尽快选育出适应性好的超高产品种，使新疆小麦单产水平有突破性进展。

（2）面对小麦生产的新变化和新要求，高产、优质的关键性技术储备不足　近年来，为了适应农业种植业结构调整，各地州在耕地面积有限的情况下，一方面大力发展当地优势产业，另一方面为了稳定小麦生产，出现了一些新型栽培模式，如南疆地区的“果麦间作”和“多熟制”栽培模式，但与之相匹配的高产、优质、高效、安全的关键性技术储备不足。

（3）农业机械投入弱，作业质量达不到要求　据调查，粮区基本沿用以前的农机具，老化或已淘汰的播种机仍在使用，大型先进联合整地机械较少用于小麦田；南疆林果业种植模式下，大型农机越来越难以进入，对整地质量、施肥质量、播种质量均造成影响，小麦农机作业装备亟待改进。

（4）中低产田面积大　新疆耕地有近 70% 为中低产田，严重制约小麦单产的进一步提高。

（5）新型种植模式下农田生态环境发生变化，加之已有病虫害防治技术不到位，小麦病虫危害加重　近年来随着农业种植结构的调整，麦田逐步向新开垦荒地和边远、肥力较差的地块转移，小麦与林果间作的现象也十分普遍，麦田生态环境发生了很大变化，导致病虫害的发生出现一些新变化，加之已有病虫害防治技术不到位，如全区小麦种子包衣率不足 10%，大大低于 37.3% 的全国平均水平，小麦病害有加重趋势。

3. 制约土壤肥力提升的主要问题

新疆地处欧亚大陆腹地，降水稀少，蒸发强烈。自然环境相对恶劣，干旱、缺水、瘠薄、盐渍化等限制因素造成了耕地质量整体偏低。调查结果显示，中低产面积 4 496 万亩，占全区耕地面积的 72%。

（1）自然条件因素　新疆属于典型的绿洲农业，现有耕地中大都是由原来的低覆盖度草地（荒漠草地）、沙地、盐碱地转化而来，土壤有机质含量低，盐化、碱化、渍涝、板结、侵蚀、薄土地所占比例较重。农业用水相对匮乏；土壤荒漠化程度重，风沙之害使新疆有近 2/3 的土地遭受荒漠化危害或威胁。

（2）生产技术因素

① 农业劳动力科技素质较低，对合理轮作倒茬、秸秆还田、测土配方施肥技术、保护性耕作等相关提升土壤肥力科技成果的的接受程度较低。② 新技术、新成果示范推广力度不足。③ 依赖化肥、轻视高质量有机肥。对新疆中低产田改造造成了一定的阻力。

二、“十三五”新疆小麦生产发展的面积、单产、总产

新疆粮食安全的总体战略是“全区平衡、略有节余”，按照“稳定面积、主攻单产、提高总产、增加效益”的总体要求，确保粮食安全。预计2020年，新疆人口总量将达到2 600万，据此推算需要粮食消费量为1 245万吨。按照口粮占粮食消费量的40%，到2020年全区需要小麦498万吨。《新疆维吾尔自治区“三个千万亩”高产田建设—小麦专项规划（2014—2020年）》中，2020年建成1 000万亩高产田作为新疆口粮的安全底线。关于单产的规划，小麦专项规划中，到2020年，全疆小麦平均单产提高到400千克/亩。

1. 面积目标

2016年预计小麦面积1 934万亩。2017年新疆小麦指导性计划1 685万亩（不含和田地区），和田地区单独安排指导性计划130万亩。2017—2020年冬、春小麦播种面积1 815万亩左右（含和田地区），其中冬小麦1 285万亩，春小麦530万亩。“十三五”年均种植面积1 838.8万亩，比“十二五”增加8.23%（表12-2-1）。

2. 单产目标

2020年小麦单产达到400千克/亩，5年年均递增率1%。“十三五”年均单产387.9千克/亩，比“十二五”提高5.72%（表12-2-1）。

3. 总产目标

2016年预计小麦总产724.6万吨，比2015年增加26.3万吨，增幅3.77%。2017—2020年按照种植面积1815万亩预测，2017年小麦总产695.0万吨，增幅-4.09%；2018年小麦总产705.1万吨，增幅1.46%；2019年小麦总产715.5万吨，增幅1.47%；2020年小麦总产726万吨，增幅1.47%。“十三五”年均总产713.2万吨，比“十二五”增加14.45%（表12-2-1）。

表12-2-1 “十三五”新疆小麦生产面积、单产和总产规划

年份	播种面积（万亩）	总产（万吨）	单产（千克/亩）	比上年增加值			比上年增长率		
				面积（万亩）	总产（万吨）	单产（千克/亩）	面积（%）	总产（%）	单产（%）
2015	1 859.0	698.3	375.6						
2016	1 934.0	724.6	374.7	75.0	26.4	-0.90	4.03	3.77	-0.24
2017	1 815.0	695.0	382.9	-119.0	-29.6	8.20	-6.15	-4.09	2.19
2018	1 815.0	705.1	388.5	0.0	10.1	5.60	0	1.45	1.46
2019	1 815.0	715.5	394.2	0.0	10.4	5.70	0	1.47	1.47
2020	1 815.0	726.0	400.0	0.0	10.5	5.80	0	1.47	1.47

注：1. 2016年数据为地方和兵团预计。2. 2017—2020年面积为自治区计划加和田地区单独计划

三、小麦生产发展的重点

1. 区域布局

（1）*主产区*　昌吉州、伊犁州直、塔城地区、阿克苏地区、喀什地区 5 个地州，是新疆小麦主产区，在满足本地粮食自给有余的情况下，主要承担其他区域粮食供给任务。

主攻方向：作为全区粮食安全生产重点发展区域和商品粮源区，加大资金投入和政策扶持力度，完善粮田基础设施建设，加快标准良田建设，加强科技投入水平，加大粮食高产创建步伐，大力推广与普及高产核心配套技术，不断提升该区域粮食生产水平、生产效益和农民收入水平。

（2）*粮食生产产销平衡区*　阿勒泰地区、博尔塔拉蒙古自治州和巴音郭楞蒙古自治州 3 个地（州），受区域气候等条件制约，粮食种植相对较少，保证本区域粮食供给。和田地区受耕地面积限制，保证自给。

主攻方向：以提高单产、提升效益，降低成本为目标，通过加大基础设施建设，加快中低产田改造，提高科技贡献率，保证种植面积，提高产量，确保本区域粮食生产供给平衡，并逐步恢复和提高粮食生产能力。

（3）*建设 1 000 万亩小麦高产田作为新疆口粮的安全底线*　2014 年新疆维吾尔自治区党委农村工作会议要求，以稳粮增收调结构、提质增效转方式为主线，把建设 1 000 万亩小麦高产田作为新疆口粮的安全底线，深入推进高产创建和绿色增产模式，使新疆小麦的增产从依靠规模增加转变为依靠科技进步上来，建设增产增效并重、良种良法配套、农机农艺融合、生产生态协调、基础设施先进、生产方式集约的小麦高产田。到 2020 年，在 41 个小麦主产县（市）建成小麦高产田 1 000 万亩，其中，北疆小麦主产区 674 万亩，南疆小麦主产区 304 万亩。小麦高产田平均单产提高到 450 千克 / 亩以上，平均单产比 2013 年增产 15% 以上（表 12–2–2）。

2. 单产

（1）*南北疆均衡增产*　小麦生产在南疆、北疆两大区域间发展不平衡，单产呈现南疆高、北疆低。北疆生态类型多样，冬、春小麦兼种，中低产田面积占 75%左右，小麦增产的潜力很大。“十二五”北疆麦区平均单产提高了 6.8%。2015 年北疆主产区小麦单产 373.2 千克 / 亩，比南疆主产区低 33.3 千克 / 亩，差距缩小。2020 年北疆小麦主产区将建设 674 万亩高产田，平均单产达到 447.5 千克 / 亩，南疆 304 万亩高产田，平均单产 469.2 千克 / 亩。北疆与南疆小麦单产差距缩小至 21.7 千克 / 亩（表 12–2–2）。

（2）*低产变中产、中产变高产*　在大力改造中低产田，建设高标准良田的基础上，重点在北疆中低产麦区实施良种良法配套，农机农艺融合，生产生态协调，实现低产变中产、中产变高产。

（3）不同麦区技术主攻方向

① 南疆麦区小麦单产已超过400千克/亩，进入高产水平。该区域小麦种植多与果树间作，以果麦相互协调、节水和环境友好为核心的果麦间作小麦高产、高效生产技术和一年两熟（多收）技术为主攻方向，稳步提高小麦单产。② 北疆麦区中低产面积大，品种多、良种纯度差、良种覆盖率低，平均单产364.4千克/亩，是“十三五”新疆小麦单产增长空间最大的区域。以优质、高产、高效为目标，以滴灌水肥一体化技术为核心，提高良种纯度和覆盖率，主攻中低产变高产，高产保优。

表12-2-2　1 000万亩小麦高产田各县市单产目标　（千克/亩、%）

序号	县市名称	2013	2020	年均增长率
1	伊宁县	361.67	480	4.13
2	察布查尔县	375.67	445	2.45
3	霍城县	443	500	1.74
4	巩留县	401.53	469	2.24
5	新源县	411.33	445	1.13
6	特克斯县	361.67	467	3.72
7	尼勒克县	373.47	501	4.29
8	昭苏县	350	445	3.49
9	塔城市	363.47	436	2.63
10	额敏县	377.73	440	2.2
11	乌苏市	442	470	0.88
12	沙湾县	419.53	450	1.01
13	裕民县	315	390	3.1
14	温泉县	329.87	406	3.01
15	青河县	361	457	3.43
16	昌吉市	377.47	455	2.7
17	呼图壁县	366.73	455	3.13
18	阜康市	451.13	455	0.12
19	吉木萨尔	400.8	455	1.83
20	奇台县	416.93	480	2.03
21	木垒县	270.53	350	3.75
北疆平均		378.7	447.5	2.48
22	巴里坤县	351.0	393	1.63
23	墨玉县	397.47	435	1.3
24	和田县	386.87	435	1.7
25	皮山县	388.67	435	1.62
26	洛浦县	375.4	435	2.13

（续表）

序号	县市名称	2013	2020	年均增长率
27	焉耆县	435.6	457	0.69
28	且末县	405.27	458	1.76
29	阿克陶县	427.07	454	0.88
30	拜城县	446.13	530.8	2.51
31	温宿县	450.2	504.2	1.63
32	库车县	455.33	516	1.8
33	沙雅县	461.33	500	1.16
34	新和县	454.2	515	1.81
35	阿瓦提县	455.2	518.8	1.89
36	乌什县	425.07	500	2.35
37	泽普县	412	455	1.43
38	莎车县	402.8	445	1.43
39	叶城县	400.13	440	1.37
40	伽师县	403.2	441	1.29
41	英吉沙县	394.4	440	1.58
南疆平均		419.8	469.2	1.6
全区平均		397.5	457.5	2.07

3. 品质

新疆光照充足，昼夜温差大，灌浆成熟和麦收期间阴雨天气较少，籽粒少有霉烂变质现象，有利白粒小麦品种发展。小麦品质仍以中强筋类为主，同时新疆也具有发展优质强筋、弱筋专用小麦生产的区域和品种等优势。

南疆喀什、和田、克孜勒苏柯尔克孜自治州以优质中筋冬小麦为主，阿克苏地区重点发展中强筋冬小麦，焉耆盆地以中筋、中强筋优质高产春麦为主，一、二等级品率达到 90%；北疆昌吉、塔城、伊犁和博尔塔拉蒙古自治州的温泉县、阿勒泰地区部分县为优质商品粮生产区，重点以优质强筋、中强筋冬、春小麦为主，实现优质化、基地化生产，一二等级品率达到 90%。

4. 资源

提高农业高效节水灌溉的规模，降低单位面积农业用水量，是实现新疆农业水土资源均衡利用的根本出路。《新疆维吾尔自治区农业节水发展规划（2011—2020 年）》中规划每年新增农业高效节水灌溉面积约 300 万亩，到 2020 年共增加高效节水灌溉面积 1 563.7 万亩，高效节水灌溉面积将由 2015 年的 3 048.1 万亩提高到 2020 年的 4 611.8 万亩，高效节水面积占总灌溉面积的 64%。

5. 推进现代生态循环农业发展

围绕农业部提出的“一控、两减、三基本”目标，以资源高效利用和循环利用为核心，以农作模式集成创新为载体，以先进技术和设施装备为手段，以环境影响评价为标准，以统筹发展规划、培育循环农业产业为着力点，推进减量替代，实施化肥零增长行动；减量控害，实施农药零增长行动；畜禽粪便、秸秆资源化利用；推进现代生态循环农业发展技术体系、管理体系和保障体系建设。

四、小麦生产技术储备

1. 品种

（1）种质创新与新品种的引进和选育　围绕小麦遗传改良这一总体目标，从不同层次研究小麦的遗传行为，为农作物遗传改良提供新理论、新技术、新方法和新材料，为农业生产提供新品种。包括高产、超高产作物育种的遗传基础研究及有关育种材料的创建；抗逆（旱、高温、盐碱、病害等）优异种质的创建及其遗传基础研究。针对地域特点重点开展节水高效、高产、优质、抗病小麦新品种选育，在南疆重点开展弱光性（高光效）小麦的引进和选育，提高南疆果麦间作模式小麦产量水平。

（2）小麦品种肥料利用率评价研究　重点研究揭示小麦主推品种和新品种氮、磷吸收利用的差异、生产效率及其对籽粒产量形成的作用，相关生理参数等，合理布局氮、磷高效利用品种，指导肥料使用，提高氮、磷素养分利用率，减轻土壤中氮、磷的蓄积。

2. 栽培技术

（1）冬、春小麦高产、超高产机理与栽培调控技术研究　针对新疆荒漠绿洲区光热水土资源优化组合的条件，重点研究小麦持续高产优质的生理生态机理、小麦对逆境的适应性机制及其调控技术，建立充分利用荒漠绿洲资源的小麦高产优质高效可持续发展的关键栽培耕作技术体系。包括小麦高效生产优化栽培生理基础，优质高产高效安全生产机理及调控，绿洲小麦水分过程与产量形成的协同模型等。

（2）配方施肥技术及长期定位观测

① 建立基于3S技术的县域农田土壤养分管理和农作物推荐施肥信息系统；在南北疆小麦主要生态区，高、中、低肥力土壤，开展平衡施肥技术研究，确定小麦主要生态区的平衡施肥技术参数和施肥模型。根据小麦目标产量和土壤供肥能力进行推荐平衡施肥技术，改进施肥方法，提高农民科学施肥水平，提高肥料利用率。

② 在小麦主要生态区建立土壤肥力长期定位观测点，掌握土壤肥力消长规律，不同肥料及施肥方法对土壤肥力、作物产量、品质的影响等。为预控土壤肥力变化趋势，培肥地力，指导合理施肥，提高化肥利用率。为实现化肥零增长和减量提供依据和技术支撑。

（3）冬、春小麦产量与效率层次差异消减技术途径综合评价　针对新疆小麦超高产水平（高产纪录）、高产高效水平（高产水平，根据作物养分水分吸收规律、结合测土配方）、农户水平（农户平均产量）和基础产量水平（不施肥条件下）四个产量水平层次：

① 研究作物生长发育规律、资源（光、温、水等）利用及匹配规律。

② 缩小作物产量与资源利用效率差异的区域与技术综合评价及其验证。

③ 建立缩小作物产量与资源利用效率差异的技术体系综合评价服务平台。

④ 提出提高产量潜力、缩小产量及效率差异，实现大面积丰产增效的技术途径。

（4）冬、春小麦节水高产机理及调控技术研究　针对小麦的生理特点，将先进的农艺栽培技术和科学的灌溉管理技术紧密结合，调节土壤水分，对小麦的生长发育实施促、控结合，实现最佳经济产量。研究滴灌条件下高产小麦生长发育规律、养分吸收、积累与分配规律，高产小麦群体调控技术及滴灌条件下高产小麦产量形成规律，形成新疆小麦高产节水综合技术体系。实现节约灌溉用水、减少土壤水分蒸发和抑制作物奢侈蒸腾，增加产量，进而提高作物水分利用率。

（5）冬、春小麦高产高效播种新技术研究　在对“小麦带状宽幅精量播种高产高效栽培技术”、“小麦立体匀播高产高效栽培技术”、“十字交叉法”播种技术试验研究的基础上，消化吸收，根据新疆不同生态区的特点，研发适宜新疆的小麦机械化精量（半精量）播种新技术，达到小麦个体均匀健壮和群体充足合理，增产增效。

3. 耕作技术

保护性耕作、深松技术、旋耕、旋耕深松联合耕整地技术增产机理研究。在新疆主要小麦产区，针对不同土壤、茬口和季节（春、秋），系统开展保护性耕作、深松、旋耕、旋耕深松联合耕整地等耕作技术增产机理研究，形成适宜不同生态区的合理耕作技术体系。

4. 植保技术

由于气候、作物品种和耕作制度的变化，近年来全区小麦病虫害发生和危害也发生了变化，加之社会对粮食产品质量和对环境保护的更高要求，粮食生产的安全管理成为重要问题，在控药减药，生态安全、食品安全的目标下，重点研究：一是小麦病虫草害防除的高效安全药剂（含种衣剂和浸种剂）研制和筛选，二是综合控防新技术（含物理、化学、生物技术），为麦田农药减量提供依据和技术支撑。

5. 防灾减灾技术

（1）抗逆减灾增产增效及绿色环保生产技术研究　重点研究新疆小麦生育期间干旱、寒、高温、干热风和盐碱等发生和发展规律，筛选高产、耐旱、耐寒、高温、耐盐碱品种。研究灾害对小麦生长发育、产量和品质构成的影响，研发配套相应的耕作和栽培措施，形成小麦抗逆减灾绿色配套生产技术，提高综合抗逆减灾能力。

（2）干旱绿洲与沙漠交错带农区中低产田抗逆减灾技术模式研究　引进、筛选、驯化耐盐及耐旱作物品种，提出中低产田快速高效治理的生物配置，调整作物结构和布局；研究中低产田配肥及水肥互作快速改良技术，促使中低产区逆境生态快速重建，建成中低产田逆境生态建设与快速高效治理综合技术体系。

6. 技术集成

（1）节本增效、全程机械化综合丰产技术　集成小麦主要生态区节本增效、综合丰产技术。包括高产、节水品种；精量（半精量）播种技术；滴灌等节水设施、田间节水工程设计；节肥栽培、施肥技术；抗逆减灾技术、节药植保技术、耕作及保护性耕作技术等关键技术，建立全区在现有基础上产量提高 10% 以上的技术模式和标准化栽培技术规程。

（2）中低产田快速培肥及产量升级技术

中低产田严重制约小麦单产的进一步提高。迫切需要研究。

① 合理耕作培肥制度。包括轮作、间、套作（豆科、绿肥）；秸秆还田技术；增加有机肥投入，不断提高土壤肥力，促进地力水平转化升级。

② 小麦低产变中产，中产变高产栽培技术。包括高产、稳产、适应性广、抗逆性强的品种筛选；促苗、增穗增产播种、群体调节技术原理及技术；滴灌和限量灌溉条件下小麦生长发育规律、养分吸收、积累与分配规律、群体调控技术及小麦产量形成规律，水肥药一体化技术；病虫草害的综合防治技术。

7. 其他技术措施或稳产增产策略

（1）秸秆还田技术　研究新型秸秆还田机械、秸秆腐熟剂、秸秆炭化还田等技术方式对秸秆利用、改良土壤、提高有机质、提高土壤保水保肥能力；对小麦播种、生长发育及养分吸收的影响。提出适宜不同土壤、秸秆有效还田技术。

（2）水资源高效管理技术研究　针对以滴灌技术为主的新型灌溉技术，开展小麦节水高产高效机理与管理体系的研究探讨，提高小麦单产、提高水分利用效率与灌区水量合理调配以及降低投入成本的技术途径。包括绿洲生态用水评价与流域水资源管理、节水灌溉定额标准和保墒灌溉技术标准和灌溉预测预报技术方法。

（3）信息技术与智能控制技术研究　以实现绿洲小麦生产信息化和精准农业技术体系为目标，开展农业信息获取及处理、小麦专家系统、小麦生长模拟、小麦决策支持系统等农业信息关键技术的研究、开发与系统集成，构建数字农业技术平台，为新疆小麦高效生产提供科学手段。

五、发展小麦生产建议

1. 启动新疆小麦高产模式攻关

采取行政 + 技术的组织形式，完善农科教、产学研紧密结合的协作机制，形成农业科技成果转化的合力；以技术组装、集成、示范为技术关键，以有效的成果转化运行模式构建为工作重点，着力开展“千万亩”小麦高产创建活动，为新疆小麦产业的持续发展提供典型范式和可靠的技术支撑，大力促进全区小麦生产技术、单产水平迈上新台阶。

2. 稳定和扩大小麦生产的各项补贴政策

考虑新疆小麦生产的区域性、特殊性和战略性，建议进一步稳定小麦生产的各项补贴政策，调动小麦优势产区农民的种植积极性。

主要参考文献

敖立万 . 2002. 湖北小麦 [M]. 武汉：湖北科学技术出版社 .

陈生斗 . 2002. 中国小麦育种与产业化进展 [M]. 北京：中国农业出版社 .

程顺和，郭文善，王龙俊 . 2012. 中国南方小麦 [M]. 南京：江苏科学技术出版社 .

郭天财，王永华 . 2016. 小麦高产与防灾减灾技术 [M]. 郑州：中原农民出版社 .

郭文善，王龙俊 . 2015. 小麦抗逆高产栽培技术 [M]. 南京：江苏科学技术出版社 .

国家小麦产业技术体系 . 2014.2014 年全国主要麦区小麦营养品质和卫生安全状况调研报告 .

国家小麦产业技术体系 . 2015.2015 年全国主要麦区小麦营养品质和卫生安全状况调研报告 .

国家小麦产业技术体系 . 2015.2015 年小麦质量报告 .

国家小麦产业技术体系 . 2015. 中国小麦产业技术发展报告 2015[M]. 北京：中国农业出版社 .

韩一军 . 2012. 中国小麦产业发展与政策选择 [M]. 北京：中国农业出版社 .

胡承霖 . 2009. 安徽麦作学 [M]. 合肥：安徽科学技术出版社 .

江苏省农学会 . 1994. 江苏麦作科学 [M]. 南京：江苏科学技术出版社 .

金善宝 . 1996. 中国小麦学 [M]. 北京：中国农业出版社 .

农业部小麦专家指导组 . 2007. 现代小麦生产技术 [M]. 北京：中国农业出版社 .

农业部小麦专家指导组 . 2008. 小麦高产创建示范技术 [M]. 北京：中国农业出版社 .

农业部小麦专家指导组 . 2009. 小麦高产创建示范技术问答 [M]. 北京：中国农业出版社 .

农业部小麦专家指导组 . 2012. 全国小麦高产创建技术读本 [M]. 北京：中国农业出版社 .

农业部小麦专家指导组 . 2012. 中国小麦品质区划与高产优质栽培 [M]. 北京：中国农业出版社 .

彭永欣，等 . 1992. 小麦栽培与生理 [M]. 南京：东南大学出版社 .

全国农业技术推广服务中心 . 2012. 中国冬小麦新品种动态：2010–2011 年度国家冬小麦品种区域试验汇总报告 [M]. 北京：中国农业科学技术出版社 .

全国农业技术推广服务中心 .2015. 中国冬小麦新品种动态：2013–2014 年度国家冬小

麦品种区域试验汇总报告 [M]. 北京：中国农业科学技术出版社 .
山东省农业厅 . 1990. 山东小麦 [M]. 北京：农业出版社 .
王步军 . 2010.2009 年中国小麦质量报告 [J]. 粮食加工，35(3): 9–14.
魏益民，关二旗，张波 . 黄淮冬麦区小麦籽粒质量调查与研究 [M].2013. 北京：科学出版社 .
新疆维吾尔自治区农业厅 . 2015. 小麦优质高产栽培关键技术 [M]. 北京：中国农业出版社 .
于振文 . 2015. 全国小麦高产高效栽培技术规程 [M]. 济南：山东科学技术出版社 .
余松烈 . 2004. 现代小麦栽培科学及其展望 [M]. 济南：山东科学技术出版社 .
余松烈 . 2006. 中国小麦栽培理论与实践 [M]. 上海：上海科学技术出版社 .
余遥 . 1998. 四川小麦 [M]. 成都：四川科学技术出版社 .
赵广才 . 2014. 小麦高产创建 [M]. 北京：中国农业出版社 .
中华人民共和国农业部 . 2012.2011 年中国农业统计资料 [M]. 北京：中国农业出版社 .
中华人民共和国农业部 . 2012.2012 年农业主导品种和主推技术 [M]. 北京：中国农业出版社 .
中华人民共和国农业部 . 2013.2012 年中国农业统计资料 [M]. 北京：中国农业出版社 .
中华人民共和国农业部 . 2013.2013 年农业主导品种和主推技术 [M]. 北京：中国农业出版社 .
中华人民共和国农业部 . 2014.2013 年中国农业统计资料 [M]. 北京：中国农业出版社 .
中华人民共和国农业部 . 2014.2014 年农业主导品种和主推技术 [M]. 北京：中国农业出版社 .
中华人民共和国农业部 . 2015.2014 年中国农业统计资料 [M]. 北京：中国农业出版社 .
中华人民共和国农业部 . 2015.2015 年农业主导品种和主推技术 [M]. 北京：中国农业出版社 .
中华人民共和国农业部种植业管理司 . 2010.2010 年中国小麦质量报告 .
中华人民共和国农业部种植业管理司 . 2011.2011 年中国小麦质量报告 .
中华人民共和国农业部种植业管理司 . 2012.2012 年中国小麦质量报告 .
中华人民共和国农业部种植业管理司 . 2013.2013 年中国小麦质量报告 .
中华人民共和国农业部种植业管理司 . 2014.2014 年中国小麦质量报告 .